ŒUVRES

DE

J. F. COOPER

IMPRIMERIE DE H. FOURNIER ET Cⁱᵉ, 14 RUE DE SEINE.

J. F. COOPER

TRADUCTION

par Defauconpret

LE BRAVO.

Paris,
FURNE & Cie, CH. GOSSELIN,
Éditeurs

OEUVRES

DE

J. F. COOPER

TRADUITES

PAR

A. J. B. DEFAUCONPRET

TOME ONZIÈME

LE BRAVO

PARIS

FURNE ET Cⁱᵉ, CHARLES GOSSELIN
ÉDITEURS

M DCCC XXXIX

PRÉFACE

DE LA NOUVELLE ÉDITION.

Le Bravo fut projeté pendant un séjour de courte durée à Venise, dans le printemps de 1830. Les grands, événements politiques qui se propagèrent depuis dans toute l'Europe, et qui sont probablement destinés à produire encore de grands changements, ne faisaient alors que germer ; rien n'était apparent que ces éternels principes dont la tendance est toujours vers la vérité. Cet ouvrage fut écrit principalement à Paris, où les occasions ne manquèrent pas d'embellir le sujet, par les observations que l'auteur était journellement à même de faire sur l'égoïsme et l'ambition se jouant des espérances les plus justes des peuples, abusant de leur confiance et spéculant sur leur énergie. Il est à peine nécessaire de dire maintenant que le but de cet ouvrage est politique. Il démontre comment on mystifie les peuples, même lorsque les meilleures intentions sont d'accord avec les circonstances, et le peu de responsabilité d'un gouvernement aristocratique, où l'odieux des actes les plus vils repose sur une corporation sans âme, qui, pour répéter une idée de l'ouvrage lui-même, n'a ni l'avantage d'être tempéré par les qualités personnelles du chef de l'Etat, comme il arrive quelquefois dans un gouvernement despotique, ni d'être animé par les nobles impulsions de la majorité, comme dans la démocratie.

L'idée du *Bravo* fut prise dans la série des maximes politiques qui dominent à Venise, et qui furent trouvées consignées dans les archives lorsque cette république sans pitié passa entre les mains des Français dans le cours des conquêtes de la révolution. Quelque révoltants que paraissent aux esprits élevés les incidents de cet ouvrage, il n'y a d'exagération ni dans la théorie ni dans la pratique des principes du gouvernement vénitien.

L'auteur avertit dans la préface de la première édition qu'il a soigneusement évité de peindre des caractères et des événements historiques, et n'a cherché qu'à conserver les traits d'ensemble de la ville, afin d'aider à la vérité du tableau. Quant à la morale de l'ouvrage, comme elle doit être tirée de ses incidents, l'auteur en laisse l'application à l'intelligence du lecteur.

L'ouvrage fut primitivement imprimé dans un pays, tandis que l'auteur résidait dans un autre; quelques fautes typographiques en ont été la conséquence. Le sens était surtout altéré par la ponctuation, et plusieurs phrases en étaient devenues inintelligibles. Toutes les fautes qui n'ont point échappé aux recherches de l'auteur ont été corrigées dans cette nouvelle édition rendue plus digne de l'attention du lecteur que celle qui l'a précédée.

Londres, octobre 1833.

PRÉFACE

DE LA PREMIÈRE ÉDITION.

Il est à regretter que le monde ne sache pas faire une plus juste application des termes politiques. On donne, en général, à tous les gouvernements le nom de *monarchie* ou de *république*. La première classe comprend également ces États où le souverain est adoré comme un dieu, et ceux où il remplit les humbles fonctions d'un mannequin. Dans la seconde nous trouvons confondues sous la même dénomination générale les aristocraties et les démocraties. Une généralisation si étendue jette une confusion complète sur la politique des États.

L'auteur a cherché à donner à ses concitoyens[1], dans cet ouvrage, un tableau du système social d'une des *soi-disant* républiques de l'autre hémisphère. Il n'a pas prétendu dessiner des caractères historiques, qui sentent toujours la fiction sous leur costume le plus grave; il a simplement voulu mettre sous les yeux les ressorts familiers de la politique vénitienne. Pour justifier la

1. Les habitants des États-Unis d'Amérique.

ressemblance, sans se dissimuler les défauts de l'exécution, il en appelle à l'ouvrage bien connu de M. Daru.

Une histoire des progrès de la liberté politique, écrite purement dans l'intérêt de l'humanité, manque encore à la littérature. Dans les Etats qui ont mal commencé à cet égard, on trouverait que les citoyens, ou plutôt les sujets, ont extorqué privilège sur privilège, à mesure que l'accroissement de leur intelligence et de leur importance leur a appris à réclamer et à défendre ces droits particuliers qui étaient nécessaires à leur bonheur; une certaine quantité de ces immunités, sauf une exception récente et solitaire en faveur de la Suisse, constitue, même dans le moment actuel, la liberté en Europe. Il est à peine nécessaire de dire au lecteur que cette liberté, plus ou moins étendue, dépend d'un principe entièrement différent de celui de la nôtre. Ici[1], les immunités ne procèdent pas du gouvernement, mais elles lui sont accordées; en d'autres termes, ce sont des concessions de droits naturels faites par le peuple à l'Etat, pour jouir des bienfaits de la protection sociale. Tant que cette différence vitale existera entre nous et les autres nations, il sera inutile de chercher des analogies matérielles entre leurs institutions et les nôtres. Il est vrai que, dans un siècle comme celui-ci, l'opinion publique est une charte par elle-même, et que le gouvernement le plus despotique qui existe dans toute l'étendue de la chrétienté doit, jusqu'à un certain point, en respecter l'influence. Les gouvernements les plus doux et les plus justes de l'Europe sont, en ce moment, des despotismes en théorie. Le caractère du prince et celui du peuple entrent pour beaucoup dans la considération d'un résultat si extraordinaire; mais l'on ne doit jamais oublier que, quoique le caractère du peuple soit assez stable, celui du monarque est sujet à changer. En admettant tous les bienfaits qui peuvent découler d'une administration juste sous des princes sages et humains, un gouvernement dont le peuple n'est réellement pas la base renferme en lui-même un vice inévitable et oppressif, — la nécessité de se soutenir par la force physique et par des impositions onéreuses contre l'action naturelle de la majorité.

Si nous voulions faire la définition d'une république, nous dirions que c'est un Etat dans lequel le pouvoir, en théorie et en

---

[1]. Dans les États-Unis d'Amérique.

pratique, dérive du peuple, où les agents publics sont constamment responsables envers le peuple ; responsabilité qui ne peut être ni niée ni éludée. Qu'un tel système vaille mieux sur une grande échelle que sur une petite, c'est ce qui est contraire aux théories brillantes qui ont été maintenues pour soutenir des institutions différentes : mais la moindre réflexion doit rendre cette vérité évidente, puisque les erreurs populaires sont la cause de tous les dangers des gouvernements populaires ; et un peuple qui a des intérêts différents et des possessions territoriales étendues, est beaucoup moins sujet à y tomber que ne le sont les habitants d'une seule ville ou d'un comté. Si nous ajoutons à cette définition, comme un caractère infaillible du genre, qu'une véritable république est un gouvernement contre lequel l'instinct de leur propre conservation inspire à tous les autres un sentiment de jalousie et de haine, nous croyons qu'on ne pourra se méprendre sur la classe. Jusqu'à quel point Venise aurait pu supporter un jugement d'après ces principes, c'est ce que nous laissons au lecteur le soin de décider lui-même.

LE BRAVO.

Giustizia in palazzo,
E pane in piazza.

CHAPITRE PREMIER.

> Je suis à Venise sur le Pont des Soupirs, entre un palais et une prison; je vois soudain sortir la ville du milieu des vagues comme par l'effet du coup de baguette d'un enchanteur. Dix siècles étendent leurs sombres ailes autour de moi, et une gloire mourante sourit à ces temps éloignés où maintes contrées subjuguées admiraient les monuments de marbre du lion ailé de Venise, qui avait assis son trône au milieu de ses cent îles.
> LORD BYRON, *traduction d'Amédée Pichot.*

Le soleil avait disparu derrière les sommets des Alpes tyroliennes, et la lune était déjà levée au-dessus de la barrière du Lido; les piétons sortaient par centaines des rues étroites de Venise, et se dirigeaient vers la place Saint-Marc, comme l'eau s'élance à travers un aqueduc étroit dans un bassin large et bouillonnant; de galants cavaliers, de braves citadins, des soldats dalmates et les matelots des galères, des dames de la ville et des femmes de mœurs légères, des joailliers du Rialto et des marchands du Levant ; juifs, Turcs et chrétiens, voyageurs, aventuriers, podestats, valets, avocats et gondoliers, se rendaient tous au centre commun du plaisir. L'air effaré et l'œil indifférent des uns, les pas mesurés et les regards jaloux des autres, les rires des plaisants, les chansons de la cantatrice, la mélodie du joueur de flûte, la grimace du bouffon, le front soucieux et tragique de l'improvisateur, la pyramide du grotesque, le sourire contraint et mélancolique du harpiste, les cris des vendeurs d'eau, les capuchons des moines, les panaches des guerriers, le bourdonnement des voix, et le bruit et le mouvement universel, joints aux objets plus fixes de la place, rendaient cette scène la plus remarquable du monde chrétien.

Située sur les confins de cette ligne qui sépare l'Europe occidentale de l'Europe orientale, et en communication constante avec la dernière, Venise possédait une plus grande variété de caractères et de costumes qu'aucun autre des nombreux ports de cette région. Cette particularité peut encore être observée en partie de nos jours, malgré la fortune déchue de cette cité ; mais à l'époque de notre histoire, la reine des îles, quoiqu'elle eût cessé dès lors d'être maîtresse de la Méditerranée et même de l'Adriatique, était encore riche et puissante. Son influence se faisait sentir dans les cabinets du monde civilisé, et son commerce, quoique à son déclin, était encore suffisant pour soutenir les vastes possessions de ces familles dont les ancêtres étaient devenus riches aux jours de sa prospérité. Ses habitants vivaient parmi les lagunes dans cet état de léthargie qui marque les progrès d'une décadence quelconque, soit morale, soit physique.

A l'heure que nous avons indiquée, le vaste parallélogramme de la *Piazza*[1] se remplissait rapidement ; les cafés et les *casini*, établis dans l'intérieur des portiques qui entourent trois des côtés de la place, étaient déjà encombrés par la foule. Tandis que sous leurs arches tout était resplendissant de la lueur des torches et des lampes, le noble rang d'édifices appelé les *Procuratori*[2], les bâtiments massifs du palais ducal, la plus ancienne église chrétienne, les colonnes de granit de la *Piazzetta*[3], les mâts triom-

---

1. *Piazza* : grande place Saint-Marc.
2. *Procuratori* : palais des procurateurs. Les procurateurs sont des nobles vénitiens, qu'on regarde comme les tuteurs publics des pauvres, des orphelins, etc., etc.
3. *Piazzetta* : petite place Saint-Marc.

phaux de la grande place, et la tour si haute du campanile, semblaient dormir, enveloppés par la lune dans le réseau d'une lumière plus douce.

En face de la grande place s'élevait l'élégante et vénérable cathédrale de Saint-Marc, temple de trophées proclamant également la valeur et la piété de ses fondateurs. Cet édifice remarquable dominait les autres ornements de ce lieu comme un monument de la grandeur et de l'antiquité de la république. Son architecture sarrasine, les rangées de petites colonnes précieuses, mais inutiles, qui surchargent sa façade, les dômes asiatiques et bas qui se reposent sur ses murailles depuis mille ans; ses grossières et fastueuses mosaïques, et par-dessus tout les chevaux conquis à Corinthe, qui s'élancent de cette sombre masse, beaux de toute la gloire de l'art grec, recevaient de cette lumière solennelle un caractère de mélancolie et de mystère en harmonie avec les souvenirs qui se pressent en foule dans l'âme quand l'œil s'arrête sur cette précieuse relique des temps passés.

Les autres ornements particuliers de cette place étaient là comme de dignes compagnons de l'église : la base du campanile reposait dans l'ombre, mais son sommet grisâtre recevait les rayons de la lune sur son profil oriental; les mâts [1] destinés à porter les drapeaux conquis de Candie, de Constantinople et de la Morée, se dessinaient en lignes sombres et aériennes, tandis qu'à l'extrémité de la plus petite place les formes du lion ailé et celles du saint patron de la ville, chacun sur sa colonne de granit africain, se distinguaient facilement dans l'azur des cieux.

Au pied du premier de ces monuments grandioses, un homme s'appuyait et regardait cette scène animée et saisissante avec le calme et l'indifférence de la satiété. Une foule, composée de quelques individus masqués et d'autres attachant peu d'importance à être reconnus, s'était élancée le long du quai dans *la Piazzetta*, se dirigeant vers la principale place; et cet homme avait à peine changé la direction de ses regards et celle de son corps. Son attitude était celle d'un serviteur patient habitué à l'obéissance et veillant pour le plaisir des autres. Les bras croisés et le corps en équilibre sur une jambe, le regard vague, quoique exprimant la bonne humeur, il semblait attendre que quelque signe d'autorité

1. Trois mâts où l'on déployait autrefois les pavillons de la république, en mémoire des trois royaumes de Chypre, de Candie et de Négrepont.

l'invitât à quitter son poste. Sa jaquette de soie parsemée de fleurs, qui mêlaient sur ce riche tissu les couleurs les plus éclatantes, son collet écarlate tombant, le velours brillant de son bonnet, tout le faisait reconnaître pour un gondolier au service d'un particulier [1].

Cependant, fatigué des tours d'un groupe éloigné de sauteurs qui, par leurs pyramides de corps humains, avaient pendant quelque temps attiré son attention, cet individu détourna les yeux et jeta ses regards sur les ondes. Un sentiment de plaisir se montra tout à coup sur son visage, et le moment d'après il pressa dans ses bras un marin au teint hâlé, qui portait les habits larges et le bonnet phrygien des gens de sa profession. Le gondolier parla le premier ; ses paroles avaient le doux accent de ses îles natales.

— Est-ce toi, Stefano ? On disait que tu étais tombé dans les griffes des diables de Barbarie, et que tu plantais de tes mains, que tu arrosais de tes larmes, des fleurs pour un infidèle !

La réponse fut faite dans le dialecte plus dur de la Calabre et avec la rude familiarité d'un marin.

— *La bella Sorrentina* n'est point la ménagère d'un curé ! elle n'est point faite non plus pour faire la sieste avec un corsaire tunisien qui croise dans son voisinage. Si tu avais jamais été au-delà du Lido, tu saurais quelle est la différence entre donner la chasse à une felouque et l'atteindre.

— Agenouille-toi alors, et remercie saint Théodore de sa protection. On a dû beaucoup prier sur ton vaisseau dans ce moment, caro Stefano, quoique personne ne soit plus hardi que toi parmi les montagnes de la Calabre, lorsque ta felouque est en sûreté sur le rivage [2].

Le marin jeta un regard moitié sérieux, moitié plaisant, sur l'image du saint patron, et répondit :

— Nous avions un plus grand besoin des ailes de ton lion que des faveurs de ton saint ; je n'ai jamais demandé de secours qu'à saint Janvier, même pendant un ouragan.

---

1. Les gondoliers publics portaient autrefois un costume, comme c'était l'usage il y a un siècle en Europe parmi tous les ouvriers. Cet usage a été abandonné, mais les gondoliers particuliers, étant serviteurs, portent une espèce de livrée.

2. L'habitude d'amarrer les plus petits vaisseaux est universelle sur les côtes de la Méditerranée. La côte est en général remplie de rochers, mais il y a de temps en temps de petites dentelures qui ont des bords sablonneux, elles sont garnies de petites barques de toute espèce, et qui offrent le coup-d'œil le plus pittoresque.

— Ce n'est pas ce que tu as fait de mieux, caro, puisque le bon évêque est plus habile à arrêter la lave qu'à apaiser les vents. Mais tu courus donc le danger de perdre la felouque et ses braves matelots parmi les Turcs?

— Il y avait eu en effet un navire tunisien qui croisait entre Stromboli et la Sicile; mais, de par saint Michel! il aurait aussi bien fait de chasser le nuage au-dessus du volcan que de courir après la felouque pendant un sirocco.

— Tu devais avoir le cœur un peu malade, Stefano?

— Moi!... je ressemblais bien plutôt au lion que voici, avec une petite addition de chaînes et de muselières.

— Comme on s'en aperçut à la rapidité de ta felouque.

— Cospetto! j'ai souhaité mille fois, pendant la chasse, être un chevalier de Saint-Jean, et que *la bella Sorrentina* fût une brave galère maltaise, quand ce n'eût été que pour l'honneur de la chrétienté! Le mécréant serra de près mon arrière pendant deux heures, de si près que je pouvais reconnaître ceux de ces coquins qui portaient des turbans sales ou propres. C'était un triste spectacle pour un chrétien que de voir naviguer si bien ces infidèles.

— Et les pieds te faisaient mal, caro mio, en songeant à la bastonnade?

— J'ai couru trop souvent nu-pieds sur nos montagnes de Calabre, pour frémir à l'idée d'une semblable bagatelle.

— Chaque homme a sa faiblesse, et je sais que la tienne est la crainte du bras d'un Turc. Tes montagnes natales ont leurs terres douces aux pieds et leurs terres rocailleuses; mais on dit que le Tunisien choisit un plancher aussi noueux que son cœur lorsqu'il se donne le plaisir d'exciter les lamentations d'un chrétien.

— Le plus heureux mortel ne peut prendre que ce que la fortune lui envoie. Si la plante de mes pieds doit recevoir pareille chaussure, l'honnête prêtre de Sainte-Agathe sera frustré d'un pénitent. J'ai fait un marché avec le bon curé, par lequel il est convenu que toutes les calamités accidentelles de ce genre me seront comptées comme l'équivalent d'une pénitence générale.— Mais comment va le monde de Venise? et que fais-tu sur les canaux pendant cette saison pour empêcher les fleurs de ta jaquette de se faner?

— Je fais aujourd'hui ce que j'ai fait hier, et je ferai demain ce que j'ai fait aujourd'hui : je conduis la gondole du Rialto au

Giudecca, de Saint-George à Saint-Marc, de Saint-Marc au Lido, et du Lido au logis. Il n'y a point de Tunisien le long de la route pour faire frissonner le cœur ou chauffer les pieds.

— Assez de plaisanteries. N'y a-t-il rien de nouveau dans la république? aucun jeune noble noyé, aucun juif pendu?

— Rien d'aussi intéressant, excepté le malheur arrivé à Pietro. Tu te rappelles Pietrillo, qui passa une fois avec toi en Dalmatie comme surnuméraire, alors qu'on le soupçonna d'avoir aidé ce jeune Français à enlever la fille d'un sénateur?

— Si je me rappelle la dernière famine! Le coquin ne fit que manger du macaroni et avaler le lacryma-christi que le comte de Dalmatie avait alors.

— Poverino! sa gondole a été renversée par un habitant d'Ancône, qui passa par-dessus le bateau sans plus de façon qu'un sénateur marche sur une mouche.

— Pourquoi le petit poisson va-t-il dans l'eau profonde?

— Le pauvre garçon traversait le Giudecca avec un étranger qui avait besoin d'aller prier dans l'église du Rédempteur, lorsque le brick l'accrocha par le dais et brisa la gondole comme si elle eût été une bulle d'eau laissée par *le Bucentaure*.

— Le padrone aura été trop généreux pour se plaindre de la maladresse de Pietro, puisque le pauvre garçon en a été puni.

— Sainte mère de Dieu! il gagna la mer au même instant; sans cela il aurait servi de nourriture aux poissons des lagunes. Il n'y a pas un gondolier à Venise qui ne ressentît l'injure au fond de son cœur, et nous savons, aussi bien que nos maîtres, comment obtenir justice d'une insulte.

— Ma foi! une gondole est mortelle comme une felouque, et toutes les deux ont leur temps. Il vaut mieux périr sous la proue d'un brick que de tomber sous les griffes d'un Turc. — Comment va ton jeune maître, Gino? Obtiendra-t-il ce qu'il demande au sénat?

— Il se rafraîchit le matin dans le Giudecca [1]; et si tu veux savoir ce qu'il fait le soir, regarde parmi les nobles dans le Broglio [2].

Tandis que le gondolier parlait, il jeta les yeux sur un groupe de patriciens se promenant sous les sombres arcades qui suppor-

---

[1]. Long canal de Venise. — [2]. Promenade des nobles.

tent les murailles supérieures du palais du Doge, lieu réservé, à certaines époques, pour le seul usage des privilégiés.

— Je connais l'habitude que les nobles de Venise ont de venir à cette heure sous cette colonnade basse ; mais je n'avais jamais entendu dire qu'ils préférassent les eaux du Giudecca pour leurs bains.

— Si le doge lui-même se jetait hors d'une gondole, il serait obligé d'aller au fond ou de nager comme le plus chétif des chrétiens.

— Par les eaux de l'Adriatique ! le jeune duc allait-il aussi à l'église du Rédempteur pour faire ses prières ?

— Il revenait après les avoir faites. Mais qu'importe dans quel canal un jeune noble soupire la nuit ? Nous étions par hasard près de l'habitant d'Ancône, lorsqu'il fit ce beau chef-d'œuvre. Tandis que Giorgio et moi nous écumions de rage en voyant la maladresse de l'étranger, mon maître, qui n'eut jamais beaucoup de goût ni de connaissances en fait de gondoles, se précipita dans l'eau pour empêcher la jeune dame de partager le sort de son oncle.

— Diavolo ! voilà la première syllabe que tu prononces concernant une jeune dame et la mort de son oncle !

— Tu étais trop occupé de ton Tunisien pour te souvenir de mes paroles. J'ai dû te dire que la belle signora fut bien près de partager le sort de la gondole, et que la perte du marquis romain doit peser lourdement sur la conscience du padrone.

— Santo Padre ! quel malheur pour un chrétien de mourir comme un chien, par la négligence d'un gondolier !

— Il est heureux pour l'habitant d'Ancône que cela se soit passé ainsi ; car on dit que le Romain avait assez d'influence pour engager un sénateur à traverser le Pont des Soupirs en cas de besoin.

— Le diable emporte tous les bateliers négligents, dis-je ! Et que devint le coquin maladroit ?

— Je te dis qu'il quitta le Lido à l'heure même où...

— Et Pietrillo ?

— Il fut repêché par l'aviron de Giorgio, car l'un et l'autre nous étions occupés à sauver les coussins et autres choses de valeur.

— Ne pûtes-vous rien faire pour le pauvre Romain ? Le malheur poursuivra ce brick à cause de sa mort.

— Que le malheur le poursuive jusqu'à ce qu'il laisse ses os contre quelque roc plus dur que le cœur de son patron ! Quant à l'étranger, nous ne pûmes rien faire de mieux que de dire pour lui une prière à saint Théodore, puisqu'il mourut du coup. Mais qu'est-ce qui t'amène à Venise, caro mio ? car ton peu de succès avec les oranges, à ton dernier voyage, t'avait engagé à renoncer à la ville.

Le Calabrois posa un doigt sur une joue, et allongea le visage de manière à donner une expression comique à ses yeux noirs, tandis que le reste de ses beaux traits grecs exprimait la mauvaise humeur.

— Fais attention, Gino, dit-il ; ton maître appelle peut-être pour sa gondole entre le coucher et le lever du soleil.

— Un hibou n'est pas plus éveillé que lui depuis quelque temps. Ma tête n'est jamais sur l'oreiller avant que le soleil soit au-dessus du Lido, depuis que la neige s'est fondue sur le Mont-Felice[1].

— Et lorsque le soleil du visage de ton maître se couche dans son propre palais, tu te hâtes d'aller sur le pont du Rialto[2], parmi les joailliers et les bouchers, pour raconter la manière dont ton maître passe la nuit.

— Ce serait la dernière nuit que je servirais le duc de Sainte-Agathe si ma langue était si leste. Le gondolier et le confesseur sont les deux conseillers privés d'un noble, maître Stefano ; avec cette petite différence que le dernier ne connaît que les péchés qu'il veut bien révéler, tandis que le premier en sait souvent davantage. Je puis trouver une occupation plus sûre, sinon plus honnête, que celle de raconter en plein air les secrets de mon maître.

— Et moi je suis trop sage pour permettre à tous les revendeurs juifs de Saint-Marc de se mêler de mes affaires.

---

1. Les seules montagnes, on pourrait même dire les seules collines qui s'élèvent sur les plaines de la Lombardie. Lorsque cette vaste plaine était un golfe, ces montagnes étaient probablement une île rocailleuse. Elles sont éloignées d'environ trente milles de Venise, sur la route de Ferrare.

2. Ce pont célèbre est divisé par deux rangées de boutiques, formant trois passages pour ceux qui le traversent. Les boutiques qui font face au passage intérieur sont principalement occupées par des orfèvres, tandis que les autres appartiennent à des bouchers. Le Rialto est une île, le pont du Rialto est celui par lequel on se rend dans cette île et le principal pont de Venise. Le Rialto de Shakspeare était probablement l'île qui est une espèce de bourse.

— Oh! oh! mon vieil ami, il y a quelque différence entre nos deux occupations, après tout. Un patron de felouque ne peut pas, en toute justice, être comparé au gondolier confident d'un duc napolitain qui a le droit d'être admis au conseil des Trois-Cents.

— Il y a juste la différence qui existe entre l'eau tranquille et les vagues de la mer. Vous effleurez d'un oisif aviron la surface d'une lagune, et je traverse le canal de Piombino par un bon mistral, je dépasse le phare de Messine par un orage, je double Sainte-Marie de Lucques par un vent du levant, j'effleure l'Adriatique par un sirocco assez violent pour cuire mon macaroni et qui fait bouillir la mer plus fort que les chaudrons de Scylla.

— Ecoute! interrompit avec vivacité le gondolier qui, suivant l'humeur italienne, s'était disputé pour la prééminence sans attacher une grande importance à son opinion; voilà quelqu'un qui va penser que nous avons besoin de sa main pour terminer la dispute.

Le Calabrois recula d'un pas en silence, et regarda d'un air triste, mais calme, l'individu qui avait causé cette remarque. L'étranger passa lentement. Il n'avait pas trente ans, quoique la gravité de sa contenance lui donnât l'air plus âgé. Ses joues pâles attestaient plutôt les chagrins d'esprit que la maladie. Le bon état de l'homme physique se montrait chez lui dans la force musculaire d'un corps qui, quoique fluet et actif, annonçait une grande vigueur. Son pas était ferme, égal et assuré, son maintien droit et aisé, et toutes ses manières caractérisées par un sang-froid qui ne pouvait échapper à l'observation.

Cependant sa toilette était celle de la classe inférieure : un pourpoint de velours commun, un bonnet à la montero de couleur brune, tel qu'on en portait beaucoup alors dans les contrées méridionales de l'Europe, avec d'autres vêtements d'une mode semblable, composaient son costume.

Son visage était mélancolique plutôt que sombre, et le repos parfait qu'on y lisait s'accordait avec le calme de toute sa personne. Ses traits néanmoins étaient hardis et même nobles, montrant ces lignes vigoureuses qui caractérisent les physionomies italiennes des plus hautes classes. Parmi ces traits remarquables brillaient des yeux pleins de feu, d'intelligence et de passion.

Au moment où l'étranger passa, son regard perçant examina le gondolier et son compagnon; mais ce coup d'œil, quoique pénétrant, fut sans intérêt : c'était le regard vague, mais circonspect, que les hommes qui ont quelque raison de défiance jettent habituellement sur leurs semblables. Il détourna la vue et l'arrêta avec la même expression d'inquiète pénétration sur la première personne qui se rencontra sur son chemin; et lorsque sa tranquille et gracieuse figure se perdit dans la foule, son œil vif et brillant s'était porté toujours aussi rapidement sur vingt autres.

Ni le gondolier ni le marin calabrois ne parlèrent jusqu'au moment où ils n'aperçurent plus cet homme remarquable. Alors le premier prononça simplement ce nom, avec une respiration pénible :

— Jacopo !

Son compagnon leva les trois doigts avec une expression mystérieuse, et montra le palais des Doges.

— Le laissent-ils prendre l'air, même dans Saint-Marc? demanda-t-il avec surprise.

— Il n'est pas facile, caro mio, de faire remonter l'eau vers sa source ou d'arrêter le courant. On dit que la plupart des sénateurs céderaient plutôt leur espérance du bonnet à cornes que de renoncer à lui. Jacopo ! il connaît plus de secrets de famille que le bon prieur de Saint-Marc lui-même, ce pauvre homme ! qui est la moitié du jour dans le confessionnal.

— Ah! ils ont peur de le mettre dans une jaquette de fer, de crainte de faire sortir de singuliers secrets de son corps.

— Corpo di Bacco ! il y aurait peu de tranquillité dans Venise, si le conseil des Trois mettait dans sa tête de délier la langue de cet homme d'une aussi rude manière.

— Mais on dit, Gino, que le conseil des Trois a une manière de nourrir les poissons des lagunes qui jetterait peut-être le soupçon de sa mort sur quelques malheureux habitants d'Ancône, si le corps se remontrait jamais.

— C'est bien ; il n'est pas besoin de crier cela aussi haut que si tu hélais un Sicilien avec ton porte-voix, quoique le fait puisse être vrai. Pour dire la vérité, il y a dans les affaires peu d'hommes qu'on juge avoir plus de pratique que celui qui vient d'entrer dans la Piazzetta.

— Deux sequins ! répondit le Calabrois, renforçant cette expression d'une grimace significative.

— Santa Madona ! tu oublies, Stefano, que même le confesseur n'a aucun embarras dans une affaire où il a été employé. On ne pourrait acheter un de ses coups moins de cent caratani[1] : deux sequins sont bons pour les indiscrets, ou du moins pour ceux qui font leurs prières dès qu'ils ont peur.

—Jacopo! repartit l'autre, avec une emphase qui semblait réunir toute son aversion et son horreur.

Le gondolier haussa les épaules avec autant d'expression qu'un homme né sur les bords de la Baltique en eût mis dans ses paroles; mais il parut croire que le sujet était épuisé.

—Stefano Milano, ajouta-t-il après un moment de silence, il y a à Venise des choses que celui qui veut manger son macaroni en paix doit oublier. N'importe quelles soient les affaires qui vous appellent à la ville, vous arrivez à temps pour voir la regatta[2] que l'Etat doit donner demain.

—As-tu un aviron pour cette course?

—Celui de Giorgio ou le mien, sous le patronage de saint Théodore. Le prix sera une gondole d'argent pour celui que le bonheur ou l'adresse favorisera. Puis nous aurons les noces avec l'Adriatique.

—Tes nobles feront bien de faire leur cour à la fiancée, car il y a des hérétiques qui réclament ses faveurs. J'ai rencontré un corsaire singulièrement gréé et d'une miraculeuse vitesse, en tournant la pointe d'Otrante; il semblait presque avoir envie de suivre la felouque jusque dans les lagunes.

—Cette vue t'échauffa-t-elle la plante des pieds, caro mio?

—Il n'y avait point sur son pont de tête coiffée d'un turban, mais des bonnets de matelots posés sur des cheveux bien touffus et attachés sous des mentons bien rasés. *Le Bucentaure* n'est plus le meilleur bâtiment qui vogue entre la Dalmatie et les îles, quoique sa dorure le rende le plus brillant. Il y a au-delà des colonnes d'Hercule des hommes qui ne sont point satisfaits d'entreprendre tout ce qui peut être fait sur leurs propres côtes, mais qui prétendent faire une partie de ce qui peut être fait sur les nôtres.

—La république est un peu vieille, caro, et l'âge a besoin de repos; les jointures du Bucentaure se sont raidies avec le temps;

---

[1]. Un caratano était la plus petite monnaie de Venise; sa valeur n'était pas d'un liard. Il semblerait que c'est une corruption de quaranta ou quarante.
[2]. Regatta ou course de gondoles.

et après tant de voyages au Lido, j'ai entendu dire à mon maître que le lion ailé ne volait plus aussi loin que dans sa jeunesse.

— Don Camillo a la réputation de parler hardiment de la fortune de cette ville, lorsque sa tête est en sûreté sous le toit du vieux palais de Sainte-Agathe. S'il parlait avec plus de respect du bonnet du doge et du conseil des Trois, ses prétentions de succéder aux droits de ses ancêtres paraîtraient plus justes aux yeux de ses juges. Mais la distance adoucit les couleurs et apaise les craintes. Mon opinion sur la rapidité de la felouque et sur les mérites d'un Turc subit des changements de cette sorte entre le pont et la pleine mer; et je t'ai vu, bon Gino, oublier saint Théodore et t'adresser à saint Janvier, lorsque tu étais à Naples, avec autant d'ardeur que si tu te croyais en danger du volcan.

— Il faut parler à ceux qui sont le plus près, afin de mieux entendre, répondit le gondolier en jetant un regard moitié moqueur, moitié superstitieux, vers la statue qui couronnait la colonne de granit contre le piédestal de laquelle il était toujours appuyé. C'est une vérité qui nous avertit d'être prudents : car voilà un Juif qui regarde de ce côté. On dirait qu'il éprouve un scrupule de conscience de laisser passer nos remarques irrespectueuses sans aller les rapporter. On assure que le vieux barbon a d'autres affaires avec les Trois-Cents, outre celle de leur demander de l'argent qu'il prête à leurs fils. Ainsi, Stefano, tu penses donc que la république ne plantera jamais un autre mât de triomphe dans Saint-Marc et n'apportera plus de trophées dans la vénérable église?

— Naples elle-même, avec ses changements continuels de maîtres, est aussi disposée à faire quelque action d'éclat sur mer que ton animal ailé qui est là. Tu es assez bon pour conduire une gondole dans tes canaux, Gino, ou pour suivre ton maître dans son château de Calabre; mais si tu savais ce qui se passe dans le monde, tu serais heureux d'écouter les marins aux longs voyages. Les beaux jours de Saint-Marc sont passés, et ceux des hérétiques du nord sont venus.

— Tu as été dernièrement parmi ces menteurs de Génois, Stefano, et tu es arrivé ici la tête remplie de ces contes sur le pouvoir des hérétiques. Gênes la superbe! qu'est-ce que c'est qu'une ville de murailles comparée à une ville de canaux et d'îles, comme celle-ci? et qu'a fait cette république des Apennins pour être mise en rapport avec les hauts faits de la reine de l'Adriatique ? Tu oublies ce que Venise a été.....

— Zitto, zitto, cet *a été*, caro mio, est un grand mot dans toute l'Italie. Tu es aussi fier du passé qu'un Romain du Trastevere[1].

— Et le Romain du Trastevere a raison. N'est-ce rien, Stefano Milano, que d'être descendu d'un peuple grand et brave ?

— Il est encore mieux, Gino Monaldi, d'appartenir à un peuple grand et victorieux dans le présent. L'orgueil du passé ressemble un peu au plaisir de ce fou qui rêvait du vin qu'il avait bu la veille.

— Ceci est bon pour un Napolitain dont le pays ne fut jamais une nation, reprit le gondolier avec colère. J'ai entendu dire souvent à don Camillo, dont l'éducation a été aussi soignée que sa naissance est noble, que la moitié des peuples de l'Europe ont monté sur le cheval de Sicile et ont usé les jambes de tes Napolitains, à l'exclusion de ceux qui avaient le plus de droits à s'en servir.

— Cela peut être ; et cependant les figues sont aussi douces que jamais, et les bec-figues aussi tendres ! les cendres du volcan couvrent tout !

— Gino ! dit avec autorité une voix près du gondolier.

— Signore !

Celui qui avait interrompu le dialogue montra le bateau sans dire une parole.

— Au revoir, murmura précipitamment le gondolier.

Son compagnon lui serra la main avec amitié ; car ils étaient compatriotes de naissance, quoique le hasard eût attiré le premier sur les canaux. L'instant d'après, Gino arrangeait les coussins de son maître, ayant d'abord éveillé son subordonné et son confrère en avirons, qui était plongé dans un profond sommeil.

[1]. Un quartier de Rome moderne, qui prétend être peuplé par les descendants des anciens maîtres du monde, et qui affecte de regarder les autres habitants comme des barbares.

CHAPITRE II.

>Avez-vous jamais navigué dans une gondole à Venise?
>
>SHAKSPEARE.

Lorsque don Camillo Monforte entra dans la gondole, il ne s'assit pas dans le pavillon. Un bras appuyé sur le faîte du dais, son manteau jeté négligemment sur une épaule, le jeune noble resta debout, dans une attitude méditative, jusqu'à ce que ses habiles serviteurs eussent retiré le bateau du milieu de la petite flotte qui encombrait le quai et l'eussent poussé en pleine eau.

Ce devoir accompli, Gino toucha son bonnet écarlate, et regarda son maître comme pour demander la direction qu'il devait suivre. Il reçut pour toute réponse un geste silencieux qui indiquait la route du grand canal.

— Tu as l'ambition de montrer ton adresse dans la regatta, Gino, observa don Camillo lorsque la gondole eut fait quelque progrès; ce désir mérite d'obtenir du succès. Tu parlais à un étranger lorsque je t'ai appelé?

— Je demandais des nouvelles de nos montagnes de Calabre à un ami qui vient d'arriver dans le port avec sa felouque, quoique cet homme eût juré par saint Janvier que Venise ne le reverrait plus, parce que son dernier voyage avait été malheureux.

— Comment appelles-tu sa felouque, et quel est le nom du patron?

— *La bella Sorrentina*, commandée par un certain Stefano Milano, fils d'un ancien serviteur de Sainte-Agathe. La barque n'est pas une des moins agiles, et a quelque réputation de beauté. Elle devrait avoir une heureuse fortune, car le bon curé la recommanda, avec maintes prières dévotes, à la Vierge et à saint François.

Le noble parut prêter plus d'attention à un entretien qu'il avait d'abord commencé avec ce ton léger qu'un supérieur emploie souvent pour encourager un serviteur favori.

— *La bella Sorrentina!* N'ai-je pas des motifs de connaître cette barque?

— Rien n'est plus vrai, Signore. Son patron a des parents à Sainte-Agathe, comme je viens de le dire à Votre Excellence, et son vaisseau fut amarré sur le rivage, près du château, pendant plus d'un hiver rigoureux.

— Qui l'amène à Venise?

— Je donnerais ma meilleure jaquette aux couleurs de Votre Excellence pour le savoir. Je m'inquiète aussi peu que personne des affaires d'autrui, et je sais que la discrétion est la principale vertu d'un gondolier. Cependant j'ai essayé de connaître ce qui l'amenait, autant qu'un ancien voisin pouvait le faire; mais il fut aussi prudent dans ses réponses que s'il avait pris à fret les confessions de cinquante chrétiens. Si Votre Excellence me permet de le questionner en votre nom, il aura le diable au corps si le respect pour son seigneur et mon adresse n'en tirent autre chose qu'un faux connaissement.

— Tu choisiras parmi mes gondoles pour la regatta, Gino, répondit le duc de Sainte-Agathe; puis entrant dans le pavillon, il se jeta sur la pile élégante de coussins de peau noire, sans faire aucune réponse à la suggestion de son domestique.

La gondole continua sa course silencieuse avec le mouvement fantastique particulier à cette espèce de barques. Gino, qui, en sa qualité de supérieur à l'égard de son camarade, se tenait sur le petit pont arqué de la poupe, agitait son aviron avec sa promptitude et son adresse habituelles, variant de direction, tantôt à droite, tantôt à gauche, parmi la multitude de bâtiments de toutes les dimensions et de tous les usages qu'il rencontrait sur son chemin. Les palais succédaient aux palais, et la plupart des principaux canaux qui conduisaient aux différents spectacles et autres lieux d'amusement fréquentés par son maître étaient dépassés aussi, sans que don Camillo indiquât une nouvelle direction; enfin la gondole parvint en face d'un bâtiment qui parut exciter plus que l'attente ordinaire. Giorgio ne conduisit plus son aviron que d'une main, regardant Gino par-dessus son épaule, et Gino laissa sa rame traîner à la surface de l'eau. Tous les deux semblaient attendre de nouveaux ordres, manifestant cette sorte d'instinctive sympathie avec celui qu'ils servaient, qu'un cheval montre à une porte devant laquelle son maître passe rarement sans entrer.

L'édifice qui causa cette hésitation chez les deux gondoliers était une de ces résidences de Venise qui sont aussi remarquables par leur richesse extérieure et leurs ornements que par leur situation singulière au milieu des eaux. Une base massive de marbre était assise aussi solidement sur l'onde que si elle eût pris naissance sur un roc, tandis que les étages s'entassaient sur les étages, d'après les règles les plus capricieuses de l'architecture, jusqu'à une hauteur peu connue, excepté dans la demeure des princes. Des colonnades, des médaillons, des corniches massives étaient suspendus sur le canal, comme si l'art de l'homme eût pris plaisir à charger la structure supérieure, pour se jouer de l'élément mobile qui recélait sa base. Un escalier, sur lequel chaque ondulation produite par la barque refoulait une vague, conduisait à un vaste vestibule qui remplissait, sous quelques rapports, le but d'une cour. Deux ou trois gondoles étaient amarrées près de là; mais l'absence de leurs conducteurs prouvait qu'elles étaient à l'usage particulier de ceux qui habitaient la maison. Les gondoles étaient protégées du contact des barques qui passaient, par des pieux enfoncés obliquement au fond de l'eau; des morceaux de bois semblables, dont l'extrémité était peinte et ornée, et qui montraient quelquefois les couleurs et les armes du propriétaire, formaient une espèce de petit havre pour les gondoles de la maison, devant la porte de toutes les habitations remarquables.

— Où Votre Excellence veut-elle être conduite? demanda Gino lorsqu'il s'aperçut que son délai n'avait amené aucun ordre de son maître.

— Au palais.

Giorgio jeta un regard de surprise à son camarade, puis l'obéissante gondole tourna court devant cette riche mais sombre demeure, comme si la petite barque eût soudainement obéi à sa propre impulsion. Un moment plus tard elle tourna de côté, et ce son creux, causé par les flaques d'eau entre de hautes murailles, annonça son entrée dans un canal plus étroit. Avec des avirons plus courts, les gondoliers poussèrent la barque en avant; tantôt la faisant tourner court pour entrer dans quelque nouveau canal, tantôt s'élançant sous un pont surbaissé, et criant, avec la voix modulée du pays et le ton particulier à leur métier, les avertissements bien connus à ceux qui passaient dans une direction opposée. Un dernier coup de la rame de Gino amena promptement le flanc de la barque près d'un escalier.

— Tu me suivras, dit don Camillo en plaçant son pied avec la prudence habituelle sur une pierre mouillée, et en appuyant une main sur l'épaule de son serviteur ; j'ai besoin de toi.

Ni le vestibule, ni l'entrée, ni les autres parties visibles de cette demeure n'indiquaient autant de luxe et de richesse que nous en avons reconnu dans le palais du grand canal; cependant elles annonçaient la résidence d'un noble de quelque distinction.

— Tu feras sagement, Gino, de confier ta fortune à la nouvelle gondole, dit le maître en montant le lourd escalier de pierre, et montrant, tandis qu'il parlait, une nouvelle et belle barque remisée dans un coin du vestibule, comme le sont les voitures dans les cours des maisons bâties sur un terrain plus solide. Celui qui veut être favorisé de Jupiter doit pousser la roue avec son épaule; tu comprends, mon ami?

L'œil de Gino brilla, et il n'épargna pas les expressions de ses remerciements. Ils étaient montés au premier étage, et avaient traversé une longue suite de sombres apppartements, avant que la gratitude et l'orgueil du gondolier fussent réduits au silence.

— Aidé par un bras puissant et une gondole légère, ta chance de succès sera aussi bonne que celle d'un autre, Gino, dit don Camillo en fermant la porte de son cabinet. A présent, tu peux me donner une preuve de zèle d'un autre genre. Le visage d'un homme appelé Jacopo Frontoni t'est-il connu?

— Excellence! s'écria le gondolier en respirant péniblement.

— Je te demande si tu connais le visage d'un homme nommé Frontoni?

— Son visage, Signore?

— Par quelle autre chose voudrais-tu distinguer un homme?

— Un homme, signor don Camillo?

— Te moques-tu de ton maître, Gino? Je t'ai demandé si tu connais un certain Jacopo Frontoni, habitant de Venise?

— Oui, Votre Excellence.

— Celui dont je veux parler est remarquable depuis longtemps par les malheurs de sa famille; son père est maintenant en exil sur le rivage de la Dalmatie, ou quelque autre part.

— Oui, Votre Excellence.

— Il y a beaucoup de personnes qui portent le nom de Frontoni, il est important que tu ne te trompes pas. Jacopo, de cette famille, est un jeune homme de vingt-cinq ans; sa démarche est agile, son visage mélancolique, et il a moins de vivacité de tempérament que sa jeunesse ne pourrait le faire croire.

— Oui, Votre Excellence.

— Il communique peu avec les personnes de sa classe; et il est plutôt remarquable par le silence et l'inintelligence avec lesquels il remplit ses devoirs, que par les plaisanteries et la gaieté des gens de son espèce. Ce Jacopo Frontoni a sa demeure quelque part près de l'arsenal.

— Cospetto! signor duc, cet homme est aussi bien connu de nous autres gondoliers que le pont du Rialto. Votre Excellence n'a pas besoin de faire son portrait.

Don Camillo Monforte cherchait parmi les papiers d'un secrétaire; il leva les yeux, un peu surpris de cette saillie de son serviteur, puis il reprit tranquillement son occupation.

— Si tu connais cet homme, cela suffit.

— Oui, Votre Excellence. Et que désirez-vous de ce maudit Jacopo?

Le duc de Sainte-Agathe sembla réfléchir un instant. Il replaça les papiers qu'il avait dérangés, et ferma son secrétaire.

— Gino, dit-il d'un ton de confiance et d'amitié, tu es né sur mes domaines, quoique depuis si longtemps tu tiennes l'aviron à Venise, et tu as passé ta vie à mon service.

— Oui, Votre Excellence.

— Mon désir est que tu finisses tes jours où ils ont commencé. J'ai eu jusqu'ici beaucoup de confiance en ta discrétion, et j'ai le plaisir de pouvoir ajouter que tu n'as jamais trompé mon attente, bien que tu aies été nécessairement témoin de quelques exploits de jeunesse qui auraient pu causer de l'embarras à ton maître si ta langue eût été moins silencieuse.

— Oui, Votre Excellence.

Don Camillo sourit, mais cette expression de gaieté fut bientôt remplacée par un regard grave et pensif.

— Comme tu connais celui que j'ai nommé, notre affaire est

simple. Prends ce paquet, ajouta don Camillo en plaçant une lettre d'une dimension plus qu'ordinaire entre les mains du gondolier; et, tirant de son doigt une bague à cachet, il ajouta : — Voilà le signe de tes pouvoirs. Sous cette arche du palais du Doge qui conduit au canal Saint-Marc, sous le Pont des Soupirs, tu trouveras Jacopo. Donne-lui le paquet; et, s'il le demande, remets-lui la bague. Attends ses ordres, et reviens avec sa réponse.

Gino reçut cette commission avec le plus profond respect, mais avec un effroi qu'il ne put cacher. Son obéissance habituelle envers son maître paraissait avoir à lutter contre son dégoût pour la commission qu'il était obligé de remplir; et il y avait même une répugnance fondée sur des principes, dans son hésitation, toute respectueuse qu'elle fût. Si don Camillo s'aperçut des sentiments de son serviteur, il sut le cacher avec adresse.

— A l'arche qui conduit au palais, sous le Pont des Soupirs, ajouta froidement don Camillo; et que ton arrivée dans ce lieu soit aussi près que possible de la première heure de la nuit[1].

— J'aurais désiré, Signore, que vous m'eussiez commandé, ainsi qu'à Giorgio, de vous conduire à Padoue.

— La route est longue. Pourquoi ce désir subit d'entreprendre de nouvelles fatigues?

— Parce qu'il n'y a là ni palais du Doge, ni Pont des Soupirs, ni chien de Jacopo Frontoni parmi les champs.

— Tu as peu de goût, ce me semble, pour cette commission; mais tu devrais savoir que lorsqu'un maître commande, le devoir d'un fidèle serviteur est d'obéir. Tu es né mon vassal, Gino Monaldi; et, quoique depuis ton enfance tu sois gondolier, tu dépens cependant de mes fiefs de Naples.

— Saint Janvier sait que je suis reconnaissant de cet honneur, Signore! Mais il n'y a pas un vendeur d'eau dans les rues de Venise, pas un gondolier sur ses canaux, qui ne souhaite le Jacopo partout ailleurs que dans le sein d'Abraham. Il est la terreur de tous les jeunes amants et de tous les créanciers pressants des îles.

— Tu vois, babillard, que parmi les premiers il y en a au moins un qui ne le craint pas. Tu le trouveras sous le Pont des Soupirs, tu lui montreras le cachet, et tu lui remettras la lettre, suivant mes instructions.

---

[1]. A Venise le temps se compte depuis le coucher du soleil.

— C'est se perdre de réputation que de se faire voir parlant à un tel mécréant! Pas plus tard qu'hier, j'ai entendu Annina, la jolie fille du vieux marchand de vin sur le Lido, déclarer qu'il était aussi dangereux d'être vu une fois dans la compagnie de Jacopo Frontoni que d'être surpris deux fois à rapporter de vieilles cordes de l'arsenal, comme cela est arrivé à Roderigo, son cousin du côté de sa mère.

— Tu as fait une étude, il paraît, de la morale du Lido. Souviens-toi de lui montrer la bague, de crainte qu'il ne se méprenne sur ta commission.

— Votre Excellence ne pourrait-elle plutôt m'envoyer rogner les ailes du lion ou corriger les peintures du Titien? J'ai une antipathie mortelle à passer les dernières heures du jour avec un coupe-jarrets. Si quelques uns de nos gondoliers me voyaient causer avec cet homme, l'influence même de Votre Excellence pourrait bien être insuffisante pour m'obtenir une place dans la regatta.

— S'il te retient, Gino, tu attendras son bon plaisir; et, s'il te congédie tout d'abord, reviens ici avec promptitude, afin que je connaisse les résultats de cette entrevue.

— Je sais très-bien, signor don Camillo, que l'honneur d'un noble est plus délicat que celui de ses serviteurs, et que la tache sur la robe de soie d'un sénateur se voit de plus loin que celle qui se trouve sur une jaquette de velours. Si quelqu'un indigne de l'attention de Votre Excellence a osé l'offenser, Giorgio et moi nous sommes prêts dans tous les temps à montrer que nous savons ressentir profondément une injure faite à notre maître; mais un mercenaire qu'on loue pour deux, dix et même cent sequins!...

— Je te remercie de ton avertissement, Gino. Va dormir dans ta gondole, et dis à Giorgio de venir dans mon cabinet.

— Signore!

— Es-tu résolu à ne point obéir à mes ordres?

— Votre Excellence désire-t-elle que je me rende au Pont des Soupirs par les rues, ou bien par les canaux?

— On peut avoir besoin de la gondole: prends tes avirons.

— Un bateleur n'aura pas le temps de faire la roue, que la réponse de Jacopo sera ici.

Ayant ainsi changé subitement de dessein, le gondolier quitta l'appartement, car la répugnance de Gino disparut au moment où il s'aperçut que la commission confidentielle de son maître allait être remplie par un autre. Descendant rapidement l'escalier secret, au lieu d'entrer dans le vestibule où se trouvaient six serviteurs de différents grades, il traversa un des étroits corridors du palais pour se rendre dans une cour intérieure, et de là, par une porte basse et peu fréquentée, il entra dans une allée obscure qui communiquait avec la rue la plus voisine.

Quoique notre siècle soit celui de l'activité et de l'intelligence, et que l'Atlantique ne soit plus une barrière même pour aller chercher les amusements les plus simples, il est peu d'Américains qui aient jamais eu l'occasion d'examiner personnellement les particularités remarquables d'un pays dans lequel la ville que Gino parcourait avec tant de diligence n'est pas un des objets les moins dignes d'observation.

Ceux qui ont été assez heureux pour visiter l'Italie nous excuseront sans doute si nous nous livrons à une description brève, mais que nous croyons utile pour les personnes qui n'ont pas eu cet avantage.

La ville de Venise est située sur un amas d'îles basses et sablonneuses. Il est probable que le pays qui se trouve le plus près du golfe, si ce n'est même toute cette immense plaine de la Lombardie, est un terrain d'alluvion. Quelle que puisse être l'origine de ce large et fertile royaume, les causes qui ont donné naissance aux lagunes, et à Venise ses fondements extraordinaires et pittoresques, sont trop apparentes pour être méconnues. Plusieurs torrens qui découlent des vallées des Alpes versent dans ce lieu leur tribut à l'Adriatique : leurs eaux viennent chargées de débris de montagnes pulvérisés. Débarrassées de la violence du courant, ces particules ont été nécessairement déposées dans le golfe, là où elles ont commencé à éprouver la résistance puissante de la mer. Agité par les courants, les contre-courants et les vagues, le sable s'est accumulé en monticules sous-marins jusqu'au-dessus de la surface de la mer, formant des îles dont l'élévation fut graduellement augmentée par la décadence de la végétation. Un coup d'œil sur la carte prouvera que le golfe de Venise est, sinon littéralement, au moins de fait, au fond de l'Adriatique, si l'on a égard aux effets produits par le vent du sud-est, appelé le *Sirocco*. Cette circonstance accidentelle est probablement la raison pour laquelle les lagunes ont un caractère plus prononcé à l'embouchure des courants inférieurs qui s'y jettent, qu'à celle de la plupart des autres rivières qui coulent également des Alpes et des Apennins dans la même petite mer.

La conséquence naturelle du courant d'une rivière qui se rencontre avec les eaux de quelques bassins plus larges où il n'y a pas un fond de roche, est la formation, à l'endroit où les forces opposées se neutralisent, d'un banc qu'on appelle en terme technique une barre. Les côtes des Etats-Unis fournissent des preuves constantes de la vérité de cette théorie, chaque rivière ayant sa barre, avec ses canaux, qui sont souvent déplacés ou nettoyés par les inondations, les brises ou les marées. L'opération continuelle et puissante des vents du sud-est d'un côté, et l'augmentation périodique des courants des Alpes de l'autre, ont converti la barre de l'entrée des lagunes vénitiennes en une succession d'îles longues, basses et sablonneuses qui s'étendent en ligne droite presqu'en travers de l'embouchure du golfe. Les eaux des rivières se sont nécessairement ouvert quelques canaux pour leur passage ; sans cela, ce qui est maintenant une langune serait il y a longtemps devenu un lac. Un autre millier d'années peut changer le caractère de ce singulier pays, au point de métamorphoser les canaux de la baie en rivières, et le rivage boueux en marais et en prairies, semblables à celles qu'on voit déjà aujourd'hui, pendant un si grand nombre de lieues, dans l'intérieur des terres. La ligne de sable qui donne au port de Venise et à ses lagunes toute sa sécurité est appelée le Lido de Palestrine ; elle est artificielle en plus d'une partie ; et la muraille du Lido (littéralement le rivage), quoique incomplète comme la plupart des ouvrages vantés de l'ancien hémisphère et plus particulièrement de l'Italie, peut rivaliser avec le môle d'Ancône et la jetée de Cherbourg. Les cent petites îles qui contiennent maintenant les ruines de ce qui était dans le moyen âge le marché de la Méditerranée, sont groupées les unes près des autres à la distance d'une portée de canon de leur barrière naturelle. L'art s'est uni à la nature pour tirer de tout cela un bon parti, sans compter l'influence des causes morales, la rivalité d'une ville voisine, entretenue par la politique, et enfin la crue graduelle des eaux, causée par le dépôt continel des torrents. Il serait difficile d'imaginer un havre plus commode et plus sûr, lorsqu'on y est une fois entré, que celui de Venise, même de nos jours. Comme les plus profonds canaux des lagunes ont été conservés, la ville est coupée dans chaque direction par des passages qui d'après leur apparence sont appelés canaux, mais qui en réalité sont autant de petits bras de mer. Sur le bord de ces passages, les murailles des maisons sortent littéralement de l'eau, car l'économie du terrain a forcé les propriétaires à étendre leurs possessions jusque sur le bord du canal, de la même manière que les quais et les magasins dans nos pays sont construits jusqu'au bord des flots.

Il est maintes îles de Venise qui n'étaient dans l'origine que des bancs de terre périodiquement à sec; et sur toutes l'usage des pilotis est nécessaire pour supporter le poids des églises, des palais et des monuments publics, sous lesquels, dans la suite des siècles, l'humble monceau de sable s'est accru.

La grande multitude des canaux, et peut-être l'économie du travail, a donné à la plus grande partie des bâtiments la facilité d'une entrée par eau; mais tandis que presque chaque demeure a sa façade sur un canal, il existe toujours des communications par derrière avec les passages intérieurs de la ville. C'est une faute, dans la plupart des descriptions de Venise, de tant parler de ses canaux et si peu de ses rues. Ces dernières sont étroites, mais elles sont pavées, commodes, silencieuses, et coupent toutes les îles, qui communiquent entre elles par un nombre incalculable de ponts. Quoique le sabot d'un cheval et le bruit d'une roue ne soient jamais entendus dans ces étroites avenues, elles sont d'une grande utilité dans tous les usages de la vie domestique.

Gino entra dans une de ces rues lorsqu'il quitta le passage particulier qui communiquait avec le palais de son maître. Il traversa la foule dont il était environné, avec une vivacité qui ressemblait aux mouvements d'une anguille parmi les herbes des lagunes. Il ne répondait aux nombreux saluts de ses connaissances que par des signes de tête, et il ne s'arrêta pas un seul instant jusqu'à ce que ses pas l'eussent conduit à la porte d'une maison sombre et basse, construite dans le coin d'une place habitée par des gens d'une condition inférieure. Se frayant un chemin à travers les tonneaux, les cordages et les débris de toute espèce, le gondolier finit par trouver une porte retirée, ouvrant sur une chambre dont la seule lumière venait d'une espèce de puits, qui descendait entre les murailles de la maison adjacente et de celle où il venait d'entrer.

— Que sainte Anne me bénisse! est-ce toi, Gino Monaldi? s'écria une jolie grisette vénitienne, dont la voix et les manières trahirent autant de coquetterie que de surprise. A pied, par la porte secrète! est-ce là l'heure à laquelle tu viens ordinairement ici?

— Il est vrai, Annina, que ce n'est point le temps de parler d'affaires à ton père, et qu'il est un peu trop tôt pour venir te voir toi-même; mais j'ai moins de temps pour parler que pour agir. Pour l'amour de saint Théodore et celui d'un constant et sot jeune homme qui, s'il n'est pas ton esclave, est au moins ton chien, apporte-moi la jaquette que je portais lorsque nous allâmes ensemble voir la fête de Fusina.

— Je ne sais quel est ton message, Gino, ni la raison pour laquelle tu désires quitter la livrée de ton maître pour l'habit d'un commun batelier : tu es bien mieux avec cette soie à fleurs qu'avec ce velours fané; et si j'ai jamais fait l'éloge de ce dernier vêtement, c'est parce que tu le portais lorsque tu me conduisis à la fête, et que je ne voulus pas perdre l'occasion de donner une louange à un homme qui aime autant que toi à être loué.

— Zitto! zitto! il n'est point ici question de fête, mais d'une affaire sérieuse et qui doit être accomplie promptement. La jaquette, si tu m'aimes.

Annina, qui n'avait pas négligé l'essentiel pendant qu'elle moralisait, jeta le vêtement sur un tabouret, à la portée de la main du gondolier, au moment où ce dernier faisait ce tendre appel, et de manière à prouver qu'elle n'était pas surprise d'une confession de cette sorte, même quand elle n'était pas sur ses gardes.

— Si je t'aime! Tu as la jaquette, Gino, et tu peux chercher dans ses poches la réponse à ta lettre, dont je ne te remercie pas, puisque c'est le secrétaire du duc qui l'a écrite. Une fille serait plus discrète dans de semblables affaires, car on ne sait jamais si l'on ne prend pas un rival pour confident.

— Chaque mot est aussi vrai que si le diable lui-même l'avait écrit, jeune fille, murmura Gino en se dépouillant de son vêtement à fleurs, et en passant aussi rapidement l'habit plus simple.
— Le bonnet, Annina, et le masque?

— Une personne qui porte un visage aussi faux n'a pas besoin d'un petit morceau de soie pour cacher ses traits, répondit-elle en jetant cependant au jeune homme les objets qu'il demandait.

— C'est bien. Le père Baptiste lui-même, qui se vante de pouvoir distinguer un pécheur d'un pénitent, seulement en le regardant, ne soupçonnera jamais un serviteur de don Camillo Monforte sous cet habit. Cospetto! j'ai presque envie de rendre visite à ce coquin de juif qui a pris ta chaîne d'or en gage, et de lui donner un échantillon des conséquences qui pourront en résulter, s'il persiste à demander le double des intérêts convenus.

— Ce serait une justice chrétienne. Mais que deviendrait pendant ce temps cette affaire sérieuse que tu étais si pressé d'accomplir?

— Tu dis vrai, ma chère : le devoir avant tout, quoique effrayer un avare Isréalite serait tout aussi bien un devoir qu'autre chose. Toutes les gondoles de ton père sont-elles sur l'eau?

— Sans cela, comment serait-il allé au Lido, mon frère Luigi à Fusini, les deux domestiques à leurs affaires ordinaires des îles? en un mot, comment serais-je seule ici?

— Diavolo! est-ce qu'il n'y a pas de bateau dans le canal?

— Tu es bien pressé, Gino, maintenant que tu as un masque et une jaquette de velours. Je ne sais pas si j'aurais dû laisser entrer quelqu'un dans la maison de mon père, et lui permettre de prendre un pareil déguisement pour le laisser sortir à une pareille heure. Tu vas me dire quelle est cette affaire, afin que je puisse juger de ce que j'ai fait.

— Mieux vaudrait demander aux Trois-Cents d'ouvrir les feuilles de leur livre de sentences! Donne-moi la clef de la porte extérieure, afin que je puisse continuer ma route.

— Non pas, jusqu'à ce que je sache si cette affaire peut attirer sur mon père le déplaisir du sénat. Tu sais, Gino, que je suis...

— Diamine! j'entends l'horloge de Saint-Marc, et le temps passe. Si j'arrive trop tard, ce sera ta faute.

— Ce ne sera pas la première de tes fautes que je serai chargée d'excuser. Tu resteras où tu es, jusqu'à ce que je connaisse ce message pour lequel tu as besoin d'un masque et d'une jaquette, et tout ce qui a rapport à cette affaire si sérieuse.

— Tu parles comme une femme jalouse, au lieu de parler comme une fille raisonnable, Annina. Je t'ai dit que j'étais chargé de la commission la plus importante, et qu'un délai pourrait amener de grandes calamités.

— Sur qui? et quelle est cette commission? et pourquoi, toi

qu'on est presque forcé ordinairement de chasser de cette maison, es-tu si pressé de la quitter?

— Ne t'ai-je pas dit que ce message concernait six nobles familles, et que si je n'arrive pas à temps, il y aura un combat... entre les Florentins et la république?

— Tu n'as rien dit de la sorte, et je ne crois pas que tu sois un ambassadeur de Saint-Marc. Dis-moi tout d'un coup la vérité, Gino Monaldi, ou laisse là le masque et la jaquette pour reprendre les fleurs de Sainte-Agathe.

— Eh bien! comme nous sommes amis, et que j'ai foi en ta discrétion, Annina, tu connaîtras la vérité tout entière : car je m'aperçois que la cloche a seulement sonné les trois quarts, ce qui me laisse encore un moment pour cette confidence.

— Tu regardes la muraille, Gino, et tu cherches dans ta tête quelque mensonge plausible.

— Je regarde la muraille, parce que ma conscience me dit que ma faiblesse pour toi est sur le point de me faire commettre une faute. Ce que tu prends pour de la fausseté est seulement de la retenue et de la discrétion.

— C'est ce que nous verrons quand ton histoire sera racontée.

— Alors, écoute. Tu as entendu parler de cette affaire entre mon maître et la nièce du marquis romain qui fut noyé dans le Giudecca par la maladresse d'un habitant d'Ancône qui passa par-dessus la gondole de Pietro comme si sa felouque avait été une galère de l'Etat?

— Qui a été sur le Lido, le mois passé, sans entendre raconter cette histoire, avec les variantes que chaque gondolier inventait dans sa colère?

— Eh bien! cette affaire doit en venir à une conclusion cette nuit : mon maître est sur le point, je le crains, de faire une folie.

— Il va se marier?

— Ou pis encore. Je suis envoyé en toute hâte et mystère à la recherche d'un prêtre.

Annina montra un grand intérêt à écouter la fiction du gondolier. Néanmoins, étant d'un caractère défiant et connaissant depuis longtemps le caractère de Gino, elle n'écouta pas cette explication sans manifester quelque doute sur sa vérité.

— Ce seront des noces bien subites! répondit-elle après un moment de silence. Il est heureux que peu de personnes soient invitées, car les fêtes seraient troublées par les Trois-Cents. A quel couvent t'a-t-on envoyé?

— On ne m'a rien dit de particulier là-dessus : le premier que je trouverai, pourvu que ce soit un franciscain et un prêtre qui ait des entrailles pour des amants pressés.

— Don Camillo Monforte, l'héritier d'une ancienne et noble famille, ne se marie pas avec si peu de prudence. Ta langue de vipère a essayé de me tromper, Gino; mais l'expérience aurait dû t'apprendre l'inutilité de cet effort. Tu n'accompliras ta commission que lorsque tu m'auras dit la vérité; jusque-là tu es mon prisonnier.

— Je puis t'avoir dit ce que je suppose devoir bientôt arriver, plutôt que ce qui est arrivé déjà; mais don Camillo m'a tenu si souvent sur l'eau dernièrement, que je ne fais presque que rêver lorsque je n'ai point un aviron à la main.

— C'est en vain que tu essaierais de me tromper, Gino : car tes yeux disent la vérité, tandis que ta langue et ta tête arrangent des contes. Goûte un peu de cette coupe, et décharge ta conscience comme un homme.

— Je voudrais que ton père fît la connaissance de Stefano Milano, répondit le gondolier après avoir bu largement. C'est un patron de Calabre qui souvent apporte dans le port d'excellentes liqueurs de son pays, et qui passerait un tonneau de lacryma-christi rouge à travers le Broglio lui-même, sans qu'aucun noble s'en aperçût. Cet homme est ici dans ce moment; et si tu veux il t'arrangera facilement de quelques outres.

— Je doute qu'il y ait une meilleure liqueur que celle-ci, qui a mûri sur les sables du Lido. Bois-en un second verre, car on dit que le second est meilleur que le premier.

— Si le vin s'améliore de cette façon, ton père doit être bien triste quand il voit la lie. Ce serait une charité que de lui faire faire connaissance avec Stefano.

— Pourquoi ne pas le faire immédiatement? Ne dis-tu pas que sa felouque est dans le port? Tu peux le conduire ici par la porte secrète et les rues.

— Tu oublies ma commission. Don Camillo n'est point habitué à être servi le second. Cospetto! ce serait dommage qu'un autre possédât la liqueur que le Calabrois garde en secret.

— Cette commission ne peut pas être l'affaire d'un moment,

comme celle de s'assurer un vin aussi bon que celui dont tu parles ; ou bien tu peux dépêcher d'abord l'affaire de ton maître, et puis aller au port à la recherche de Stefano. Afin que le marché ne manque pas, je vais prendre un masque, et t'accompagner près du Calabrois. Tu sais que mon père a une grande confiance en moi pour les affaires de cette sorte.

Tandis que Gino était moitié stupéfait et moitié ravi de cette proposition, la prompte et obstinée Annina fit quelque changement à son costume, plaça un masque de soie sur son visage, ouvrit une porte, et fit signe au gondolier de la suivre.

Le canal auquel la maison du marchand de vin communiquait était étroit, sombre et peu fréquenté ; une gondole d'une extrême simplicité était amarrée à l'entrée, et la jeune fille s'y plaça, sans paraître croire qu'aucun autre arrangement fût nécessaire. Le domestique de don Camillo hésita un instant ; et voyant que le projet qu'il venait de concevoir de s'échapper au moyen d'un autre bateau ne pouvait s'accomplir, il prit sa place habituelle sur la poupe, et commença à agiter l'aviron avec une promptitude mécanique.

CHAPITRE III.

> Quel est le chef exact au rendez-vous qui se montre ?
> SHAKSPEARE. *Henri VI*.

La présence d'Annina était un grand embarras pour Gino. Il avait ses divers secrets et ses projets ambitieux, comme les autres hommes ; et parmi les premiers, celui d'être bien dans la faveur de la fille du marchand de vin était un des plus vifs. Mais la jeune artificieuse, en donnant à goûter à son amant une liqueur qui n'était guère moins célèbre parmi les gens de sa classe pour sa force que pour sa saveur, avait causé une certaine confusion dans le cerveau de Gino, confusion qui demanda quelque temps pour se dissiper. Le bateau était sur le grand canal et bien près du lieu de sa destination, avant que cet heureux changement dans l'esprit du gondolier eût été effectué. Néanmoins, l'exercice de l'aviron, l'air frais du soir et la vue de tant d'objets accoutumés lui rendirent son sang-froid et sa prévoyance. Au moment où le bateau approcha de l'extrémité du canal, il commença à jeter les yeux autour de lui et chercha la felouque bien connue du Calabrois.

Quoique la gloire de Venise eût disparu, le commerce de cette ville n'était pas aussi nul qu'aujourd'hui. Le port était encore encombré de vaisseaux de divers pays, et l'on voyait les pavillons de la plupart des Etats maritimes de l'Europe en deçà de la barrière du Lido. La lune était assez haute pour jeter sa douce lumière sur toute l'étendue du bassin, et une forêt composée de vergues latines, des légers mâts des polacres et des vaisseaux d'un bois plus massif et plus régulièrement gréés, s'élevait au-dessus du tranquille élément.

— Tu ne peux être juge de la beauté d'un vaisseau, Annina, dit le gondolier qui était abrité sous le pavillon de la barque ; sans cela, je te dirais de regarder cet étranger de Candie. On dit qu'un aussi beau modèle n'est jamais entré dans le Lido.

— Nous n'avons point affaire au vaisseau de Candie, Gino ; ainsi joue de l'aviron, car le temps presse.

— Il y a beaucoup de vin grossier de Grèce dans sa cale ; mais, comme tu dis, nous n'avons rien à démêler avec lui. Ce grand bâtiment, qui est amarré près du plus petit bâtiment de nos mers, est le vaisseau d'un luthérien des Iles Britanniques. Ce fut un triste jour pour la république, jeune fille, que celui où l'on permit à l'étranger d'entrer dans les eaux de l'Adriatique.

— Est-il certain, Gino, que le bras de saint Marc eût été assez long pour l'empêcher d'y pénétrer ?

— Ne faites pas une telle question, je vous prie, dans un lieu où tant de gondoles sont en mouvement ! Voici des Ragusains, des Maltais, des Siciliens et des Toscans sans nombre ; et voici également une petite flotte française à l'entrée du Giudecca : ce sont des gens qui marchent toujours de compagnie, soit sur terre, soit sur mer, pour faire usage de leur langue. Ah ! nous voici au terme de notre voyage.

L'aviron de Gino donna un coup en arrière, et la gondole resta en repos à côté de la felouque.

— Une heureuse nuit à *la bella Sorrentina* et à son digne patron! dit le gondolier en mettant le pied sur le pont du bâtiment: l'honnête Stefano Milano est-il à bord de la légère felouque?

Le Calabrois fut prompt à répondre, et quelques moments après le patron et les deux visiteurs eurent une conférence secrète.

— J'ai amené ici quelqu'un qui mettra probablement des sequins vénitiens dans ta poche, dit le gondolier lorsque les politesses du salut eurent été observées. Voilà la fille du plus consciencieux des marchands de vin, d'un homme qui est aussi disposé à transplanter vos vignes siciliennes dans les îles qu'il est capable de payer leur produit.

— Et une fille qui serait aussi belle que bien disposée, dit le galant marinier, si elle voulait écarter ce nuage noir qui nous cache son visage.

— Un masque est de peu d'importance dans un marché, pourvu que l'argent se trouve. Nous sommes toujours en carnaval, à Venise; et celui qui veut acheter, ainsi que celui qui veut vendre, a le droit de cacher son visage comme ses pensées. Qu'as-tu en fait de liqueurs prohibées, Stefano, afin que ma compagne ne perde pas son temps en vaines paroles?

— Per Dio! maître Gino, tu poses la question avec peu de cérémonie. La cale de la felouque est vide, comme tu pourras le voir en descendant aux écoutilles. Et, quant aux liqueurs, nous périssons ici faute d'une goutte pour nous réchauffer le sang.

— Au lieu d'en venir chercher ici, dit Annina, nous aurions mieux fait d'aller à la cathédrale dire un *Ave* pour ton heureux retour dans ton pays. Et maintenant que notre affaire est terminée, maître Stefano, nous allons te quitter pour aller trouver un homme moins habile dans ses réponses.

— Cospetto! tu ne sais pas ce que tu dis, murmura Gino, lorsqu'il s'aperçut que l'impatiente Annina voulait s'en aller. Cet homme n'entre jamais dans la moindre baie d'Italie sans avoir quelque chose de bon dans sa felouque. Un marché avec lui trancherait la question entre les vins de ton père et ceux de Battista. Il n'y a pas un gondolier à Venise qui ne se rendît à ta boutique si tu faisais un marché avec Stefano.

Annina hésita; habituée depuis longtemps au petit commerce

secret et hasardé que se permettait son père malgré la vigilance et la sévérité de la police de Venise, et dans lequel il avait eu jusqu'alors du succès, elle ne voulait ni risquer d'exposer ses désirs devant un homme qui lui était complètement étranger, ni abandonner un marché qui promettait d'être lucratif. Elle était bien certaine que Gino s'était amusé à ses dépens sur le but de sa commission, car un domestique du duc de Sainte-Agathe n'avait pas besoin d'un déguisement pour aller chercher un prêtre ; mais elle connaissait trop bien aussi le zèle qu'il portait à ses intérêts personnels pour ne pas lui accorder toute sa confiance dans une affaire qui concernait sa propre sûreté.

— Si tu crois qu'il y a ici quelque espion de la police, ajouta-t-elle en s'adressant au patron d'une manière qui trahissait ses désirs, il est au pouvoir de Gino de te détromper. Tu attesteras, je l'espère, Gino, que je ne dois pas être soupçonnée de trahison dans une affaire comme celle-ci.

— Laisse-moi couler un mot dans l'oreille du Calabrois, dit Gino d'une manière justificative. — Stefano Milano, ajouta-t-il lorsqu'il fut sûr de n'être entendu que de son ami, si tu m'aimes, garde cette fille pendant quelques instants, et entre en marché avec elle : ta bourse ne s'en trouvera pas mal.

— Ai-je à vendre les vignes de don Camillo ou celles du vice-roi de Sicile, caro ? il y a autant de ces deux vins à bord de *la bella Sorrentina* qu'il en faudrait pour mettre en mer la flotte de la république.

— Si tu es réellement à sec, fais semblant d'avoir quelque chose et diffère sur les prix. Cause avec elle, quand ce ne serait qu'une minute, pendant que je pourrai me glisser sans être vu dans ma gondole ; alors, pour l'amour d'un vieil ami, mets-la poliment sur le quai de la meilleure manière qu'il te sera possible.

— Je commence à comprendre la nature de l'affaire, répondit le patron en posant un doigt sur une aile de son nez ; je vais causer avec la jeune femme sur la bonté de mon vin, ou, si tu veux, sur sa propre beauté ; mais trouver une goutte d'autre chose que de l'eau des lagunes dans les flancs de la felouque serait un miracle digne de saint Théodore lui-même.

— Il n'est pas besoin de parler d'autre chose que de la qualité de ton vin. La jeune fille ne ressemble point aux autres personnes de son sexe, et elle s'offense lorsqu'on lui parle de ses charmes.

En vérité, le masque qu'elle porte sert aussi bien à cacher un visage qui n'a rien de tentant pour l'œil qu'à déguiser sa personne.

— Puisque Gino me parle franchement, reprit le subtil Calabrois avec un air de bonne humeur et de confiance en s'adressant à la jeune fille, je commence à voir plus de probabilité de nous entendre. Daignez, belle dame, entrer dans ma pauvre cabine, où nous causerons plus à notre aise et plus avantageusement pour notre profit mutuel et notre mutuelle sécurité.

Annina n'était pas sans quelques doutes secrets, mais elle permit au patron de la conduire à l'escalier de la cabine, comme si elle eût été disposée à descendre. Ells n'eut pas plus tôt le dos tourné que Gino s'élança dans sa gondole, et d'un coup de son bras vigoureux l'envoya hors de l'atteinte d'un homme. Cette action fut subite, rapide et sans bruit ; mais l'œil jaloux d'Annina découvrit la fuite du gondolier, quoiqu'il ne fût plus temps de la prévenir. Sans trahir la contrariété qu'elle éprouvait, elle se laissa conduire dans la cabine, comme si tout ce qui se faisait eût été de concert avec elle.

— Gino m'a dit que vous aviez un bateau qui pourrait facilement me mettre sur le quai lorsque notre conversation sera finie, dit-elle avec une présence d'esprit qui s'accordait heureusement avec l'expédient de son compagnon.

— La felouque elle-même remplirait cet office s'il ne se trouvait pas d'autres moyens, répondit galamment le marin lorsqu'ils furent descendus dans la cabine.

Libre d'accomplir son devoir, Gino agitait l'aviron avec une nouvelle vigueur : le léger bateau glissait entre les vaisseaux, s'inclinant par l'habile maniement d'un simple aviron, de manière à éviter tout contact, jusqu'à ce qu'il entrât dans l'étroit canal qui sépare le palais du Doge du classique et beau monument qui contient les prisons de la république. Le pont qui continue la communication des quais était déjà passé, et Gino se glissait sous cette arche célèbre qui supporte une galerie couverte, conduisant des étages supérieurs du palais dans ceux des prisons, et qui, étant destiné au passage des accusés pour se rendre en présence de leurs juges, a été si poétiquement, et l'on peut même ajouter si pathétiquement, appelé le Pont des Soupirs.

L'aviron de Gino ralentit ses efforts, et la gondole approcha d'un escalier sur lequel, comme à l'ordinaire, l'eau jetait quelques vagues. Sautant sur la première marche, il enfonça une petite pique de fer, à laquelle une corde était attachée, dans une crevasse entre deux pierres, et lui confia la sûreté de sa barque. Lorsque cette précaution fut prise, le gondolier passa rapidement sous l'arche massive de la porte d'eau du palais, et entra dans son immense mais sombre cour.

A cette heure et avec les tentations de plaisir qui s'offraient dans la place voisine, ce lieu était presque désert ; une porteuse d'eau était seule au puits, attendant que l'élément liquide se fût répandu dans le bassin, afin de remplir ses baquets, tandis qu'elle écoutait avec attention le bourdonnement de la foule qui était en dehors. Un hallebardier se promenait dans la galerie ouverte à l'extrémité de l'escalier du Géant, et de temps à autre le pas de quelque sentinelle se faisait entendre sous les arches creuses et pesantes des longs corridors : on n'apercevait aucune lumière à travers les fenêtres, et le bâtiment entier présentait un fidèle emblème de ce pouvoir mystérieux qui présidait aux destinées de Venise et à celles de ses citoyens. Avant que Gino se fût hasardé en dehors de l'ombre que projetait le passage par lequel il était entré, deux ou trois curieux parurent à l'entrée opposée de la cour, où ils s'arrêtèrent un instant pour contempler l'air mélancolique et imposant de ce lieu redouté ; puis ils disparurent dans la foule, qui s'agitait auprès de ce tribunal impitoyable et secret, comme l'homme se livre aux excès sous le coup d'un avenir imprévu et sans terme.

Désappointé dans son attente de rencontrer celui qu'il cherchait, le gondolier avança ; et, prenant courage par la possibilité qu'il entrevoyait d'échapper à cette entrevue, il essaya de fournir une preuve évidente de sa présence par un bruyant hem! Au même instant une figure se glissa en arrivant d'un des côtés du quai et marcha rapidement vers le centre de la cour. Le cœur de Gino battit violemment, mais il résolut d'aller à la rencontre de l'étranger. Lorsqu'ils arrivèrent l'un près de l'autre, il devint évident, à la clarté de la lune qui pénétrait même dans ce triste lieu, que le dernier arrivant était aussi masqué.

— Que saint Théodore et saint Marc soient avec vous! dit le gondolier. Si je ne me trompe pas, vous êtes l'homme que je viens trouver.

L'étranger recula, et manifesta d'abord l'intention de passer rapidement; cependant il s'arrêta pour répondre :

— Cela peut être ou n'être pas; démasquez-vous, afin que je puisse juger par votre visage si ce que vous me dites est vrai.

— Avec votre permission, digne et honorable signore, et si cela vous est agréable, ainsi qu'à mon maître, j'aimerais assez à éviter l'air du soir en conservant ce morceau de carton et de soie.

— Il n'y a ici personne pour te trahir, quand tu serais nu comme au jour de ta naissance : si je ne suis certain de ce que tu es, comment puis-je me fier à ton honnêteté?

— Je ne me méfie point des vertus d'une face découverte, Signore, et je vous invite donc vous-même à montrer ce que la nature a fait pour vous dans les traits de votre visage, afin que moi, qui dois faire la confidence, je sois sûr de l'identité de la personne à laquelle je m'adresse.

— C'est bien, et cela me donne une bonne idée de ta prudence. Je ne me démasquerai pas cependant; et comme il y a peu de probabilité que nous puissions nous comprendre, je vais passer mon chemin en te souhaitant une heureuse nuit.

— Cospetto! Signore, vous êtes un peu trop prompt dans vos résolutions et vos mouvements pour quelqu'un qui est peu habitué aux négociations de cette sorte. Voilà une bague dont le cachet servira peut-être à nous faire comprendre l'un de l'autre.

L'étranger prit le bijou, et tenant la pierre de manière à l'exposer aux rayons de la lune, il tressaillit en trahissant ainsi un sentiment de surprise et de plaisir.

— Voici le faucon du Napolitain, de celui qui est seigneur de Sainte-Agathe!

— Et de bien d'autres fiefs, bon Signore, pour ne rien dire des honneurs qu'il réclame à Venise. Ai-je raison de supposer que c'est vous à qui j'ai affaire?

— Tu as trouvé quelqu'un qui dans le moment présent n'a pas d'autres pensées que celles qui se rapportent à don Camillo Monforte. Mais ton message ne consiste pas seulement à me montrer un cachet?

— Non sans doute, car j'ai un paquet; et j'attends seulement la certitude de l'identité de la personne à laquelle je parle, pour le remettre entre ses mains.

L'étranger réfléchit un moment ; puis, jetant les yeux autour de lui, il répondit précipitamment :

— Ce lieu n'est point convenable pour nous démasquer, l'ami, bien que notre déguisement ne soit qu'une plaisanterie. Attends ici jusqu'à mon retour, et je te conduirai dans un endroit plus commode.

Ces mots furent à peine prononcés que Gino se vit seul au milieu de la cour. L'étranger s'était rapidement éloigné et se trouvait déjà au bas de l'escalier du Géant avant que le gondolier eût eu le temps de la réflexion. Il monta légèrement l'escalier ; là, sans regarder le hallebardier, il s'approcha du premier des orifices pratiqués dans les murs du palais, et auxquels les têtes sculptées en relief tout autour avaient fait donner le nom de Gueules de Lion, réceptacles fameux des accusations secrètes. L'étranger laissa tomber quelque chose dans l'ouverture de marbre ; mais la distance à laquelle se trouvait Gino ne lui permit pas d'apercevoir quel était cet objet, puis il se glissa comme un fantôme le long des marches massives.

Gino s'était retiré vers l'arche de la porte d'eau, espérant que l'étranger le rejoindrait sous l'ombre que projetait cette porte ; mais, à son grand effroi, il le vit s'élançant à travers le portail extérieur du palais, et de là dans la place Saint-Marc. Au même moment, Gino alarmé le suivit précipitamment. Lorsqu'il fut au milieu de la scène brillante et gaie de la Piazza, qui contrastait avec l'obscurité de la cour qu'il venait de quitter, il s'aperçut de l'inutilité de sa poursuite. Effrayé de la perte du cachet de son maître, l'imprudent mais bien intentionné gondolier se précipita au milieu de la foule, et tâcha en vain de découvrir le délinquant au milieu de mille masques.

— Ecoutez, Signore, dit-il à l'un d'eux qui semblait vouloir l'éviter, si vous avez assez longtemps paré votre doigt de la bague de mon maître, voici l'occasion de la rendre.

— Je ne te connais pas, dit une voix dans laquelle Gino ne reconnut aucun son familier.

— Il n'est peut-être pas prudent de jouer avec le déplaisir d'un noble aussi puissant que celui que vous connaissez, murmura-t-il à l'oreille d'un autre sur lequel étaient tombés ses soupçons. Le cachet, s'il vous plaît, et l'affaire n'ira pas plus loin.

— Celui qui voudrait s'en mêler, avec ou sans ce gage, ferait bien de s'arrêter.

Le gondolier se détourna, désappointé de nouveau.

— La bague n'est point convenable à ta mascarade, mon ami, essaya-t-il de dire à un troisième ; et il serait prudent de ne pas importuner le podestat d'une telle bagatelle.

— Alors n'en parle pas, de crainte qu'il ne t'entende.

Cette réponse ne satisfit pas le gondolier plus que les autres.

Gino cessa de questionner, mais son œil actif parcourut la foule. Cinquante fois il fut tenté de parler, et autant de fois quelque différence dans la taille, dans l'habillement, un éclat de rire, un mot prononcé avec légèreté, vinrent l'avertir de sa méprise. Il pénétra jusqu'à l'extrémité de la place, et revenant par le côté opposé, il se fraya un chemin à travers la foule qui encombrait les portiques, regardant dans chaque café, examinant chaque figure, jusqu'à ce qu'il se trouvât de nouveau dans la Piazzetta. Un léger coup de coude arrêta ses pas, et il se détourna pour regarder la personne qui l'attaquait. Une femme, dans le costume d'une contadina, lui parla avec la voix déguisée commune à tous les masques.

— Pourquoi vas-tu si vite, et qu'as-tu perdu dans cette foule si agitée ? lui dit-elle. Si c'est un cœur, il serait prudent de se dépêcher de le retrouver, car bien d'autres peut-être cherchent à s'emparer du bijou.

— Corpo di Bacco ! s'écria le gondolier découragé, ceux qui trouveront sous leurs pieds une telle bagatelle peuvent la garder pour eux ! As-tu vu un domino d'une taille ordinaire, avec une démarche qui pourrait passer pour celle d'un sénateur, d'un prêtre ou d'un juif, et un masque qui ressemble aussi bien à ceux qui sont dans la place qu'un côté du clocher ressemble à l'autre ?

— Ton portrait est si bien tracé qu'on ne peut s'empêcher de reconnaître l'original. Il est à côté de toi.

Gino se détourna subitement, et s'aperçut qu'un Arlequin grimacier faisait ses tours dans le lieu où il avait espéré rencontrer l'étranger.

— Tes yeux, belle contadina, ne sont pas plus perçants que ceux d'une taupe, dit-il ; puis il cessa de parler, car trompée comme lui, celle qui l'avait attaqué n'était plus visible.

De cette manière le gondolier se dirigea du côté de l'eau, répondant quelquefois au grotesque salut de quelque Paillasse, et quelquefois aussi repoussant les avances de femmes moins déguisées que la prétendue contadina, jusqu'à ce qu'il eût atteint un espace près du quai où il fût plus libre de se livrer à ses observations. Là il s'arrêta, irrésolu, se demandant s'il devait retourner près de son maître pour lui avouer son indiscrétion, ou s'il devait faire un nouvel effort pour retrouver la bague qu'il avait si sottement perdue. L'espace vacant entre les deux colonnes de granit n'était occupé que par lui et par une autre personne, accoudée sur le piédestal du lion de Saint-Marc, et aussi immobile que si elle eût été taillée en pierre. Cependant deux ou trois désœuvrés, conduits soit par la curiosité, soit par l'espérance de rencontrer quelqu'un à qui ils avaient donné rendez-vous, s'approchaient de cet homme immobile; mais tous s'éloignaient bientôt, comme s'ils eussent été repoussés par sa froideur glaciale. Gino avait été témoin de plusieurs exemples du dégoût évident qu'on éprouvait de rester près de cet homme, avant qu'il songeât à traverser l'espace qui les séparait pour voir par lui-même ce qui causait cette répugnance. Au bruit de ses pas, un léger mouvement de l'étranger amena les rayons de la lune sur la figure calme et l'œil pénétrant de l'homme que Gino cherchait.

Le premier mouvement du gondolier fut de fuir, comme celui de tous ceux qui s'étaient approchés du même homme. Mais le souvenir de son message et celui de la perte qu'il avait faite vinrent l'arrêter à temps. Néanmoins il ne parla pas, et rencontra le regard du Bravo d'un air qui trahissait en même temps la confusion de son esprit et un dessein à moitié conçu.

— Veux-tu quelque chose de moi? demanda Jacopo lorsqu'ils se furent regardés l'un l'autre pendant longtemps.

— Le cachet de mon maître!

— Je ne te connais pas.

— Cette image de saint Théodore témoignerait que je dis la pure vérité, si elle pouvait parler. Je n'ai pas l'honneur d'être votre ami, signor Jacopo, mais on peut avoir affaire même à un étranger. Si vous avez rencontré un gondolier innocent et paisible dans la cour du palais, depuis que l'horloge de la Piazza a sonné le dernier quart, et si vous avez reçu de lui une bague qui ne peut être utile qu'à son légitime propriétaire, un homme aussi généreux que vous n'hésitera point à la lui rendre.

— Me prends-tu pour un joaillier du Rialto, que tu me parles de bague?

— Je te prends pour un homme bien connu et bien apprécié parmi beaucoup de personnes de haut rang à Venise, comme le message de mon propre maître en est la preuve.

— Ote ton masque. Les hommes honnêtes en affaires n'ont pas besoin de cacher les traits que la nature leur a donnés.

— Vous ne dites que des vérités, signor Frontoni; ce qui est peu extraordinaire, considérant les occasions que vous avez d'apprécier les motifs humains. Il n'y a rien sur mon visage qui vaille la peine d'y jeter un regard. Je veux faire comme les autres à cette heureuse époque de l'année, si cela vous est agréable.

— Fais comme tu voudras, mais je te demande la même permission.

— Il y a peu de personnes assez hardies pour te refuser ce que tu demandes, Signore.

— Ce serait d'être seul.

— Cospetto! il n'y a pas un homme à Venise qui y consentirait plus volontiers que moi si la commission de mon maître était accomplie! murmura Gino entre ses dents. — J'ai ici un paquet que mon devoir est de remettre entre vos mains, Signore, et non dans aucune autre.

— Je ne te connais pas. Tu as un nom?

— Non pas dans le sens que vous y attachez. Quant à cette sorte de réputation, je n'ai pas plus de nom qu'un enfant trouvé.

— Si ton maître n'a pas plus de nom que toi, tu peux lui rendre son paquet.

— Il y a peu d'hommes, dans les environs de Saint-Marc, de meilleur lignage ou de plus belles espérances que le duc de Sainte-Agathe.

La froide expression du visage du Bravo changea.

— Si vous venez de la part de don Camillo Monforte, pourquoi hésitez-vous à le dire? Qu'est-ce qu'il demande?

— Je ne sais pas ce que contiennent ces papiers, mais tels qu'ils sont, signore Jacopo, mon devoir me commande de vous les remettre.

Le paquet fut reçu avec calme, quoique le regard qui s'arrêta sur le cachet et sur l'adresse brillât d'une expression que le crédule gondolier compara à celle d'un tigre qui contemple sa proie.

— Tu as parlé d'une bague; portes-tu le cachet de ton maître?

Je suis habitué à voir des gages avant de donner crédit à quelque chose.

— Plaise à saint Théodore que je l'eusse! fût-il aussi lourd qu'une outre de vin, je le porterais volontiers : mais une personne que j'ai prise pour vous, maître Jacopo, a cette bague au doigt, j'en ai bien peur.

— C'est une affaire que tu arrangeras avec ton maître, reprit froidement le Bravo en examinant de nouveau l'impression du cachet.

— Si vous connaissez l'écriture de mon maître, répliqua précipitamment Gino, qui tremblait pour le sort du paquet, vous reconnaîtrez son savoir dans la tournure de ces lettres. Il y a peu de nobles à Venise, et même dans les Siciles, qui sachent aussi bien se servir de la plume que don Camillo Monforte : je ne pourrais faire moitié aussi bien moi-même.

— Je ne suis point un savant, observa le Bravo sans trahir aucune confusion à cet aveu. L'art de déchiffrer un griffonnage comme celui-ci ne me fut jamais montré. Si vous êtes si habile dans l'art de l'écriture, dites-moi le nom que ce paquet porte.

— Il me conviendrait mal de proférer une syllabe concernant les secrets de mon maître, répondit le gondolier en prenant un air de réserve. C'est assez qu'il m'ait commandé de remettre cette lettre ; il serait présomptueux de ma part de vouloir en faire davantage.

L'œil sombre du Bravo parcourut la personne de son compagnon à la clarté de la lune, d'une manière qui refoula tout le sang du gondolier vers son cœur.

— Je t'ordonne de me lire tout haut le nom que portent ces papiers, répondit Jacopo d'un air sombre. Il n'y a ici que le lion et le saint qui est au-dessus de nos têtes qui puisse nous entendre.

— O juste saint Marc! qui peut dire les oreilles qui sont ouvertes ou celles qui sont fermées dans Venise? Si cela vous plaît, signor Frontoni, nous allons ajourner cet examen à une occasion plus convenable.

— L'ami, je ne plaisante pas. Le nom, ou montrez-moi quelque gage qui me prouve que vous êtes envoyé par celui que vous appelez votre maître ; ou bien reprenez ce paquet, ce n'est point une affaire qui me regarde.

— Réfléchissez un moment aux conséquences, signore Jacopo, avant de prendre une si brusque détermination.

— Je ne connais aucunes conséquences qui puissent atteindre un homme refusant de recevoir un message comme celui-ci.

— Per Dio! Signore, le duc ne me laissera pas une oreille pour écouter les bons avis du père Battista.

— Eh bien! le duc épargnera un peu de peine à l'exécuteur public.

En parlant ainsi, le Bravo jeta le paquet aux pieds du gondolier, et commença à se diriger froidement vers la Piazzetta. Gino saisit la lettre, et, la tête troublée par l'effort qu'il faisait pour se rappeler les amis auxquels son maître pouvait adresser une telle épître, il reprit:

— Je suis surpris, signore Jacopo, qu'un homme de votre sagacité n'ait pas compris qu'un paquet qui vous était adressé devait porter votre propre nom.

Le Bravo prit le papier, et il exposa l'adresse à la clarté de la lune.

— Il n'en est point ainsi. Quoique ignorant, la nécessité m'a appris à reconnaître mon nom lorsqu'il est écrit.

— Diamine! c'est juste mon affaire, Signore. Si la lettre était pour moi, la poule ne reconnaît pas ses petits plus promptement que je ne reconnaîtrais mon nom.

— Alors tu ne sais pas lire.

— Je n'en ai jamais eu la prétention. Le peu que j'ai dit avait seulement rapport à l'écriture. La science, comme vous le savez, maître Jacopo, se divise en lecture, écriture et chiffres, et un homme peut parfaitement connaître une de ces choses sans comprendre un mot des autres. Il n'est pas absolument nécessaire d'être évêque pour avoir la tête rasée, ou d'être juif pour porter une barbe.

— Tu aurais mieux fait de dire cela tout d'un coup. Va! je penserai à cette affaire.

Gino s'en alla, le cœur rempli d'une grande joie; mais il avait à peine fait quelques pas qu'il vit la figure d'une femme se glissant derrière le piédestal d'une des colonnes de granit. S'avançant rapidement de manière à découvrir cette espèce d'espion, il s'aperçut tout d'un coup qu'Annina avait été témoin de son entrevue avec le Bravo.

CHAPITRE IV.

> Cela me fait penser que le monde est plein de difficultés, et que ma fortune descend avec le courant.
>
> SHAKSPEARE. *Richard II.*

BIEN que la gaieté régnât au milieu des places de Venise, le reste de la ville était silencieux comme le tombeau. Une ville dans laquelle le pied d'un cheval ou le bruit d'une roue ne sont jamais entendus a un caractère particulier : mais la forme du gouvernement entier, et la longue habitude de prudence contractée par le peuple, donnaient de la gravité à l'aspect le plus léger. Cependant il y avait des temps et des lieux où l'effervescence et l'étourderie de la jeunesse trouvaient l'occasion de se montrer, et ces occasions n'étaient pas rares. Mais lorsque les habitants de Venise se voyaient éloignés de la tentation et même de l'espèce d'appui qu'on se prête mutuellement en société, leur caractère devenait sombre comme leur ville.

Tel était l'état de presque toute la cité de Venise, lorsque la scène que nous avons décrite dans le dernier chapitre eut lieu sur la Piazza de Saint-Marc. La lune était assez haute pour que sa lumière tombât entre les rangées de murailles qui touchaient çà et là la surface de l'eau, à laquelle elle communiquait une lueur tremblante, tandis que les dômes et les tours restaient sous cette clarté, dans un solennel repos. Par intervalles, la façade d'un palais recevait les rayons de la lune sur ses pesantes corniches et sur ses colonnes travaillées; la triste tranquillité de l'intérieur présentait alors un contraste frappant avec l'architecture du dehors. Notre histoire nous conduit maintenant dans l'une de ces demeures patriciennes de première classe.

Une lourde magnificence présidait au style de l'édifice. Le vestibule était vaste, massif et voûté; l'escalier de marbre, somptueux et grand. Les appartements étaient imposants par leurs dorures et leurs sculptures, tandis que les murs étaient couverts de tableaux dans lesquels les plus grands peintres de l'Italie avaient prouvé leur génie. Parmi ces chefs-d'œuvre d'un siècle plus heureux sous ce rapport que celui dans lequel nous écrivons, le connaisseur eût deviné facilement le pinceau de Titien, de Paul Véronèse et du Tintoret, trois noms dont les habitants de Venise tirent justement vanité. Parmi ces ouvrages des premiers maîtres, on en voyait d'autres dus au talent de Bellino, de Montegna et de Palma Vecchio, artistes qui ne le cèdent qu'aux plus célèbres peintres de l'école vénitienne. De vastes miroirs couvraient la partie des murs que la collection de tableaux avait laissée vacante, tandis que les draperies de velours et de soie ajoutaient à la beauté d'un lieu dont la magnificence était presque royale. Les élégants et frais parquets, composés des marbres les plus coûteux de l'Italie et de l'Orient, polis avec le plus grand art et curieusement entremêlés, augmentaient aussi le luxe d'un séjour où le goût le disputait à la richesse.

Le bâtiment, dont deux côtés s'élevaient littéralement du sein des eaux, était, comme à l'ordinaire, disposé autour d'une cour. En suivant ses différentes façades, l'œil pouvait pénétrer à travers plusieurs portes ouvertes à cette heure pour faciliter le passage de l'air venant de la mer dans une longue suite d'appartements meublés de la manière que nous avons décrite, et éclairés par des lampes qui répandaient la plus douce lumière. Passant rapidement dans des appartements de réception et des chambres à coucher, dont la magnificence semblait se jouer des besoins habituels de la vie, nous introduirons le lecteur dans la partie du palais où nous conduit cette histoire.

A l'angle du bâtiment, sur le côté du plus bas des deux canaux, et aussi loin que possible de celui qui conduisait à la ville, où se voyait la façade de l'édifice, il y avait une suite d'appartements déployant le même luxe et la même magnificence que ceux dont nous avons déjà parlé, mais indiquant en même temps une plus grande attention pour les besoins ordinaires de la vie. Les tapisseries étaient bien des velours les plus riches et des soies les plus moelleuses, les glaces de la composition la plus pure; les parquets brillaient des mêmes couleurs, et les murailles étaient ornées de tableaux ; mais le tout présentait une image plus parfaite du bonheur domestique : les plis des tapisseries et des rideaux tombaient plus négligemment ; les lits étaient faits pour le repos et non pour la parade ; et les peintures étaient de délicieuses copies tracées par quelque jeune amateur dont les loisirs avaient été employés à cette charmante occupation.

La belle personne dont le talent avait donné naissance aux imitations des tableaux divins de Raphaël et à ceux du Titien aux couleurs brillantes, était alors dans ces appartements, s'entretenant avec son directeur spirituel et une personne de son sexe, qui depuis longtemps joignait au titre de parente celui d'institutrice. L'âge de la jeune dame était si tendre, que dans les contrées du nord on eût à peine pensé qu'elle sortait de l'enfance ; mais dans son pays natal, la juste proportion de ses formes et l'expression éloquente de ses yeux noirs indiquaient également la taille et l'intelligence d'une femme.

— Je vous remercie de votre bon conseil, mon père, et mon excellente donna Florinda vous remerciera plus encore ; car vos opinions sont si semblables aux siennes, que quelquefois j'admire les secrets moyens par lesquels l'expérience fait penser de même la sagesse et la bonté sur des matières d'un intérêt personnel si peu important.

Un furtif et léger sourire anima la bouche sévère du carme à cette observation naïve de son ingénieuse élève.

— Tu apprendras, mon enfant, répondit-il, lorsque le temps t'aura donné la sagesse des années, que c'est en ce qui concerne le moins nos passions et nos intérêts que nous sommes le plus habiles à décider avec prudence et impartialité. Bien que donna Maria n'ait pas encore passé l'âge où le cœur est entièrement subjugué, et qu'elle ait encore tout ce qui attache au monde, elle t'assurera de cette vérité, ou je me suis étrangement mépris sur l'excellence de cette raison qui l'a jusqu'ici si bien conduite dans ce triste pèlerinage que nous sommes tous destinés à accomplir.

Quoique le capuchon couvrît la tête du carme qui se préparait à quitter l'appartement, et que son œil pénétrant n'eût point quitté le beau visage de sa pénitente, le sang reflua vers les joues pâles de sa compagne, et sa physionomie trahit de l'émotion à cette louange, comme un nuage d'hiver brille d'une lueur subite au coucher du soleil.

— J'espère que Violetta n'entend point de telles paroles pour la première fois, observa donna Florinda d'une voix faible et tremblante.

— Il serait difficile que ce qui est bon et profitable pour une personne de mon âge ne m'eût point encore été dit, répondit vivement la jeune élève en levant les mains vers celle qui avait été sa compagne assidue, quoique son regard préoccupé ne quittât point les traits du carme. Mais pourquoi le sénat désire-t-il disposer d'une jeune fille qui serait satisfaite de vivre pour toujours comme elle vit maintenant, heureuse dans sa jeunesse et dans un intérieur sans éclat ?

— Le temps inflexible n'arrêtera point les années, afin qu'une personne aussi innocente que toi ne connaisse point les malheurs et les épreuves d'un âge plus avancé. Cette vie a des devoirs impérieux et souvent tyranniques. Tu n'ignores pas la politique qui gouverne un Etat dont le nom s'est rendu illustre par ses hauts faits à la guerre, ses richesses et son influence étendues sur les autres nations. Il y a à Venise une loi qui ordonne que tous ceux qui réclament un intérêt dans ses affaires ne s'allieront point à l'étranger de manière à nuire au dévouement que chacun doit à la république. Ainsi le patrice de Saint-Marc ne peut être seigneur sur des terres étrangères, et l'héritière d'un nom aussi grand, aussi noble que le tien ne peut être donnée en mariage dans un pays étranger sans le consentement de ceux qui veillent aux intérêts de tous.

— Si la Providence m'avait placée dans une plus humble classe, il n'en aurait pas été ainsi. Il me semble qu'il convient mal au bonheur d'une femme d'être sous la tutelle spéciale du conseil des Dix.

— Il y a de l'imprudence et, je suis fâché de le dire, de l'impiété dans tes paroles. Notre devoir nous ordonne de nous soumettre aux lois terrestres ; et, plus que le devoir, la religion nous enseigne à ne point nous révolter contre les décrets de la Providence. Mais je ne comprends pas le malheur contre lequel tu murmures, ma fille. Tu es jeune, riche au-delà de ce que peuvent exiger les désirs des princes, d'une naissance assez haute pour exciter de l'orgueil, et d'une beauté capable de te rendre le plus dangereux de tous tes ennemis : et tu te plains d'une destinée à à laquelle toutes les personnes de ton sexe et de ton rang sont forcées d'obéir !

— Si j'ai offensé la Providence, je m'en repens, répondit Violetta ; mais certainement ce serait un bonheur pour une fille de seize ans, si les pères de l'Etat étaient assez occupés d'affaires plus importantes pour oublier sa naissance, son âge et jusques à sa fortune.

— Il y aurait peu de mérite à être satisfait d'un monde qui serait arrangé suivant nos propres caprices ; et il est douteux que nous fussions plus heureux, toutes choses étant suivant nos désirs, que nous ne le sommes étant obligés de nous soumettre à à ce qui est. L'intérêt que la république prend à ton sort, ma fille, est le prix que tu paies pour la richesse et la magnificence dont tu es entourée. Une femme plus obscure et moins favorisée de la fortune pourrait jouir d'une plus grande liberté ; mais cette liberté ne serait point dotée de la pompe qui orne la demeure de tes ancêtres.

— Je désirerais qu'il y eût dans cette demeure moins de luxe et plus de liberté.

— Le temps te donnera des idées différentes. A ton âge, on voit tout couleur d'or, et on croit son existence désenchantée lorsqu'on est traversé dans ses désirs irréfléchis. Je ne nie pas cependant que les avantages dont tu jouis n'aient leurs inconvénients. Venise est gouvernée par une politique toujours intéressée, et peut-être, dit-on, incapable de remords. (Ici la voix du carme s'affaiblit, et avant de continuer, il jeta un regard inquiet autour de lui.) La prudence du sénat se fait un devoir de prévenir, autant qu'il se peut, l'union d'intérêts qui non seulement peuvent se nuire entre eux, mais encore mettre en danger ceux de l'Etat. Ainsi, comme je te l'ai déjà dit, aucun sénateur ne peut posséder des terres hors des limites de la république ; une personne de haute naissance ne peut pas non plus se lier par le mariage à un étranger d'une influence dangereuse, sans le consentement du sénat. Telle est ta situation. Parmi les différents seigneurs venus du dehors qui aspirent à ta main, le conseil n'en voit aucun auquel il puisse accorder cette faveur sans créer ici une influence qui ne doit pas être donnée à un étranger. Don Camillo Monforte, le cavalier auquel tu dois la vie, et dont tu as parlé dernièrement avec gratitude, a plus encore à se plaindre que toi de ces décrets sévères.

— Mon chagrin augmenterait encore, si je croyais qu'un jeune homme qui a montré tant de courage en ma faveur eût des raisons de redouter cette sévérité, reprit vivement Violetta. Quelle est l'affaire qui si heureusement pour moi a conduit le seigneur de Sainte-Agathe à Venise? Une jeune fille reconnaissante peut, je crois, le demander sans scrupule.

— L'intérêt que tu lui portes est aussi naturel que recommandable, répondit le carme avec une simplicité qui faisait plus d'honneur à son caractère qu'à sa pénétration. Il est jeune, et sans doute il est conduit par sa fortune et les passions de son âge à bien des actes de faiblesse; souviens-toi de lui, ma fille, dans tes prières, afin de lui payer ainsi ta reconnaissance. Ses affaires en cette ville sont de notoriété publique, et ton ignorance sur ce point ne vient que de la vie retirée que tu mènes.

— Mon élève a d'autres objets pour occuper ses pensées que les intérêts d'un jeune étranger qui vient à Venise pour ses affaires, observa donna Florinda.

— Mais si je dois me souvenir de lui dans mes prières, mon père, je désirerais savoir d'abord ce dont le jeune noble a le plus besoin.

— Souviens-toi seulement de ses besoins spirituels; car il possède les biens que ce monde peut offrir, quoique souvent l'homme qui est le plus riche soit celui dont les désirs sont le moins satisfaits. Il paraît qu'un des ancêtres de don Camillo fut autrefois sénateur à Venise, et que la mort d'un parent mit en sa possession plusieurs seigneuries de la Calabre. Le plus jeune de ses fils, par un décret spécial rendu en faveur d'une famille qui avait bien servi l'État, entra en jouissance de ces domaines, tandis que l'aîné transmit son rang de sénateur et sa fortune sur le territoire de Venise à sa postérité. Le temps a éteint la branche aînée, et don Camillo, depuis des années, assiége le conseil pour être rétabli dans les droits auxquels son ancêtre avait renoncé.

— Peut-on le refuser?

— Cette demande exige qu'on renonce pour lui aux lois établies. S'il abandonnait les seigneuries de Calabre, le Napolitain y perdrait plus qu'il n'y gagnerait. Garder ces seigneuries et celles que sa famille possédait sur le territoire de la république serait enfreindre une loi qui a cessé rarement d'être observée. Je connais peu, ma fille, les affaires de cette vie; mais il y a des ennemis de la république qui disent qu'il est difficile d'obéir aux obligations qu'elle impose, et qu'elle accorde rarement des faveurs de cette sorte sans en exiger d'amples équivalents.

— Cela est-il juste? Si don Camillo Monforte a des droits à réclamer à Venise, soit qu'il demande des palais sur les canaux ou des terres sur le continent, des honneurs dans la république ou une voix au sénat, on devrait lui rendre justice sans délai, afin qu'on ne dise pas que la république se vante plus de cette vertu sacrée qu'elle ne la pratique.

— Tu parles avec la franchise de la jeunesse ; mais les hommes, ma fille, ont le tort de séparer leurs actes publics de l'effrayante responsabilité de leurs actes privés : comme si Dieu, en douant leur être de raison et des glorieuses espérances du christianisme, les avait aussi doués de deux âmes, dont une seulement serait digne de leurs soins!

— N'y a-t-il pas des personnes, mon père, qui pensent que, tandis que le mal que nous commettons individuellement retombe sur nous, celui qui est commis par l'Etat retombe sur la nation?

— L'orgueil de la raison humaine a inventé diverses subtilités pour satisfaire ses passions ; mais il ne peut jamais se nourrir d'une illusion plus fatale que celle-ci. Le criminel qui entraîne l'innocent dans sa faute et dans les conséquences qui en dérivent, est doublement criminel ; et quoique ce soit une des propriétés du péché de porter son châtiment avec lui, même dans cette vie, celui qui pense que la grandeur du crime sera son excuse conçoit une vaine espérance. La principale sécurité de notre nature consiste à éviter les tentations, et l'homme qui est le plus à l'abri des fautes du monde est celui qui est le plus éloigné de ses vices. Quoique je désirasse que justice fût rendue au noble Napolitain, je pense en même temps que c'est peut-être pour son bonheur éternel que les nouveaux biens qu'il cherche lui seront refusés.

— Il m'est difficile de croire, mon père, qu'un cavalier qui n'a point hésité à secourir les malheureux puisse abuser des dons de la fortune.

Le carme jeta un regard inquiet sur les beaux traits de la jeune Vénitienne. Il y avait dans ce regard une sollicitude paternelle et un pressentiment prophétique ; mais la charité adoucit bientôt l'expression de ces deux sentiments.

— La reconnaissance que tu éprouves pour celui qui t'a sauvé la vie, dit-il avec douceur, convient à ton rang et à ton sexe ; c'est un devoir. Conserve ce sentiment, car il est lié à la sainte gratitude qu'un homme doit à son Créateur.

— Une reconnaissance stérile est-elle suffisante, mon père? demanda Violetta. Une personne qui porte mon nom et qui est apparentée comme moi pourrait faire davantage. Nous pouvons intéresser les patrices de ma famille en faveur d'un étranger, afin que son procès ait une heureuse issue.

— Prends garde, ma fille. L'intercession d'une personne au sort de laquelle la république s'intéresse si vivement peut susciter à don Camillo des ennemis au lieu d'amis.

Donna Violetta gardait le silence, tandis que le moine et donna Florinda la regardaient avec tristesse. Le premier venait d'ajuster son capuchon et se disposait à partir. La noble jeune fille s'approcha du carme, et, le regardant avec une confiance naïve, mais respectueuse, elle lui demanda sa bénédiction. Lorsque cette action solennelle et habituelle fut accomplie, le moine se tourna vers la compagne de sa pénitente. Donna Florinda laissa tomber sur ses genoux la soie à laquelle elle travaillait, et resta silencieuse tandis que le carme levait ses mains ouvertes sur sa tête courbée. Les lèvres du moine s'agitèrent, mais les paroles qu'il prononça ne furent point entendues. Si la jeune fille confiée aux soins de ces deux personnes eût été moins absorbée par ses propres sentiments, ou plus versée dans les mystères du monde dans lequel elle était sur le point d'entrer, il est probable qu'elle eût découvert une profonde et douce sympathie dans le silence de son père spirituel et de son institutrice.

— Tu ne nous oublieras pas, mon père, dit Violetta avec vivacité ; l'orpheline au sort de laquelle la république s'intéresse si sérieusement a besoin de tous les amis sur qui elle peut compter.

— Que Dieu te protége, ma fille! dit le moine, et que la paix de l'innocence soit avec toi!

Il salua encore de la main, et, se détournant, il quitta l'appartement. Les yeux de donna Florinda suivirent les vêtements blancs du moine jusqu'à ce qu'ils devinssent invisibles ; et, lorsqu'ils retombèrent sur son ouvrage, ils se fermèrent un instant, comme si sa conscience lui eût adressé intérieurement un reproche. La jeune maîtresse du palais appela un valet, et lui ordonna d'accompagner son confesseur jusqu'à sa gondole; puis elle dirigea ses pas vers un balcon ouvert : un long silence succéda; c'était un de ces silences éloquents pleins d'idées, tout à fait en rapport avec l'heure mélancolique de la nuit et le calme d'une ville telle que Venise. Tout à coup Violetta recula de la fenêtre, et parut alarmée.

— Avez-vous entendu un bateau sous la fenêtre? demanda donna Florinda, qui avait remarqué le mouvement de sa compagne.

— L'onde ne fut jamais plus tranquille. Mais n'entendez-vous pas les sons des hautbois?

— Sont-ils assez rares sur les canaux pour avoir le pouvoir de vous chasser du balcon?

— Il y a des cavaliers sous les fenêtres du palais Mentoni : ils complimentent sans doute notre amie Olivia.

— Cette galanterie est encore une chose commune. Tu sais qu'Olivia doit être unie sous peu à son cousin, et il emploie le moyen ordinaire de faire sa cour.

— Ne trouves-tu pas que cet aveu public d'une passion est pénible? Si je devais être mariée, je voudrais que ces sons ne parvinssent qu'à mon oreille.

— C'est un sentiment malheureux pour une personne dont la main doit être donnée par le sénat. Je crains qu'une fille de ton rang ne doive se contenter d'entendre exalter, sinon exagérer ses charmes, et chanter ses mérites sous le balcon par des mercenaires.

— Je voudrais qu'ils eussent fini! s'écria Violetta en se bouchant les oreilles. Personne ne connait mieux les qualités de notre amie que moi ; mais cette publicité pour des pensées qui devraient être secrètes doit la blesser.

— Tu peux aller de nouveau sur le balcon : la musique a cessé.

— Il y a des gondoliers qui chantent près du Rialto? c'est une musique que j'aime; elle est douce et ne trahit point nos sentiments. Voudrais-tu faire une promenade sur l'eau cette nuit, ma chère Florinda?

— Où voudrais-tu aller?

— Je ne sais pas; mais la soirée est si belle, et il me semble que j'aimerais à partager les plaisirs du dehors.

— Il y en a plus d'un sur les canaux qui voudrait partager les fêtes de ton palais. Il en est toujours ainsi dans la vie: nous attachons peu d'importance à ce que nous avons, et ce que nous ne possédons pas est sans prix.

— J'ai à rendre mes devoirs à mon tuteur, dit Violetta, et nous voguerons vers son palais.

Quoique donna Florinda eût prononcé des paroles si graves, son visage n'annonçait aucune sévérité. Mettant de côté son ouvrage, elle se prépara à satisfaire les désirs de son élève. C'était l'heure à laquelle les personnes de distinction sortent de leur palais, et jamais Venise avec la gaieté de ses places publiques, jamais l'Italie avec son doux climat, n'avaient présenté une si agréable tentation de chercher le grand air.

Le valet de chambre appela les gondoliers, et les dames, s'enveloppant dans leurs mantilles et prenant leurs masques, se rendirent promptement dans la barque.

CHAPITRE V.

>Si votre maître veut voir une reine mendier, dites-lui de ma part que sa dignité exige qu'elle ne mendie pas moins qu'un royaume.
>
>SHAKSPEARE, *Antoine et Cléopâtre.*

Le mouvement régulier de la gondole amena bientôt la noble Vénitienne et sa compagne à la porte du patricien qui avait été chargé par le sénat de la tutelle de l'héritière. C'était une antique demeure dont l'extérieur annonçait toute la lourde magnificence qui caractérisait alors l'habitation des patriciens dans cette ville de richesse et d'orgueil. Son architecture, quoique moins imposante que celle qui distinguait le palais de donna Violetta, la classait cependant parmi les édifices particuliers du premier ordre, et toutes ses décorations extérieures annonçaient que c'était la demeure d'un seigneur de haute importance. Dans le palais, les pas silencieux et l'air méfiant des domestiques ajoutaient à la tristesse des appartements splendides, et lui donnaient une assez exacte ressemblance avec la république elle-même.

Comme les dames qui se présentaient n'étaient ni l'une ni l'autre étrangères chez le signore Gradenigo (tel était le nom du propriétaire du palais), elles montèrent l'escalier massif sans s'arrêter pour en examiner la construction curieuse qui eût attiré les regards d'une personne dont l'œil n'eût point été habitué à voir de tels édifices. Le rang et l'importance de donna Violetta lui assuraient une prompte réception ; tandis quelle était accompagnée à travers une longue suite d'appartements par une foule d'humbles valets, un d'entre eux était allé annoncer son arrivée à son maître. Lorsqu'elle fut parvenue dans l'antichambre, l'héritière s'arrêta, craignant de troubler la solitude de son tuteur. Ce délai fut de courte durée; car aussitôt que le vieux sénateur eut appris l'arrivée de sa pupille, il quitta son cabinet, et vint au-devant d'elle avec un empressement qui faisait honneur à sa galanterie et à son zèle pour la charge qui lui était confiée. Le visage du vieux patricien, sur lequel les soucis et les méditations avaient tracé autant de rides que le temps; son visage, disons-nous, brilla d'une joie franche en apercevant sa belle pupille. Il ne voulut point entendre ses excuses sur l'heure indue de sa visite, et en lui offrant le bras pour la conduire dans son propre appartement, il l'assura du plaisir qu'il éprouvait.

— Vous ne pouvez jamais venir à une heure inopportune, mon enfant, dit-il ; n'êtes-vous pas la fille de mon ancien ami, un dépôt précieux pour l'Etat? Les portes du palais de Gradenigo s'ouvriront d'elles-mêmes, à l'heure la plus avancée de la nuit, pour recevoir une semblable visite; l'heure enfin est tout à fait convenable pour respirer l'air du soir sur les canaux. Et d'ailleurs, ajouta-t-il en souriant, si je limitais le temps où tu dois me rendre visite, les innocentes fantaisies de ton sexe et de ton âge pourraient être contrariées.—Ah! donna Florinda, nous devons prier le ciel que notre affection, pour ne pas dire notre faiblesse, à l'égard de cette fille séduisante, ne tourne pas à notre désavantage.

— Je suis reconnaissante de votre indulgence à tous deux,

répondit Violetta ; je crains seulement de venir présenter ma petite requête dans un moment où votre temps précieux est plus dignement occupé en faveur de l'Etat.

— Tu exagères mon importance, ma fille ; je visite quelquefois le conseil de Trois-Cents, mais mon âge et mes infirmités m'empêchent de servir la république comme je le désirerais. Que saint Marc, notre patron, en soit loué ! nos affaires sont assez prospères vu la décadence de notre république. Nous nous sommes conduits bravement, il y a peu de temps, avec les infidèles ; le traité avec l'empereur nous est assez avantageux, et la colère de Rome vu un manque apparent de confiance de notre part, a été détournée. Nous devons quelque chose dans cette dernière affaire à un jeune Napolitain qui est dans ce moment à Venise, et qui possède un certain crédit à la cour du saint-père, grâce à son oncle le cardinal secrétaire. On fait beaucoup de bien par l'entremise d'amis convenablement employés. C'est là le secret de nos succès, dans la position actuelle de Venise ; car ce que la force ne peut entreprendre doit être confié à la sagesse et à la modération.

— Vos déclarations m'encouragent à me faire encore une fois solliciteuse ; car j'avoue que je joignais au désir de vous rendre visite celui d'user de votre influence en faveur d'un procès qui m'est survenu.

— Quoi ! notre pupille, donna Florinda, en héritant des richesses de sa famille, a hérité aussi de ses anciennes habitudes de patronage et de protection ! Mais nous ne découragerons pas cette obligeance, car elle a une glorieuse origine ; et lorsqu'on en use avec discrétion, elle fortifie les nobles et les puissants dans leur position élevée.

— Et ne pouvons-nous pas ajouter, observa timidement donna Florinda, que lorsque les puissants l'emploient en faveur de moins fortunés qu'eux, ils ne remplissent pas seulement un devoir, mais ils amassent des trésors pour l'avenir ?

— Sans aucun doute. Rien n'est plus utile que de donner à chaque classe de la société une idée convenable de ses obligations et un juste sentiment de ses devoirs. Ce sont des opinions que j'approuve de tout mon cœur, et je désire que ma pupille les comprenne parfaitement.

— Elle est heureuse de posséder des mentors si disposés à l'instruire et si capables de le faire, répondit Violetta. Puis-je maintenant demander au signor Gradenigo de prêter l'oreille à ma requête?

— Toutes les demandes seront bien reçues. Je te ferai observer seulement que les esprits ardents et généreux envisagent quelquefois un objet éloigné avec tant d'attention qu'ils n'aperçoivent pas ceux qui sont plus proches et souvent d'une plus grande importance, qu'ils pourraient même atteindre plus facilement. En accordant un bienfait à une personne, il faut prendre garde d'en blesser plusieurs. Le parent de quelque domestique de ta maison se sera étourdiment enrôlé dans les troupes?

— Si cela était ainsi, j'espère que le soldat n'aurait point la pusillanimité d'abandonner son drapeau.

— Ta nourrice, qui n'oublie point les services qu'elle t'a rendus dans ton enfance, protége la demande de quelque parent qui désire entrer dans les douanes?

— Je crois que toute la famille est depuis longtemps placée, dit Violetta en riant, à moins que nous ne voulions établir la bonne mère elle-même dans quelque poste d'honneur; mais je n'ai rien à demander pour elle.

— Celle qui t'a nourrie et par les soins de laquelle tu es parvenue à ce brillant état de fraîcheur et de santé doit être heureuse en effet, gâtée comme elle l'est par ta libéralité. Des emplètes trop coûteuses ou des charités trop libérales ont-elles épuisé ta bourse?

— Rien de tout cela. Je dépense peu, car une personne de mon âge n'a pas besoin d'un grand train de maison. Je viens ici, mon tuteur, pour une demande beaucoup plus importante.

— J'espère qu'aucun homme ne t'a adressé des paroles indiscrètes! s'écria le signor Gradenigo en jetant un regard prompt et soupçonneux sur sa pupille.

— S'il en était ainsi, je l'abandonnerais au châtiment que mériterait sa faute.

— Tu as parfaitement raison. Dans ce siècle d'opinions nouvelles, les innovations de toutes sortes ne peuvent être réprimées trop sévèrement. Si le sénat fermait l'oreille à toutes les théories extravagantes de la jeunesse, leurs effets pernicieux se feraient bientôt ressentir parmi la classe ignorante. Demande-moi tout l'argent que tu voudras; mais n'essaie jamais de me faire oublier la faute de celui qui trouble la paix publique.

— Je n'ai pas besoin d'un sequin : ma visite a un motif plus noble.

— Parle donc sans hésiter.

Lorsque tous les obstacles furent levés, donna Violetta parut redouter de s'expliquer; son visage changea de couleur, et elle chercha un encouragement dans les yeux de sa compagne attentive et surprise. Cependant comme cette dernière ignorait les intentions de la jeune fille, son visage ne pouvait exprimer que cette sympathie qu'une femme refuse rarement à une personne de son sexe lorsqu'elle paraît l'invoquer. Violetta combattit cette timide défiance; puis riant de son peu de courage, elle dit avec fierté :

— Vous savez, signor Gradenigo, que je suis d'une famille distinguée depuis des siècles dans l'Etat de Venise?

— Ainsi le dit notre histoire.

— Que je porte un nom connu depuis longtemps, et que je dois conserver pur de toute tache?

— Cela est si vrai qu'il est presque inutile de le rappeler, répondit sèchement le sénateur.

— Et cependant, douée de la fortune ainsi que de la naissance, j'ai reçu un service qui n'est point encore récompensé d'une manière qui puisse faire honneur à la maison de Tiepolo.

— Cela devient sérieux. Donna Florinda, notre pupille est plus émue qu'intelligible, et c'est à vous que je dois demander une explication. Il ne convient pas qu'elle reçoive de qui que ce soit des services de cette nature.

— Quoique je ne sois pas préparée à la question que vous me faites, je répondrai que je crois qu'il est question de sa vie.

Le visage du signor Gradenigo prit une sombre expression.

— Je vous comprends, dit-il froidement. Il est vrai, ajouta-t-il en s'adressant à sa pupille, que le Napolitain vola à ton secours lorsque ton oncle de Florence eut le malheur de périr. Mais don Camillo de Monforte n'est point un gondolier du Lido pour être récompensé comme celui qui retrouve une bagatelle tombée dans un des canaux. Tu as remercié le cavalier ; je crois que c'est tout ce qu'une noble fille peut faire dans une telle circonstance.

— Je l'ai remercié de toute mon âme, il est vrai ! s'écria Violetta avec une espèce de ferveur ; lorsque j'oublierai ce service, que la vierge Marie et les saints m'oublient à mon tour !

— Je crois, signora Florinda, que votre pupille a passé plus de temps au milieu des romans de la bibliothèque de son père qu'elle n'en a consacré à lire ses Heures.

Les regards de Violetta brillèrent d'un nouveau feu, et elle glissa son bras autour de la taille de sa tremblante compagne qui se couvrit de son voile en écoutant ce reproche, quoiqu'elle dédaignât de répondre.

— Signor Gradenigo, dit la jeune héritière, si je fais peu d'honneur à ceux qui sont chargés de m'instruire, la faute doit en retomber sur moi et non sur une personne innocente. Je prouve d'ailleurs qu'on n'a point oublié de m'enseigner les devoirs d'une chrétienne, puisque je viens plaider en faveur d'une personne à qui je dois la vie. Don Camillo Monforte réclame depuis longtemps sans succès des droits si justes que, s'il n'existait aucun autre motif de les lui accorder, l'honneur de Venise devrait enseigner aux sénateurs le danger de le faire trop attendre.

— Je vois maintenant que ma pupille a employé ses moments de loisir avec les docteurs de Padoue. La république a ses lois, et ceux qui ont des droits à leur appui ne les invoquent point en vain. Ta reconnaissance est juste ; elle est digne de ton origine et de tes espérances. Cependant, donna Violetta, nous devons nous rappeler combien il est difficile de distinguer la vérité de l'imposture et de la subtilité des plaideurs. Il faut qu'un juge ait acquis une certitude avant de prononcer un arrêt, afin de ne point confirmer les droits de l'un en détruisant ceux d'un autre.

— On se joue des siens. Né dans un royaume éloigné, on lui demande de renoncer à des terres qu'il possède à l'étranger, et qui ont deux fois la valeur de celles qu'il obtiendrait en échange dans les limites de la république. Il use sa vie et sa jeunesse à poursuivre un fantôme. Vous avez un grand crédit dans le sénat, mon tuteur ; et si vous lui prêtiez l'appui de votre voix puissante et de votre grande instruction, un noble offensé obtiendrait justice, et Venise, en perdant une bagatelle sur ses revenus, mériterait mieux encore la réputation dont elle est si jalouse.

— Tu es un avocat éloquent, et je penserai à ce que tu me demandes, dit le signor Gradenigo, dont un sourire d'indulgence dissipait déjà le nuage qui tout à l'heure assombrissait son front, trahissant ainsi sa facilité de changer l'expression de ses traits suivant sa politique. Je ne devrais entendre plaider la cause du

Napolitain que revêtu de mon caractère de juge; mais le service qu'il t'a rendu et ma faiblesse à ton égard m'arrachent ce que tu me demandes.

Donna Violetta reçut cette promesse avec un doux sourire. Elle baisa la main que son tuteur lui tendait comme un gage de sa foi, avec une ardeur qui donna à ce dernier une sérieuse inquiétude.

— Tu es trop séduisante, ajouta-t-il, pour qu'un homme même aussi accoutumé que moi à rejeter des prétentions plus justes puisse te refuser. La jeune et généreuse donna Violetta juge les hommes d'après son cœur. Quant aux droits de don Camillo... Mais n'importe... tu le veux, et l'affaire sera examinée avec cette partialité qu'on reproche si souvent à la justice.

— Vous voulez plutôt dire que vous serez inaccessible aux séductions, mais non pas insensible aux droits d'un étranger.

— Je crains que cette interprétation ne détruise nos espérances... Mais j'examinerai l'affaire... J'espère que mon fils te rend exactement ses devoirs comme je le désire, donna Violetta? Ce jeune homme n'a pas besoin d'être pressé, je le sais, pour se présenter chez la plus belle personne de Venise. J'espère que tu le reçois avec amitié pour l'amour que tu portes à son père?

Donna Violetta s'inclina; mais ce fut avec la réserve d'une jeune femme.

— La porte de mon palais n'est jamais fermée au signor Giacomo dans toutes les occasions convenables, dit-elle avec froideur. Signore, le fils de mon tuteur serait difficilement mal reçu chez moi.

— Je le voudrais plus attentif; et plus encore, je voudrais qu'il donnât des preuves de son affection... Mais nous vivons dans une ville jalouse, donna Florinda, où la prudence est une vertu du plus haut prix. Si le jeune homme est moins empressé que je ne le désirerais, c'est, soyez-en sûre, par la crainte de jeter des alarmes prématurées parmi ceux qui s'intéressent à la destinée de notre pupille.

Les deux dames s'inclinèrent, et à la manière dont elles s'enveloppèrent de leurs mantilles elles indiquèrent l'intention de se retirer. Donna Violetta demanda la bénédiction de son tuteur, et après cette politesse d'usage et quelques mots d'adieux, donna Florinda et elle se rendirent à leur gondole.

Le signor Gradenigo se promena pendant quelques minutes en silence. Aucun bruit ne se faisait entendre dans son vaste palais. Les pas mesurés des serviteurs étaient en harmonie avec la tranquillité de la ville ; mais bientôt un jeune homme, dans l'air et les manières duquel on reconnaissait un libertin de bonne compagnie, traversa bruyamment la longue suite d'appartements, et attira enfin l'attention du sénateur, qui lui ordonna de s'approcher.

— Tu as été malheureux aujourd'hui comme de coutume, Giacomo, dit le sénateur d'une voix qui participait en même temps de l'indulgence paternelle et de l'intention de faire un reproche. Donna Violetta vient de me quitter, et tu étais absent. Quelque intrigue avec la fille d'un joaillier ou quelque indigne marché avec son père ont occupé un temps que tu aurais pu employer plus honorablement et d'une manière plus profitable.

— Vous ne me rendez pas justice, répondit le jeune homme ; ni juif ni juive n'ont attiré mes regards.

— On devrait marquer ce jour sur le calendrier pour sa singularité ! Je voudrais savoir, Giacomo, si tu feras tourner à ton avantage le hasard qui me donne la tutelle de dona Violetta, et si tu comprends bien l'importance de ce que je te recommande.

— N'en doutez pas, mon père : celui qui a tant souffert par le manque de ce que dona Violetta possède en si grande profusion n'a pas besoin d'être pressé sur un tel sujet. En refusant de fournir à mes besoins, vous vous êtes assuré mon consentement. Il n'y a pas dans Venise un amant qui soupire plus bruyamment sous les fenêtres de sa maîtresse que je ne soupire sous les fenêtres de cette dame lorsque j'en trouve l'occasion et que je m'y sens disposé.

— Tu connais le danger d'alarmer le sénat !

— Ne craignez rien ; je procède par des moyens secrets et gradués. Mon visage et mon esprit sont habitués à porter un masque ; j'ai été trop souvent puni de mon imprudente franchise pour n'avoir pas, grâce à la nécessité, appris à feindre.

— Tu parles, fils ingrat, comme si je n'avais point eu envers toi l'indulgence dont on use en général pour les jeunes gens de ton âge et de ton rang. Ce sont tes excès seuls que je voulais réprimer, et non pas la gaieté naturelle à la jeunesse. Mais ce n'est pas le moment de t'adresser des reproches. Giacomo, l'étranger est ton rival. Sa conduite sur le Giudecca a gagné le cœur d'une jeune fille dont l'esprit est aussi ardent que généreux. Ne connaissant point le caractère de l'inconnu, son imagination y supplée et le doue de toutes les qualités.

— Je voudrais qu'elle en fît de même à mon égard !

— A ton égard, mauvais sujet, ma pupille a plutôt besoin d'oublier que d'inventer. T'es-tu souvenu d'attirer l'attention du conseil sur le danger qui menace l'héritière?

— Oui, mon père.

— Et par quel moyen?

— Le plus simple et le plus certain... la gueule du lion.

— Ah! c'est une entreprise hardie.

— Et comme toutes les entreprises hardies, elle n'en a que plus de chances de réussir. La fortune m'a enfin favorisé, et j'ai donné comme preuve le cachet du Napolitain.

— Giacomo! connais-tu le danger de ta témérité? J'espère qu'on ne reconnaitra pas la main qui a écrit le billet, et que tu n'as pas mis d'imprudence dans la manière de te procurer la bague?

— Mon père, bien que j'aie pu négliger vos avis dans des circonstances moins importantes, je n'ai point oublié ceux qui touchent à la politique de Venise. Le Napolitain est accusé; et si le conseil dont tu fais partie est fidèle, il sera surveillé de près, sinon banni.

— Le conseil des Trois fera son devoir; il n'y a pas à en douter. Je voudrais être aussi certain que ton zèle inconsidéré ne nous exposera pas à quelque désagrément.

Le fils éhonté regarda son père d'un air de doute pendant un instant; puis il passa dans un autre appartement avec gaieté, trop habitué aux intrigues pour traiter celle-ci sérieusement. Le sénateur resta seul. Sa marche silencieuse était évidemment troublée par une grande inquiétude; il passait souvent la main sur son front tandis qu'il réfléchissait. Dans ce moment une figure glissa le long des antichambres et s'arrêta devant la porte de l'appartement du sénateur. C'était un homme âgé; son visage était bruni par le soleil, et ses cheveux éclaircis et blanchis par le temps. Il portait les habits d'un pêcheur; ils étaient pauvres et d'une étoffe grossière. Cependant il y avait dans ses yeux et sur ses traits prononcés une noble intelligence, tandis que ses bras et ses jambes nues annonçaient une force musculaire qui prouvait que la nature chez lui était dans sa force plutôt qu'à son déclin. Il tournait depuis quelques instants son bonnet dans ses mains, lorsque le sénateur s'aperçut de sa présence.

— Ah! c'est toi, Antonio! s'écria le patricien; pourquoi cette visite?

— Signore, j'ai un poids sur le cœur.

— Le calendrier n'a-t-il plus de saint et le pêcheur plus de patron? Je suppose que le sirocco a secoué les eaux de la baie et que tes filets sont vides. Tiens! tu es mon frère de lait, et tu ne dois point connaître le besoin.

Le pêcheur recula avec dignité, refusant le don d'un air simple mais décidé.

— Signore, dit-il, nous sommes parvenus à la vieillesse depuis l'époque où nous suçâmes le lait à la même source : pendant tout ce temps m'avez-vous jamais vu mendier?

— Tu n'es pas habitué à demander, il est vrai, Antonio; mais l'âge abat notre fierté avec nos forces. Si ce n'est pas des sequins que tu cherches, que veux-tu?

— Il y a d'autres besoins que ceux du corps, Signore, et d'autres souffrances que la faim.

L'expression du sénateur changea. Il jeta un regard scrutateur sur son frère de lait, et avant de répondre il ferma la porte qui communiquait avec l'extérieur.

— Tes paroles annoncent le mécontentement comme à l'ordinaire. Tu es habitué à commenter des mesures et des intérêts qui surpassent ton intelligence, et tu sais cependant que tes opinions ont déjà attiré sur toi le déplaisir du gouvernement. Les ignorants et les pauvres sont pour l'Etat des enfants dont le devoir est d'obéir et non de fronder. Que veux-tu?

— Je ne suis point ce que vous croyez, Signore : je suis habitué à la pauvreté et au besoin, et je me contente de peu. Le sénat est mon maître, et comme tel je l'honore. Mais le pêcheur a des sentiments aussi bien que le doge.

— Encore! Tes sentiments, Antonio, sont par trop exigeants. Tu en parles dans toutes les occasions, comme si c'était la chose la plus importante.

— Elle est importante pour moi, Signore. Quoique j'attache peu de prix à mes propres affaires, j'ai une pensée à donner au malheur de ceux que j'honore. Lorsque la belle et jeune dame qui était la fille de Votre Excellence fut appelée à rejoindre les saints, je sentis ce malheur comme si c'eût été la mort de mon propre enfant; et vous savez, Signore, si Dieu m'a épargné la connaissance d'une telle angoisse.

— Tu es un brave homme, Antonio, reprit le sénateur en essuyant avec embarras une larme; tu es un homme honnête et fier pour ta condition.

— Celle à laquelle nous devons tous les deux notre première nourriture, Signore, m'a souvent dit qu'après mes parents mon devoir était d'aimer la noble famille dont vous êtes le chef. Je ne me fais point un mérite d'une sensibilité naturelle qui est un don du ciel; mais l'Etat ne devrait pas en agir légèrement avec les cœurs qui savent sentir.

— Encore l'Etat! Dis-moi ce que tu veux.

— Votre Excellence connaît l'histoire de mon humble vie. Je n'ai pas besoin de vous parler, Signore, des fils que Dieu, par l'intercession de la sainte Vierge et de saint Antoine, m'avait accordés, et de la manière dont il a jugé convenable de me les enlever l'un après l'autre.

— Tu as connu le malheur, mon pauvre Antonio; je me rappelle combien tu as souffert.

— Oui, Signore. La mort de cinq fils honnêtes et braves est un coup qui tirerait des gémissements d'un rocher. Mais je sais qu'il faut bénir Dieu et être reconnaissant.

— Digne pêcheur, le doge lui-même pourrait envier ta résignation. Antonio, il est quelquefois plus facile de supporter la mort d'un enfant que les fautes de sa vie!

— Signore, mes fils ne m'ont jamais causé de chagrin qu'à l'heure de leur mort. Et même à ce moment fatal (le vieillard se détourna pour cacher l'altération de ses traits) j'essayai de me rappeler de combien de peines et de souffrances ils étaient délivrés pour aller jouir d'un état plus heureux.

Les lèvres du signor Gradenigo tremblèrent, et il se promena d'un pas précipité.

— Je pense, Antonio, dit-il, que j'ai fait dire des messes pour le repos de leurs âmes.

— Oui, Signore: que saint Antoine se le rappelle à votre dernière heure! J'ai eu tort de dire que mes fils ne m'ont causé de peine qu'en mourant, car il y a un chagrin que le riche ne peut connaître, celui de ne pouvoir acheter des prières pour l'âme de son enfant.

— Voudrais-tu encore des messes? Jamais un enfant qui t'appartient ne manquera d'une voix près des saints pour le repos de son âme.

— Je vous remercie, Excellence; mais j'ai confiance en ce qui a été fait, et plus encore en la miséricorde de Dieu. Ce que je viens demander est en faveur des vivants.

La sensibilité du sénateur fut subitement réprimée, et il écouta d'un air soupçonneux.

— Que veux-tu? répéta-t-il encore.

— Je demande votre protection, Signore, pour sauver mon petit-fils du service des galères. Ils se sont emparés d'un garçon de quatorze ans, et ils l'ont condamné à combattre les infidèles, sans égard pour sa jeunesse, sans égard pour les mauvais exemples qu'il peut recevoir, sans égard pour mon âge, ma solitude et la justice; car son père mourut dans la dernière bataille contre les Turcs.

En cessant de parler, le pêcheur arrêta ses regards sur la froide figure de son auditeur, essayant d'y deviner l'effet qu'avaient produit ses paroles.

Mais le visage du sénateur était impassible et ne trahissait aucune sympathie humaine; la froide et spécieuse politique du sénateur avait depuis longtemps étouffé dans son âme toute sensibilité sur les sujets qui avaient rapport au pouvoir maritime de la république. Il traitait d'innovation toutes les tentatives d'échapper à la presse, et son cœur se séchait lorsqu'il était question des droits de Venise aux services de ses sujets.

— J'aurais voulu que tu fusses venu pour demander des messes ou de l'or, Antonio, répondit-il après un moment de silence, et rien autre chose. Tu as eu la société de ton fils depuis qu'il est né, il me semble?

— Signore, j'ai eu cette satisfaction parce qu'il était orphelin dès sa naissance, et je désirerais l'avoir auprès de moi jusqu'à ce qu'il pût entrer dans le monde armé de principes et d'une foi capable de le garantir de tous malheurs. Si mon brave fils vivait encore, il ne demanderait pour son enfant que des conseils et l'assistance qu'un pauvre homme a le droit d'accorder à son propre sang.

— Il ne court pas plus de dangers que d'autres ; et tu sais que la république a besoin des bras de tous ses sujets.

— Excellence, j'ai vu le seigneur Giacomo débarquer de sa gondole comme j'entrais dans ce palais.

— Hors d'ici, misérable, qui ne fais aucune différence entre le fils d'un pêcheur habitué à la fatigue et au travail, et l'héritier d'une ancienne maison ! Va, vieillard effronté : rappelle-toi ton état et la différence que Dieu a mise entre nos enfants.

— Les miens ne m'ont jamais donné de chagrins qu'à l'heure de leur mort, dit le pêcheur d'une voix douce, mais sévère.

Le signor Gradenigo sentit le trait aigu de ce reproche, qui ne servit point la cause de son indiscret frère de lait. Après s'être promené avec agitation pendant quelque temps, il maîtrisa son ressentiment au point de pouvoir répondre avec le calme qui convenait à son rang.

— Antonio, ton caractère et ta hardiesse me sont bien connus. Si tu veux avoir des messes pour les morts et de l'or pour les vivants, je suis prêt à te satisfaire ; mais en demandant ma protection auprès du général des galères, tu demandes ce qui, dans un moment si critique, ne pourrait pas être accordé au fils du doge, si le doge était...

— Un pêcheur ! continua Antonio en observant que le sénateur hésitait. Adieu, Signore ! je ne veux point quitter en colère mon frère de lait, et je prie les saints de vous bénir, ainsi que votre maison. Mais puissiez-vous ne jamais connaître le chagrin de perdre un enfant par quelque chose de bien pire que la mort, le vice !

En cessant de parler, Antonio salua, et quitta l'appartement. Il se retira sans être vu, car le sénateur évitait ses regards, sentant intérieurement toute la force des paroles que le pêcheur avait prononcées dans sa simplicité. Il se passa quelques minutes avant qu'il s'aperçût qu'il était seul. Un nouveau bruit attira bientôt son attention : la porte se rouvrit, et un valet parut annonçant qu'un homme demandait une audience particulière.

— Qu'il entre ! répondit le sénateur dont les traits reprirent subitement leur expression habituelle.

Le valet se retira, et une personne masquée et portant un manteau entra précipitamment dans la chambre. Lorsque ce déguisement fut enlevé, le sénateur reconnut la taille et le visage du redoutable Jacopo.

CHAPITRE VI.

> César lui-même a mis la main à l'ouvrage, et
> notre oppression a surpassé notre attente.
> SHAKSPEARE.

— As-tu remarqué la personne qui vient de me quitter? demanda vivement le signor Gradenigo.
— Oui.
— Assez pour la reconnaître?
— C'est un pêcheur des lagunes qu'on appelle Antonio.

Le sénateur laissa tomber le bras qu'il avait levé, et regarda le Bravo d'un air où se mêlaient la surprise et l'admiration. Il reprit sa promenade dans l'appartement, tandis que son compagnon immobile attendait son bon plaisir avec calme et dignité. Quelques minutes se passèrent ainsi.

— Tu as le coup d'œil prompt, Jacopo, dit le patricien en rompant le silence ; as-tu eu quelques relations avec cet homme?
— Jamais.
— Et tu es certain qu'il est...?
— Le frère de lait de Votre Excellence.
— Je ne te demande point ce que tu sais de son enfance et de son origine, mais de son état présent, répondit le signor Gradenigo en se détournant pour cacher son visage à l'œil perçant de Jacopo. T'a-t-il été nommé par quelque personnage important?
— Non : ma mission n'est point parmi les pêcheurs.
— Le devoir nous conduit quelquefois dans une plus humble société, jeune homme. Ceux qui sont chargés du pesant fardeau de l'Etat ne doivent point envisager la qualité du fardeau qu'ils supportent. Sous quels rapports connais-tu cet Antonio?
— Comme un homme qui est estimé parmi ses confrères, un

homme habile dans son état, et habitué depuis longtemps aux mystères des lagunes.

— Voudrais-tu dire que c'est un contrebandier?

— Non. Il travaille de trop bonne heure et trop tard pour avoir d'autres moyens d'existence que le travail.

— Tu connais, Jacopo, la sévérité de nos lois sur ce qui concerne les revenus publics?

— Je sais, Signore, que les jugements de Saint-Marc sont toujours sévères lorsqu'on touche à ses intérêts.

— On ne te demande ton opinion que sur la question que je t'ai posée. Cet homme a l'habitude de courtiser les bonnes grâces de ses confrères et de s'occuper d'affaires dont ses supérieurs seuls peuvent juger avec connaissance de cause.

— Signore, il est vieux : la langue s'enhardit avec les années.

— Ce n'est point le caractère d'Antonio. La nature l'a traité libéralement; et si sa naissance et son éducation avaient répondu à son esprit, le sénat eût été heureux d'écouter ses avis ; mais enfin je crains qu'il ne parle dans un sens contraire à ses intérêts.

— Certainement, s'il parle de manière à offenser l'oreille de Saint-Marc.

Le sénateur jeta un regard rapide et soupçonneux sur le Bravo, comme pour lire sur son visage la signification exacte de ses paroles. Apercevant toujours la même expression sur les traits calmes qu'il examinait, il continua comme s'il ne se fût point élevé de méfiance en son esprit :

— Si, comme tu le dis, il outrage la république dans ses paroles, ses années ne lui ont pas donné de prudence. J'aime cet homme, Jacopo : car il est assez ordinaire d'avoir quelque partialité pour ceux qui ont puisé leur première nourriture à la même source que nous.

— Cela est vrai, Signore.

— Éprouvant pour lui cette faiblesse, je voudrais le voir prudent et réservé. Tu connais sans doute son opinion sur la nécessité où se trouve l'État d'engager sur ses flottes tous les jeunes gens des lagunes.

— Je sais que la presse lui a enlevé l'enfant qui travaillait avec lui.

— Pour travailler honorablement et peut-être avantageusement au service de la république!

— Peut-être, Signore.

— Tu es laconique ce soir, Jacopo! mais si tu connais le pêcheur, donne-lui le conseil de la prudence. Saint-Marc ne tolérera pas davantage la liberté de ses opinions. Voilà la troisième fois qu'on est obligé de mettre un frein à ses discours. Car le soin paternel du sénat ne veut point voir le mécontentement dans une classe que son devoir et son plaisir est de rendre heureuse. Saisis les occasions de lui faire connaître cette vérité salutaire; car j'avoue que je n'aimerais pas que la sévérité des lois s'appesantit sur le fils de ma vieille nourrice, surtout au déclin de ses jours.

Le Bravo s'inclina pour marquer son approbation, tandis que le signor Gradenigo se promenait dans l'appartement avec des signes d'inquiétude.

— Tu as eu avis du jugement qui a été prononcé dans l'affaire du Génois? reprit le sénateur, lorsqu'un nouveau silence eut donné une autre direction à ses pensées. La sentence du tribunal a été prompte, et bien qu'il y ait une forte présomption d'inimitié entre les deux républiques, l'Europe pourra voir que la justice est scrupuleusement rendue dans nos îles. J'ai entendu dire que le Génois aura de forts dommages-intérêts, et quelques uns de nos citoyens de bonnes amendes à payer.

— J'ai entendu dire la même chose depuis le coucher du soleil, dans la Piazzetta, Signore!

— Et parle-t-on de notre impartialité, et surtout de notre promptitude? Remarque, Jacopo, qu'il y a une semaine seulement que l'affaire a été présentée à l'équité du sénat.

— Personne ne conteste la promptitude avec laquelle la république punit les offenses.

— Ni sa justice, je crois, Jacopo? Il existe une si grande harmonie dans la manière dont notre machine politique suit son cours, on y trouve un tel système d'ordre, que nous pouvons prétendre aux applaudissements. La justice chez nous vient au-devant des besoins de la société, et réprime les passions avec une force silencieuse et digne, comme si ses arrêts venaient d'une sphère plus élevée. Je compare souvent le contraste entre la marche tranquille de notre république, et le trouble, le mouvement des autres républiques d'Italie, avec la différence qu'offrirait le bruit d'une ville populeuse, comparé au calme qui règne sur nos canaux. Ainsi la justice du dernier décret fait le sujet de la conversation de tous les masques, cette nuit?

— Signore, les Vénitiens sont hardis lorsqu'ils ont l'occasion de flatter leurs maîtres.

— Le penses-tu réellement, Jacopo? Il me semble à moi qu'ils sont beaucoup plus prompts à faire entendre leurs mécontentements séditieux; mais c'est la nature de l'homme, d'être avare de louanges et prodigue de censure. Ce décret du tribunal ne doit pas mourir avec la seule gloire d'être juste : nos amis devraient en parler ouvertement, dans les cafés, sur le Lido; ils n'ont pas à craindre de donner à leurs discours un peu de latitude. Un gouvernement juste n'est point jaloux des commentaires.

— C'est vrai, Signore.

— Je te charge, ainsi que tes amis, de prendre soin que l'affaire ne soit pas trop promptement oubliée. Le souvenir d'actes comme celui-ci fera germer la semence paresseuse de la vertu dans l'esprit public. Celui qui a constamment des exemples d'équité devant les yeux finit par aimer cette vertu. Le Génois, je l'imagine, partira satisfait?

— Sans aucun doute, Signore; il a tout ce qui peut satisfaire un homme offensé : il retrouve avec usure ce qu'il avait perdu, et il est vengé de ceux qui avaient eu des torts envers lui.

— Tel est le jugement : une ample restitution et le châtiment du coupable. Peu de républiques rendraient ainsi un jugement contre elles-mêmes, Jacopo.

— La république est-elle responsable des actions du marchand, Signore?

— Par l'entremise de ses citoyens. Celui qui inflige une punition à ses propres membres souffre certainement. On ne peut se séparer d'une partie de sa chair sans douleur, n'est-il pas vrai?

— Il y a des nerfs qui sont délicats au toucher, Signore, et un œil ou une dent sont précieux; mais se couper un ongle ou se raser la barbe, c'est peu de chose, et cela ne fait point de mal.

— Une personne qui ne te connaîtrait pas te croirait dans les intérêts de l'empereur, Jacopo! Un moineau ne tombe pas à Venise sans que sa chute touche le cœur paternel du sénat. Eh bien! y a-t-il encore de la rumeur parmi les juifs sur la diminution de l'or? Les sequins ne sont pas aussi abondants que par le passé, et l'avarice des Israélites y contribue, afin d'y gagner davantage.

— J'ai vu dernièrement sur le Rialto, Signore, des visages qui annoncent des bourses vides. Les chrétiens ont l'air d'être inquiets et dans le besoin, tandis que les mécréants portent leur souquenille avec plus d'aisance qu'à l'ordinaire.

— On s'y attendait. Nomme-t-on ouvertement quelques uns des Israélites qui ont l'habitude de prêter avec usure aux jeunes nobles?

— Tous ceux qui ont eu quelque chose à prêter peuvent être rangés dans cette classe : toute la synagogue, tous les rabbins sont du même avis lorsqu'il s'agit de la bourse d'un chrétien.

— Tu n'aimes pas les Hébreux, Jacopo; mais ils servent la république dans ses moments de détresse. Nous comptons parmi nos amis tous ceux qui sont prêts à nous donner leur or au besoin. Cependant les jeunes nobles de Venise ne doivent pas être abandonnés à leur spéculation ; et si tu entends dire qu'un jeune homme de bonne maison soit tombé sous leurs griffes, tu feras bien de le faire aussitôt connaître aux protecteurs de l'intérêt public. Nous devons agir délicatement avec ceux qui soutiennent le gouvernement, mais nous ne devons pas non plus abandonner ceux qui sous peu en feront partie. As-tu quelque chose à me dire sur cet article?

— J'ai entendu dire que le signor Giacomo était celui qui payait le plus cher leurs faveurs.

— Jésus Maria! mon fils, mon héritier! Ne me trompes-tu pas jeune homme, afin de satisfaire ton antipathie contre les juifs?

— Je n'ai contre cette race, Signore, que le dégoût bien naturel qu'elle inspire aux chrétiens ; cela est bien permis à un bon catholique: mais je ne hais personne. Il est reconnu que votre fils dispose très-libéralement de ses espérances, à un prix que sa grande fortune devrait lui interdire.

— Voilà une révélation importante ! Le jeune homme doit être promptement averti des conséquences, et j'aurai soin qu'il ait à l'avenir plus de discrétion. Le juif sera puni, et, comme avertissement solennel à toute sa tribu, la dette sera confisquée au profit de l'emprunteur. Avec un tel exemple devant les yeux, les coquins seront moins prompts à prêter leurs sequins. Grand saint Théodore! ce serait un véritable suicide que de permettre qu'un jeune homme de si belle espérance fût ruiné faute de prévoyance. Je me charge de cette affaire comme d'un devoir particulier, et le sénat n'aura pas lieu de penser que ses intérêts ont été négligés. As-tu depuis quelque temps eu l'occasion de jouer ton rôle de redresseur de torts?

— Rien d'important. Il y a cependant une personne qui me poursuit vivement, quoique je ne sache pas encore bien ce qu'elle désire de moi.

— Ton affaire est délicate et de confiance, et, comme tu dois bien le penser, la récompense considérable et sûre. — Les yeux du Bravo brillèrent d'une expression qui réduisit son compagnon au silence ; mais s'apercevant que le calme qui était si remarquable sur les traits de Jacopo reprenait son empire, le sénateur continua comme s'il n'y avait point eu d'interruption : — Je répète que la bonté et la clémence du sénat ne seront pas mises en oubli. Si sa justice est sévère et infaillible, ses faveurs sont grandes et son pardon sincère. J'ai eu bien de la peine à te persuader cela, Jacopo. Par saint Marc! je ne souffrirai pas que le rejeton d'une si illustre famille dépense son bien au profit d'une race de mécréants! Mais tu ne m'as pas nommé celui qui recherchait tes services.

— Comme je ne sais pas encore ce qu'il me veut, avant d'aller plus loin, je ferais peut-être bien de connaître ce qu'il désire.

— Cette réserve est inutile. Tu ne dois pas tromper la prudence des ministres de la république, et je serais fâché que les inquisiteurs prissent mauvaise opinion de ton zèle. L'inconnu doit être dénoncé.

— Je ne le dénonce pas. Tout ce que je puis dire, c'est qu'il a le désir d'avoir affaire à un homme avec lequel il est presque criminel d'avoir quelque communication.

— Il vaut mieux prévenir un crime que de le punir; tel doit être le but de tout gouvernement. Tu ne veux pas révéler le nom de ton correspondant?

— C'est un noble Napolitain qui habite Venise depuis longtemps pour des affaires relatives à une succession considérable, et même pour faire valoir ses droits à la dignité de sénateur.

— Ah! don Camillo de Monforte; n'est-ce pas cela, mauvais sujet?

— C'est lui-même, Signore.

Le silence qui suivit ne fut troublé que par l'horloge de la grande place, sonnant onze heures, ou la quatrième heure de la nuit, comme on l'appelle en Italie. Le sénateur tressaillit, consulta une pendule qui se trouvait dans son appartement; puis s'adressant de nouveau à son compagnon :

— C'est bien, dit-il : ta fidélité et ton exactitude seront récompensées. Rappelle-toi le pêcheur Antonio; les murmures de ce vieillard pourraient exciter contre lui le mécontentement du sénat : ce n'est pas un grand malheur de voir passer son fils d'une gondole dans une galère; et par-dessus tout, fais attention à ce qui se passe sur le Rialto. La gloire et le crédit d'un noble nom ne doivent point être affaiblis par les erreurs d'un jeune fou. Quant à cet étranger... mets promptement ton masque et ton manteau, et mêle-toi aux amateurs des plaisirs du soir.

Le Bravo reprit son déguisement avec la promptitude d'un homme habitué à son usage et avec un calme qu'aurait pu lui envier le sénateur. Ce dernier ne parla pas davantage, quoiqu'il pressât le départ de Jacopo par un mouvement impatient de la main.

Lorsque la porte fut fermée et que le signor Gradenigo se trouva seul de nouveau, il consulta encore la pendule, passa lentement et d'un air pensif sa main sur son front, et reprit sa promenade. Pendant une heure cet exercice, ou plutôt cette sympathie nerveuse du corps avec un esprit accablé, continua sans interruption. Puis on frappa doucement à la porte; le sénateur invita d'entrer, et l'on vit un homme masqué comme celui qui venait de sortir : tel était à cette époque l'usage à Venise. Un regard jeté sur la personne qui s'avançait parut apprendre son rang au sénateur; et si la réception fut polie, on s'apercevait aussi que la visite était attendue.

— Je me trouve honoré de vous recevoir, don Camillo de Monforte, dit le sénateur lorsque l'individu qu'il nommait eut déposé son manteau et son masque de soie, bien que l'heure avancée m'ait fait craindre d'être privé de ce plaisir.

— Mille excuses, noble sénateur! mais la fraîcheur des canaux, la gaieté de la place, jointes à la crainte de vous faire perdre un temps précieux, m'ont retenu plus tard que je ne le pensais. Je compte pour m'excuser sur la bonté si bien connue du signor Gradenigo.

— La ponctualité des grands seigneurs de la basse Italie n'est pas leur plus grande qualité, répondit sèchement le sénateur. Les jeunes gens pensent que la vie est si longue qu'ils regrettent peu les minutes qui leur échappent; tandis que nous que l'âge menace nous songeons à réparer les pertes de la jeunesse. C'est de cette manière, signor duc, que l'homme pèche et se repent journellement, jusqu'à ce que la faculté de faire l'un et l'autre se perde peu à peu. Mais ne soyons pas plus prodigues du temps qu'il ne faut.... Pouvons-nous espérer quelque chose de l'Espagnol?

— Je n'ai rien négligé de ce qui peut émouvoir l'esprit d'un homme raisonnable, et j'ai même exposé à ses yeux l'avantage de se concilier l'estime du sénat.

— Vous avez agi sagement, Signore, dans son intérêt comme dans le vôtre. Le sénat est un trésorier libéral pour celui qui le sert bien, et un ennemi terrible pour ceux qui nuisent à l'Etat. J'espère que l'affaire de la succession touche à sa fin?

— Je voudrais pouvoir le dire. Je presse le tribunal autant qu'il est convenable de le faire. Je n'ai omis aucune visite nécesraire près des juges. Padoue n'a pas un docteur plus instruit que celui qui présente mes droits à leur sagesse, et cependant l'affaire languit comme la vie chez un poitrinaire. Si je ne me suis pas montré digne fils de Saint-Marc dans l'affaire de l'Espagnol, c'est plutôt faute d'habitude des affaires politiques que faute de zèle.

— Les balances de la justice doivent être tenues avec adresse pour rester si longtemps en équilibre sans pencher d'un côté ou de l'autre. Vous aurez besoin d'une plus grande assiduité auprès des juges, don Camillo, et d'une grande prudence en disposant l'esprit des patriciens en votre faveur. Il serait bon de faire remarquer votre attachement à l'Etat par de nouveaux services près de l'ambassadeur: on sait que vous possédez son estime, et des conseils venant de vous pénétreront avant dans son esprit. Votre âme généreuse et bienveillante en éprouvera plus d'ardeur en apprenant qu'en servant son pays, elle sert aussi la cause de l'humanité.

Don Camillo ne parut pas bien convaincu de la justesse de cette dernière assertion. Il s'inclina néanmoins par politesse envers le vieux sénateur.

— Il est agréable, Signore, d'être ainsi persuadé, répondit-il; mon parent de Castille est un homme capable d'écouter la raison, n'importe de quel côté elle vienne. Quoiqu'il réponde à mes arguments par des allusions sur le déclin de la république, je ne lui vois pas moins de respect pour un Etat qui s'est rendu si longtemps redoutable par sa puissance et son énergie.

— Venise n'est plus ce qu'était la cité des îles, Signore ; cependant elle n'est pas sans pouvoir. Les ailes de notre lion sont un peu rognées; mais il s'élance encore loin, et ses dents sont dangereuses. Si le nouveau prince veut avoir sa couronne ducale posée d'une manière ferme sur sa tête, il ferait bien de s'assurer l'estime de ses plus proches voisins.

— Cela est vrai, et tout ce que mon peu d'influence peut produire sera mis en usage. Maintenant, puis-je demander à votre amitié des avis sur les moyens à employer pour faire reconnaître des droits si longtemps négligés?

— Vous ferez bien, don Camillo, de vous rappeler fréquemment à la mémoire des sénateurs par des visites et des politesses dues à leur rang.

— Je l'ai toujours fait comme il convient à mes projets et à ma naissance.

— Il ne faut pas oublier les juges, jeune homme ; car il est sage de ne pas oublier que la justice a toujours une oreille ouverte à la sollicitation.

— Personne ne peut être plus assidu à ce devoir, et il est assez rare de voir un plaideur se rappeler à ceux qu'il fatigue de ses demandes, par des preuves de respect plus évidentes.

— Mais particulièrement, il faut travailler à mériter la reconnaissance du sénat. Aucun service n'est oublié de ce corps respectable, et les actions les plus minces trouvent à se faire jour jusqu'aux deux conseils.

— Je voudrais qu'il me fût possible d'avoir quelque communication avec les vénérables pères de l'Etat ! Je pense que la justice de mes droits serait bientôt démontrée.

— C'est impossible ! répondit gravement le sénateur. Ces assemblées augustes sont secrètes, afin que leur majesté ne soit point ternie par le contact d'intérêts vulgaires. Elles président à la république comme l'influence invisible de l'esprit préside à la matière, et forment l'âme de l'Etat, dont le siége, comme celui de la raison, reste un problème qui surpasse la pénétration humaine.

— J'exprimais un désir plutôt que je n'avais l'espoir que ma demande me fût accordée, répondit le duc de Sainte-Agathe, reprenant son manteau et son masque dont il ne s'était pas entièrement séparé. Adieu, noble signore; je ne cesserai de donner de fréquents avis au Castillan : en retour, je remets mon affaire à la justice des patriciens, et en particulier à votre bonne amitié.

Le signor Gradenigo reconduisit son hôte à travers la longue suite de ses appartements jusqu'à l'antichambre, où il le confia aux soins d'un valet.

— Pour que ce jeune homme montre plus d'habileté dans cette affaire, nous entraverons les roues de la justice. Celui qui demande les faveurs de Saint-Marc doit d'abord les gagner en montrant son zèle.

Telles étaient les réflexions du signor Gradenigo en retournant dans son cabinet après avoir fait un salut cérémonieux au jeune duc. Fermant la porte, il recommença à marcher dans le petit appartement, de l'air d'un homme qui réfléchit avec anxiété. Après une minute d'un profond silence, une porte cachée par la tapisserie fut ouverte avec précaution, et le visage d'un nouveau visiteur parut.

— Entre! dit le sénateur, ne trahissant aucune surprise à cette apparition : l'heure est passée, et je t'attends.

Un vêtement flottant, une barbe grise et vénérable, des traits nobles, un œil prompt et soupçonneux, et une expression de visage peut-être aussi remarquable par sa sagacité que par un sentiment de longue humiliation, annonçaient un juif du Rialto.

— Entre, Osée, et débarrasse-toi de ton fardeau, continua le sénateur, comme une personne préparée à quelque communication habituelle. Y a-t-il quelques nouvelles concernant le bien public?

— Que béni soit le peuple sur qui s'étendent des soins si paternels! Peut-il y avoir quelque chose de bon ou de mauvais, noble signore, sans que les entrailles du sénat s'émeuvent comme une mère à l'égard de ses enfants? Heureuse est la contrée sur laquelle des hommes d'un âge avancé et dont la tête est blanchie veillent la nuit et le jour, oubliant leur fatigue, dans le désir de faire le bien et d'honorer la république!

— Tu te laisses aller aux figures orientales du pays de tes pères, bon Osée, et tu oublies facilement que tu n'es plus sur les marches de ton temple. Qu'y a-t-il d'important aujourd'hui?

— Dites plutôt cette nuit, Signore, car peu de choses dignes de votre oreille ont eu lieu, excepté quelques bagatelles dans le cours de la soirée.

— Les stylets ont-ils eu de l'occupation sur le pont? ou le peuple est-il moins gai qu'à l'ordinaire?

— Personne n'est mort de mort violente, et la place est gaie comme les belles vignes d'Engaddi. Saint Abraham! quelle ville que Venise pour ses plaisirs! et comme les cœurs des vieillards et des jeunes gens se dévoilent dans leurs joies! Il suffit presque de regarder les fonts baptismaux dans la synagogue pour être témoin d'une si joyeuse exemption en faveur des habitants de ces îles! Je ne croyais pas avoir l'honneur d'une entrevue ce soir, Signore, et j'avais prié avant de poser ma tête sur l'oreiller, lorsqu'une personne envoyée par le conseil m'apporta un bijou avec ordre de déchiffrer les armes et autres emblèmes qui se trouvent dessus. C'est une bague avec les signes ordinaires qui accompagnent les confidences secrètes.

— Tu as le cachet? dit le noble en étendant la main.

— Le voici. C'est une belle pierre, une turquoise de prix.

— D'où t'est-il venu, et pourquoi te l'a-t-on envoyé?

— Il m'est venu, Signore, à ce que j'ai pu apprendre du messager, plutôt par des signes que par des paroles, d'un lieu assez semblable à celui d'où le juste Daniel échappa, en considération de sa piété et de sa naissance.

— Tu veux dire la Gueule du Lion?

— Voilà ce que disent nos anciens livres, Signore, à l'égard de ce prophète; et je crois que c'est aussi ce que l'agent du conseil voulait dire relativement à la bague.

— Je ne vois qu'un cimier et un casque. Sont-ce les armes d'un Vénitien?

— Que le sage Salomon guide le jugement de son serviteur dans une affaire si délicate! La pierre est d'une rare beauté et ne peut appartenir qu'à un homme qui a de l'or de reste. Examinez seulement ce noble poli, Signore, et remarquez les belles couleurs qu'elle jette par le changement de lumière!

— C'est fort bien. Mais à qui appartient-elle?

— C'est une merveille quand on pense combien d'argent est renfermé dans un si petit espace. J'ai vu donner des sommes énormes pour des babioles moins précieuses que celle-ci.

— N'oublieras-tu jamais ta boutique et tes pratiques du Rialto? Je t'ordonne de me dire le nom de celui dont la famille a de telles armes.

— Noble signore, j'obéis. Le cimier est celui de la famille de Monforte, le dernier sénateur de cette maison, mort il y a environ quinze ans.

— Et ses bijoux?

— Ont passé, avec différents meubles dont la république ne s'est point inquiétée, en la possession de son parent et successeur (si c'est le bon plaisir du sénat qu'il y ait un successeur à cet ancien nom), don Camillo de Sainte-Agathe. Le riche Napolitain qui fait maintenant valoir ses droits à Venise est le possesseur de cette pierre précieuse.

— Donne-moi la bague. Ceci doit être examiné. As-tu quelque chose de plus à me dire?

— Rien, Signore. Je voudrais seulement vous prier, dans le cas où il y aurait condamnation et vente de ce bijou, de faire en sorte qu'il soit offert d'abord à un ancien serviteur de la république, qui peut se plaindre avec raison que son âge avancé est moins favorisé de la fortune que sa jeunesse.

— Tu ne seras point oublié. J'ai entendu dire, Osée, que plusieurs de nos jeunes nobles fréquentent les boutiques des Hébreux, afin d'emprunter de l'or qu'ils dépensent en prodigalités, pour le payer plus chèrement dans la suite qu'il ne convient à des héritiers de nobles familles. Fais attention à ce que je te dis; car si le mécontentement du sénat tombait sur quelqu'un de ta race, cela ferait une sérieuse affaire! T'a-t-on présenté d'autres cachets dernièrement, outre celui de ce Napolitain?

— Oui, dans nos occupations journalières; mais rien d'illustre, Signore.

— Regarde celui-ci, continua le signor Gradenigo, en cherchant d'abord dans un tiroir secret, puis en retirant une petite feuille de papier à laquelle un morceau de cire était collé. Peux-tu former quelques conjectures sur celui qui fait usage d'un pareil cachet?

Le joaillier prit le papier et l'éleva vers la lumière, tandis que ses yeux examinaient attentivement la cire.

— Ceci surpasserait la sagesse du fils de David! dit-il après un long et inutile examen. Il n'y a ici qu'une devise imaginaire de galanterie, dont les jeunes cavaliers de cette ville font usage lorsqu'ils tâchent d'attendrir le sexe avec de belles paroles et de séduisantes vanités.

— C'est un cœur percé d'une flèche; et voici la devise : *Pensa al cuore trafitto d'amore!*

— Rien de plus, si mes yeux ne me trompent pas. Je pense que ces paroles ne signifient pas grand'chose, Signore.

— Cela peut être. Tu n'as jamais vendu un bijou qui portât ces paroles?

— Juste Samuel! nous en vendons tous les jours de semblables à des chrétiens de tout sexe et de tout âge. Je ne connais pas de devise plus généralement adoptée : d'où je conclus qu'il y a un grand commerce de ces paroles.

— Celui qui a fait usage de ce cachet a eu raison de cacher ses pensées sous un déguisement si général. Il y a une récompense de cent sequins pour celui qui découvrira son propriétaire.

Osée était sur le point de rendre le cachet lorsque le signor Gradenigo fit cette déclaration. En un instant, ses yeux semblèrent fortifiés par le verre d'un microscope, et il éleva de nouveau le papier vers la lampe.

— J'ai vendu une cornaline d'un prix médiocre, et qui portait cette devise, à la femme de l'ambassadeur de l'empereur; mais, n'y voyant qu'un caprice de l'imagination, je ne pris pas note de la pierre. Un gentilhomme de la famille du légat de Ravenne m'acheta aussi une améthyste portant les mêmes mots, mais je n'y attachai non plus aucune importance. Ah! voilà une marque particulière qui semble en vérité être de ma propre main!

— Trouves-tu quelque indice? Quel est le signe dont tu parles?

— Rien, noble sénateur, qu'une tache dans une lettre, qui ne serait pas capable d'attirer l'attention d'une fille superstitieuse.

— Et tu vendis le cachet à...

Osée hésita, car il prévit le danger de perdre la récompense promise, par une communication trop prompte de la vérité.

— S'il est important que le fait soit connu, Signore, dit-il, je consulterai mes livres. Dans une affaire aussi grave, le sénat ne doit pas être induit en erreur.

— Sans doute. L'affaire est grave, et la récompense en est la preuve.

— Je vous ai entendu parler de cent sequins, illustre signore;

mais je m'inquiète fort peu de semblables choses, lorsqu'il s'agit du bien de l'Etat.

— J'ai en effet promis cent sequins.

— J'ai vendu une bague à cachet, portant une telle devise, à une femme au service du premier gentilhomme du nonce. Mais le cachet ne peut venir de là, car une femme dans sa position...

— Es-tu sûr ? s'écria vivement le signor Gradenigo.

Osée regarda adroitement le sénateur, et, devinant dans ses yeux que cette assurance lui plaisait, il se hâta de répondre :

— Aussi vrai que je vis sous la loi de Moïse ! Cette babiole resta longtemps sans être vendue, et je l'abandonnai pour ce qu'elle m'avait coûté.

— Les sequins sont à toi, excellent juif ! Cela éclaircit tous mes doutes. Va ! tu auras la récompense, et si tu as quelque chose de particulier inscrit sur ton registre secret, fais-le-moi savoir promptement. Va, bon Osée, et sois exact comme à l'ordinaire. Je commence à me fatiguer de cette continuelle tension d'esprit.

Le juif, triomphant intérieurement, prit congé du sénateur, d'un air dans lequel la cupidité et une astuce dissimulée maîtrisaient tout autre sentiment, et disparut par le passage à travers lequel il était entré.

On aurait pu s'apercevoir aux manières du signor Gradenigo, que ses audiences du soir étaient terminées. Il examina avec soin les serrures de différents tiroirs secrets de son cabinet, éteignit les lumières, ferma les portes et sortit. Pendant quelque temps encore, il resta dans un des principaux appartements ; puis enfin, l'heure accoutumée de son coucher étant arrivée, il alla goûter le repos, et le palais fut livré au silence pour le reste de la nuit.

Le lecteur a pu déjà un peu connaître le personnage qui a joué le principal rôle dans les scènes précédentes. Le signor Gradenigo était né avec toute la sensibilité et la bonté naturelles aux autres hommes ; mais les circonstances, et une éducation faussée par les institutions d'une république égoïste, l'avaient fait la créature d'une politique de convention. Venise semblait à ses yeux un Etat libre, parce qu'il participait largement aux bénéfices de son système social ; et, quoique habile et adroit dans la plupart des affaires qu'il entreprenait, il professait, au sujet de la politique morale de son pays, une commode indifférence. Sénateur, il était en relation avec l'Etat comme un directeur de monnaie se trouve placé à l'égard de sa corporation ; agent de ses mesures collectives, dispensé des responsabilités de l'homme. Il mettait de la chaleur, sinon de la finesse, dans ses discussions sur les principes du gouvernement, et il serait difficile, même dans ce siècle de spéculations, de trouver un homme plus persuadé que la fortune était, non pas un intérêt subordonné, mais le principal intérêt de la vie civilisée. Il parlait en homme sage de réputation, d'honneur, de vertu et de religion, et des droits des individus ; mais lorsque le moment était arrivé de décider entre ces droits, il y avait dans son esprit une tendance à les confondre avec ceux de la politique, tendance qui devenait aussi infaillible que la gravitation de la matière vers le centre de la terre. Comme Vénitien, il était également opposé à la domination d'un seul ou de la foule ; étant, dans le premier cas, un républicain furieux, et, dans le second, adoptant ce singulier sophisme qui veut que la domination de la majorité soit celle d'autant de tyrans. Enfin, il était aristocrate, et personne ne s'était plus ingénieusement persuadé de tous les dogmes favorables à la caste à laquelle il appartenait. Il était un avocat puissant des droits dont la noblesse se trouvait investie, parce que leur possession lui était à lui-même avantageuse. Il redoutait à l'excès et les innovations dans les usages et les vicissitudes des familles historiques ; car le calcul chez lui avait mis le tact à la place des principes. En certaines occasions, il aimait à défendre ses opinions par des analogies tirées des décrets de la Providence. Avec une philosophie dont il semblait très-satisfait, il se persuadait que, comme Dieu avait établi différents ordres dans la création qui formaient une chaîne de l'ange à l'homme, il pouvait en toute sûreté suivre un exemple émané de la sagesse infinie. Rien ne pouvait être plus sage que la base de sa théorie, quoique dans son application il commit l'immense erreur de croire qu'on pouvait imiter la nature en usurpant ses droits.

CHAPITRE VII.

La lune se coucha, et l'on ne vit plus d'autre clarté que la lampe de la Madone qui jetait une faible lueur.

Rogers. *L'Italie.*

Au moment où les audiences secrètes du signor Gradenigo se terminèrent, la grande place de Saint-Marc commençait à perdre de sa gaieté. Les cafés étaient alors occupés par des groupes d'individus qui avaient le moyen et se sentaient en humeur de s'accorder des plaisirs plus substantiels que ceux qu'ils avaient goûtés sur la place; tandis que ceux qui étaient forcés d'abandonner une scène joyeuse pour songer aux soucis du lendemain allaient en foule retrouver leur humble demeure. Cependant il y avait un individu de cette dernière classe qui restait debout près du lieu où les deux places se réunissent, aussi immobile que si son pied nu avait pris racine sur la pierre où il était placé. C'était Antonio.

La position du pêcheur exposait aux rayons de la lune ses formes musculaires et ses traits bronzés. Ses regards sombres et soucieux étaient fixés sur cet astre si doux, comme si le pêcheur eût cherché à pénétrer dans les mystères d'un autre monde pour y trouver un bonheur qu'il n'avait point connu dans celui-ci. Il y avait sur son visage hâlé une expression de souffrance; mais c'était la souffrance d'un homme dont la sensibilité primitive était émoussée par l'habitude du chagrin. Pour celui qui considère la vie et l'humanité sous d'autres points de vue que leur aspect vulgaire, il eût présenté le touchant tableau d'un caractère noble souffrant avec fierté; tandis qu'à celui qui regarde les conventions de société comme des lois souveraines, il eût offert l'image d'un turbulent morose sur lequel pesait la main du pouvoir. Un profond soupir sortit de la poitrine du vieillard, et, arrangeant une partie des cheveux que le temps lui avait laissés, il prit son bonnet, qui était sur le pavé, et se disposa à se retirer.

— Tu tardes bien à t'aller coucher, dit une voix près de lui ; les rougets [1] doivent être à bon marché ou très-abondants pour qu'un homme de ton état puisse passer son temps sur la Piazza à cette heure. Entends-tu ? l'horloge annonce la cinquième heure de la nuit.

Le pêcheur tourna la tête vers son compagnon masqué, et regarda sa tournure avec indifférence, ne trahissant ni curiosité ni émotion.

— Puisque tu me connais, répondit-il, il est probable que tu sais qu'en quittant ces lieux je retourne dans une demeure déserte. Et puisque tu sais qui je suis, tu dois aussi connaître mon chagrin.

— Qui t'a causé de la peine, digne pêcheur, et pourquoi parles-tu si hardiment jusque sous les croisées du doge ?

— L'Etat.

— Voilà un étrange langage pour l'oreille de Saint-Marc ! Si tu parlais plus haut, le lion qui est là-bas pourrait rugir. De quoi accuses-tu la république ?

— Conduis-moi à ceux qui t'ont envoyé, et j'épargnerai un intermédiaire. Je suis prêt à porter mes accusations devant le doge lui-même ; car qu'est-ce qu'un homme pauvre et âgé comme moi peut craindre de leur colère ?

— Tu crois que je suis envoyé pour te trahir ?

— Tu sais ce que tu as à faire.

L'inconnu ôta son masque, et la lune éclaira son visage.

— Jacopo ! s'écria le pêcheur en examinant les traits expressifs du Bravo ; un homme de ton état ne peut avoir aucune affaire avec moi.

Une rougeur visible, même à la clarté de la lune, passa sur le visage de Jacopo, mais il ne manifesta aucune autre émotion.

— Tu as tort : c'est à toi que j'ai affaire.

— Le sénat pense-t-il qu'un pêcheur des lagunes soit un homme assez important pour mériter un coup de stylet ? Alors fais ce

---

[1]. *Triglies.* C'est un poisson commun dans ces eaux, celui que les Anglais nomment *mulet.*

qu'on t'a commandé, dit-il en regardant sa poitrine brune et nue: il n'y a rien là pour amortir le coup.

— Antonio, tu me fais injure. Le sénat n'a point un tel dessein. Mais j'ai entendu dire que tu avais des raisons pour être mécontent, et que tu parlais avec trop de franchise, sur le Lido et dans les îles, d'affaires que les patriciens n'aiment point à laisser discuter par des gens de notre classe. Je viens comme ami, pour t'avertir des conséquences d'une telle indiscrétion, et non pour te faire aucun mal.

— Tu es envoyé pour me dire cela?

— Vieillard! l'âge devrait t'enseigner la modération. Que signifient de vaines plaintes contre la république? et quels fruits doivent-elles porter? des maux pour toi et pour l'enfant que tu aimes.

— Je ne sais pas: mais quand le cœur est plein, la langue ne peut se taire. Ils ont emmené mon fils, et ce qu'ils m'ont laissé a peu de valeur pour moi. La vie qu'ils menacent est trop courte pour que je m'en soucie.

— La sagesse devrait tempérer tes regrets. Le signor Gradenigo t'a longtemps montré de l'attachement, et j'ai entendu dire que ta mère avait été sa nourrice: tâche de le séduire par tes prières. Mais cesse d'irriter la république par tes plaintes.

Antonio regarda fixement son compagnon, puis il secoua la tête avec tristesse, comme s'il eût voulu exprimer combien peu d'espérance il avait de ce côté.

— Je lui ai dit tout ce qu'un homme né et nourri sur les lagunes pouvait dire. Il est sénateur, Jacopo; et il n'a point pitié des souffrances qu'il ne peut ressentir.

— Tu as tort, vieillard, d'accuser de dureté de cœur un homme né dans l'opulence, parce qu'il ne ressent pas la misère que tu éviterais toi-même si cela était en ton pouvoir. Tu as ta gondole, tes filets, la santé, une adresse utile dans ton état, et tu es plus heureux que celui à qui il manque toutes ces choses. Voudrais-tu partager ce que tu as avec le mendiant de Saint-Marc, afin que vos fortunes fussent égales?

— Il peut y avoir de la vérité dans ce que tu dis sur notre travail et notre fortune; mais lorsqu'il est question de nos enfants, la nature est toujours la même. Je ne vois pas la raison pour laquelle le fils du patricien est libre, et le fils du pêcheur vendu pour être tué. Pourquoi les sénateurs me volent-ils mon enfant? n'ont-ils pas assez de leur grandeur et de leur richesse?

— Tu sais, Antonio, que l'Etat doit avoir des défenseurs; et si les officiers allaient dans les palais chercher de vigoureux marins, en trouveraient-ils beaucoup qui fissent honneur au lion ailé à l'heure du danger? ton vieux bras est nerveux, tes jambes ne chancèlent point sur l'eau, et ils cherchent ceux qui comme toi sont habitués à la mer.

— Tu aurais dû ajouter : et ceux qui ont une poitrine ainsi couverte de cicatrices. Tu n'étais pas né, Jacopo, que je combattais les infidèles, et mon sang fut répandu comme de l'eau pour l'Etat. Mais ils l'ont oublié... tandis que de riches marbres dans les églises parlent des hauts faits de ceux qui revinrent sans blessures de la même guerre.

— J'ai entendu mon père dire la même chose, répondit le Bravo d'un air sombre et parlant d'une voix altérée. Il fut aussi blessé dans cette guerre, mais on l'oublia aussi.

Le pêcheur jeta un regard autour de lui, et s'apercevant que plusieurs groupes causaient autour d'eux sur la place, il fit signe à son compagnon de le suivre, et ils marchèrent vers le quai.

— Ton père, dit-il, fut mon camarade et mon ami. Je suis vieux, Jacopo, et pauvre ; mes journées se sont passées dans les fatigues sur les lagunes, et mes nuits à gagner des forces pour le travail du lendemain ; mais j'ai éprouvé un grand chagrin d'apprendre que le fils d'un homme que j'ai beaucoup aimé, et avec lequel j'ai souvent partagé le bon et le mauvais temps, a choisi un état comme celui qu'on dit que tu fais. L'or qui est le prix du sang ne profite jamais ni à celui qui le donne ni à celui qui le reçoit.

Le Bravo écoutait en silence ; et pourtant son compagnon (qui dans un autre moment, ou maîtrisé par d'autres émotions, l'eût évité comme la peste) s'aperçut, en jetant un sombre regard sur son visage, que les muscles en étaient légèrement agités, et qu'une pâleur qui, à la lueur de la lune, lui donnait l'air d'un fantôme, couvrait son front.

— Tu as permis que la pauvreté t'entraînât à de grandes fautes, Jacopo, ajouta-t-il ; mais il n'est jamais trop tard pour appeler les saints à son secours, et pour mettre de côté le stylet ! Il n'est point honorable pour un homme à Venise d'avoir ta réputation ;

mais l'ami de ton père n'abandonnera pas celui qui montre de la contrition. Laisse là ton stylet, et viens avec moi dans les lagunes. Tu trouveras un travail moins lourd que le crime ; et quoique tu ne puisses jamais être aussi cher à mon cœur que l'enfant qu'ils m'ont pris, car il était innocent comme le jeune agneau, je verrai en toi le fils d'un ancien ami et un homme repentant. Viens avec moi dans les lagunes ; car, pauvre et misérable comme je le suis, je ne puis pas être plus méprisé, même en devenant ton compagnon.

— Qu'est-ce que les hommes disent donc de moi, demanda Jacopo d'une voix émue, pour que tu me traites avec tant de rigueur ?

— Je voudrais que ce qu'ils disent ne fût pas la vérité ! mais peu de personnes meurent de mort violente à Venise sans que ton nom soit prononcé.

— Et souffrirait-on qu'un homme ainsi déshonoré se montrât ouvertement sur les canaux et se mêlât avec la foule sur la grande place de Saint-Marc ?

— Nous ne connaissons jamais les raisons du sénat. Quelques uns disent que ton temps n'est pas encore venu, tandis que d'autres pensent que tu es trop puissant pour qu'on ose te juger.

— Tu fais un égal honneur à la justice et à l'activité de l'inquisition ; mais si je vais avec toi ce soir, seras-tu plus discret dans tes paroles parmi tes camarades du Lido et des îles ?

— Lorsque le cœur est chargé, la langue essaie d'alléger le fardeau. Je ferai tout pour retirer de la mauvaise route le fils de mon ami, tout, excepté d'oublier le mien. Tu es habitué à avoir affaire aux patriciens, Jacopo ; dis-moi s'il serait possible à un homme revêtu de mes habits et avec un visage noirci par le soleil de parvenir à parler au doge ?

— L'ombre de la justice ne manque pas à Venise, Antonio ; c'est la réalité qui ne s'y trouve pas. Je ne doute pas que tu ne sois entendu.

— Alors j'attendrai ici, sur le pavé de cette place, jusqu'à ce qu'il arrive pour la cérémonie de demain, et j'essaierai de toucher son cœur et de le disposer à la justice. Il est vieux comme moi, il a aussi été blessé au service de l'Etat ; et ce qui vaut mieux, il est père.

— Le signor Gradenigo ne l'est-il pas ?

— Tu doutes de sa pitié? Ah!

— Tu peux essayer. Le doge de Venise écouterait les prières du plus humble des citoyens. Je crois, ajouta Jacopo en parlant si bas qu'il était presque impossible de l'entendre, je crois qu'il m'écouterait moi-même.

— Quoique je ne sois pas capable de préparer ma requête de manière à la rendre digne de l'oreille d'un grand prince, il entendra la vérité de la bouche d'un homme outragé. On le nomme l'élu de l'Etat, et comme tel il doit être jaloux de rendre justice. Voilà un lit bien dur, Jacopo, continua le pêcheur en s'asseyant aux pieds de la statue de saint Théodore ; mais j'ai dormi sur un lit plus froid et aussi dur lorsqu'il y avait moins de raison de le faire. — Bonne nuit.

Le Bravo resta une minute près du vieillard, qui, croisant ses bras sur sa poitrine nue, rafraîchie par la brise du soir, se disposait à passer la nuit sur la place, ce qui arrivait de temps en temps aux gens de sa classe ; mais lorsqu'il s'aperçut qu'Antonio désirait être seul, il partit, laissant le pêcheur à ses réflexions.

La nuit avançait, et peu de promeneurs restaient dans les deux places. Jacopo jeta un regard autour de lui et se dirigea vers le quai. Les gondoliers y avaient amarré leurs barques comme à l'ordinaire, et un profond silence régnait sur toute la baie ; l'eau était à peine agitée par l'air qui ne ridait pas même sa surface, et l'on n'entendait aucun bruit d'avirons au milieu de la forêt pittoresque d'esparres contre la Piazzetta et la Giudecca. Le Bravo hésita, jeta un second regard fatigué autour de lui, affermit son masque, détacha les légers liens d'un bateau, et vogua bientôt au milieu du bassin.

— Qui arrive? demanda un homme qui, suivant toute apparence, veillait sur une felouque à l'ancre, un peu éloignée des autres bâtiments.

— Une personne qu'on attend.

— Roderigo?

— Lui-même.

— Tu viens tard, dit le marin de la Calabre, comme Jacopo montait sur le petit pont de *la bella Sorrentina*. Mes gens sont depuis longtemps en bas, et j'ai déjà rêvé trois fois naufrage et deux fois sirocco depuis que je t'attends.

—Tu as eu plus de temps pour tromper les douanes. Ta felouque est-elle prête pour sa besogne ?

— Quant aux douanes, il y a peu de chances de gain dans cette ville avare. Les sénateurs se réservent tous les profits pour eux et pour leurs amis, tandis que, nous autres marins, nous travaillons beaucoup et gagnons peu. J'ai envoyé une douzaine de tonneaux de lacryma-christi sur les canaux depuis que les masques sont sortis ; voilà les seules occasions. Il en reste cependant encore assez pour toi. Veux-tu boire ?

— J'ai fait vœu d'être sobre. Ton vaisseau est-il prêt comme à l'ordinaire, pour ton message ?

— Le sénat est-il aussi pressé de me payer ? Voilà le quatrième voyage à son service, et cependant il doit savoir que l'ouvrage a été bien fait.

— Il est content, et tu as été bien récompensé.

— Pas du tout ; j'ai gagné plus d'argent par une bonne cargaison de fruits des îles que par tout le service de nuit que j'ai fait pour lui plaire. Si ceux qui m'emploient me donnaient quelque liberté sur les entrées de ma felouque, il pourrait y avoir quelque avantage dans ce commerce.

— Il n'y a pas de crime que Saint-Marc punisse plus sévèrement que celui de frauder ses droits. Prends garde à tes vins, ou tu perdras non seulement ta barque, ton voyage, mais encore ta liberté !

— Voilà justement la chose dont je me plains, signor Roderigo. Tu seras coquin et tu ne le seras pas ; voilà la devise de la république. Quelquefois le sénat est aussi juste envers nous qu'un père à l'égard de ses enfants ; et d'autres fois nous ne pouvons rien faire sans nous cacher de lui dans l'ombre de la nuit. Je n'aime pas la contradiction ; car au moment où mes espérances sont un peu ranimées par les choses dont je suis témoin peut-être d'un peu trop près, elles sont toutes jetées au vent par un regard aussi sévère que celui que saint Janvier pourrait fixer sur un pêcheur.

— Rappelle-toi que tu n'es plus sur la Méditerranée, mais sur un canal de Venise. Ce langage pourrait être imprudent s'il était entendu par des oreilles moins amies.

— Je te remercie de tes avis, quoique la vue de ce vieux palais qui est là-bas soit pour celui qui donne trop de licence à sa langue un avertissement aussi salutaire qu'un gibet l'est pour un pirate sur les côtes de la mer. J'ai rencontré une ancienne connaissance sur la Piazzetta au moment où les masques commençaient à s'y rendre, et nous avons eu un entretien à ce sujet. Selon lui, cinquante hommes sur cent à Venise reçoivent un salaire pour aller rapporter ce que font les cinquante autres. C'est une pitié, Roderigo, qu'avec un amour apparent de la justice le sénat laisse en liberté tant de coquins; des hommes dont le visage seul ferait rougir des pierres, de honte et de colère.

— Je ne savais pas que de tels hommes se montrassent ouvertement à Venise. Ce qui est fait secrètement peut rester impuni pendant quelque temps, parce qu'il est difficile de le prouver, mais...

— Cospetto! on m'a dit que les conseils avaient un moyen très-prompt de faire payer à un coupable les fautes qu'il avait commises. Cependant il y a le mécréant Jacopo... Qu'est-ce que tu as, mon garçon? L'ancre sur laquelle tu t'appuies n'est pas un fer chaud.

— Elle n'est pas non plus de plumes. Les os qui s'appuient sur elle peuvent faire mal sans que cela t'offense, j'espère.

— Le fer est de l'île d'Elbe; il fut forgé par un volcan. Ce Jacopo est un homme qui ne devrait pas être libre dans une ville honnête; cependant on le voit se promenant dans la place avec autant d'assurance qu'un noble dans le Broglio!

— Je ne le connais pas.

— Ne pas connaître la main la plus hardie et le stylet le plus sûr de Venise! honnête Roderigo, c'est faire ton éloge. Mais il est bien connu parmi nous sur le port, et nous ne le voyons jamais sans penser à nos péchés et faire un acte de contrition. Je m'étonne que les inquisiteurs ne le donnent pas au diable, dans quelque cérémonie publique, pour l'avantage de ceux qui n'ont que de légers péchés à se reprocher.

— Ses crimes sont-ils si notoires qu'on puisse prononcer sur son sort sans avoir de preuves?

— Va faire cette question dans les rues! Pas un chrétien ne perd la vie à Venise (et le nombre n'en est pas mince, sans compter ceux qui meurent des *fièvres d'Etat* [1]), que l'on ne pense que la

---

[1]. Sans doute par les mains de la justice.

main de Jacopo a passé par là. Signor Roderigo, vos canaux sont des tombes fort commodes pour les morts subites !

— Il me semble qu'il y a contradiction dans ce que vous dites ! Tu donnes, comme preuve de la main qui a commis le crime, la sûreté du coup ; puis tu affirmes que les canaux engloutissent les victimes. Tu es injuste envers ce Jacopo ; serait-il par hasard un homme calomnié ?

— On peut calomnier un prêtre, car les prêtres sont des chrétiens obligés de conserver une bonne réputation pour l'honneur de l'Eglise ; mais proférer une injure contre un Bravo, ce serait une chose impossible, même à la langue d'un avocat. Qu'importe que la main soit d'un rouge plus ou moins foncé, lorsqu'on y voit du sang ?

— Tu dis vrai, répondit le prétendu Roderigo en laissant échapper un soupir pénible : il importe peu à celui qui est condamné que la sentence ait été prononcée pour un ou plusieurs crimes.

— Croirais-tu, Roderigo, que ce même argument m'a rendu moins scrupuleux sur le fret que je suis obligé de transporter dans notre commerce secret ? Je me dis à moi-même : Honnête Stefano, tu es si avant dans les affaires du sénat que tu n'as pas besoin d'être si délicat sur la qualité de la marchandise. Ce Jacopo a un œil et une mine refrognée qui le trahiraient quand il serait dans la chaire de Saint-Pierre ! Mais ôte donc ton masque, signor Roderigo, afin que la brise de mer rafraîchisse tes joues ; il est temps qu'il n'y ait plus de mystère entre deux vieux amis.

— Mon devoir envers ceux qui m'envoient me le défend ; sans cela, j'aimerais à me découvrir devant toi, maître Stefano.

— Eh bien ! malgré ta prudence, rusé signore, je parierais les dix sequins que tu as à me payer, qu'en allant demain au milieu de la foule, sur la place Saint-Marc, je te reconnais et t'appelle par ton nom sans me tromper. Tu ferais aussi bien de te démasquer, car je t'assure que tu m'es aussi bien connu que les vergues latines de ma felouque.

— Alors il est inutile que je me démasque. Il y a en effet certains signes auxquels des gens qui se rencontrent si souvent doivent se reconnaître.

— Tu as un bon visage, Signore, et tu n'as pas besoin de le cacher. Je t'ai remarqué parmi les promeneurs quand tu croyais n'être pas vu, et j'ajouterai, non pour me faire un mérite près de toi, qu'un homme aussi beau, signor Roderigo, ferait mieux de se montrer que de se tenir toujours ainsi derrière un nuage.

— Je t'ai déjà répondu à cet égard. Je dois faire ce qu'on me commande; mais, puisque tu me connais, prends garde de me trahir.

— Ton secret ne serait pas plus en sûreté dans le sein de ton confesseur. Diamine! je ne suis point un homme à bavarder parmi les vendeurs d'eau et à leur raconter les secrets des autres; mais tu faisais les yeux doux à une fille lorsque je t'ai vu dansant au milieu des masques sur le quai. N'est-ce pas, Roderigo?

— Tu es plus habile, maître Stefano, que je ne le pensais, quoique ton adresse comme marin soit connue.

— Il y a, signor Roderigo, deux choses pour lesquelles je m'estime, avec toute la réserve chrétienne cependant. Comme marin des côtes, pendant le mistral ou le sirocco, le vent du levant ou le zéphir, peu de matelots peuvent prétendre à plus de sang-froid que moi; et, quant à reconnaître un ami pendant le carnaval, je crois que le diable lui-même aurait beau se bien déguiser, je découvrirais toujours son pied fourchu. Enfin, pour prévenir un ouragan ou pour voir à travers un masque, signor Roderigo, je ne connais pas mon égal parmi les hommes de ma classe.

— Ces qualités sont un don du ciel pour un homme qui vit sur mer et qui fait un commerce difficile.

— J'ai vu aujourd'hui un nommé Gino, gondolier de don Camillo de Monforte et mon ancien camarade : il est venu à bord de cette felouque avec une femme masquée. Il me présenta assez adroitement cette femme comme une étrangère; mais je la reconnus tout d'un coup pour la fille d'un marchand de vin qui a déjà goûté de mon lacryma-christi. La jeune femme se fâcha du tour. Cependant, pour profiter de cette rencontre, nous entrâmes en marché du petit nombre de tonneaux qui sont cachés sous le lest, tandis que Gino faisait les affaires de son maître sur la place de Saint-Marc.

— Et quelles sont ces affaires? Ne le sais-tu pas, bon Stefano?

— Comment pourrais-je le savoir, maître Roderigo, puisque le gondolier se donna à peine le temps de me dire bonjour? Mais Annina...

— Annina!

— Elle-même. Tu connais Annina, la fille du vieux Thomaso; car elle dansait dans le lieu même où je t'ai reconnu. Je ne parlerais pas ainsi de cette fille si je ne savais que tu ne te fais pas scrupule toi-même de recevoir des liqueurs qui n'ont point rendu visite à la douane.

— Quant à cela, ne crains rien; je t'ai juré qu'aucun secret de cette nature ne serait divulgué. Mais cette Annina est une fille qui a autant d'esprit que de hardiesse.

— Entre nous, signor Roderigo, il n'est pas facile de reconnaître ceux que le sénat paie et ceux qu'il ne paie pas. Je me suis souvent imaginé, à ta manière de tressaillir et au son de ta voix, que toi-même tu n'étais ni plus ni moins que le lieutenant-général des galères un peu déguisé.

— Et c'est là ce que tu appelles ta connaissance des hommes!

— Si l'on ne se trompait jamais, où serait le mérite de deviner juste? Tu n'as jamais été chaudement poursuivi par un infidèle, maître Roderigo, ou tu saurais combien l'esprit de l'homme peut passer subitement de l'espoir à la crainte et du courroux à une humble prière! Je me souviens qu'une fois, dans la confusion d'une tempête et du sifflement des balles, ayant constamment des turbans devant les yeux et la bastonnade dans l'esprit, j'ai prié saint Stefano du même ton que j'aurais parlé à un chien, et j'ai commandé à mes gens avec la voix d'un jeune chat. Corpo di Bacco! on a besoin d'expérience dans de pareils cas, même pour reconnaître son propre mérite.

— Je te crois. Mais quel est le Gino dont tu parlais à l'instant? et comment un homme que tu as connu en Calabre est-il devenu ici gondolier?

— Ce sont des choses que j'ignore. Son maître, et je pourrais dire le mien, car je suis né sur ses domaines, est le jeune duc de Sainte-Agathe, le même qui fait valoir près du sénat ses droits à la fortune et aux honneurs du défunt Monforte qui avait siégé aux conseils. Ce procès dure depuis si longtemps, que Gino est devenu gondolier à force de tenir l'aviron depuis le palais de son maître jusqu'à ceux des nobles que don Camillo va solliciter. — Du moins, voilà comme Gino raconte qu'il a appris son état.

— Je me rappelle cet homme. Il porte les couleurs de son maître. A-t-il de l'esprit?

— Signor Roderigo, tous ceux qui viennent de la Calabre ne

peuvent se vanter de cet avantage. Nous ne sommes pas plus heureux que nos voisins, et il y a des exceptions dans toutes les sociétés comme dans toutes les familles. Gino est assez habile dans son état, et fort bon garçon à sa manière. Mais si l'on approfondit les choses, nous ne pouvons pas espérer qu'une oie soit aussi délicate qu'un bec-figue. La nature fait les hommes, quoique ce soient les rois qui fassent les nobles. — Gino est un gondolier.

— Et il est habile?

— Je ne dis rien de son bras ou de ses jambes, tout cela est assez bien à sa place; mais quant à la connaissance des hommes et des choses, le pauvre Gino n'est qu'un gondolier. Ce garçon a un excellent cœur, et il est toujours prêt à servir un ami. Je l'aime; mais vous ne voudriez pas que je disse autre chose que la vérité.

— Bien! Tiens ta felouque prête, car nous ne savons pas à quel moment nous en aurons besoin.

— Il ne vous reste plus qu'à apporter la cargaison, Signore, pour terminer le marché.

— Adieu; je voulais encore te recommander de ne point avoir de communication avec les autres marchands, et de prendre garde que les fêtes de demain ne détournent tes gens.

— N'ayez pas peur, signor Roderigo., il ne manquera rien.

Le Bravo retourna dans la gondole, et s'éloigna bientôt de la felouque avec une rapidité qui prouvait que son bras était habitué à l'aviron. Il agita sa main vers Stefano en signe d'adieu, et bientôt la gondole disparut au milieu des bâtiments qui encombraient le port.

Pendant quelques minutes, le patron de *la Bella Sorrentina* se promena sur le pont de sa felouque, respirant la brise qui venait du Lido; puis il alla chercher le repos. A cette heure, les sombres et silencieuses gondoles qui avaient flotté par centaines à travers le bassin avaient disparu. On n'entendait plus les sons de la musique sur les canaux; et Venise, qui dans tous les temps n'est jamais bruyante, semblait dormir du sommeil de la mort.

CHAPITRE VIII.

> Le pêcheur vint de son île verte, amenant sur les vagues sa femme et ses enfants ; le fermier de la terre ferme, avec des religieux, des nonnes, et la fille de village qui quittait pour la première fois la maison, tous se dirigeaient vers le bac.
> ROGERS. *L'Italie.*

JAMAIS les dômes massifs, les somptueux palais et les canaux de Venise n'avaient été éclairés par un plus beau jour que celui qui succéda à la nuit dont nous venons de parler. Il n'y avait pas longtemps que le soleil se montrait au niveau du Lido, lorsque le son des cors et des trompettes retentit sur la place de Saint-Marc. Le canon répondit de l'arsenal lointain. Bientôt mille gondoles glissèrent le long des canaux, à travers le port et le Giudecca, tandis que les routes bien connues de Fusina et des îles voisines étaient couvertes d'innombrables bateaux se dirigeant vers la capitale.

Les habitants de la ville se rassemblèrent de meilleure heure qu'à l'ordinaire, revêtus de leurs habits de fêtes, et mille contadini débarquèrent aux différents ponts dans le gai costume du continent. Le jour n'était pas encore bien avancé, que toutes les avenues de la grande place étaient déjà remplies, et au moment où les cloches de l'antique cathédrale cessèrent leur joyeux carillon, la place Saint-Marc se remplit de nouveau d'une foule animée. On voyait peu de masques : le plaisir brillait dans tous les regards, et une gaieté franche et sincère se communiquait de groupe en groupe. Enfin Venise et ses habitants faisaient éclater l'insouciante allégresse d'une fête favorite des Italiens. Les bannières des nations conquises s'agitaient avec bruit au-dessus des mâts de triomphe. Chaque clocher avait déployé l'image du lion ailé, et les palais se distinguaient par la richesse des tapisseries qui flottaient aux fenêtres et aux balcons.

Au milieu de ce brillant spectacle on entendait le murmure de cent mille voix, au-dessus desquelles s'élevaient de temps en temps le bruit des trompettes et les symphonies d'une musique harmonieuse. Là l'improvisateur, secrètement employé par un gouvernement politique et mystérieux, racontait avec une rapide éloquence, et dans un langage approprié à l'oreille populaire, aux pieds des *bigues* à la cime desquelles flottaient les bannières réunies de Candie, de l'île de Crète et de la Morée, les anciennes conquêtes de la république; ici un chanteur de ballades rappelait à la foule attentive sa gloire et sa justice. Des applaudissements unanimes succédaient à toutes les allusions heureuses de la renommée nationale, et des bravos bruyants étaient la récompense de ces rhapsodes de la police, lorsqu'ils réussissaient à flatter la vanité de leurs auditeurs.

Pendant ce temps, des gondoles riches d'or et de sculptures, et portant ces femmes de Venise si célèbres par leur grâce et leur beauté, se montraient par centaines autour du port. Un mouvement général avait eu lieu déjà parmi les vaisseaux, et un large canal s'ouvrit depuis le quai, au pied de la Piazzetta, jusqu'au rivage éloigné que baignent les vagues de l'Adriatique. Des deux côtés de cette route liquide, des bateaux remplis de curieux s'approchèrent rapidement.

La foule augmentait à mesure que le jour avançait. Les vastes plaines de Padoue semblaient avoir envoyé tous leurs habitants au milieu de cette joie. Quelques masques timides et irrésolus commençaient à se mêler au milieu de la foule; c'étaient des moines dérobant à la monotonie de leurs cloîtres un moment de plaisir, à la faveur de ce déguisement. Venaient ensuite les riches équipages marins des ambassadeurs des différents États étrangers; puis, au milieu des cris de la populace et des sons du clairon, *le Bucentaure* sortit du canal de l'arsenal, et vint majestueusement prendre sa station près du quai de Saint-Marc.

Après ces préliminaires qui occupèrent l'attention pendant quelques heures, les hallebardiers et autres gardes employés auprès du chef de la république s'ouvrirent un chemin à travers la foule. Alors les sons harmonieux de cent instruments proclamèrent l'arrivée du doge.

Nous n'interromprons pas le cours de notre narration pour décrire la pompe avec laquelle une superbe aristocratie, qui en général évitait un contact familier avec ceux qu'elle gouvernait, déployait sa magnificence aux yeux de la multitude dans une fête populaire. Une foule de sénateurs, revêtus du costume de leur charge et suivis par d'innombrables laquais en livrée, passaient sous les galeries du palais et descendaient par l'escalier du Géant; ils arrivèrent bientôt en ordre dans la Piazzetta, et se rendirent à leurs différents postes sur le pont couvert du *Bucentaure*. Chaque patricien avait sa place indiquée; et, avant que la fin du cortége eût quitté le quai, on voyait une longue et imposante ligne de graves législateurs assis dans l'ordre de leur préséance. Les ambassadeurs, les hauts dignitaires de l'Etat, et le vieillard qui avait été choisi pour jouir des vaines prérogatives de la souveraineté, restaient toujours sur la terre-ferme, attendant avec la patience de l'habitude le moment de l'embarcation. En cet instant un homme au visage brun, dont les jambes étaient nues jusqu'aux genoux et la poitrine découverte, se fraya un passage à travers les gardes, et se jeta aux pieds du doge sur les pierres du quai.

— Justice! grand prince, s'écria cet homme hardi; justice et miséricorde! écoutez un homme qui répandit son sang pour Venise, et qui en prend à témoin ses cicatrices!

— La justice et la miséricorde ne vont pas toujours de compagnie, observa d'une voix calme celui qui portait la toque à cornes, en faisant un signe à ses gardes officieux de laisser cet homme s'expliquer.

— Grand prince, je viens pour obtenir merci.

— Qui es-tu?

— Un pêcheur des lagunes, un malheureux nommé Antonio, qui demande la liberté de celui qui est l'orgueil de sa vie, d'un brave jeune homme que la force seule a pu arracher de ses bras.

— Cela n'aurait pas dû avoir lieu : la violence n'est pas l'attribut de la justice. Mais le jeune homme a sans doute transgressé les lois, et il est puni parce qu'il a mérité de l'être.

— Sérénissime Altesse, il est coupable de jeunesse, de force et de quelque habileté dans l'art du marin. Ils l'ont pris, sans le prévenir et sans son consentement, pour le service des galères, et m'ont laissé seul dans ma vieillesse.

La pitié qui se montrait sur les traits vénérables du prince se changea subitement en un air de méfiance et d'embarras. Ses yeux, qui s'étaient émus de compassion, devinrent d'une froideur glaciale, et les arrêtant d'une manière significative sur les gardes, le doge salua avec dignité l'auditoire attentif et curieux, puis fit signe à sa suite d'avancer.

— Qu'on écarte cet homme! dit un officier qui comprit le regard de son maître; la cérémonie ne doit point être retardée par une semblable demande.

Antonio n'opposa aucune résistance; mais, cédant à l'impulsion de ceux qui l'entouraient, il rentra doucement au milieu de la foule, le désappointement et le chagrin faisant place pour un instant à la crainte et à l'admiration que lui causait le spectacle imposant qu'il avait devant les yeux, sentiment peut-être inséparable de sa condition et de ses habitudes. Bientôt la légère interruption causée par cette scène fut oubliée au milieu de la pompe de la fête. Lorsque le doge et les personnes de sa suite furent assis, et qu'un amiral d'une réputation éprouvée eut pris en main le gouvernail, l'immense et somptueux navire aux galeries dorées s'éloigna du quai avec une dignité imposante. Son départ fut le signal des trompettes, des clairons et des exclamations du peuple. Ce dernier se précipita sur le rivage; et, avant que *le Bucentaure* eût atteint le milieu du port, l'eau fut couverte de gondoles qui le suivirent dans sa course. Ce bruyant cortége se sépara bientôt; quelques barques s'élancèrent vers la proue du noble vaisseau, et d'autres nagèrent à l'entour comme les poissons autour d'une baleine, aussi près de ses flancs que la chute mesurée des pesants avirons pouvait le permettre. A mesure que les efforts de l'équipage éloignaient la galère du rivage, le nombre des bateaux semblait s'accroître par un secret prodige ; et cependant la chaîne qui liait entre eux les éléments de cette masse ne fut pas entièrement brisée, jusqu'à ce que *le Bucentaure* eût passé l'île longtemps fameuse par son couvent de religieux arméniens. Là, le mouvement se ralentit afin de permettre aux innombrables gondoles de s'approcher. Alors toute la flotte s'avança, formant une espèce de phalange jusqu'au Lido, qui était le lieu du débarquement.

Le mariage du doge avec l'Adriatique a été trop souvent décrit pour que nous pensions à le décrire à notre tour : nous nous occuperons plutôt d'incidents personnels et particuliers que de la description d'événements publics, et nous omettrons tout ce qui n'a point un rapport immédiat avec notre histoire.

Lorsque *le Bucentaure* s'arrêta, il se fit un vide autour de sa poupe, et le doge parut sur une galerie construite de manière à le laisser voir de toute la foule. Il tenait une bague brillante de pierres précieuses; il l'éleva en l'air, et, prononçant des paroles de fiançailles, il la jeta dans le sein de son épouse imaginaire. De bruyants applaudissements se firent entendre, les trompettes sonnèrent et les dames agitèrent leurs mouchoirs, comme pour le féliciter de cette union. Pendant tout ce bruit, augmenté encore par le son des canons des croiseurs et de ceux de l'arsenal, un bateau se glissa dans l'espace ouvert, sous la galerie du *Bucentaure*. Le bras qui dirigeait la légère gondole était agile et fort, bien que les cheveux de celui qui tenait l'aviron fussent blancs. L'homme qui était dans cette gondole jeta un regard suppliant sur les visages heureux qui ornaient la galère du prince, puis ce regard se baissa subitement sur les eaux. Une petite bouée de pêcheur tomba du bateau, qui s'enfuit aussitôt avec une telle rapidité que ce petit incident fut à peine remarqué au milieu de la confusion du moment.

Le cortége aquatique revint vers la ville, au milieu des acclamations de la multitude sur l'heureuse issue d'une cérémonie à laquelle le temps et la sanction du souverain pontife avaient donné une espèce de sainteté, augmentée sous quelques rapports par la superstition. Il est certain que peu de personnes, parmi les Vénitiens eux-mêmes, regardaient ce fameux mariage du doge et de l'Adriatique avec indifférence, et que plusieurs ambassadeurs des Etats du Nord osaient à peine, en échangeant des regards d'intelligence, se permettre de sourire. Cependant telle est l'influence de l'habitude (car une arrogante présomption peut devenir telle avec le temps), que ni la faiblesse de la république, ni la supériorité des autres puissances sur l'élément que cette cérémonie était censée représenter comme la propriété de Venise, ne couvraient pas encore cette prétention de tout le ridicule qu'elle méritait. Venise conservait cette vaine prétention, lorsque la raison et l'esprit des convenances auraient dû la forcer d'y renoncer depuis des siècles. Mais, à l'époque que nous décrivons, cet Etat hypocrite et ambitieux commençait à peine à sentir les symptômes de sa décadence, et ne songeait point que sa chute pouvait être prochaine. C'est ainsi que les sociétés, comme les individus, approchent de leur fin, inattentifs aux progrès du mal qui les ronge, jusqu'à ce qu'ils soient terrassés par cette destinée qui n'épargne ni les hommes ni les empires.

Le *Bucentaure* ne revint pas immédiatement au quai pour y déposer son noble et grave équipage. La fastueuse galère jeta l'ancre au centre du port, en face de l'embouchure du grand canal. Pendant toute la matinée, des officiers avaient été occupés à éloigner du centre du passage les vaisseaux et les barques qui se trouvaient par centaines dans ce lieu, et les hérauts avertirent le peuple de venir jouir du spectacle de la regatta, qui devait terminer la fête.

La position particulière de Venise et le nombre de ses marins avaient rendu cette ville célèbre pour cette espèce d'amusement. Des familles étaient connues et renommées depuis des siècles par leur habileté et leur adresse à manier l'aviron, comme il y en avait de célèbres à Rome pour des exploits d'une nature moins utile et moins innocente. Il était d'usage de choisir parmi ces familles les hommes les plus vigoureux et les plus adroits; et après avoir invoqué l'assistance de leurs saints patrons, et animé leur fierté et leurs souvenirs par des chants qui racontaient les hauts faits de leurs ancêtres, les concurrents s'élançaient vers le but avec toute l'ardeur que l'orgueil et l'amour de la victoire peuvent inspirer.

La plupart de ces anciens usages étaient encore observés. Aussitôt que le *Bucentaure* eut jeté l'ancre, trente ou quarante gondoliers s'avancèrent revêtus de leurs plus beaux habits, et entourés d'une foule d'amis et de parents. On stimulait les compétiteurs en leur montrant l'espoir de les voir soutenir la réputation de leurs différents noms, et en mettant sous leurs yeux la honte de la défaite. Ils étaient excités par les encouragements des hommes et par les sourires ou les pleurs des femmes. On leur rappelait la récompense, on adressait pour eux aux saints de ferventes prières; puis on les abandonnait à leur sort, au milieu des cris de la multitude qui se frayait un chemin à la place qu'on lui avait réservée sous la poupe de la galère de l'État.

Nous avons déjà dit que Venise est divisée en deux parties

presque égales par un canal beaucoup plus large que les passages ordinaires de la ville. Ce canal, tant à cause de sa largeur et de sa profondeur que de son importance, est appelé le grand canal. Il décrit dans sa course une ligne onduleuse qui augmente beaucoup son étendue. Comme il est souvent fréquenté par les plus grandes barques de la baie, étant par le fait un port secondaire, et que sa largeur est considérable, il n'a dans toute son étendue qu'un seul pont, le célèbre Rialto. La regatta devait avoir lieu sur ce canal, qui offrait la longueur et l'espace requis, et qui, étant bordé des palais des principaux sénateurs, présentait toutes les facilités nécessaires pour être témoin du spectacle.

En parcourant d'un bout à l'autre ce grand canal, les marins destinés à disputer le prix n'avaient pas la permission de faire le plus léger mouvement. Leurs yeux étaient fixés sur les magnifiques tentures qui, comme c'est encore l'usage aujourd'hui en Italie, flottaient à chaque fenêtre, et sur des groupes de femmes dans une riche toilette, brillantes de cette beauté particulière aux Vénitiennes et qui garnissaient tous les balcons. Ceux qui étaient en service se levaient et répondaient aux signaux encourageants qu'ils recevaient des fenêtres en passant devant les palais de leurs maîtres, tandis que les gondoliers publics cherchaient du courage dans l'expression du visage de leurs amis placés au milieu de la foule.

Enfin, toutes les formalités ayant été strictement observées, les compétiteurs prirent leur rang. Les gondoles étaient beaucoup plus grandes que celles dont on fait usage ordinairement, et chacune était conduite par trois marins, au centre de la barque : ces marins étaient dirigés par un quatrième, qui, debout sur le petit pont de la poupe, tenait le gouvernail, en même temps qu'il aidait à presser le mouvement du bateau. On voyait à l'avant de légers bâtons avec des drapeaux, qui portaient les couleurs distinctives de plusieurs nobles familles de la république, ou qui étaient simplement ornés des devises suggérées par l'imagination de ceux auxquels elles appartenaient. Quelques mouvements d'aviron, semblables à ceux que fait un maître d'escrime avant de commencer à se mettre en garde, donnèrent le signal ; alors les gondoles, en tournant sur elles-mêmes, imitèrent l'impatience d'un coursier qui se raidit contre son frein ; puis au signal d'un coup de canon, elles s'élancèrent en même temps comme si elles eussent ou des ailes. Ce départ fut suivi d'applaudissements qui se succédèrent rapidement le long du canal, et d'une agitation qui se manifesta d'un balcon à un autre, jusqu'à ce que ce mouvement sympathique se fût communiqué à la grave assemblée portée par le *Bucentaure*.

Pendant quelques minutes, la différence en force et en adresse fut presque imperceptible ; chaque gondole glissait sur les ondes, sans avantage visible, avec la légèreté de l'hirondelle qui effleure la surface d'un lac. Puis, soit adresse de la part de celui qui tenait le gouvernail, soit force dans ceux qui ramaient, soit que cela dépendît de la construction de la barque elle-même, la masse des petits bâtiments, qui étaient partis serrés l'un contre l'autre comme une troupe d'oiseaux effrayés, commença à s'ouvrir et en vint à ne plus former qu'une longue ligne vacillante au centre du passage. La masse entière passa sous le pont, toutes les gondoles si rapprochées les unes des autres que l'on ne pouvait deviner celle qui remporterait le prix : alors la course put être plus aisément suivie des yeux par les principaux personnages de la ville.

Mais là, les avantages qui assurent le succès dans les luttes de cette nature commencèrent à se manifester. Le plus faible céda ; les craintes et les espérances augmentèrent, jusqu'à ce que le commencement de la ligne présentât le spectacle brillant de la victoire, tandis que ceux qui restaient en arrière offraient le coup d'œil, plus intéressant encore, d'hommes qui combattent sans espoir. Peu à peu la distance qui se trouvait entre les barques augmenta, à mesure qu'elles approchaient du but ; enfin trois gondoles arrivèrent sous la poupe du *Bucentaure* à un intervalle l'une de l'autre presque imperceptible. Le prix fut gagné, le vainqueur récompensé, et l'artillerie donna, comme à l'ordinaire, le signal de la joie. La musique répondit au bruit du canon et au son des cloches, tandis que la sympathie qu'on éprouve pour le succès, ce principe dominant et souvent si dangereux de notre nature, excita les applaudissements même des vaincus.

Le bruit cessa, et un héraut proclama qu'une lutte nouvelle allait commencer. Pour la première course, et nous pourrions dire pour la course nationale, on avait, suivant un ancien usage, choisi les gondoliers reconnus pour Vénitiens. Le prix avait été désigné par l'État, et toute cette affaire avait en quelque sorte un caractère politique et officiel. On annonça donc qu'une nouvelle course allait avoir lieu, et que la lice était ouverte à tous les compétiteurs qui se présenteraient, quelles que fussent leur origine ou leurs occupations habituelles. Un aviron d'or, suspendu à une chaîne du même métal, était la récompense que le doge lui-même devait offrir à celui qui montrerait le plus d'adresse dans cette nouvelle lutte, tandis qu'un ornement semblable, en argent, devait être le prix de celui qui arriverait le second ; un petit bateau d'un métal moins précieux formait la troisième récompense. Les gondoles étaient la barque ordinaire des canaux ; et comme le but de cette course était de montrer le talent particulier de la reine des îles, on ne permit qu'à un seul gondolier d'entrer dans chaque gondole : il devait en même temps guider et conduire sa petite barque. Aucun de ceux qui avaient concouru à la première lutte ne fut admis à la nouvelle, et tous ceux qui désirèrent participer à celle-ci reçurent l'ordre de se présenter sous la poupe du *Bucentaure*, dans un espace de temps prescrit, pour s'y faire reconnaître. Comme c'était un usage établi, l'intervalle entre les deux courses ne fut pas de longue durée.

Le premier qui sortit de la foule des bateaux qui entouraient la place laissée libre aux concurrents fut un gondolier bien connu par son adresse et ses chansons.

— Comment t'appelle-t-on, et dans quel nom mets-tu tes espérances? lui demanda le héraut.

— Tout le monde me connaît pour être Bartholomeo, qui demeure entre la Piazzetta et le Lido ; et, comme un loyal Vénitien, je mets ma confiance dans saint Théodore.

— Tu as une bonne protection. Prends place, et attends ton sort.

L'habile gondolier agita l'eau avec le revers de l'aviron, et la légère gondole tourna jusqu'au centre de l'espace laissé libre, comme un cygne se jette de côté par un coup subit de ses ailes.

— Et toi, qui es-tu? demanda l'officier à celui qui se présenta ensuite.

— Enrico, un gondolier de Fusina. Je viens mesurer mon aviron avec ceux des vaniteux de ces canaux.

— En qui places-tu ta confiance?

— Dans saint Antoine de Padoue.

— Tu auras besoin de son assistance, quoique nous approuvions ton audace. Entre et prends ton rang.

— Et qui es-tu ? demanda-t-il à un troisième lorsque le second eut imité l'adresse de celui qui l'avait précédé.

— Je m'appelle Gino de Calabre, gondolier en service particulier.

— Quel est le seigneur que tu sers ?

— L'illustre et très-excellent don Camillo Monforte, duc et seigneur de Sainte-Agathe à Naples, et de droit sénateur à Venise.

— On dirait, à ta connaissance des lois, que tu viens de Padoue, l'ami ! Mets-tu tes espérances de succès dans le nom de celui que tu sers ?

Il y eut un mouvement parmi les sénateurs lorsque Gino fit sa réponse, et le valet intimidé s'imagina qu'il apercevait du mécontentement sur plus d'un visage. Il regarda autour lui, cherchant celui dont il avait vanté la noblesse, afin qu'il vînt à son secours.

— Nommeras-tu celui en qui tu mets ta confiance ? reprit le héraut.

— Mon maître, murmura Gino effrayé, saint Janvier et saint Marc.

— Tu seras bien défendu : si les deux derniers te manquent, tu peux certainement compter sur le premier.

— Le signor Monforte a un nom illustre, et il est le bienvenu aux amusements de Venise, observa le doge en s'inclinant légèrement vers le jeune seigneur de Calabre, qui était assez près de là dans une gondole élégante, regardant cette scène avec un grand intérêt.

Camillo répondit à cette interruption aimable des plaisanteries du héraut par un profond salut, et la cérémonie continua.

— Prends place, Gino de Calabre, et qu'un heureux destin soit le tien ! dit l'officier. Puis se tournant vers un autre, il ajouta d'un air surpris : Eh quoi ! te voilà ici ?

— Je viens pour essayer la rapidité de ma gondole.

— Tu es trop vieux pour une pareille lutte. Réserve tes forces pour tes travaux de chaque jour. Il ne faut point écouter une ambition mal avisée.

Le nouvel aspirant avait amené sous la galerie du *Bucentaure* une gondole de pêcheur d'une forme assez élégante, mais qui portait les traces de ses travaux journaliers. Il reçut cette rebuffade avec douceur, et il allait retourner sa gondole d'un air triste et humilié, quand un signe du doge arrêta son bras.

— Questionnez-le comme les autres, dit le doge.

— Quel est ton nom? ajouta l'officier avec répugnance, car, comme tous les subordonnés, il était plus jaloux que son supérieur de la dignité des jeux qu'il dirigeait.

— Je m'appelle Antonio, pêcheur des lagunes.

— Tu es bien vieux !

— Signore, personne ne le sait mieux que moi. Il s'est passé soixante étés depuis que j'ai jeté pour la première fois un filet ou une ligne dans la mer.

— Tu n'es pas vêtu convenablement pour un homme qui se présente à une regatta devant l'État de Venise.

— J'ai sur moi mes plus beaux habits. Que ceux qui veulent faire aux nobles un plus grand honneur en mettent de meilleurs.

— Tes jambes sont découvertes, ta poitrine nue, tes nerfs sont fatigués. Va, tu as tort de venir interrompre les plaisirs de la noblesse par cette plaisanterie.

Antonio allait se dérober de nouveau aux milliers de regards fixés sur lui, lorsque la voix calme du doge vint encore une fois à son secours.

— La lice est ouverte pour tous, dit le souverain; cependant je conseillerais au pauvre vieillard de réfléchir. Qu'on lui donne de l'argent, c'est sans doute le besoin qui le pousse à cette lutte inutile.

— Tu entends : on t'offre une aumône ; mais fais place à ceux qui sont plus vigoureux et vêtus d'une manière plus convenable.

— J'obéis, comme c'est le devoir d'un homme né dans la pauvreté. On avait dit que le champ était libre. Je demande pardon aux nobles ; je n'avais pas l'intention de leur faire injure.

— Justice dans le palais et justice sur les canaux ! observa vivement le prince. S'il veut rester, il en est le maître : Venise met sa gloire à tenir ses balances d'une main égale.

Un murmure d'applaudissements succéda à cette spécieuse réponse : car les puissants affectent rarement le noble attribut de la justice, dans quelques étroites limites qu'ils en renferment la pratique, sans que leurs paroles trouvent un écho parmi les égoïstes.

— Tu entends : Son Altesse, qui est la voix d'un puissant État, dit que tu peux rester, quoique cependant on te conseille de te retirer.

— Je verrai alors si mon bras a conservé quelque force, répondit Antonio, jetant sur son pauvre vêtement usé un regard triste, et qui néanmoins exprimait aussi une vanité secrète. Mes membres ont des cicatrices, mais peut-être les infidèles m'ont-ils laissé assez de sang dans les veines pour le peu dont j'ai besoin.

— En qui mets-tu ta confiance?

— Dans saint Antoine à la pêche miraculeuse[1]!

— Prends place. Ah! voilà quelqu'un qui ne désire pas être connu. Qui est-ce qui se présente avec ce faux visage?

— Appelle-moi masque.

— Une jambe et un bras si bien faits prouvent que tu n'aurais pas dû cacher leur compagnon, le visage. Le bon plaisir de Votre Altesse est-il qu'une personne masquée soit admise aux jeux?

— Sans aucun doute. Un masque est sacré à Venise. Nos excellentes lois permettent que celui qui désire se concentrer dans le secret de ses pensées et se dérober à la curiosité en cachant son visage, se promène dans nos rues et sur nos canaux avec la même sécurité que dans sa propre demeure. Tels sont les priviléges précieux de la liberté pour le citoyen d'un Etat généreux et magnanime!

L'approbation éclata de toutes parts, et on entendit murmurer de bouche en bouche qu'un jeune noble allait essayer ses forces dans la regatta pour plaire à quelque beauté capricieuse.

— Telle est la justice! s'écria le héraut à voix haute, l'admiration l'emportant sans doute sur le respect. Heureux celui qui est né à Venise! heureux le peuple dans les conseils duquel la sagesse et la bonté président comme deux aimables sœurs! En qui mets-tu ta confiance?

— Dans mon propre bras.

— Ah! cela est impie! Une personne si présomptueuse ne peut prendre part à ces jeux privilégiés.

Cette exclamation du héraut fut suivie d'un mouvement général, comme celui qui annonce une émotion subite au milieu d'une multitude.

---

1. Saint Antoine de Padoue est un des grands saints du calendrier maritime des Italiens, parce que entre autres miracles qu'on lui attribue est celui de la prédication qu'il adressa un jour aux poissons, qui l'écoutèrent avec attention, suivant la légende. Ce miracle, auquel il sera fait allusion tout à l'heure, a été le sujet de plusieurs tableaux, et ressemble beaucoup à une pêche miraculeuse.

—Les enfants de la république sont également protégés, observa le vénérable prince ; cela fait notre orgueil, et que saint Marc nous préserve de proférer rien qui ressemble à de la vaine gloire! Nous nous vantons avec justice de ne connaître aucune différence entre nos sujets des îles et ceux des côtes de la Dalmatie, entre Padoue ou Candie, Corfou ou Saint-George. Néanmoins il n'est permis à personne de refuser l'intervention des saints.

— Nomme ton patron, ou quitte la place, dit le héraut.

L'étranger réfléchit un instant, comme s'il rentrait dans sa conscience, puis il répondit :

— Saint Jean du désert.

— Tu nommes un saint révéré.

— Je nomme celui qui aura peut-être pitié de moi dans ce désert du monde.

— Tu es le meilleur juge de l'état de ton âme. Mais ces nobles seigneurs, ces dames brillantes de beauté et ce bon peuple attendent un autre compétiteur.

Tandis que le héraut recueillait les noms de trois ou quatre aspirants gondoliers en service particulier, on entendit parmi les spectateurs un murmure qui annonçait que la curiosité et l'intérêt avaient été excités par les réponses et l'apparence des deux derniers compétiteurs. Pendant ce temps, les jeunes nobles au service desquels étaient ceux qui venaient se présenter commencèrent à s'agiter au milieu de la foule des bateaux, avec l'intention de manifester leur galanterie ou leur dévouement, suivant les usages et les opinions du siècle. On proclama que la liste était remplie ; et les gondoles se rendirent comme la première fois vers le point de départ, laissant un espace libre sous la poupe du *Bucentaure*. La scène qui suivit se passa donc absolument sous les yeux de ces hommes graves qui se chargeaient des affaires publiques de Venise.

Il y avait plusieurs dames de haute naissance dont le visage n'était point couvert, se montrant dans leurs barques et accompagnées par d'élégants cavaliers ; puis on voyait aussi de temps en temps des yeux noirs et brillants ; regardant à travers les ouvertures d'un masque de soie qui cachait un visage trop jeune pour être exposé au milieu d'une fête aussi gaie. On remarquait particulièrement dans une gondole une femme d'une tournure élégante et gracieuse, malgré l'espèce de déguisement qui résultait de ses simples vêtements. La barque, les laquais, les dames (car elles étaient deux) se distinguaient par cette simplicité sévère qui annonce plus souvent un haut rang et un véritable goût que la profusion des ornements. Un carme, dont les traits étaient cachés par son capuchon, attestait par sa présence la haute position sociale des deux dames, et leur prêtait de la dignité, au milieu de la foule, par sa protection grave et respectée. Cent gondoles essayaient de suivre celle-ci; et les cavaliers, après de vains efforts pour pénétrer ce déguisement, abandonnaient la partie, tandis qu'ils s'adressaient des questions d'une gondole à l'autre, dans le but d'apprendre le nom et le rang de la jeune beauté. Enfin une barque brillante, dont les matelots portaient une livrée somptueuse, et dans le costume desquels il y avait une magnificence étudiée, entra dans le petit cercle que la curiosité avait formé. Le seul cavalier qui occupait le siége se leva (car on voyait en ce jour peu de gondoles avec leur triste et mystérieux pavillon), et il salua les dames masquées avec l'aisance d'un homme de bonne compagnie, mais avec la réserve d'un profond respect.

— J'ai dans cette course, dit-il d'un air galant, un domestique favori en la force et l'adresse duquel je mets une grande confiance. Jusqu'ici j'avais vainement cherché une dame d'une beauté et d'un mérite assez rares pour oser placer sur son sourire la fortune de mon serviteur. Maintenant je ne chercherai plus.

— Vous êtes doué d'une vue bien perçante, Signore, si vous découvrez ce que vous cherchez sous nos masques, répondit une des deux dames, tandis que le carme saluait poliment pour reconnaître un compliment qui était très-permis au milieu de telles scènes.

— Il y a des moyens de reconnaître autrement que par les yeux, Madame, et des admirations qui ne viennent pas des sens. Cachez-vous autant que vous voudrez, et vous ne m'empêcherez pas de savoir que je suis auprès du plus beau visage, du cœur le plus généreux et de l'âme la plus pure de Venise!

— Voilà une prétention bien hardie, Signore, reprit la dame qui paraissait la plus âgée, en jetant un regard sur sa jeune compagne, comme pour examiner l'effet que produisait sur elle ce discours galant. Venise est renommée pour la beauté de ses femmes, et le soleil de l'Italie éclaire plus d'un cœur généreux.

— Il vaudrait mieux que d'aussi nobles dons fussent employés au service du Créateur que de la créature, murmura le moine.

— Il y en a, saint père, qui ont de l'admiration pour tous les deux. Je désirerais que tel fût le partage de celle qui est favorisée des conseils spirituels d'un homme aussi vertueux, aussi sage que vous. C'est ici que je mets ma fortune; arrive que pourra. Je voudrais qu'il me fût permis d'y risquer un enjeu plus considérable.

En parlant ainsi, le cavalier offrait à la beauté silencieuse un bouquet des fleurs les plus belles et les plus fraîches, et parmi lesquelles on voyait celles que les poëtes ont données pour attributs à la constance et à l'amour. Celle à qui cette offrande était adressée hésita à l'accepter; la réserve imposée à son sexe et à son âge lui permettait à peine de recevoir cet hommage, bien que la fête autorisât cette galanterie. Elle hésitait donc, avec l'instinct d'une jeune fille qui n'était pas encore familiarisée avec des hommages aussi publics.

— Recevez ces fleurs, ma chère, dit sa compagne avec douceur. Le cavalier qui les offre a simplement l'intention de montrer sa courtoisie.

— Nous le verrons plus tard, répondit vivement don Camillo; car c'était lui. Adieu, Signora; nous nous sommes déjà rencontrés sur ces ondes, et il y avait alors moins de contrainte entre nous deux.

Il salua, et, faisant signe à son gondolier, sa barque se perdit bientôt au milieu des autres. Cependant, avant que les deux bateaux se séparassent, le masque de la jeune fille fut légèrement agité, comme si celle qui le portait eût cherché à respirer plus librement, et le Napolitain fut récompensé de sa galanterie par la vue du beau visage de Violetta.

— Ton tuteur a l'air mécontent, observa rapidement donna Florinda. Je m'étonne que nous soyons reconnues.

— Je m'étonnerais davantage si nous ne l'avions pas été. Pour moi, je pourrais reconnaître le noble Napolitain au milieu de mille autres cavaliers. Ne te rappelles-tu pas ce que je lui dois?

Donna Florinda ne répondit pas; mais elle offrit au ciel une fervente prière pour que le service du Napolitain pût tourner à l'avantage de celle qui en avait été l'objet. Elle échangea avec le carme un regard furtif et embarrassé; mais comme ni l'un ni l'autre ne parlèrent, un long silence succéda à cette rencontre.

Cette société, ainsi que la foule joyeuse qui l'entourait, fut rappelée au spectacle de la lutte par le signal du canon, l'agitation qui se manifestait sur le grand canal auprès du théâtre de la lutte, et une fanfare de trompettes. Mais, pour procéder régulièrement à cette narration, il est nécessaire que nous retournions un peu en arrière.

CHAPITRE IX.

> Tu es arrivé plein de vigueur et de beauté, et ton bouillant courage a devancé le temps.
> SHAKSPEARE.

On a vu que les gondoles qui devaient lutter de vitesse avaient été conduites à la remorque jusqu'au point du départ, afin que les compétiteurs pussent conserver toute leur vigueur pour la lutte. On n'avait pas négligé cette précaution, même pour le pauvre pêcheur demi-nu ; et sa barque, comme les autres, fut attachée à un des grands bateaux qui avaient reçu cette destination. Cependant, lorsque Antonio passa le long du canal, devant les élégants balcons et les navires qui le bordaient d'un et d'autre côté, il s'éleva ce rire méprisant qui est d'autant plus fort et plus hardi que la pauvreté est plus apparente.

Le vieillard s'apercevait des remarques dont il était l'objet ; et comme il est rare que notre susceptibilité ne survive pas à notre fortune, Antonio prévoyait assez sa disgrâce pour s'affliger d'un mépris aussi ouvertement exprimé. Il promena attentivement ses yeux autour de lui, et il semblait chercher dans les regards qu'il rencontrait une sympathie que son malheur méritait. Mais les hommes même de sa classe et de sa profession ne lui ménageaient pas leurs plaisanteries ; et, quoiqu'il fût peut-être le seul parmi les compétiteurs dont les motifs justifiassent l'ambition, il était le seul objet de risée. Pour expliquer ce trait révoltant dans le cœur humain, nous n'avons pas besoin de nous arrêter à Venise et à ses institutions, puisqu'il est reconnu que rien n'est aussi arrogant, dans certaines occasions, que les esclaves, et que la bassesse et l'insolence prennent ordinairement leur source dans le même cœur.

Le mouvement qui se fit parmi les bateaux amena le personnage masqué et Antonio l'un à côté de l'autre.

— Tu n'es pas le favori des spectateurs, observa le premier, lorsqu'un nouveau feu roulant de plaisanteries vint accabler la victime résignée. Tu n'as pas été assez soigneux de ta toilette. Nous sommes dans une ville où le luxe est en honneur, et celui qui désire obtenir des applaudissements doit paraître sur les canaux avec l'air d'un homme moins accablé par la fortune.

— Je les connais, je les connais, répondit le pêcheur. Ils sont conduits par leur orgueil, et ils pensent mal de celui qui ne peut partager leurs vanités. Mais, l'ami inconnu, j'ai apporté ici un visage qui, quoique vieux, ridé et hâlé par le soleil comme les pierres du rivage, peut être vu sans m'inspirer de honte.

— Il peut exister des raisons que vous ne connaissez pas et qui exigent que je porte un masque. Mais si mon visage est caché, mes membres sont nus; et, comme tu peux le voir, je ne manque pas de force pour réussir à ce que j'ai entrepris. Tu aurais dû réfléchir avant de t'exposer à une semblable mortification. La défaite ne rendra pas la multitude plus polie envers toi.

— Si mes membres sont vieux et raidis par l'âge, Signore, ils sont depuis longtemps habitués au travail. Quant à l'humiliation, si c'en est une que d'être plus pauvre que les autres, je ne l'éprouve pas pour la première fois. Un grand chagrin m'accable, et cette course peut en alléger le fardeau. Je ne prétends pas dire que j'entends ces éclats de rire et ces discours moqueurs comme on écoute la brise du soir dans les lagunes : car un homme est toujours un homme, quoiqu'il vive parmi les plus humbles et mange les mets les plus grossiers. Mais n'importe; saint Antoine me donnera le courage de le supporter.

— Tu as une âme forte, pêcheur, et je prierais de bon cœur mon patron de t'accorder un bras qui lui ressemble. Serais-tu content du second prix, si par adresse je t'aidais dans tes efforts? car je suppose que le métal du troisième est aussi peu de ton goût que du mien.

— Je ne compte ni sur l'or, ni sur l'argent.

— L'honneur d'une telle lutte a-t-il pu éveiller l'orgueil d'un homme comme toi?

Le vieillard regarda attentivement son compagnon, puis il hocha la tête sans lui répondre. De nouvelles plaisanteries faites à ses dépens lui firent tourner les yeux, et il aperçut un groupe de ses compagnons des lagunes qui semblaient penser que son ambition déraisonnable était une sorte d'affront pour l'honneur de tout leur corps.

—Comment! vieil Antonio, s'écria le plus hardi de la bande; n'est-ce pas assez d'avoir gagné les honneurs du filet? tu voudrais avoir un aviron d'or suspendu à ton cou?

—Nous le verrons siéger au sénat, cria un autre.

—Sa tête nue attend le bonnet de doge, continua un troisième. Nous verrons l'amiral Antonio voguer sur *le Bucentaure* avec les nobles de la république!

Ces saillies furent suivies d'éclats de rire. Les beautés mêmes qui ornaient le balcon ne pouvaient s'empêcher de sourire de ces continuelles plaisanteries et du contraste que formaient l'âge et les prétentions de cet étrange prétendant aux honneurs de la regatta. Le vieillard sentit sa résolution l'abandonner. Néanmoins il semblait excité par un motif secret qui l'engageait à persévérer. Son compagnon examinait attentivement l'expression changeante d'un visage qui était trop peu habitué à feindre pour cacher ce qu'il éprouvait intérieurement. En approchant du point de départ, il adressa de nouveau la parole à Antonio.

—Tu peux encore te retirer, dit-il. Pourquoi un homme de ton âge vient-il remplir ses derniers jours d'amertume, en s'exposant aux plaisanteries de ses compagnons?

—Saint Antoine fit un plus grand miracle, dit-il, lorsqu'il força les poissons à s'arrêter sur les vagues pour écouter ses prédications, et je ne veux pas montrer un cœur faible au moment où j'ai le plus besoin de résolution.

Le marin masqué se signa dévotement, et, abandonnant le projet de persuader à Antonio qu'il ne devait point tenter une lutte inutile, il donna toutes ses pensées aux hasards qu'il allait courir lui-même dans cette course.

Le peu de largeur de la plupart des canaux de Venise, les angles innombrables et le passage continuel des gondoles, ont donné lieu à un mode de construction et à une manière de ramer si particulière à Venise et à ses dépendances, qu'il est nécessaire d'en parler. Le lecteur a déjà, sans aucun doute, compris qu'une gondole est un bateau léger, long et étroit, convenable à la localité, et différent des barques des autres villes. La distance entre les habitations, sur la plupart des canaux, est si peu large qu'elle ne permet pas l'usage des avirons des deux côtés de la gondole à la fois. La nécessité de tourner à chaque instant de côté pour faire place aux autres, et la multitude des ponts, ont suggéré l'idée de placer le visage du marinier dans la direction vers laquelle la gondole marche, et par conséquent le marinier est obligé de se tenir debout. Comme chaque gondole ordinairement a son pavillon au centre, celui qui gouverne est obligé de se placer sur une élévation qui lui permet de voir par-dessus. Par ces différentes causes, un bateau à un seul aviron, dans Venise, est conduit par un gondolier qui se tient sur un petit pont angulaire situé à la poupe, et l'impulsion est donnée à l'aviron par un mouvement qui consiste à pousser la rame en avant, et non à la tirer à soi comme il est d'usage partout ailleurs. Cette habitude de conduire la barque debout n'est pas rare dans tous les ports de la Méditerranée, quoiqu'on ne rencontre nulle part aucun bateau qui ressemble à la gondole, soit dans sa construction, soit dans son usage. La position droite du gondolier exige que le pivot sur lequel repose l'aviron ait une élévation correspondante, et il y a par conséquent une espèce de minot fixé à l'un des côtés de la gondole. Ce point d'appui, d'une certaine hauteur, étant construit avec un bois recourbé et irrégulier, a deux ou trois tolletières [1] les unes au-dessus des autres, pour se prêter à la taille des différents gondoliers, ou pour faciliter le mouvement plus ou moins raccourci du bras, suivant le besoin de la manœuvre.

Comme les occasions de changer l'aviron d'une de ces tolletières à une autre, et souvent même celle de changer de côté, sont fréquentes, les ouvertures sont grandes, et l'aviron n'est contenu dans sa place que par une rare dextérité et par une harmonie parfaite entre l'intensité et la rapidité de l'effort qui fait avancer le bateau et la résistance de l'eau. Toutes ces difficultés réunies font de la science du gondolier une des branches les plus délicates de l'art du marin, puisqu'il est certain que la force musculaire, quoique d'un grand secours, ne passe qu'après l'adresse.

---

1. Place pour les avirons du plat-bord d'un canot.

Le grand canal de Venise, avec tous ses détours, ayant plus d'une lieue de longueur, la distance que les bateaux avaient à parcourir en partant du Rialto était réduite de moitié. Ce fut donc à ce point que les gondoles s'assemblèrent ; et, comme toute la population, qui s'était d'abord étendue le long du rivage, se concentrait alors entre le pont et *le Bucentaure*, cette longue avenue ne présentait qu'une perspective de têtes humaines. C'était un imposant tableau que cette décoration mouvante, et le cœur de chaque gondolier battait vivement, agité par l'espérance, l'orgueil ou la crainte.

— Gino de Calabre ! cria l'officier chargé de placer les gondoles, tu dois passer à droite, et que saint Janvier te protége !

Le serviteur de don Camillo prit son aviron, et le bateau glissa gracieusement à la place qu'on lui indiquait.

— Vient ensuite Enrico de Fusina. Appelle à ton aide ton patron de Padoue, et déploie tes forces, car aucun matelot du continent n'a encore gagné le prix à Venise.

Le même officier appela ensuite successivement ceux dont les noms n'ont pas été mentionnés, et les plaça à côté l'un de l'autre, au centre du canal.

— Voici ta place, Signore, continua-t-il en inclinant la tête vers le gondolier inconnu ; car il était persuadé, comme tout le monde, que le visage de quelque jeune patricien était caché sous le masque, afin de satisfaire le caprice d'une beauté exigeante. Le hasard a marqué ta place à l'extrême gauche.

— Tu as oublié d'appeler le pêcheur, observa l'homme masqué, en conduisant sa gondole à sa place.

— Le vieux fou persiste-t-il toujours à exposer son amour-propre et ses guenilles devant la meilleure société de Venise ?

— Je puis prendre place derrière, observa Antonio avec douceur. Il y a peut-être parmi les gondoliers des personnes qu'un homme comme moi ne doit pas coudoyer, et quelques coups d'aviron de plus ou de moins ne feront pas grand'chose dans une aussi longue course.

— Tu devrais être aussi prudent que modeste, et te retirer tout de bon.

— Si vous le permettez, Signore, je voudrais voir ce que saint Antoine peut faire pour un vieux pêcheur qui le prie matin et soir depuis soixante ans.

— Tu es libre ; et puisque tu sembles en être satisfait, garde la place que tu as en arrière. C'est seulement l'occuper un peu plus tôt que tu ne l'aurais fait. Maintenant, suivant les règles du jeu, braves gondoliers, faites votre dernière invocation à vos saints patrons. Il vous est défendu de vous croiser les uns les autres : vous ne devez recourir, pour vous gagner de vitesse, à aucun autre expédient qu'un aviron et des poignets agiles. Celui qui déviera de sa ligne sans nécessité jusqu'à ce qu'il soit à la tête des autres sera rappelé à l'ordre par son nom. Enfin, celui qui troublera les jeux, n'importe par quel moyen, pour offenser les patriciens, sera réprimandé et puni. — Faites attention au signal.

L'officier, qui était dans un bateau plus lourd, recula, tandis que des coureurs dans des barques semblables se mirent à la tête, afin d'éloigner les curieux. Ces préparatifs étaient à peine terminés qu'un signal flotta sur le dôme le plus voisin ; il fut répété par le clocher, et par un coup de canon qui partit de l'arsenal. Un murmure étouffé s'éleva parmi la foule, qui resta quelques instants en suspens.

Chaque gondolier avait incliné légèrement l'avant de son bateau vers la gauche du canal, comme on voit le jockey, au moment de partir, tourner son coursier de côté, afin de réprimer son ardeur ou de distraire son attention. Mais le premier coup d'aviron amena de nouveau toutes les gondoles sur une ligne, et elles partirent ne formant qu'un seul corps.

Pendant les premières minutes, il n'y eut aucune différence dans la rapidité avec laquelle elles voguaient, ni aucun signe auquel les observateurs pussent reconnaître une probabilité de défaite ou de triomphe. Les dix gondoles qui formaient le front de la ligne rasaient l'onde avec une égale vitesse, tous les éperons de niveau, comme si une attraction secrète eût retenu chaque barque à son rang ; tandis que celle du pêcheur, plus humble, mais non moins légère, conservait sa place derrière

Bientôt les gondoles prirent un mouvement régulier, les avirons acquirent leur juste poids, et les poings s'habituèrent à les conduire. La ligne commença à s'ébranler : on aperçut une ondulation, et la proue brillante d'une des gondoles dépassa les autres. Enrico de Fusina s'élança à la tête, et favorisé par le succès, il arriva peu à peu au centre du canal, évitant par ce changement les inégalités du rivage. Cette manœuvre, analogue à celle de *prendre la corde*[1], en termes de course, avait encore l'avantage de nuire par l'agitation de l'eau à ceux qui suivaient. Le vigoureux et habile Bartolomeo du Lido, comme ses compagnons avaient l'habitude de l'appeler, venait ensuite, placé derrière Enrico, où il souffrait moins de la réaction causée par le mouvement de l'aviron de cet heureux rival. Le gondolier de don Camillo sortit aussi de la foule; il avançait rapidement plus à droite et un peu en arrière de Bartolomeo. Venait après, au centre du canal et aussi près que possible du vainqueur, une masse de gondoles en désordre et dans des positions diverses, obligées à chaque instant de se céder tour à tour, de peur d'augmenter les difficultés de la lutte. Un peu plus à gauche, et si près des palais qu'il n'y avait que l'espace nécessaire pour remuer l'aviron, on voyait la gondole de l'inconnu dont les progrès étaient retardés par quelque cause invisible, car elle restait derrière les autres, et bientôt un espace considérable se trouva entre elle et les moins remarquables des compétiteurs. Cependant l'inconnu ramait avec calme et avec une adresse suffisante. Comme il avait excité en sa faveur l'intérêt du mystère, on entendit murmurer que le jeune cavalier avait été peu favorisé de de la fortune dans le choix de sa gondole. D'autres, qui réfléchissaient plus sagement sur les causes, en accusaient la folie d'un jeune homme dont les habitudes devaient être opposées à celles de ses adversaires, endurcis par une pratique qui les mettait à même de profiter de toutes les chances. Mais lorsque les regards des curieux s'arrêtèrent sur la barque solitaire du pêcheur, l'admiration se changea de nouveau en moquerie.

Antonio avait jeté le bonnet qu'il portait ordinairement, et le peu de cheveux blancs qui lui restaient encore voltigeaient autour de ses tempes creuses, de manière à laisser ses traits brunis à découvert. Plus d'une fois ses yeux se tournèrent tristement vers la foule, comme pour adresser des reproches à ceux dont les plaisanteries venaient blesser une fierté que sa pauvreté et des occupations grossières n'avaient point éteinte. Les éclats de rire se succédaient, et les moqueries devinrent plus amères, à mesure que les bateaux s'approchaient des palais somptueux qui bordaient le canal près du but désigné. Ce n'étaient pas les propriétaires de ces demeures qui se permettaient cette distraction cruelle,

---

[1]. Prendre, c'est-à-dire raser la corde intérieure qui détermine la carrière à parcourir, avantage qui abrège la course pour celui qui sait le saisir.

mais leurs serviteurs, qui, souvent exposés eux-mêmes aux sarcasmes de leurs supérieurs, s'abandonnaient à toute leur arrogance contre le premier venu, trop faible pour leur riposter.

Antonio supporta toutes ces plaisanteries avec courage, sinon avec tranquillité, mais toujours sans y répondre ; bientôt il approcha du lieu occupé par ses compagnons des lagunes. Là ses yeux se baissèrent, et il sentit que ses forces l'abandonnaient. L'ironie augmenta à mesure qu'il perdait du terrain, et il y eut un moment où le pêcheur rebuté eut l'idée de renoncer à la lutte. Mais passant une main sur ses yeux comme pour écarter un nuage qui obscurcissait sa pensée, il continua de ramer, et heureusement il eut bientôt passé le point le plus difficile pour son courage. Depuis ce moment les cris contre le pêcheur diminuèrent ; et comme *le Bucentaure*, quoique éloigné encore, était maintenant en vue, l'intérêt sur l'issue de la course absorbait tout autre sentiment.

Enrico était toujours à la tête ; mais les connaisseurs dans la science du gondolier commençaient à découvrir des indices de fatigue dans ses efforts affaiblis. Le marin du Lido le serrait de près, et le Calabrois s'avançait peu à peu sur la même ligne. En ce moment l'inconnu montra une force et une adresse qu'on n'aurait pu attendre d'une personne qu'on supposait d'un rang aussi élevé. Son corps penchait davantage vers l'aviron, et comme sa jambe était étendue par derrière pour aider le coup, il montrait des muscles qui firent naître des murmures d'applaudissements. On s'aperçut bientôt du succès de ses efforts. Sa gondole s'éloigna des autres, passa au centre du canal, et, par des progrès qui étaient à peine sensibles, il devint le quatrième dans la course. Les applaudissements qui récompensèrent ce succès s'étaient à peine élevés de toutes parts, que l'admiration fut excitée par un nouvel objet de surprise.

Livré à ses propres efforts et moins tourmenté par cette dérision et ce mépris qui arrêtent souvent une carrière plus importante, Antonio s'était rapproché de la masse des gondoles. On voyait parmi les gondoliers que nous n'avons pas nommés des visages bien connus sur les canaux de Venise pour appartenir à des hommes de la force et de l'habileté desquels la ville tirait vanité. Soit qu'il fût favorisé par sa position isolée, soit qu'il évitât les embarras que les mariniers se causaient les uns aux autres, le pêcheur dédaigné se montra un peu à leur gauche, arrivant de front avec une rapidité qui lui promettait le succès. Cette espérance fut promptement réalisée. Il dépassa toutes les gondoles au milieu d'un profond silence causé par la surprise, et occupa la cinquième place dans la lutte.

Dès ce moment, l'intérêt ne se porta plus sur la masse des gondoles : tous les regards se tournèrent vers les cinq rivaux dont les efforts augmentaient à chaque coup d'aviron, et qui commençaient à rendre douteuse l'issue de la journée. Le gondolier de Fusina semblait redoubler de courage, quoique sa barque n'allât pas plus vite. La gondole de Bartolomeo le dépassa subitement ; elle fut suivie par celles de Gino et du gondolier masqué. Aucun cri ne trahit l'intérêt toujours croissant de la multitude ; mais lorsque le bateau d'Antonio s'élança aussi à leur suite, on entendit parmi la foule ce murmure significatif qui exprime un changement soudain dans l'esprit inconstant du peuple. Enrico devint furieux de sa disgrâce ; il usa de toute sa force pour éviter le déshonneur, avec l'énergie désespérée d'un Italien ; puis il se jeta au fond de sa gondole, en s'arrachant les cheveux et versant des larmes de désespoir. Son exemple fut suivi de ceux qui restaient en arrière, quoique avec plus de retenue ; car ils s'enfoncèrent parmi les bateaux qui bordaient le canal, et on les perdit bientôt de vue.

Par cet abandon déclaré et inattendu de la victoire, les spectateurs acquirent la conviction de sa difficulté. Mais comme l'homme a peu de sympathie pour le malheur lorsqu'une autre distraction se présente, les vaincus furent promptement oubliés : le nom de Bartolomeo fut porté aux nues par mille voix, et ses compagnons de la Piazzetta et du Lido lui crièrent de mourir, s'il le fallait, pour l'honneur de leur compagnie. Le vigoureux gondolier répondit à leurs souhaits ; car il laissait derrière lui successivement tous les palais du rivage ; et aucun changement n'eut lieu pendant quelque temps dans la position respective des gondoles. Mais, comme son prédécesseur, il redoubla ses efforts sans pouvoir augmenter la vitesse de sa course, et Venise eut la mortification de voir un étranger à la tête d'une des plus brillantes de ses regatte. Bartolomeo n'eut pas plus tôt perdu la place, que Gino, le masque, et Antonio à son tour, passèrent à côté de lui, laissant le dernier celui qui naguère avait été le premier. Il n'abandonna pas cependant le champ de bataille, et montra une énergie digne d'une meilleure fortune.

Lorsque la lutte eut pris ce caractère nouveau et inattendu, il restait encore un espace assez considérable entre les gondoles et le but. Gino était en tête, et plusieurs symptômes favorables annonçaient qu'il pourrait conserver cet avantage. Il était encouragé par les cris d'une populace qui oubliait, dans son succès, son origine calabroise, tandis que les nombreux serviteurs de son maître l'appelaient en lui donnant des louanges. Tout fut inutile : le marinier masqué déploya toute son adresse et toute sa vigueur. L'instrument de frêne se courbait sous son bras dont la puissance semblait augmenter à volonté, tandis que les mouvements de son corps devenaient rapides comme les sauts du lévrier. La légère gondole lui obéissait ; et au milieu de cris qui se répondirent de la Piazzetta au Rialto, il s'élança en tête de ses rivaux.

Si le succès double la force et le courage, il y a une effrayante et certaine réaction dans la défaite. Le serviteur de don Camillo ne fit point exception à cette loi générale ; et lorsque l'inconnu masqué le dépassa, la barque d'Antonio suivit comme si elle eût été poussée par les mêmes coups d'aviron. La distance entre les deux gondoles qui étaient en tête commença bientôt à diminuer ; et il y eut un moment d'intérêt général, lorsqu'on put prévoir que le pêcheur, en dépit de ses années et de son bateau, allait dépasser son concurrent.

Mais cet espoir fut déçu. Le masque, malgré les efforts qu'il avait faits, semblait se jouer de la fatigue, tant les coups de son aviron étaient rapides et sûrs, et tant le bras qui donnait à la gondole son impulsion paraissait robuste. Antonio n'était cependant pas un adversaire à dédaigner. Si dans ses attitudes son compagnon se faisait remarquer plus que lui par cette grâce qu'on admire chez le gondolier exercé des lagunes, Antonio conservait encore toute la vigueur de son bras ; jusqu'au dernier moment, il déploya cette vigueur, résultat de soixante ans d'un exercice continuel ; et, au milieu des efforts prodigieux de ses membres athlétiques, rien en lui n'annonçait la fatigue. Il fallut peu d'instants aux deux premiers gondoliers pour laisser un long intervalle entre eux et ceux qui les suivaient. L'éperon noir de la gondole du pêcheur se dessinait sur l'arrière de la gondole plus élégante de son antagoniste, mais il ne pouvait en faire davantage. L'espace était libre devant eux, et ils dépassaient les églises, les palais, les bâtiments, les felouques, sans la plus légère inégalité dans leur course respective. Le marin masqué jeta un regard derrière lui, comme pour calculer son avantage ; puis, se courbant de nouveau sur sa rame obéissante, il parla de manière à n'être entendu que de celui qui suivait ses traces de si près.

— Tu m'as trompé, pêcheur, dit-il ; il y a en toi plus de force que je ne l'avais supposé.

— S'il y a de la force dans mon bras, répondit le pêcheur, il y a de la faiblesse et du chagrin dans mon cœur.

— Attaches-tu tant de prix à une babiole en or ? Tu es le second ; sois satisfait de ton sort.

— Cela ne suffit pas ; je veux être le premier, ou j'aurai fatigué en vain mes vieux bras.

Ce court dialogue fut prononcé avec une aisance qui montrait à quel point l'habitude avait façonné ces deux hommes à la peine, et avec un calme que peu de mariniers auraient pu conserver dans un moment d'efforts aussi pénibles. L'inconnu garda le silence, mais sa résolution parut chanceler : vingt coups de son puissant aviron, et le but était atteint ; mais ses muscles n'étaient plus aussi tendus, et la jambe qui se développait avec tant de grâce était moins gonflée et moins raide. La gondole du vieux Antonio glissa en avant.

— Que ton âme passe dans ton aviron, murmura le masque, ou tu seras encore battu !

Le pêcheur mit toute sa force dans l'essor qu'il donna à sa gondole, et il gagna une brasse. Un autre coup de rame fit trembler la barque sur sa quille, et l'eau bouillonna autour de l'avant, comme elle bouillonne sur les pierres d'un torrent. Alors la gondole s'élança entre les deux barques qui formaient le but, et les deux petits drapeaux qui marquaient le point de la victoire tombèrent dans l'eau. Presque au même instant le masque disparut aux yeux des juges, qui eurent peine à décider lequel des deux était arrivé le premier. Gino ne fut pas longtemps en arrière, et après lui vint Bartolomeo, le quatrième et le dernier dans la lutte la mieux disputée qu'on eût encore vue sur les canaux de Venise.

Lorsque les drapeaux tombèrent, les spectateurs en suspens respiraient à peine. Peu d'entre eux connaissaient le vainqueur, tant les deux rivaux s'étaient suivis de près. Mais une fanfare de trompettes commanda l'attention, et un héraut proclama que :

— Antonio, pêcheur des lagunes, favorisé par son patron à la pêche miraculeuse, avait remporté le prix d'or, tandis qu'un marin qui cachait son nom, mais qui s'était confié à la protection de saint Jean du désert, avait gagné le prix d'argent; enfin, que le troisième appartenait à Gino de Calabre, serviteur de l'illustre don Camillo de Monforte, duc de Sainte-Agathe et seigneur de plusieurs domaines dans le royaume de Naples.

Lorsque les vainqueurs furent ainsi solennellement proclamés, un profond silence eut lieu; puis il s'éleva un bruit général parmi cette masse vivante, qui célébra le nom d'Antonio comme elle eût célébré les succès d'un conquérant. Tout sentiment de mépris disparaissait sous l'influence de son triomphe. Les pêcheurs des lagunes, qui venaient d'accabler de leurs dédains leur vieux compagnon, chantaient sa gloire avec un enthousiasme qui manifestait la rapide transition de l'outrage à la louange; et, comme cela a toujours été et sera toujours la récompense du succès, celui qu'on jugeait devoir le moins réussir fut d'autant plus comblé de félicitations flatteuses, lorsqu'on vit qu'il avait trompé l'opinion qu'on s'était formée de lui. Des milliers de voix proclamèrent son adresse et sa victoire; les jeunes, les vieux, les belles, les élégants, les nobles, les parieurs qui perdaient comme ceux qui gagnaient, se montraient également curieux de voir le pauvre vieillard, qui avait d'une manière si inattendue opéré ce changement dans les sentiments de la multitude.

Antonio jouit de son triomphe avec modestie. Lorsque sa gondole eut atteint le but, il l'arrêta, et, sans montrer aucun signe de fatigue, il resta debout, quoique l'agitation de sa brune et large poitrine prouvât qu'il avait usé de toute sa force. Il sourit aux cris qui s'élevaient de tous côtés, car la louange est douce même aux humbles : néanmoins il semblait oppressé par une émotion plus profonde que celle de l'orgueil. L'âge avait un peu obscurci sa vue, mais dans ce moment ses regards brillaient d'espérance, ses traits s'animaient, et une seule larme brûlante étant tombée sur chacune de ses joues, le pêcheur respira plus librement.

L'inconnu masqué ne paraissait pas plus épuisé que son heureux concurrent; ses genoux n'avaient aucun tremblement, il tenait toujours l'aviron d'une main ferme, et il avançait le pied droit de manière à montrer toute la perfection de sa taille. Mais Gino et Bartolomeo se laissèrent tomber chacun dans sa gondole après avoir atteint le but, et ces deux gondoliers célèbres étaient si haletants, qu'il se passa quelque temps avant qu'ils pussent respirer. Ce fut pendant ce repos momentané que la foule proclama sa sympathie pour le vainqueur par de longs et bruyants applaudissements. Le bruit avait à peine cessé lorsqu'un héraut appela Antonio des lagunes, le marin masqué et Gino de Calabre en la présence du doge, qui devait donner de sa main les prix de la regatta.

CHAPITRE X.

> Il ne se passera pas beaucoup de temps avant que nous ne comptions vos nombreuses amours et que nous ne soyons égaux.
>
> MACBETH.

Lorsque les trois gondoles atteignirent *le Bucentaure*, le pêcheur se tint à l'écart, comme s'il se fût défié du droit qu'il avait de se présenter devant le sénat. Cependant on lui ordonna de monter, et on fit signe à ses deux compagnons de le suivre.

Les nobles, revêtus du costume de leur charge, formaient une longue et imposante avenue depuis le passe-avant jusqu'à la poupe, où était placé le souverain nominal de cette république plus nominale encore, au centre des hauts fonctionnaires de l'Etat, superbes et graves dans leur maintien emprunté comme dans leurs qualités naturelles.

— Approche, dit le prince avec douceur, en voyant hésiter le vieillard à demi nu, que les deux autres vainqueurs conduisaient; tu es le premier, pêcheur, et je dois remettre le prix entre tes mains.

Antonio ploya le genou, et salua profondément avant d'obéir; puis, prenant courage, il approcha plus près du doge, et se tint debout avec un maintien embarrassé et un œil timide, attendant le bon plaisir de ses supérieurs. Le prince garda un instant le silence, pour laisser la tranquillité succéder au léger mouvement excité par la curiosité. Lorsqu'il parla, un calme parfait était rétabli.

— Notre glorieuse république met sa gloire, dit-il, à reconnaître les droits de tous, afin que les pauvres reçoivent la récompense qu'ils méritent, aussi bien que les grands. Saint-Marc tient ses balances d'une main égale ; et cet obscur pêcheur, ayant mérité les honneurs de la regatta, les recevra de celui qui les accorde, avec la même promptitude que s'il s'agissait de quelque officier favori de notre maison. Nobles et bourgeois de Venise, apprenez à apprécier dans cette occasion vos équitables lois ; car c'est dans les actes d'un usage familier et habituel qu'on reconnaît le caractère paternel d'un gouvernement, puisque dans des matières plus importantes les regards du monde peuvent influencer ses arrêts.

Le doge prononça ces remarques préalables d'un ton ferme, comme étant certain des applaudissements de ses auditeurs. Il ne se trompait pas : un murmure d'approbation passa de bouche en bouche dans l'assemblée, jusqu'à ceux qui ne pouvaient comprendre ce qu'il disait ; les sénateurs inclinèrent la tête pour reconnaître la justesse des paroles que leur chef avait prononcées, et ce dernier, ayant attendu un instant pour recueillir ces signes d'approbation, continua ainsi :

— C'est mon devoir, Antonio (et tout devoir devient pour moi un plaisir), de placer cette chaîne d'or autour de ton cou. L'aviron qu'elle porte est un emblème de ton habileté, et parmi tes confrères, ce sera une preuve des faveurs et de l'impartialité de la république, ainsi que de tes talents. Prends-la, robuste vieillard ; car quoique l'âge ait blanchi tes cheveux et ridé ton front, il a épargné tes forces et ton courage !

— Altesse ! dit Antonio en reculant d'un pas au moment où il aurait dû se baisser afin de recevoir le bijou qui lui était offert, je ne suis pas fait pour porter sur moi un signe de bonheur et de fortune. L'éclat de l'or ferait ressortir davantage ma pauvreté, et un joyau qui vient d'une si haute main serait mal placé sur une poitrine nue.

Ce refus inattendu causa une surprise générale ; il y eut un moment de silence.

— Tu n'es pas entré dans la lutte, pêcheur, sans avoir en vue la récompense du vainqueur. Mais tu dis vrai : un ornement d'or conviendrait peu à ta condition et à tes besoins journaliers. Porte-le pour le moment, puisque chacun doit connaître la justice et l'impartialité de nos décisions, et remets-le à mon trésorier lorsque la fête sera terminée ; il le changera en un objet qui remplira mieux tes désirs. Il y a des antécédents qui le permettent, et qu'on suivra en ta faveur.

—Illustre Altesse ! mes vieux bras n'ont pas fait d'aussi violents efforts dans cette lutte sans l'espoir d'une récompense. Mais ce n'est pas de l'or que j'ambitionne, ni la vanité de paraître devant mes confrères avec ce brillant bijou ; ces deux sentiments n'auraient pu me conduire à m'exposer au mépris des gondoliers et au déplaisir des grands.

—Tu te trompes, honnête pêcheur, si tu supposes que ta juste ambition nous cause aucun déplaisir. Nous aimons à voir une généreuse émulation parmi nos sujets, et nous saisissons tous les moyens d'encourager ces esprits aventureux qui font honneur à l'Etat et la prospérité de nos îles.

—Je ne prétends pas mettre mes humbles pensées en opposition avec celles de mon prince, répondit le pêcheur ; mais la honte que j'éprouvais me faisait croire que les nobles et la multitude auraient été plus satisfaits si un homme plus jeune et plus heureux eût remporté le prix.

—Tu as tort de le penser. Ploie les genoux, que je puisse te donner le prix. Lorsque le soleil sera couché, tu trouveras dans mon palais quelqu'un qui te débarrassera de ce bijou pour des objets plus à ton usage.

—Altesse ! dit Antonio en regardant attentivement le doge, qui de nouveau suspendit son mouvement, je suis vieux et peu habitué à être gâté par la fortune. Les lagunes avec la faveur de saint Antoine suffisaient à mes besoins. Mais il est en ton pouvoir de rendre heureux les derniers jours d'un pauvre homme, et de savoir que ton nom est prononcé tous les soirs et tous les matins dans ses prières. Rends-moi mon fils, et pardonne la hardiesse d'un père dont le cœur est au désespoir.

—N'est-ce pas celui qui nous a déjà tourmentés de son importunité relativement au jeune homme qui est entré au service de l'Etat ? s'écria le prince, sur le visage duquel se peignit cette froide réserve qui cache souvent les sentiments de l'homme.

— Le même, répondit avec froideur une voix qu'Antonio reconnut pour celle du signor Gradenigo.

— La pitié que nous éprouvons pour ton ignorance, pêcheur, réprime notre colère ; reçois ta chaîne, et pars.

Les regards d'Antonio ne s'intimidèrent pas. Il s'agenouilla avec un profond respect, et croisant ses bras sur sa poitrine, il dit :

— La misère m'a rendu hardi, grand prince ; ce que je dis vient d'un cœur brisé plutôt que d'une langue insolente, et je prie votre oreille royale d'écouter avec indulgence.

— Parle brièvement, car tu interromps les jeux.

— Puissant doge ! la richesse d'un côté, et la pauvreté de l'autre, ont mis entre nos destinées une grande différence, que l'instruction et l'ignorance ont rendue plus grande encore. Je suis grossier dans mes discours et peu fait pour parler devant une aussi illustre assemblée. Mais, Signore, Dieu a donné au pêcheur les mêmes sentiments et le même amour pour ses enfants qu'au prince. Si je plaçais mon espoir de succès sur mon pauvre savoir, je serais muet maintenant : mais il y a une force intérieure qui me donne le courage de parler aux premiers et aux plus nobles de Venise en faveur de mon enfant.

— Tu ne peux accuser la justice du sénat, vieillard, ni réclamer contre l'impartialité de nos lois.

— Que mon souverain daigne écouter ce que j'ai à lui dire. Je suis, comme vos yeux vous l'apprennent, un homme pauvre, laborieux et qui approche de l'heure où il sera appelé en la présence du bienheureux saint Antoine de Rimini, et devant une assemblée plus imposante encore que celle-ci. Je ne suis pas assez vain pour croire que mon humble nom se trouve parmi ceux des patriciens qui ont servi la république dans ses guerres ; c'est un honneur que les grands, les nobles et les riches peuvent seuls obtenir : mais si le peu que j'ai fait pour ma patrie n'est point consigné dans le livre d'or, il est écrit ici, dit Antonio en montrant les cicatrices dont sa poitrine était couverte. Voilà les preuves de l'inimitié des Turcs, et ce sont les titres que j'offre au sénat pour oser solliciter ses bontés.

— Tu ne parles pas d'une manière positive. Que veux-tu ?

— Justice, grand prince. Ils ont enlevé la seule branche vigoureuse du vieux tronc, ils ont coupé son seul rejeton, ils ont exposé le seul compagnon de mes travaux et de mes plaisirs, l'enfant qui devait fermer mes yeux quand il plaira à Dieu de m'appeler à lui ; ils l'ont exposé, jeune et encore peu fortifié par les leçons de l'honneur et de la vertu, à toutes les tentations, à toutes les fautes, enfin à la dangereuse société des matelots des galères !

—Est-ce là tout? J'aurais cru que ta gondole était usée, ou qu'on te contestait le droit de pêche dans les lagunes.

—Est-ce là tout! répéta Antonio en regardant autour de lui avec amertume. Doge de Venise, c'est plus qu'un vieillard dont le cœur est brisé ne peut en supporter !

—Va, prends ta chaîne d'or, et jouis de ton triomphe parmi tes confrères. Sois heureux d'une victoire sur laquelle tu ne pouvais raisonnablement compter, et laisse gouverner l'État par ceux qui sont plus sages que toi et plus capables d'en tenir les rênes.

Le pêcheur se leva avec une humble soumission, résultat d'une longue habitude de respect envers les grands de la terre. Mais il ne s'approcha pas pour recevoir la récompense qui lui était accordée.

—Courbe la tête, pêcheur, afin que Son Altesse te donne le prix, dit un officier.

—Je ne demande ni or ni aucun autre aviron que celui qui chaque matin me conduit dans les lagunes et qui chaque soir me ramène dans les canaux. Rendez-moi mon enfant : lui ou rien.

—Qu'on l'emmène! s'écrièrent une douzaine de voix : il excite à la révolte; qu'il quitte la galère!

Antonio fut éloigné de la présence du doge et renvoyé dans sa gondole, avec des signes non équivoques de disgrâce.

Cette interruption extraordinaire des cérémonies indisposa plus d'un individu; car la susceptibilité des nobles de Venise est prompte à réprimer le mécontentement politique, quoique leur dignité de convention les porte à déguiser toute autre marque de désapprobation.

—Que le second compétiteur s'approche, continua le souverain avec un calme qu'une dissimulation habituelle rendait facile.

L'inconnu à la faveur secrète duquel Antonio devait ses succès s'approcha, toujours caché par son masque.

—Tu as gagné le second prix, dit le prince; et si une stricte justice était faite, tu devrais recevoir le premier; car on ne doit pas rejeter impunément nos faveurs. Agenouille-toi, que je te donne la récompense que tu as méritée.

—Votre Altesse, pardon, observa l'inconnu en saluant d'un pas. Si votre bon plaisir est de m'accorder une récompense pour le succès que j'ai obtenu dans la regatta, je demande aussi qu'elle soit donnée sous une autre forme.

—Ce n'est pas l'habitude, et il n'est pas ordinaire que les prix offerts par le doge de Venise soient refusés.

—Je ne voudrais pas être plus importun que le respect ne le permet dans cette assemblée solennelle. Je demande peu de chose; et en somme cela coûterait peut-être moins à la république que ce qui m'est offert maintenant.

—Parle.

—Moi aussi, à genoux pour rendre hommage au chef de l'Etat, je demande que la prière du vieux pêcheur soit écoutée, et que le père et le fils soient rendus l'un à l'autre, car cette séparation corrompra la tendre jeunesse de l'enfant et remplira d'amertume la vieillesse du père.

—Ceci devient importun. Qui es-tu, toi qui te présentes, le visage couvert, pour appuyer une demande qui déjà a été refusée?

—Altesse, je suis le second vainqueur dans la regatta.

—Ne te joue pas de notre bonté dans tes réponses! La protection d'un masque en tout ce qui ne touche pas la paix de la ville est sacrée; mais il y a ici matière à perquisition. Ote ton masque, que nous puissions voir ton visage.

—J'avais entendu dire que celui dont les discours étaient honnêtes, et qui n'offensait en rien les lois, pouvait se déguiser à Venise, sans qu'on eût le droit de l'interroger sur ses affaires ou son nom.

—Cela est vrai en tout ce qui n'offense pas la république; mais ici il est nécessaire que je sois instruit. Je t'ordonne de te démasquer.

L'inconnu, lisant sur chaque visage la nécessité d'obéir, ôta lentement son masque et découvrit le visage pâle et les yeux brillants de Jacopo. Par un mouvement involontaire, tous ceux qui se trouvaient auprès du Bravo reculèrent, et laissèrent cet homme redouté, debout, seul devant le prince de Venise, au milieu d'un large cercle d'auditeurs surpris et curieux.

—Je ne te connais pas! s'écria le doge avec une surprise qui attestait sa sincérité, après avoir regardé attentivement Jacopo.

Tes raisons pour te déguiser valent mieux, je l'espère, que celles que tu crois avoir de refuser le prix.

Le signor Gradenigo s'approcha du souverain et lui parla bas à l'oreille. Lorsqu'il eut fini, le doge jeta sur le Bravo un regard où se mêlaient l'aversion et la curiosité; puis il fit signe à Jacopo de s'éloigner. La foule se porta autour du prince avec une promptitude instinctive, fermant l'espace vide qui se trouvait devant lui.

— Nous examinerons cette affaire à loisir, dit le doge; que la fête continue.

Jacopo fit un salut, et s'éloigna. Tandis qu'il traversait le pont du *Bucentaure*, les sénateurs lui firent place, comme si la peste était sur ses pas, quoiqu'on pût s'apercevoir, à l'expression de leur visage, qu'ils obéissaient à un sentiment mixte. Le Bravo craint, mais toléré, descendit dans sa gondole, et le signal fut donné à la multitude, qui supposait que les cérémonies ordinaires étaient terminées.

— Que le gondolier de don Camillo Monforte s'approche! cria un maître des cérémonies, obéissant à un signe de son supérieur.

— Votre Altesse, me voici, répondit Gino troublé.

— Tu es de Calabre?

— Oui, Votre Altesse.

— Mais tu as depuis longtemps l'habitude de nos canaux; sans quoi ta gondole n'aurait pas dépassé celle de nos rameurs les plus habiles. Tu sers un noble maître?

— Oui, Votre Altesse.

— Et il me semble que le duc de Sainte-Agathe est heureux de posséder en toi un honnête et fidèle serviteur?

— Trop heureux, Votre Altesse.

— Agenouille-toi, et reçois la récompense de ta force et de ton adresse.

Gino, ne suivant point l'exemple de ceux qui l'avaient précédé, courba un genou obéissant sur le pont et reçut le prix en saluant humblement. Dans ce moment l'attention des spectateurs fut détournée de cette courte et simple cérémonie par des cris bruyants qui s'élevaient au milieu des eaux, à une distance peu considérable de la galère de l'Etat. Un mouvement général amena la foule sur les bords du *Bucentaure*, et le gondolier victorieux fut promptement oublié.

Cent bateaux voguaient en corps vers le Lido, et l'espace qu'ils couvraient sur les eaux présentait une masse compacte, couronnée par les bonnets rouges des pêcheurs. Au milieu de cette scène maritime, on voyait la tête nue d'Antonio comme portée par cette multitude flottante; l'impulsion générale était donnée par les bras vigoureux de trente ou quarante pêcheurs, traînant trois ou quatre gondoles auxquelles les autres étaient attachées.

On ne pouvait se méprendre sur le but de ce cortége singulier et caractéristique. Les habitants des lagunes, avec la légèreté qu'une extrême ignorance donne aux passions humaines, avaient subitement éprouvé une violente révolution dans leurs sentiments à l'égard de leur vieux camarade. Celui qui, une heure auparavant, avait été méprisé comme un présomptueux ridicule et dans l'âme duquel on avait répandu tant d'amertume, excitait ces cris de triomphe.

Les pêcheurs riaient d'un air méprisant en regardant les gondoliers, et les oreilles des puissants seigneurs n'étaient pas même respectées, lorsque la bande enthousiasmée se moquait de leurs serviteurs.

Enfin, par un procédé qui est assez commun chez l'homme dans toutes les divisions et subdivisions de la société, le mérite d'un seul semblait intimement et inséparablement associé à la gloire et au mérite de tous.

Si le triomphe des pêcheurs s'était borné à cette joie naturelle, il n'eût pas gravement offensé le pouvoir vigilant et jaloux de Venise. Mais aux cris d'approbation se mêlèrent ceux de la censure : on alla même jusqu'à dénoncer ceux qui avaient refusé de rendre à Antonio son enfant; et on murmurait sur le pont du *Bucentaure* que, remplis de l'importance imaginaire de leur victoire, les audacieux avaient menacé d'avoir recours à la force pour obtenir ce qu'ils osaient appeler justice.

Cette scène tumultueuse eut pour témoins tous les spectateurs indignés et silencieux. Une personne peu habituée à réfléchir sur un tel sujet, ou qui aurait eu peu d'expérience du monde, aurait cru que l'embarras et la crainte étaient peints sur les graves visages des patriciens, et que ces signes de rébellion étaient peu favorables à la durée d'un ascendant qui dépendait plus de la force de l'habitude que d'une supériorité physique. Mais, d'un autre côté, une personne capable de juger entre une prépondérance politique fortifiée par ses combinaisons, et la simple exaltation de la colère, quelque bruyante qu'elle fût, se serait aperçue promptement que cette dernière n'avait pas encore une énergie suffisante pour rompre les barrières que la première avait élevées.

Les pêcheurs continuèrent leur chemin sans être inquiétés, quoiqu'on vît çà et là une gondole glisser sur le Lido, portant certains agents secrets de la police, dont le devoir était de prévenir les pouvoirs constitués de la présence du danger. Parmi ces derniers était le bateau du marchand de vin, parti avec Annina de la Piazzetta, et contenant une provision de ses marchandises sous prétexte de tirer profit de l'humeur turbulente de ses pratiques habituelles. Pendant ce temps les jeux continuaient; et cette interruption momentanée fut promptement oubliée, ou si l'on s'en souvint, ce fut d'une manière appropriée au pouvoir secret et effrayant qui réglait les destinées de cette république remarquable.

Il y eut une autre regatta dans laquelle concoururent des hommes moins connus : mais nous ne la jugeons pas digne d'une description.

Bien que les graves sénateurs semblassent prendre intérêt à ce qui se passait sous leurs yeux, ils prêtaient l'oreille à tous les sons que la brise du soir amenait du Lido; et plus d'une fois le doge lui-même porta ses regards dans cette direction, de manière à trahir la pensée qui dominait toutes les autres.

Cependant la journée se passa comme à l'ordinaire. Les vainqueurs triomphèrent, la foule applaudit, et le sénat parut éprouver quelque sympathie pour les plaisirs d'un peuple qu'il dirigeait avec une force de pouvoir qui avait quelque chose de la marche effrayante et mystérieuse de la destinée.

CHAPITRE XI.

> Quel est le marchand ici et quel est le juif?
> SHAKSPEARE.

La soirée d'un tel jour, dans une ville comme Venise, ne pouvait se passer dans la tristesse et la solitude. La grand'place de Saint-Marc se remplit bientôt d'une foule bruyante et mêlée : les scènes déjà décrites dans les premiers chapitres de cet ouvrage se renouvelèrent avec plus d'enthousiasme, s'il est possible. Les joueurs de gobelets et les sauteurs recommencèrent leurs tours ; les cris des vendeurs de fruits et d'autres bagatelles se mêlèrent de nouveau aux sons de la flûte, de la guitare et de la harpe ; tandis que le paresseux et l'homme affairé, l'étourdi et le penseur, le conspirateur et l'agent de police, se trouvèrent réunis en sécurité. La nuit avait presque terminé son cours, lorsqu'une gondole se glissa parmi les vaisseaux du port avec une aisance semblable aux mouvements du cygne, et toucha le quai avec son bec, au point où le canal de Saint-Marc forme sa jonction avec la baie.

— Tu es le bienvenu, Antonio, dit un individu en s'approchant de celui qui conduisait la gondole, lorsque ce dernier eut enfoncé la pointe de fer de son cablot dans les crevasses des pierres, comme les gondoliers ont l'habitude de le faire pour assujettir leurs barques ; tu es le bienvenu, Antonio, quoique tu arrives tard.

— Je commence à reconnaître les sons de cette voix, quoiqu'ils viennent à travers un masque, dit le pêcheur : ami, je dois

---

1. Les gondoles vénitiennes ont un bec élevé, en métal, ressemblant à ceux qu'on voit quelquefois dans des tableaux sur l'avant des anciennes galères.

mes succès d'aujourd'hui à ta complaisance, et quoiqu'ils n'aient pas tourné comme je l'avais espéré, je ne dois pas moins t'en remercier. Tu as dû être toi-même cruellement traité par le monde, ou tu n'aurais pas songé à un vieillard méprisé, lorsque les applaudissements résonnaient à ton oreille, et que ton jeune cœur battait du plaisir que donne la gloire d'un triomphe.

— La nature t'a donné un langage énergique, pêcheur. Il est vrai que ma jeunesse ne s'est point écoulée au milieu des jeux et des plaisirs de mon âge; la vie n'a point été une fête pour moi : mais qu'importe. Le sénat n'aime pas qu'on lui demande de diminuer le nombre des matelots des galères, et tu dois recevoir une autre récompense. J'ai pris sur moi la chaîne et l'aviron d'or, espérant que tu les recevrais de mes mains.

Antonio eut l'air surpris; mais cédant à une curiosité naturelle, il regarda un moment le prix avec envie; puis reculant en tressaillant, il dit brusquement, et avec le ton d'un homme dont la résolution est arrêtée : — Je m'imaginerais que ce bijou est teint du sang de mon petit-fils! garde-le, on te l'a donné, et il t'appartient de droit : et maintenant qu'ils ont refusé d'écouter ma prière, il m'est inutile et doit revenir à celui qui l'a gagné.

— Tu n'accordes rien, pêcheur, à la différence des années et à des muscles qui sont dans toute leur vigueur. Je crois qu'en adjugeant ce prix on devrait penser à ces causes réunies, et on s'apercevrait que tu nous as tous battus. Grand saint Théodore! j'ai passé mon enfance un aviron à la main, et jamais jusqu'ici je n'avais rencontré à Venise un homme qui me forçât à conduire ma gondole aussi vite! Tu effleurais l'eau avec la même délicatesse que les doigts d'une dame effleurent les cordes d'une harpe, et en même temps avec la force que mettent les vagues à rouler sur le Lido!

— J'ai vu le temps, Jacopo, où, dans une telle lutte, j'aurais fatigué jusqu'à ton jeune bras. C'était avant la naissance de mon fils aîné qui mourut dans une bataille contre les Ottomans, époque à laquelle ce cher fils me laissa un enfant à la mamelle. Tu n'as jamais vu mon fils, bon Jacopo?

— Je n'ai pas été assez heureux pour cela, vieillard; mais s'il te ressemblait, tu dois pleurer sa perte. Corpo di Diana! je ne saurais être bien fier du mince avantage que la jeunesse et la force m'ont donné.

— Il y avait une force intérieure qui me portait ainsi que le bateau ; mais en quoi cela m'a-t-il été utile ? Ta complaisance et la fatigue qu'a éprouvée mon vieux corps, depuis longtemps usé par le travail et la pauvreté, ont été se briser devant les cœurs de roche des nobles.

— Nous ne savons pas encore, Antonio. Les bons saints écouteront peut-être nos prières. Cela arrive souvent au moment où nous croyons le moins être entendus. Viens avec moi, car je suis envoyé pour te chercher.

Le pêcheur regarda sa nouvelle connaissance avec surprise, puis se détournant pour donner les soins nécessaires à sa gondole, il se disposa gaiement à le suivre. Le lieu où se trouvaient ces deux individus était un peu éloigné du tumulte du quai, et bien que la lune fût brillante, deux hommes, avec un costume semblable au leur, n'étaient guère capables d'exciter l'attention ; mais Jacopo ne parut pas satisfait de cette sécurité. Il attendit jusqu'à ce qu'Antonio eût quitté la gondole ; puis, déployant un manteau qu'il avait apporté sous son bras, il le jeta, sans demander permission, sur les épaules du pêcheur ; il lui donna ensuite un bonnet semblable à celui qu'il portait lui-même, et qui, posé sur des cheveux blancs, produisit une métamorphose complète.

— Il n'est pas besoin d'un masque, dit-il en examinant son compagnon avec attention lorsque sa tâche fut accomplie : personne ne reconnaîtrait Antonio sous ce déguisement.

— Et avions-nous besoin de ce que tu as déjà fait, Jacopo ? Je te dois des remerciements pour ta bonne intention ; elle serait devenue un grand service, si les riches et les puissants avaient un cœur moins dur. Cependant, je dois te dire qu'on n'a jamais mis jusqu'ici un masque devant mon visage, et pour une bonne raison : un homme qui se lève avec le soleil pour aller à son ouvrage, et qui se confie à saint Antoine pour le peu qu'il possède, n'a pas besoin d'aller comme un galant qui veut déshonorer une vierge, ou comme un voleur de nuit.

— Tu connais la coutume de Venise, et nous ferions bien d'user de prudence dans l'affaire que nous allons entreprendre.

— Tu oublies que tes intentions sont un secret pour moi. Je le dis encore, et je le dis avec sincérité et reconnaissance, je te dois des remerciements, quoique nous n'ayons pas réussi, et que mon enfant soit encore captif dans une prison flottante, dans une école de perversité; mais Jacopo tu as un nom, que je voudrais bien voir ne pas t'appartenir. J'ai été triste aujourd'hui, pendant qu'on parlait d'une manière si dure, sur le Lido, d'un homme qui a tant de pitié pour les pauvres et les affligés.

Le Bravo discontinua d'ajuster le costume de son compagnon, et le profond silence qui suivit la remarque du pêcheur paraissait si pénible qu'Antonio fut soulagé d'un poids qui pesait sur son cœur, lorsqu'un profond soupir de Jacopo annonça que celui-ci avait recouvré l'usage de ses sens.

— Je ne voulais pas vous faire de la peine, dit le pêcheur.

— N'importe, interrompit Jacopo d'une voix creuse; n'importe, Antonio. Nous parlerons de tout cela dans une autre occasion; maintenant suis-moi en silence.

En cessant de parler, le guide d'Antonio quitta le rivage et fit signe à son compagnon de le suivre. Le pêcheur obéit, car il était indifférent à un malheureux, dont le cœur était déchiré, d'aller dans un lieu ou dans un autre. Jacopo prit la première entrée de la cour du palais du doge; son pas était mesuré, et il ressemblait en apparence aux milliers d'individus qui allaient respirer l'air de la nuit ou chercher des plaisirs sur la Piazza.

Lorsqu'il fut dans l'intérieur de la cour, où la lumière était moins vive, Jacopo s'arrêta pour examiner les personnes qui s'y trouvaient. Il est probable qu'il ne vit aucun motif de suspendre sa marche, car, après avoir fait un signe mystérieux à son compagnon, il traversa la cour et monta l'escalier bien connu sur les marches duquel la tête de Faliero avait roulé, et qui, à cause des statues placées à son sommet, est appelé l'escalier du Géant. Ils avaient dépassé la fameuse Gueule-du-Lion, et ils marchaient rapidement le long de la galerie ouverte, lorsqu'ils rencontrèrent un hallebardier des gardes ducales.

— Qui va là? demanda le garde en avançant son arme longue et dangereuse.

— Des amis de l'Etat et de Venise.

— Personne ne passe à cette heure sans le mot d'ordre.

— Attendez, dit Jacopo à Antonio; et approchant plus près du hallebardier, il lui parla à l'oreille. La hallebarde fut aussitôt relevée, et la sentinelle se promena de nouveau dans la longue galerie avec son indifférence habituelle. Elle n'eut pas plus tôt laissé le champ libre, que les deux compagnons avancèrent.

Antonio, surpris de ce qu'il avait déjà vu, suivait son guide d'un pas rapide, car une vague espérance commençait à faire battre son cœur; il n'était pas assez inexpérimenté dans les affaires humaines pour ignorer que les hommes du pouvoir accordaient quelquefois en secret une faveur que la politique leur défendait d'accorder ouvertement. Rempli de l'espoir d'être introduit en la présence du doge lui-même, et de voir son enfant rendu à son amour, le vieillard marchait légèrement dans la sombre galerie; et ayant suivi Jacopo à travers une nouvelle porte, il se trouva au bas d'un grand escalier. Le pêcheur eut peine alors à reconnaître son chemin; car, quittant les issues publiques du palais, son compagnon passa par une porte secrète et plusieurs corridors obscurs. Ils montaient et descendaient fréquemment suivant la disposition des lieux, jusqu'à ce que la tête eût tourné complètement à Antonio, et qu'il lui fût devenu impossible de reconnaître la direction de cette course. Enfin ils s'arrêtèrent dans un appartement orné sans prétention, que sa couleur sombre et une faible lumière rendaient plus triste encore.

— Il paraît que tu connais bien la demeure de notre prince, dit le pêcheur lorsque son compagnon lui rendit la faculté de parler en ralentissant le pas: le plus vieux gondolier de Venise ne serait pas plus habile sur les canaux que tu ne l'es dans ces galeries et ces corridors.

— C'est mon affaire que de t'amener ici; et ce que je fais, je tâche de le bien faire. Antonio, tu es un homme qui ne craint pas de paraître devant les grands, comme ce jour l'a prouvé; appelle ton courage à ton aide, car le moment critique est arrivé.

— J'ai parlé hardiment au doge; quel pouvoir sur la terre peut-on craindre davantage, excepté le saint-père lui-même?

— Tu as peut-être parlé trop hardiment, pêcheur; modère ta hardiesse, car les grands aiment les paroles respectueuses.

— La vérité leur déplaît-elle?

— C'est selon; ils aiment à entendre vanter leurs actions, lorsqu'elles méritent la louange; mais ils n'aiment pas à les entendre condamner, même lorsqu'ils reconnaissent que ce qu'on dit est juste.

— Je crains, dit le vieillard en regardant son compagnon d'un air naïf, qu'il n'y ait pas une grande différence entre les puissants et les faibles, lorsqu'ils se présentent les uns et les autres dépouillés de leurs vêtements.

— Cette vérité ne doit pas être dite ici.

— Comment! nient-ils qu'ils soient chrétiens, mortels et pécheurs?

— Ils se font un mérite du premier titre, Antonio; ils oublient le second, et ils n'aiment jamais à entendre dire le troisième que par eux-mêmes.

— Je doute après tout, Jacopo, que j'obtienne par eux la liberté de mon enfant.

— Parle-leur bien, et ne leur dis rien qui puisse blesser leur amour-propre ou menacer leur autorité; ils pardonneront beaucoup si cette dernière chose en particulier est respectée.

— Mais c'est cette autorité qui m'a enlevé mon enfant! Puis-je parler en faveur d'un pouvoir que je sais être injuste?

— Tu dois feindre, ou ton projet échouera.

— Je vais retourner aux lagunes, bon Jacopo, car ma langue a toujours parlé d'après l'impulsion de mon cœur. Je crains d'être trop vieux pour apprendre à dire qu'on a le droit d'arracher avec violence un fils à son père. Dis-leur, toi, que je suis venu ici pour leur parler respectueusement; mais que, prévoyant l'inutilité de ma démarche, je suis retourné à mes filets et à mes prières à saint Antoine.

En cessant de parler, Antonio serra la main de son compagnon immobile, et se détourna comme pour s'en aller. Deux hallebardes se croisèrent sur sa poitrine avant que son pied eût quitté le pavé de marbre, et il s'aperçut pour la première fois que des hommes armés obstruaient son passage, et qu'il était prisonnier. La nature avait doué le pêcheur d'un jugement aussi juste que prompt, et l'habitude du malheur lui avait donné beaucoup de fermeté. Lorsqu'il s'aperçut de la position dans laquelle il se trouvait, au lieu de faire des remontrances inutiles ou de témoigner de la crainte, il se tourna vers Jacopo avec un air de patience et de résignation.

— C'est sans doute que les illustres signori désirent me rendre justice, dit-il en arrangeant ses cheveux, comme le font les hommes de sa classe qui se préparent à paraître devant leurs supérieurs, et il ne serait pas convenable à un humble pêcheur de leur en refuser l'occasion. Il serait mieux cependant qu'on usât de moins de force, à Venise, pour décider simplement si l'on a tort ou raison. Mais les grands aiment à montrer leur pouvoir, et les faibles doivent se soumettre.

— Nous verrons, répondit Jacopo, qui n'avait laissé paraître aucune émotion lorsque son compagnon avait voulu s'éloigner.

Une profonde tranquillité succéda. Les hallebardiers conservaient leur attitude hostile, ayant l'air de deux statues dans le costume militaire du siècle, tandis que Jacopo et son compagnon occupaient le centre de l'appartement, sans paraître beaucoup plus animés. Il est peut-être utile d'expliquer au lecteur quelques uns des principes particuliers du gouvernement dans le pays sur lequel nous écrivons. (Cette explication se trouvera liée avec la scène qui va suivre.) Le nom de république, lorsqu'il signifie quelque chose, offre l'idée de la représentation et de la suprématie des intérêts généraux; mais ce mot de république, qui a si souvent été prostitué à la protection et au monopole des classes privilégiées, pourrait faire croire à l'Américain des Etats-Unis qu'il y avait au moins quelque ressemblance entre les formes extérieures de ce gouvernement de Venise et les institutions de son pays, plus justes parce qu'elles sont plus populaires.

Dans un siècle où les puissants étaient assez profanes pour prétendre, et les gouvernés assez faibles pour convenir que le droit de l'homme à dominer ses semblables était une émanation directe de Dieu, se départir de ce principe hardi et égoïste, seulement en théorie, suffisait pour donner un caractère de liberté et de sens commun à la politique d'une nation. Cette croyance peut être justifiée jusqu'à un certain point, puisqu'elle établit, en théorie du moins, les fondements d'un gouvernement sur une base différant suffisamment de celle qui suppose que le pouvoir est la propriété d'un seul, et qu'un seul est le représentant du souverain maître de l'univers. Relativement au premier de ces principes, nous n'avons rien à dire, si ce n'est qu'il y a des opinions si éminemment fausses, qu'elles ne demandent qu'à être connues pour amener leur propre réfutation; mais notre sujet nous entraîne nécessairement dans une courte digression sur les erreurs du second, telles qu'elles existaient à Venise.

Il est probable que lorsque les patriciens de Saint-Marc créèrent en leur propre corps une communauté de droits politiques, ls crurent que l'Etat avait tout fait pour mériter le beau titre qu'il prenait. Ils avaient innové contrairement à un principe généralement reçu, et ils ne sont ni les premiers ni les derniers qui se soient imaginé qu'il suffit de commencer une amélioration politique pour atteindre tout d'un coup à la perfection. Venise n'admettait pas la doctrine du droit divin; et comme son principe n'était qu'un vain simulacre, elle réclamait hardiment le titre de république. Elle croyait qu'une représentation des plus hauts et des plus brillants intérêts de la société était le principal objet d'un gouvernement; et fidèle à cette erreur séduisante, mais dangereuse, elle confondit jusqu'à la fin le pouvoir collectif avec le bonheur social.

On peut admettre comme principe politique dans toutes les relations civiles que le fort tend toujours à devenir plus fort, et le faible plus faible, jusqu'à ce que le premier devienne incapable de gouverner et le second de souffrir.

C'est dans cette importante vérité qu'est le secret de la chute de tous ces États qui se sont écroulés sous le poids de leurs propres abus.

Cela prouve la nécessité d'élargir les fondements de la société, jusqu'à ce que la base ait une étendue assez considérable pour assurer la juste représentation de tous les intérêts, sans quoi la machine sociale est sujette à des interruptions, en vertu de son propre mouvement, et souvent à la destruction par suite de ses excès.

Venise, quoique jalouse de son titre de république, et le conservant avec ténacité, n'était réellement qu'une oligarchie étroite, vulgaire et cruelle. Elle n'avait de droit au premier titre que parce qu'elle repoussait la doctrine absolue du droit divin; mais dans la pratique elle méritait les reproches qui viennent d'être énoncés, par ses principes d'exclusion, dans tous les actes de sa politique étrangère, dans toutes les mesures de sa politique intérieure. Une aristocratie manque toujours de ce sentiment personnel élevé qui tempère souvent le despotisme par les qualités du chef, ou par les impulsions généreuses et humaines d'un gouvernement populaire. Elle a le mérite de substituer les intérêts aux hommes, il est vrai, mais malheureusement elle substitue les intérêts de quelques hommes à ceux de tous. Elle participe, et elle a toujours participé, quoique cette règle générale soit nécessairement modifiée par les circonstances et les opinions des époques différentes, à l'égoïsme de toutes les corporations dans lesquelles la responsabilité d'un individu (encore que ces actes soient soumis aux expédients temporisateurs d'un intérêt collectif) est perdue dans la responsabilité trop subdivisée de chefs nombreux. A l'époque à laquelle nous écrivons, l'Italie avait plusieurs de ces soi-disant républiques, dans aucune desquelles néanmoins on ne confia jamais la moindre portion du pouvoir à la classe populaire, quoique peut-être il n'y en ait pas une qui n'ait été citée tôt ou tard pour prouver l'inhabileté de l'homme à se gouverner lui-même. Afin de démontrer la fausseté du raisonnement qui se plaît à annoncer la chute de notre système libéral, en le comparant aux Etats transatlantiques du moyen-âge, il suffira de décrire ici avec quelques détails les formes selon lesquelles le pouvoir était obtenu et exercé dans le plus important de tous ces Etats.

La hiérarchie des rangs, considérée comme entièrement indépendante de la volonté de la nation, formait la base de la politique de Venise. L'autorité, quoique divisée, n'en était pas moins un droit de naissance, comme dans ces gouvernements où l'on avouait hautement que c'était un don de la Providence. La noblesse avait ses priviléges exclusifs qui étaient conservés et maintenus avec autant d'égoïsme que d'ambition. Celui qui n'était pas né pour gouverner avait peu d'espoir d'entrer en possession de ses droits naturels, tandis que celui que le hasard avait créé pour le gouvernement était revêtu du pouvoir le plus despotique et le plus terrible. A un certain âge, tous les sénateurs (car, par une spécieuse tromperie de mots, la noblesse ne prenait pas son titre habituel) étaient admis dans les conseils de la nation. Les noms des principales familles se trouvaient inscrits sur un registre appelé le Livre d'Or, et celui qui jouissait de cette distinction enviée pouvait, à peu d'exceptions près (par exemple, le cas dans lequel se trouvait don Camillo), se présenter au sénat, et briguer par suite les honneurs du bonnet à cornes. Les limites de cet ouvrage et son but ne nous permettent pas une digression assez étendue pour tracer l'esquisse complète d'un système si vicieux, et qui n'était peut-être rendu tolérable à ceux qu'il gouvernait que par les contributions énormes des provinces conquises et restées dépendantes, sur lesquelles, comme c'est l'usage lorsque la métropole fait la loi, l'oppression pesait principalement. Le lecteur devinera facilement que la raison même qui rendait le despotisme de cette soi-disant république supportable à ses propres citoyens était une autre cause éventuelle de destruction.

Comme le sénat devint trop nombreux pour conduire avec discrétion et promptitude les affaires d'un Etat dont la politique était aussi tortueuse que compliquée, ses intérêts les plus importants furent confiés à un conseil composé de trois cents de ses membres. Afin d'éviter la publicité et les lenteurs qui auraient été les inconvénients inévitables d'un conseil encore si nombreux, un second choix fut fait et composa le conseil des Dix, auquel fut confiée la part du pouvoir exécutif qu'une aristocratie jalouse retirait au chef titulaire de l'Etat. Sur ce point, le système politique de la république de Venise, quelque erroné qu'il fût d'ailleurs, avait au moins le mérite de la simplicité et de la franchise. Les agents ostensibles de l'administration étaient connus; et, quoique toute responsabilité réelle allât se perdre dans l'influence supérieure et la politique étroite des patriciens, les chefs ne pouvaient échapper entièrement à l'odieux que l'opinion publique rejetait sur leur conduite injuste et illégale. Mais un Etat dont la prospérité était principalement fondée sur les contributions des provinces soumises, et dont l'existence était également menacée par la fausseté de ses principes et par l'accroissement des autres Etats voisins, avait besoin d'un instrument de gouvernement encore plus efficace, en l'absence de ce pouvoir exécutif que les prétentions républicaines de Venise lui refusaient. Une inquisition politique, qui devint avec le temps une des polices les plus effrayantes qu'on ait jamais connues, fut la conséquence de cette nécessité. Une autorité absolue et sans aucune responsabilité fut périodiquement confiée à un corps encore plus restreint, qui s'assemblait et exerçait ses fonctions despotiques et secrètes sous le nom de conseil des Trois. Le choix de ces chefs temporaires était décidé par le sort, et de manière que le résultat ne fût connu que des trois membres et de quelques uns des officiers les plus dévoués au gouvernement. Ainsi il existait de tout temps, au sein de Venise, un pouvoir arbitraire et mystérieux confié à des hommes qui vivaient en société avec les autres, dont on ignorait les fonctions, qui étaient entourés de tous les liens de la vie, et qui cependant étaient influencés par des maximes politiques aussi cruelles, aussi tyranniques que l'égoïsme des hommes en pût jamais inventer.

C'était enfin un pouvoir qui n'aurait pu être sans abus remis qu'à la vertu la plus pure, à l'intelligence la plus rare, tandis qu'il était exercé par des hommes ne s'appuyant sur d'autres titres que le double accident de la naissance et de la couleur d'une boule, et n'ayant pas même à craindre la publicité.

Le conseil des Trois s'assemblait en secret. Ordinairement il prononçait ses arrêts sans communiquer avec aucun autre corps, et les faisait exécuter avec un mystère et une promptitude qui ressemblaient aux coups du sort. Le doge lui-même n'était pas au-dessus de son autorité ni protégé contre ses arrêts ; et bien plus, l'on a vu un des trois privilégiés dénoncé par ses collègues. Il existe encore une longue liste de maximes d'État que ce tribunal secret reconnaissait comme sa règle de conduite, et ce n'est pas aller trop loin que d'affirmer qu'elles ont pour but de repousser toute considération qui ne serait pas conforme à l'intérêt du moment. Toutes les lois de Dieu reconnues, et tous les principes de justice estimés parmi les hommes, le progrès des lumières et les moyens de publicité peuvent tempérer l'exercice d'un semblable pouvoir de notre siècle ; mais partout où l'on a voulu substituer à une représentation élective cette espèce de corporation sans âme, il en est résulté un système de gouvernement qui a paralysé les lois de la justice naturelle et les droits du citoyen. Prétendre le contraire en mettant la théorie en opposition avec la pratique, c'est seulement ajouter l'hypocrisie à l'usurpation.

Lorsque le pouvoir est exercé par un corps qui n'est point responsable et dont il n'y a pas d'appel possible, les abus suivent comme une conséquence inévitable. Lorsque ce pouvoir est exercé secrètement, les abus deviennent encore plus graves. Il est aussi très-digne de remarque que chez les nations qui se soumettent ou se sont soumises à ces influences dangereuses et injustes, les prétentions à la justice et à la générosité ont le caractère plus exagéré : car tandis que dans la démocratie on se plaint tout haut sans crainte, tandis que sous le despotisme la voix du peuple est étouffée entièrement, l'oligarchie se voit imposer, par la nécessité même de sa nature, une politique de décorum et de faux-semblant qui est une des conditions de sa sécurité personnelle. Ainsi Venise faisait sonner bien haut la justice de Saint-Marc ; et peu d'États revendiquaient l'honneur de cette vertu sacrée avec plus d'ostentation que celui-là précisément dont les principes réels de gouvernement étaient voilés d'un mystère que la morale relâchée du siècle condamnait elle-même.

CHAPITRE XII.

> Lorsqu'on nomme ce pouvoir dans la conversation habituelle, n'importe dans quel lieu, celui qui parle baisse tout à coup la voix et les yeux, et montre le ciel, comme s'il parlait de Dieu.
> ROGERS.

Le lecteur a probablement deviné qu'Antonio était alors dans une antichambre du tribunal terrible et secret dont nous avons parlé dans le chapitre précédent. Comme tous les individus de sa classe, le pêcheur avait une vague idée de l'existence et des attributions du conseil devant lequel il allait paraître. Mais il était loin de comprendre l'étendue des fonctions de ceux qui prenaient également connaissance des plus importants intérêts de la république et des plus frivoles affaires des familles patriciennes. Tandis que son esprit était préoccupé du résultat probable de l'entrevue qui allait avoir lieu, une porte s'ouvrit, et un domestique fit signe à Jacopo d'avancer.

Le profond et imposant silence qui succéda à l'arrivée de ces deux hommes en présence du conseil des Trois nous donne le temps de jeter un coup d'œil sur l'appartement et sur ceux qu'il contenait. La salle n'était pas grande, relativement au pays et au climat, mais sa dimension convenait au mystère du conseil qui s'assemblait entre ses murs. Le sol était revêtu de marbre blanc et noir, et les murs étaient entourés d'une tapisserie de drap noir. Une seule lampe de bronze brûlait au milieu sur une table solitaire, qui, comme tous les autres objets de cet ameublement mesquin, était couverte de la même lugubre tenture. Dans les angles de la chambre, il y avait des armoires en saillie, et qui étaient peut-être des passages conduisant aux autres appartements du palais. Toutes les portes étaient dérobées aux regards par les tapisseries, ce qui donnait à cette scène un aspect aussi triste qu'effrayant. Du côté opposé à Antonio, trois hommes étaient assis sur des chaises curules ; mais leurs masques et les draperies qui cachaient leur taille empêchaient de reconnaître leur personne. Un de ces individus portait une robe cramoisie, comme étant le représentant que le hasard avait donné au conseil privé du doge ; des robes noires étaient le costume de ceux qui avaient tiré les boules heureuses, ou plutôt malheureuses, dans le conseil des Dix, qui était lui-même une fraction du sénat, fraction temporaire et créée par le hasard. Il y avait deux subordonnés près de la table ; mais ces hommes, ainsi que les officiers inférieurs de ce lieu, portaient le même déguisement que leurs chefs. Jacopo regardait cette scène comme un homme habitué à ses effets, quoique avec l'expression du respect et de l'effroi : mais l'impression qu'elle produisait sur Antonio était trop évidente pour n'être pas remarquée. Il est probable que le long silence qui suivit son entrée fut calculé pour produire sur lui cette sensation, car des yeux attentifs surveillaient ses regards et ses gestes.

— On t'appelle Antonio des lagunes, demanda un des secrétaires, lorsque le personnage revêtu d'une robe cramoisie eut fait un signe secret pour commencer l'interrogatoire.

— Un pauvre pêcheur, Excellence, qui doit beaucoup à saint Antoine à la pêche miraculeuse.

— Et tu as un fils qui porte ton nom, et qui suit la même carrière que toi ?

— C'est le devoir d'un chrétien de se soumettre à la volonté de Dieu. Mon fils est mort depuis douze ans, vienne le jour où les galères de la république chassèrent les infidèles depuis Corfou jusqu'à Candie. Il fut tué, noble seigneur, avec plusieurs autres de sa profession dans ce sanglant combat.

Il y eut un mouvement de surprise parmi les secrétaires ou greffiers ; ils se parlèrent bas et parurent examiner avec embarras les papiers qu'ils tenaient à la main. Ils jetèrent un regard sur les juges silencieux, enveloppés dans le mystère impénétrable de leur fonction. Cependant, à un signe secret, un des gardes conduisit Antonio et son compagnon hors de l'appartement.

— Il y a ici quelque inadvertance, dit la voix morne d'un des trois personnages masqués, aussitôt que le bruit des pas de ceux qui s'étaient retirés fut devenu insensible. Il n'est pas convenable que l'inquisition de Venise montre cette ignorance.

— Elle a seulement rapport à la famille d'un obscur pêcheur, illustre seigneur, répondit le secrétaire tremblant, et peut-être a-t-il voulu nous tromper dès le commencement de son interrogatoire.

— Tu es dans l'erreur, interrompit un autre des trois personnages. Cet homme s'appelle Antonio Tecchio, et, comme il le dit, son fils unique mourut dans un combat contre les Ottomans. Celui dont il est question est son petit-fils, et ce n'est encore qu'un enfant.

— Le noble seigneur a raison, répondit le secrétaire. Dans l'embarras des affaires, nous nous sommes mépris sur un fait que la sagesse du conseil a bientôt su rectifier. Venise est heureuse d'avoir, parmi ses plus nobles et plus anciennes maisons, des sénateurs qui connaissent aussi particulièrement les affaires de ses plus humbles enfants.

— Qu'on introduise cet homme de nouveau, reprit le juge en inclinant légèrement la tête pour répondre à ce compliment, ces accidents sont inévitables dans le tumulte des affaires.

Les ordres nécessaires furent donnés, et Antonio, ainsi que son compagnon, qui était toujours à côté de lui, furent de nouveau introduits.

— Ton fils mourut au service de la république, Antonio? demanda le secrétaire.

— Oui, Signore. Que la sainte Vierge Marie ait pitié de sa jeunesse, et prête une oreille attentive à mes prières! Un si bon fils et un homme si brave ne peut pas avoir besoin de messes pour son âme, sans quoi sa mort m'aurait causé un double chagrin, n'étant pas assez riche pour en acheter.

— Tu as un petit-fils?

— J'en avais un, noble sénateur, et j'espère qu'il vit encore.

— Il ne travaille pas avec toi dans les lagunes?

— Plût à saint Théodore que cela fût! Il m'a été ravi, Signore, avec plusieurs autres jeunes gens de son âge et conduit sur les galères : puisse Notre-Dame l'en délivrer bientôt! Si Votre Excellence a l'occasion de voir le général des galères ou quelque autre personne ayant de l'autorité dans cette partie, je vous demande à genoux de lui parler en faveur de mon enfant, un jeune homme si pieux et si bon qu'il a jeté rarement ses filets dans l'eau sans avoir dit un *Ave* ou une prière à saint Antoine, un enfant qui ne m'a jamais donné de sujet de chagrin jusqu'au moment où il tomba dans les griffes de Saint-Marc.

— Lève-toi, ce n'est pas là l'affaire sur laquelle nous voulons te questionner. Tu as parlé aujourd'hui à notre illustre prince le doge?

— J'ai prié Son Altesse de rendre la liberté à mon enfant.

— Et tu l'as fait ouvertement, sans aucune déférence pour la haute dignité et le caractère sacré du chef de la république?

— Je l'ai fait comme père et comme homme; si la moitié de ce qu'on dit sur la justice de la république était vrai, Son Altesse m'aurait écouté comme père et comme homme.

Un léger mouvement parmi les Trois força le secrétaire de s'arrêter. Lorsqu'il vit que ses supérieurs gardaient le silence, il continua :

— Tu as agi ainsi en public et au milieu des sénateurs, et lorsque tu as été repoussé comme présentant une requête déraisonnable et inconvenante, relativement au lieu où tu te trouvais, tu as cherché d'autres moyens de faire accueillir ta demande?

— Cela est vrai, illustre Signore.

— Tu t'es présenté au milieu des gondoliers de la regatta dans un costume peu décent, et tu t'es placé le premier parmi ceux qui se disputaient les faveurs du sénat et du prince.

— Je suis venu avec le vêtement que je porte tous les jours devant la Vierge Marie et saint Antoine; et si je fus le premier dans la course, je le dois plutôt à la complaisance de l'homme qui est à mes côtés qu'à la force que mes vieux os conservent. Que Saint-Marc se souvienne de lui dans ses besoins, et qu'il attendrisse le cœur des grands en faveur d'un père désolé!

Il y eut une nouvelle expression de surprise et de curiosité parmi les inquisiteurs; et le secrétaire suspendit son interrogatoire.

Tu entends, Jacopo, dit un des Trois; que réponds-tu au pêcheur?

— Signore, il a dit la vérité.

— Tu as osé te jouer des plaisirs de la ville, et réduire au néant les désirs du doge!

— Si c'est un crime, illustre sénateur, d'avoir eu pitié d'un vieillard qui pleurait son enfant, et de lui avoir abandonné mon triomphe solitaire, je suis coupable.

Il y eut un long silence après cette réponse. Jacopo avait parlé avec son respect habituel, mais avec ce ton profondément grave qui formait un des traits principaux de son caractère. La pâleur de ses joues était la même, et l'œil brillant qui animait un visage dont le teint était à peu près semblable à celui de la mort avait à peine changé sa direction pendant qu'il parlait. Un signe secret indiqua au secrétaire de continuer.

— Et tu dois ton succès dans la regatta, Antonio, à la complaisance de ton compétiteur, celui qui est maintenant près de toi, en présence du conseil?

— Avec la protection de saint Théodore et de saint Antoine, le patron de la ville et le mien.

— Et ton seul désir était de présenter de nouveau la pétition rejetée en faveur du jeune matelot?

— Signore, je n'avais pas d'autre but; quel plaisir un triomphe parmi les gondoliers, ou un joujou représentant un petit aviron et une chaîne, peut-il procurer à un homme de mon âge et de mon état?

— Tu oublies que l'aviron et la chaîne sont d'or.

— Excellence, l'or ne peut guérir les blessures que le désespoir a ouvertes dans le cœur : rendez-moi mon enfant ; que mes yeux ne soient point fermés par des étrangers ; que je puisse faire pénétrer de bons conseils dans son jeune cœur, tandis qu'il y a de l'espoir qu'ils puissent lui profiter, et je me soucierai peu de tous les bijoux du Rialto[1]. Vous savez que ce n'est point une vaine bravade : je parle aux nobles, vous le verrez par ce bijou que j'offre au tribunal, avec tout le respect que je dois à leur grandeur et à leur sagesse.

Lorsque le pêcheur eut cessé de parler, il s'avança avec la timidité d'un homme peu habitué à faire aucun mouvement en présence de ses supérieurs, et posa sur le drap noir de la table une bague brillant d'un feu qui selon toute apparence provenait de pierres précieuses. Le secrétaire étonné releva le bijou, et le présenta aux regards des juges.

[1]. C'est un pont couvert de boutiques, de marchands, et particulièrement de joailliers.

— Qu'est-ce que cela signifie ? s'écria un des Trois ; il me semble que c'est le gage de nos fiançailles.

— En effet, illustre sénateur, c'est avec cette bague que le doge épousa l'Adriatique en présence des ambassadeurs et du peuple.

— As-tu quelque chose à démêler avec ce dernier incident, Jacopo ? demanda le juge d'une voix sévère.

Le Bravo tourna ses regards sur le bijou avec intérêt, mais sa voix conserva son calme habituel lorsqu'il répondit :

— Non, Signore ; jusqu'ici je n'avais aucune connaissance de la bonne fortune du pêcheur.

Le secrétaire continua ses questions.

— Tu dois rendre compte et clairement, Antonio, dit-il, de la manière dont cette bague sacrée est tombée en ta possession : quelqu'un t'a-t-il aidé à l'obtenir ?

— Oui, Signore.

— Nomme la personne, afin que nous nous assurions d'elle.

— Ce serait inutile, Signore ; elle est au-dessus du pouvoir de Venise.

— Que prétends-tu dire, pêcheur ? tous ceux qui habitent dans les limites de la république sont soumis à ses droits et à sa force. Réponds, et non d'une manière évasive, si tu tiens à la vie.

— J'attacherais du prix à ce qui a bien peu de valeur, Signore, et je serais coupable d'une grande folie aussi bien que d'un grand péché, si je vous trompais pour sauver un corps aussi vieux et aussi indigne que le mien. Si Vos Excellences veulent m'écouter, elles verront que je suis prêt à leur dire de quelle manière cette bague m'est parvenue.

— Parle alors, et dis la vérité.

— Je ne sais pas, Signore, si vous êtes habitué à entendre des mensonges, puisque vous avertissez si souvent de les éviter ; mais nous autres des lagunes, nous n'avons pas peur de dire ce que nous avons vu et ce que nous avons fait, car la plupart de nos actions se passent avec les vents et les vagues qui ne reçoivent l'ordre que de Dieu. Il y a une tradition, Signore, parmi nous autres pêcheurs, qui dit que dans les temps passés un homme appartenant à notre corporation retira de la baie la bague que le doge donne en mariage à l'Adriatique. Un bijou de cette valeur était peu utile à celui qui jetait tous les jours ses filets pour du pain et de l'huile, et il la rapporta au doge comme il convient à un pêcheur honnête entre les mains duquel les saints ont fait tomber un prix sur lequel il n'a point de droit. On parle souvent sur les lagunes et au Lido de cette action du pêcheur, et on dit qu'il y a un beau tableau peint par un artiste vénitien dans une des salles du palais, qui représente cet événement tel qu'il arriva. On y voit le prince sur son trône, et l'heureux pêcheur, les jambes nues, présentant la bague à Son Altesse. J'espère que cette histoire est fondée, Signori, car elle flatte notre amour-propre, et elle sert en quelque sorte à tenir quelques uns de nous dans la bonne voie et dans la faveur de saint Antoine.

—Le fait est vrai.

—Et la peinture excellente, sans doute, Signore? J'espère que notre vanité n'a point été trompée, même en ce qui concerne la peinture?

—On peut voir le tableau dans l'intérieur du palais.

—Corpo di Bacco! j'étais dans l'erreur sur ce point, car il est rare que les riches et les heureux conservent le souvenir de ce que les pauvres ont fait. L'ouvrage est-il du grand Titien lui-même, Excellence?

—Non, il est dû au pinceau d'un homme moins célèbre.

—On dit que le Titien a le talent de donner à ses ouvrages l'apparence de la chair, et l'on aurait pu penser qu'un homme juste aurait trouvé dans l'honnêteté du pauvre pêcheur des couleurs assez brillantes pour satisfaire les regards. Mais peut-être que le sénat voit du danger à nous flatter, nous autres des lagunes.

—Continue à nous raconter comment la bague t'est parvenue.

—Illustres seigneurs, j'ai souvent rêvé du bonheur de mon confrère du vieux temps, et plus d'une fois dans mon sommeil j'ai tiré mes filets avec ardeur, pensant que je trouverais le bijou dans une de leurs mailles ou dans les entrailles d'un poisson; ce que j'ai si souvent rêvé s'est enfin réalisé. Je suis un vieillard, Signori, et il y a peu d'étangs et de bancs de sable entre Fusina et Giorgio où mes filets ne soient pas tombés. Le lieu où l'on a l'habitude de mettre à l'ancre *le Bucentaure* dans ces cérémonies m'est bien connu, et j'eus soin de couvrir le fond de l'eau de tous mes filets dans l'espoir de prendre la bague. Lorsque Son Altesse lança le bijou, je jetai une bouée pour marquer l'endroit. Voilà tout; mon complice est saint Antoine.

—Tu avais un motif pour en agir ainsi?

— Sainte mère de Dieu! n'est-ce pas un motif suffisant que le désir de sauver mon enfant du service des galères? s'écria Antonio avec une énergie et une simplicité qui se trouvent souvent réunies dans le même caractère. Je pensais que si le doge et le sénat avaient fait peindre un tableau et avaient conféré des honneurs à un pauvre pêcheur pour avoir trouvé la bague, ils en récompenseraient volontiers un autre, en relâchant un jeune homme qui ne peut pas être d'une grande utilité pour la république, et qui est tout pour son grand-père.

— La requête que tu as présentée à Son Altesse, ton succès dans la regatta, et la recherche de la bague ont le même objet?

— Signore, la vie n'en a plus qu'un pour moi.

Il y eut dans le conseil une légère émotion promptement réprimée.

— Lorsque ta demande fut refusée par Son Altesse, parce que le moment n'était pas bien choisi...

— Ah! Excellence! celui qui a des cheveux blancs et dont le bras perd tous les jours de sa vigueur, n'a pas le temps de choisir ses moments dans une telle cause! interrompit le pêcheur avec un mouvement de cette impétuosité qui forme la base réelle du caractère italien.

— Lorsque ta demande fut refusée, et que tu refusas à ton tour la récompense du vainqueur, tu te rendis parmi tes compagnons, et tu les entretins de l'injustice de Saint-Marc et de la tyrannie du sénat?

— Non, Signore; je m'en allai triste et le cœur brisé, car je n'avais pas pensé que le doge et les nobles pussent refuser à un gondolier vainqueur une aussi légère récompense.

— Et tu n'hésitas pas à le dire aux pêcheurs et aux oisifs du Lido?

— Excellence, je n'en eus pas besoin; mes compagnons connaissaient mon infortune, et il ne manqua pas de langues pour blâmer la conduite qu'on avait tenue à mon égard.

— Il y eut du tumulte; tu étais à la tête des séditieux qui proféraient des menaces, et disaient avec de vaines forfanteries ce que la flotte des lagunes pourrait faire contre la flotte de la république?

— Il y a peu de différence entre elles deux, Signore; excepté que les hommes de l'une vont dans des gondoles avec des filets, et les autres sur les galères de l'Etat. Pourquoi des frères voudraient-ils répandre le sang les uns des autres ?

Le mouvement parmi les juges devint plus manifeste que jamais. Ils chuchotèrent ensemble, et un papier contenant quelques lignes écrites rapidement au crayon fut remis entre les mains du secrétaire examinateur.

—Tu t'es adressé à tes compagnons, et tu leur as parlé ouvertement de tes prétendus griefs ; tu as commenté les lois qui requièrent le service des citoyens lorsque la république est forcée d'envoyer une flotte contre les ennemis?

—Il n'est pas facile de garder le silence, Signore, lorsque le cœur est plein.

— Et vous vous consultâtes pour venir en corps au palais demander au doge la liberté de ton petit-fils au nom de la populace du Lido?

—Signore, il y en eut d'assez généreux pour me l'offrir ; mais d'autres furent d'avis qu'il fallait réfléchir avant de prendre une mesure aussi hardie.

— Et quels furent les conseils que tu donnas?

—Excellence, je suis vieux, et quoique peu accoutumé à être interrogé par d'illustres sénateurs, j'en ai vu assez sur la manière dont Saint-Marc gouverne pour croire que quelques pêcheurs sans armes et quelques gondoliers seraient écoutés avec.....

— Ah! les gondoliers sont-ils entrés dans ton parti? J'aurais pensé qu'ils étaient jaloux et mécontents du triomphe d'un homme qui n'appartenait pas à leur corps.

—Un gondolier est homme, et si leurs sentiments appartiennent à la nature humaine lorsqu'ils ont été vaincus, ils appartiennent à la même nature pour plaindre un père auquel on a ravi son fils. Signore, continua Antonio avec ardeur et avec une étonnante simplicité, il y aura un grand mécontentement sur les canaux, si les galères mettent à la voile avec mon fils à leur bord.

— Telle est ton opinion : les gondoliers du Lido sont-ils nombreux?

— Lorsque les jeux finirent, Excellence, ils arrivèrent par centaines. Je dois rendre justice à ces hommes généreux, et dire qu'ils oublièrent leur mauvaise fortune par amour pour la justice. Diamine! ces gondoliers ne sont pas une race si mauvaise que quelques uns le prétendent ; ils sont des hommes comme nous, et s'apitoient sur le sort d'un chrétien tout comme d'autres.

Le secrétaire fit une pause, car sa tâche était remplie; un profond silence régna dans le lugubre appartement. Un moment après, un des Trois prit la parole.

— Antonio Vecchio, dit-il, tu as servi toi-même sur les galères qui semblent t'inspirer tant d'aversion maintenant, et tu as servi bravement, dit-on?

— Signore, j'ai fait mon devoir. J'ai joué mon rôle dans la guerre contre les infidèles; mais ce fut après que ma barbe eut poussé, et à un âge où je distinguais le bien d'avec le mal. Il n'y a pas de devoir plus gaiement accompli par nous tous que de défendre les îles et les lagunes contre l'ennemi...

— Et toutes les possessions de la république. Tu ne dois faire aucune distinction entre les domaines de l'Etat.

— Il y a une sagesse accordée aux grands dont Dieu a privé le pauvre, Signore. Il ne me semble pas clair que Venise, une cité bâtie sur quelques îles, ait plus de droits de porter ses lois en Crète ou à Candie que le Turc n'en a d'apporter les siennes ici.

— Comment! osez-vous, sur le Lido, commenter les droits de la république sur ses conquêtes? ou bien les pêcheurs irrespectueux parlent-ils légèrement de sa gloire?

— Excellence, je connais peu les droits acquis par la violence. Dieu nous a donné les lagunes, mais je ne sais pas s'il nous a donné davantage. Cette gloire dont vous parlez est peut-être légère sur les épaules d'un sénateur, mais elle pèse sur le cœur d'un pêcheur.

— Tu parles, homme hardi, de ce que tu ne peux comprendre.

— Il est malheureux, Signore, que le pouvoir de comprendre n'ait pas été donné à ceux qui ont reçu à un si haut degré le pouvoir de souffrir.

Un silence expressif succéda à cette réponse.

— Tu peux te retirer, Antonio, dit celui qui, suivant toute apparence, présidait le conseil des Trois. Tu ne veux rien dire de ce qui est arrivé. Va, et attends avec confiance les arrêts de la justice infaillible de Saint-Marc.

— Je vous remercie, illustre sénateur; je vais obéir à Votre Excellence; mais mon cœur est plein, et je voudrais pouvoir dire quelques mots sur l'enfant que j'ai perdu, avant de quitter cette noble compagnie.

— Tu peux parler, et tu peux donner ici carrière à tous tes souhaits et à tous tes chagrins, si tu en as ; Saint-Marc n'a pas de plus grand plaisir que de satisfaire les désirs de ses enfants.

— Je crois qu'ils ont calomnié la république en disant que ses chefs avaient le cœur dur et vendu à l'ambition, s'écria le vieillard avec une généreuse chaleur, et ne faisant aucune attention au regard expressif que lui jeta Jacopo. Un sénateur n'est qu'un homme, et il y a des pères et des enfants parmi les grands comme parmi nous autres des lagunes.

— Parle, mais abstiens-toi de discours séditieux ou inconvenants, dit un secrétaire à voix basse. Continue.

— J'ai maintenant peu de chose à offrir, Signore ; je ne suis point habitué à vanter les services que j'ai rendus à l'Etat ; mais il vient un temps où la modestie doit céder le pas à l'amour paternel. Ces cicatrices furent acquises dans un des jours les plus glorieux pour Saint-Marc, et à l'avant-poste de toutes les galères qui combattirent au milieu des îles de la Grèce. Le père de mon petit-fils pleurait alors sur moi comme je pleure aujourd'hui sur son propre enfant. Hélas! oui..... Je devrais être honteux de l'avouer devant des hommes ; mais, s'il faut dire la vérité, la perte de ce jeune homme m'a souvent arraché des larmes amères dans l'obscurité des nuits et dans la solitude des lagunes... Je passai alors plusieurs semaines, Signore, ressemblant plutôt à un cadavre qu'à un homme ; et lorsque je retournai de nouveau à mon travail et à mes filets, je n'empêchai point mon fils d'obéir à l'appel de la république. Il alla, à ma place, combattre les infidèles ; il n'en est point revenu. C'était le devoir d'un homme qui avait acquis de l'expérience et qui ne pouvait être corrompu par la mauvaise compagnie des galères. Mais jeter ainsi des enfants dans les griffes du démon, cela déchire mon âme, et... j'avouerai ma faiblesse, si c'en est une, je ne me sens pas le courage ni l'orgueil d'envoyer ma propre chair et mon propre sang au milieu du danger de la corruption de la guerre et du mauvais exemple, comme au jour où mon courage était égal à la force de mon bras. Rendez-moi donc mon enfant, jusqu'à ce que ma vieille tête repose sous les sables! et jusque-là, avec l'aide de saint Antoine et les conseils qu'un pauvre homme peut donner, j'affermirai sa raison, et je lui donnerai assez de force pour résister aux vents contraires qui pourraient souffler sur sa barque. Signori, vous êtes riches, puissants et honorés, et, quoique vous soyez sur un chemin de tentations en rapport avec vos noms illustres et votre fortune, vous ne connaissez pas les épreuves du pauvre. Que sont les tentations de saint Antoine lui-même, en comparaison de celles auxquelles on est exposé sur les galères? Et maintenant, Signori, au risque de vous déplaire, je vous dirai que lorsqu'un vieillard n'a pas d'autre enfant sur la terre ou d'autres parents assez proches pour lui fournir des aliments, Venise devrait se rappeler qu'un pêcheur des lagunes a un cœur aussi bien que le doge sur son trône. Tout ce que je viens de dire, illustres sénateurs, m'a été dicté par le chagrin et non par la colère; car si l'on me rendait mon enfant, je mourrais en paix avec mes supérieurs et mes égaux.

— Tu peux te retirer, dit un des Trois.

— Pas encore, Signore; j'ai encore quelque chose à dire sur les pêcheurs des lagunes, qui murmurent hautement contre cet enlèvement des enfants pour le service des galères.

— Nous écouterons leurs opinions.

— Nobles Signori, si je devais répéter tout ce qu'ils ont dit mot à mot, je pourrais effaroucher vos oreilles. L'homme est homme; la Vierge et les saints écoutent les *Ave* et les prières de celui qui porte une jaquette de serge et un bonnet de pêcheur. Mais je connais trop bien mon devoir envers le sénat pour parler aussi crûment. Signori, ils disent, pardonnez-moi la hardiesse de leur langage, que Saint-Marc devrait avoir des oreilles pour les plus pauvres de ses sujets comme pour les riches et les nobles; que pas un cheveu ne devrait tomber de la tête d'un pêcheur sans qu'il fût compté comme s'il sortait de dessous le bonnet à cornes; et que lorsque Dieu n'a pas donné de marque de son déplaisir, l'homme devrait s'abstenir de montrer le sien.

— Osent-ils raisonner ainsi?

— Je ne sais pas si cela s'appelle raisonner, illustre Signore; mais c'est ce qu'ils disent, et c'est l'exacte vérité. Nous sommes de pauvres ouvriers des lagunes; nous nous levons avec le jour pour jeter nos filets, et nous revenons à la nuit trouver des lits durs et un maigre repas. Mais nous pourrions être contents de notre sort, si le sénat nous comptait au rang des chrétiens et des hommes. Dieu n'a pas donné à tous les mêmes chances dans la vie, je le sais; car il arrive souvent que je retire mes filets vides, lorsque mes camarades ploient sous le poids de leur pêche ; mais cela est fait pour me punir de mes péchés ou pour humilier mon cœur ; tandis qu'il est au delà du pouvoir de l'homme de pénétrer dans les secrets de l'âme, ou de condamner au vice un être innocent encore. Saint Antoine sait combien d'années de souffrance cette visite sur les galères peut causer à cet enfant. Pensez à toutes ces choses, je vous prie, Signori, et n'envoyez à la guerre que les hommes dont les principes sont fermes.

— Tu peux te retirer, reprit un des juges.

— Je serais fâché qu'une personne qui sort de mon rang, répondit Antonio inattentif à cette interruption, fût la cause d'un mécontentement réciproque entre ceux qui gouvernent et ceux qui sont nés pour obéir. Mais la nature est encore plus forte que la loi, et je trahirais son instinct si je sortais sans avoir parlé comme il convient à un père de le faire. Vous avez pris mon enfant, et vous l'avez envoyé servir l'État au péril de son corps et de son âme, sans lui permettre de recevoir un baiser d'adieu ou ma bénédiction ; vous vous êtes servis de ma chair et de mon sang comme vous vous serviriez des matériaux renfermés dans l'arsenal, et vous les avez envoyés sur la mer comme vous y envoyez l'insensible métal qui compose les balles dirigées contre les infidèles ; vous avez fermé les oreilles à ma prière, comme si c'eût été des paroles proférées par le méchant ; et lorsque je vous ai suppliés à genoux et que j'ai fatigué mes membres raidis à attendre votre bon plaisir ; que je vous ai rendu le joyau dont saint Antoine avait doté mes filets, afin qu'il pût attendrir vos cœurs ; que j'ai raisonné avec vous sur la nature de vos actions, vous vous êtes détournés de moi froidement, comme si je ne pouvais prendre la défense de l'enfant que Dieu avait laissé à ma vieillesse ! Ce n'est pas là la justice dont se vante Saint-Marc, sénateurs vénitiens, mais c'est de la dureté de cœur, c'est méconnaître les droits du pauvre, comme pourrait le faire un des juifs du Rialto !

— N'as-tu plus rien à dire, Antonio ? demanda le juge, dans le dessein de pénétrer tous les mystères de l'âme du pêcheur.

— N'est-ce pas assez, Signori ? Je vous ai parlé de ma vieillesse, de mes blessures, de ma pauvreté et de mon amour pour mon enfant. Je ne vous connais pas ; mais, quoique vous soyez cachés sous les plis de vos robes et sous vos masques, vous devez être des hommes. Il y a peut-être parmi vous un père ou quelqu'un chargé d'un dépôt plus sacré, l'enfant d'un fils qu'on a perdu ; c'est à lui que je m'adresse. En vain vous parlez de justice, lorsque le poids de votre pouvoir s'appesantit sur les plus faibles ! et quoique vous puissiez vous abuser vous-mêmes, le plus pauvre gondolier du canal sait...

Ici il fut arrêté par son compagnon, qui plaça rudement sa main sur sa bouche.

— Pourquoi te permets-tu d'arrêter les plaintes d'Antonio? demanda le juge d'une voix sombre.

— Il n'était pas convenable, illustre sénateur, d'écouter un langage si peu respectueux devant une aussi noble assemblée, répondit Jacopo en s'inclinant profondément. Ce vieux pêcheur est exalté par l'amour qu'il porte à son petit-fils, et il dit des choses dont il se repentira lorsqu'il sera de sang-froid.

— Saint-Marc ne craint pas la vérité. S'il a quelque chose de plus à dire, qu'il parle.

Mais l'enthousiaste Antonio commençait à réfléchir. Les couleurs qui animaient ses joues brunies par le soleil disparurent, et sa poitrine nue cessa de se gonfler. Il restait debout et honteux comme un homme qui vient d'être arrêté plutôt par la prudence que par sa conscience. Son regard était baissé, et son visage exprimait le respect.

— Si je vous ai offensés, illustres patriciens, ajouta-t-il d'un ton plus doux, je vous prie d'oublier le zèle d'un vieillard ignorant, qui n'a pas été maître de ses souvenirs, et qui sait mieux dire la vérité que la rendre agréable à de nobles seigneurs.

— Tu peux te retirer.

Les gardes s'avancèrent, et, obéissant à un signe du secrétaire, ils conduisirent Antonio et son compagnon à la porte par laquelle ils étaient entrés ; les autres officiers les suivirent, et les juges secrets restèrent seuls dans la chambre où ils dictaient leurs arrêts.

CHAPITRE XIII.

>Oh! quel jour nous avons vu!
>SHELTON.

Le silence qui accompagne la réflexion, et quelquefois aussi la méfiance de soi-même, succéda à cet interrogatoire : alors les Trois se levèrent et commencèrent à se débarrasser de leur déguisement. Lorsque leurs masques furent ôtés, ils découvrirent les visages graves d'hommes sur le déclin de la vie. Les soucis et les passions humaines avaient sillonné leur front de ces rides profondes que le repos ne peut plus effacer. Aucun d'eux ne parla en se démasquant, car l'affaire qu'ils venaient de terminer leur avait causé à tous une sensation désagréable. Lorsqu'ils furent délivrés de leurs vêtements superflus et de leurs masques, ils s'approchèrent de la table, et chacun d'eux se mit à l'aise et chercha ce délassement dont il avait naturellement besoin après une aussi longue contrainte.

— On a intercepté des lettres du roi de France, dit l'un d'eux lorsque le temps leur eut permis de rallier leurs pensées; il paraît qu'elles traitent des nouvelles intentions de l'empereur.

— Ont-elles été rendues à l'ambassadeur? ou les originaux sont-ils devant le sénat? demanda un autre.

— Nous prendrons conseil là-dessus à notre loisir. Je n'ai rien autre chose à communiquer, si ce n'est que l'ordre d'arrêter le courrier du Saint-Siége n'a pu être exécuté.

— Les secrétaires m'en ont averti : il faut que nous examinions la négligence des agents, car il y a lieu de croire que nous aurions tiré de cette saisie des connaissances utiles.

— Comme cette tentative est déjà connue et qu'on en parle

beaucoup, il faut que nous donnions l'ordre d'arrêter les voleurs, de crainte de brouiller la république avec ses amis. Il y a des noms sur notre liste qui sont déjà marqués pour le châtiment; car cette partie de notre territoire ne manque jamais de proscrits pour cacher les accidents de cette nature.

— Nous aurons soin de cela, puisque vous dites que l'affaire est sérieuse. Le gouvernement ou l'individu qui néglige sa réputation ne peut pas espérer d'obtenir longtemps le respect de ses égaux.

— L'ambition de la maison de Hapsbourg m'empêche de dormir! s'écria un autre en jetant sur la table quelques papiers que son œil parcourait avec dédain. Grand saint Théodore! combien cette race est ambitieuse d'augmenter son territoire et d'étendre une domination injuste au-delà des bornes de la raison et de la nature! Ici, nous possédons des provinces qui sont adaptées à nos institutions, convenables à nos besoins, et agréables à nos désirs, depuis des siècles; des provinces qui furent conquises par nos ancêtres, qui nous sont attachées par l'habitude : et cependant elles deviennent l'objet de l'avide ambition de nos voisins, sous le vain prétexte d'une politique qui, je le crains, devient plus forte à mesure que nous nous affaiblissons. Je perds tous les jours, Signore, de mon estime pour les hommes, en acquérant une plus profonde expérience de leur caractère et de leurs vues, et souvent je désire être un chien lorsque j'étudie leurs défauts; je crois que l'Autrichien est le plus avide de tous les princes de la terre.

— Croyez-vous qu'il le soit plus encore que le Castillan? Vous oubliez l'insatiable désir du roi d'Espagne.

— Hapsbourg ou Bourbon, Turc ou Anglais, ils semblent tous dirigés par la même ambition; et, maintenant que Venise n'a pas d'autre espérance que de conserver ses avantages présents, la moindre de nos possessions devient un sujet d'envie pour nos ennemis. Il y a des personnes capables de dégoûter un homme de la politique, et de l'envoyer faire pénitence au milieu d'un cloître.

— Je n'écoute jamais vos observations, Signore, sans en être édifié. En effet, le désir qu'ont ces étrangers de nous dépouiller de nos priviléges, et l'on peut dire de priviléges qui ont été obtenus par nos trésors et au prix de notre sang, devient de plus en plus manifeste. S'il n'est pas réprimé, Saint-Marc n'aura plus bientôt sur le continent assez de terre pour qu'une gondole puisse y débarquer.

— La laisse du lion ailé s'est bien raccourcie ; sans quoi ces choses ne seraient pas arrivées. Il n'est plus en notre pouvoir de commander comme autrefois, et nos canaux commencent à être encombrés de plantes aquatiques, au lieu de vaisseaux marchands bien frétés et de légères felouques.

— Les Portugais nous ont fait un tort considérable : sans leurs découvertes en Afrique, nous aurions conservé le commerce des marchandises des Indes. Je déteste cordialement la race créole, qui n'est qu'un mélange de Goths et de Maures.

— Je ne me permets pas de penser à leur origine ou à leurs actions, mon ami, de crainte que le préjugé n'allume en moi des sentiments qui ne conviennent ni à un homme ni à un chrétien : mais, signor Gradenigo, vous êtes pensif.

Le troisième membre de ce conseil, qui n'avait pas encore parlé depuis la sortie de l'accusé, et qui n'était autre que l'ancienne connaissance du lecteur, abandonna sa méditation, et leva lentement la tête lorsqu'on lui adressa cette question.

— L'interrogatoire du pêcheur m'a rappelé des scènes de mon enfance, répondit-il avec une sensibilité qui trouvait rarement place dans cette salle.

— Je t'ai entendu dire que c'était ton frère de lait, reprit un autre en retenant un bâillement.

— Nous suçâmes le même lait ; et pendant les premières années de notre vie nous partageâmes les mêmes jeux.

— Cette parenté imaginaire donne souvent de grands embarras. Je suis bien aise d'apprendre que votre émotion n'a point d'autre cause, car j'avais entendu dire que le jeune héritier de votre maison avait montré dernièrement des dispositions prodigues, et je craignais que cela ne fût venu à vos oreilles, comme un de ces avis qu'un père n'aime pas à recevoir.

Le visage du signor Gradenigo éprouva un changement subit ; il jeta un regard curieux, mêlé de défiance, mais d'une manière détournée, sur la tête baissée de ses deux compagnons, désireux de connaître leurs secrets avant de se hasarder à exposer le sien.

— A-t-on quelque chose à reprocher au jeune homme ? demanda-t-il en hésitant. Vous comprenez les sentiments d'un père, et vous ne me cacherez pas la vérité.

— Signore, vous savez que les agents de la police sont actifs, et ce qui est à leur connaissance ne manque pas de parvenir aux oreilles du conseil. Mais en mettant les choses au pis, ce n'est point une affaire de vie et de mort. Il n'en coûtera au jeune étourdi qu'une visite en Dalmatie, ou un ordre de passer l'été au pied des Alpes.

— La jeunesse est le temps de l'imprudence, Signore, reprit le père en respirant plus librement; et comme on ne peut devenir vieux sans avoir passé par la jeunesse, je n'ai pas besoin de rappeler à votre souvenir toutes les faiblesses de cet âge. Je jurerais que mon fils est incapable de rien entreprendre contre la république.

— Il n'en est pas soupçonné.

Une légère expression d'ironie effleura les traits du vieux sénateur pendant qu'il parlait.

— Mais on prétend, ajouta-t-il, qu'il vise trop ouvertement à la personne et aux biens de votre pupille; cette jeune fille, qui est le dépôt le plus précieux de Venise, ne doit point être courtisée sans le consentement du sénat. C'est un usage bien connu d'un de ses plus anciens et de ses plus honorables membres.

— Telle est la loi, et tout ce qui m'appartient la respectera. J'ai proclamé mes titres à cette union ouvertement, mais avec soumission, et j'attends la décision du sénat avec une confiance respectueuse.

Les collègues du sénateur s'inclinèrent pour reconnaître la justice de ce qu'il venait de dire sur la loyauté de sa conduite, mais c'était avec l'air d'hommes depuis trop longtemps habitués à la duplicité pour être facilement dupés.

— Personne n'en doute, digne signor Gradenigo, car ta soumission à l'Etat est toujours citée comme un modèle pour la jeunesse, aussi bien qu'elle est un sujet de louange pour les vieillards. As-tu quelque communication à faire relativement à la jeune héritière?

— J'ai un regret de vous apprendre que le service important que lui a rendu don Camillo Monforte paraît avoir fait une impression profonde sur sa jeune imagination, et je crains qu'en disposant de ma pupille, l'Etat n'ait à combattre un caprice de femme: l'inexpérience de son âge donnera plus d'embarras que des affaires beaucoup plus graves.

— La jeune dame est-elle confiée à des personnes convenables?

— Sa compagne habituelle est connue du sénat; dans une matière aussi grave, je n'aurais pas agi sans son autorisation. Mais cette affaire a besoin d'être conduite avec une grande délicatesse. La plupart des biens de ma pupille étant situés dans les Etats de l'Eglise, il est nécessaire d'attendre le moment convenable pour disposer de ses droits, et les transférer dans les limites de la république, avant que nous prenions aucune décision. Une fois sûr de son bien, on pourra disposer d'elle sans attendre davantage, et de la manière qui conviendra le mieux à l'Etat.

— La jeune dame est d'un haut lignage, et elle possède une fortune et une beauté qui pourraient la rendre utile dans une de ces tortueuses négociations qui entravent depuis longtemps les mouvements de la république. On a vu le temps où une fille de Venise, qui n'était pas plus belle, fut donnée en mariage à un souverain.

— Signore, ces jours de gloire et de grandeur n'existent plus. Si l'on mettait de côté les droits de mon fils et qu'on se servît de ma pupille pour le plus grand avantage de la république, tout ce qu'on pourrait en espérer serait une concession favorable dans quelque traité futur, ou un nouvel appui pour quelques uns des intérêts de la ville. Dans cette circonstance, elle peut être plus utile que le plus vieux et le plus sage de notre conseil. Mais si son choix était libre, et qu'elle ne vît point d'obstacle à son bonheur, il serait nécessaire de prendre promptement une détermination sur les droits de don Camillo. Pouvons-nous faire mieux que de recommander un compromis, afin qu'il puisse retourner sans délai en Calabre ?

— Cette affaire est importante et demande à être examinée.

— Il se plaint déjà de notre lenteur, et non sans quelque apparence de raison. Il y a maintenant cinq ans qu'il réclame.

— Signor Gradenigo, c'est à ceux qui ont la force et la santé qu'il convient de montrer leur activité. La vieillesse chancelante doit avancer avec prudence. Si nous trahissions trop de précipitation dans une affaire aussi sérieuse, sans avoir un avantage immédiat au jugement, nous ne profiterions pas d'une brise heureuse que tous les sirocci n'amènent pas dans nos canaux : il faut temporiser avec le seigneur de Sainte-Agathe, ou nous perdons notre bonne fortune.

— J'ai mis cette affaire sous les yeux de Vos Excellences, afin que votre sagesse la prenne en considération. Il me semble que ce serait gagner quelque chose que d'éloigner un homme aussi dangereux des regards et du souvenir d'une jeune fille dont le cœur s'est ému.

— La demoiselle en est-elle donc si éprise?

— Elle est Italienne, Signore, et notre soleil donne aux jeunes filles une imagination ardente.

— Qu'elle prie et qu'elle aille à confesse. Le bon prieur de Saint-Marc châtiera son imagination et lui fera croire, s'il le veut, que le Napolitain est un Maure ou un infidèle. Que le grand saint Théodore me pardonne! mais tu peux te rappeler le temps, mon ami, où les châtiments de l'Eglise n'étaient pas inutiles pour réprimer ta légèreté et ta conduite dissipée.

— Le signor Gradenigo était un galant dans son temps, observa un autre membre du conseil, comme le savent tous ceux qui ont voyagé en sa compagnie. On a beaucoup parlé de lui à Versailles et à Vienne. Ah! tu ne peux nier la vogue que tu avais alors devant un homme qui, s'il n'a pas d'autre mérite, a au moins celui de la mémoire.

— Je proteste contre ces faux souvenirs, répondit l'accusé pendant qu'un léger sourire animait son visage flétri. Nous avons été jeunes, Signori; mais parmi nous tous je n'ai jamais connu un Vénitien plus à la mode et plus en renommée, particulièrement auprès des dames de France, que celui qui vient de m'accuser.

— N'en parle pas, n'en parle pas. C'était la faiblesse de la jeunesse et l'habitude de l'époque. Il me souvient de t'avoir vu à Madrid, Enrico, et on n'avait pas encore admiré à la cour d'Espagne un cavalier plus aimable et plus accompli.

— L'amitié t'aveuglait. J'étais un jeune homme ardent, et voilà tout. As-tu entendu parler de mon affaire avec le mousquetaire lorsque j'étais à Paris?

— Ai-je entendu parler de la guerre générale? Tu es trop modeste d'élever ce doute relativement à une rencontre qui occupa toutes les sociétés pendant un mois, comme si c'eût été une victoire des grandes puissances! Signor Gradenigo, c'était un plaisir que te t'appeler compatriote dans ce temps-là; car je t'assure qu'un gentilhomme plus spirituel et plus galant ne se promena jamais sur les terrasses de Versailles.

— Tu me parles d'événements dont mes yeux ont été témoins. Ne suis-je pas arrivé lorsqu'on ne parlait plus d'autre chose? De notre temps, Signore, la cour et la capitale de France étaient des séjours fort agréables.

— Il n'y en avait pas de plus charmants, et par conséquent où l'on fût plus libre (que saint Marc m'aide de son intercession!). Combien j'ai passé d'heures agréables entre le marais et le château! Avez-vous jamais rencontré la comtesse de Mignon dans les jardins?

— Zetto! Tu deviens indiscret, car je puis dire qu'elle ne manquait ni de grâces ni d'affabilité. Quel gros jeu l'on jouait dans les maisons à la mode, à cette époque!

— Je le sais à mes dépens. Le croiriez-vous, mes amis, je perdis à la table de jeu de la belle duchesse de *** la somme de mille sequins, et aujourd'hui il me semble qu'il n'y a qu'un moment que ce malheur m'est arrivé.

— Je me rappelle cette soirée. Tu étais assis entre la femme de l'ambassadeur d'Espagne et une milady d'Angleterre. Tu jouais à rouge et noire, et tu jouais plus d'un jeu à la fois ; car tes yeux, au lieu de regarder tes cartes, étaient fixés sur tes voisines..... Giulio, j'aurais payé la moitié de ta perte pour lire la lettre que tu reçus, après cet événement, du digne sénateur ton père.

— Il ne le sut jamais : nous avons nos amis sur le Rialto, et nos comptes furent terminés quelques années plus tard. Tu étais bien avec Ninon, Enrico?

— J'étais le compagnon de ses loisirs et un de ceux qui se réchauffèrent au soleil de son esprit.

— On dit que tu faisais mieux encore.

— Simple plaisanterie de salon. Je proteste, Signore,... non pas que d'autres aient été mieux reçus... Mais il faut que les oisifs parlent.

— Alexandro, étais-tu de cette société qui, dans un accès de gaieté, voyagea de contrée en contrée jusqu'à ce qu'elle eût paru en dix cours différentes dans l'espace de dix semaines?

— N'étais-je pas son chef? Quelle mémoire tu as! c'était un pari pour cent louis d'or, et il fut gagné une heure plus tôt que le temps fixé. Un retard de réception chez l'électeur de Bavière manqua de nous faire perdre ; mais nous séduisîmes le valet de chambre, ainsi que tu peux t'en souvenir, et nous arrivâmes en présence de l'électeur, comme si c'eût été par l'effet d'un hasard.

— Jugea-t-on que cela était suffisant?

— Certainement ; car nos conditions nous faisaient la loi de converser avec dix souverains, en autant de semaines et dans leur propre palais. Oh! le pari fut bien gagné, et je puis ajouter que l'argent fut aussi gaiement dépensé.

— Pour cela j'en jurerais, car je ne te quittai pas tant qu'il resta un sequin. Il y a divers moyens de dépenser l'or dans ces capitales du nord, et notre tâche fut promptement accomplie. Ce sont d'agréables pays pour les jeunes gens qui n'ont rien à faire.

— C'est dommage que leur climat soit si rude.

Un léger frisson général exprima la sympathie italienne des vieux sénateurs ; mais la conversation n'en continua pas moins.

— Ils pourraient avoir un soleil plus chaud et des nuages plus clairs ; mais on y fait une chère excellente, et on n'y manque pas d'hospitalité, observa le signor Gradenigo qui prenait sa part du dialogue, quoique nous n'ayons pas trouvé nécessaire de distinguer des sentiments qui étaient communs aux différents orateurs. J'ai passé des heures agréables, même avec les Génois, bien que leurs habitudes aient quelque chose de réfléchi et de sobre qui ne convient pas toujours à la jeunesse.

— Stockholm et Copenhague ont aussi leurs plaisirs, je vous assure ; j'ai passé une saison dans chacune de ces villes ; le Danois entend bien la plaisanterie, et il est un bon compagnon de bouteille.

— En cela l'Anglais les surpasse tous. Si je pouvais vous détailler leurs excès dans ce genre, mes amis, vous ne me croiriez pas. Ce que j'ai vu souvent me semble presque impossible à moi-même. C'est du reste une triste demeure, que nous autres Italiens aimons en général fort peu.

— Ce n'est pas à comparer avec la Hollande cependant... Avez-vous jamais été en Hollande, mes amis? Avez-vous vu le beau monde d'Amsterdam et de La Haye? Je me rappelle avoir entendu un jeune Romain presser un de ses amis d'y passer l'hiver, car le spirituel coquin appelait cette contrée le *beau idéal* du pays des jupons.

Les trois vieux Italiens, chez lesquels cette saillie excita une foule d'absurdes et d'agréables souvenirs, partirent ensemble d'un grand éclat de rire ; mais leur bruyante gaieté, qui fit retentir les échos de cette salle lugubre et solennelle, les rappela subitement au sentiment de leur devoir. Ils écoutèrent un instant, comme si une conséquence extraordinaire devait suivre une aussi extraordinaire interruption du silence habituel de ce lieu ; on eût dit des écoliers prêts à recevoir le châtiment de leur étourderie. Puis le chef du conseil essuya furtivement les larmes qui roulaient dans ses yeux et reprit sa gravité.

— Signori, dit-il en cherchant dans une liasse de papiers, nous examinerons l'affaire du pêcheur ; mais nous devons d'abord nous informer du cachet jeté la nuit dernière dans la gueule du Lion. Signor Gradenigo, vous fûtes chargé de l'examen.

— Ce devoir a été rempli, noble Signore, et avec un succès que je ne pouvais espérer. La promptitude avec laquelle nous nous sommes séparés la dernière fois nous empêcha de faire attention au papier auquel il était attaché : on verra qu'ils ont maintenant du rapport ensemble. Voici une accusation qui prête à don Camillo Monforte le désir de conduire au-delà des limites où s'étend le pouvoir du sénat donna Violetta, ma pupille, afin de posséder sa personne et ses richesses. Ce papier parle de preuves qui seraient en possession de l'accusateur, comme s'il était un agent employé par le Napolitain. Comme gage de la vérité de ses paroles, je le suppose, il envoie le cachet de don Camillo lui-même, qui ne peut avoir été obtenu qu'avec la confiance du jeune seigneur.

— Est-il sûr que cette bague lui appartienne ?

— Quant à cela, j'en suis convaincu. Vous savez que je suis particulièrement chargé de présenter son affaire au sénat ; et de fréquentes entrevues avec lui m'ont donné l'occasion d'apercevoir qu'il avait l'habitude de porter un cachet, qu'il n'a plus maintenant. Mon joaillier du Rialto a suffisamment reconnu cette bague pour celle qui manque au jeune duc.

— Jusqu'ici c'est assez clair ; mais ce qui l'est moins, c'est que le cachet de l'accusé se trouve avec l'accusation, circonstance qui, n'étant pas expliquée, donne à cette affaire quelque chose de vague et de louche. Croyez-vous reconnaître l'écriture, ou avez-vous quelque moyen de savoir d'où vient ce papier ?

Les joues du signor Gradenigo laissèrent paraître une nuance presque imperceptible de rougeur, qui n'échappa pas à la subtile défiance de ses collègues ; mais le vieux sénateur dissimula ses alarmes, et répondit distinctement qu'il n'en avait aucun.

— Pour prendre une décision, il faut alors attendre de nouvelles preuves. La justice de Saint-Marc a été trop vantée pour hasarder sa réputation par un arrêt trop prompt dans une question qui touche de si près aux intérêts d'un des plus puissants nobles d'Italie. Don Camillo Monforte a un nom illustre et compte trop de familles importantes parmi ses parents pour être traité comme nous pourrions traiter un gondolier ou le courrier de quelque État étranger.

— Quant à lui, Signore, vous avez certainement raison ; mais n'exposons-nous pas notre héritière par un excès de délicatesse ?

— Il ne manque pas de couvents à Venise, Signore.

— La vie monastique convient peu au caractère de ma pupille, observa sèchement le signor Gradenigo, et je craindrais d'en faire l'expérience : l'or est une clef qui ouvre la cellule la mieux fermée. D'ailleurs, nous ne pouvons en conscience mettre un enfant de l'État en prison.

— Signor Gradenigo, nous avons eu sur cette matière une longue et grave consultation ; et, conformément à la prescription de nos lois, lorsqu'un de nos membres a un intérêt puissant dans une affaire, nous avons pris conseil de Son Altesse, dont l'opinion est d'accord avec la nôtre. L'intérêt personnel que vous portez à cette dame aurait pu égarer votre jugement, ordinairement si sain ; sans cela, soyez assuré que nous vous aurions appelé à la conférence.

Le vieux sénateur, se voyant ainsi exclu d'une consultation sur une affaire qui, par-dessus toutes les autres, donnait du prix à son autorité temporaire, garda le silence d'un air abattu. Lisant sur sa figure le désir d'en apprendre davantage, ses collègues lui communiquèrent ce qu'ils avaient l'intention de lui apprendre.

— Il a été résolu, dit l'un d'eux, de conduire la dame dans une solitude convenable, et nous avons déjà pris soin d'en assurer les moyens. Tu vas être momentanément débarrassé d'un lourd fardeau qui t'a sans doute causé un grand embarras d'esprit, et qui, en quelque sorte, a privé la république de tes services.

Cette communication inattendue fut faite d'un ton courtois, mais avec une emphase qui prouvait suffisamment au signor Gradenigo la nature des soupçons qui pesaient sur lui. La politique tortueuse d'un conseil où, à différents intervalles, il avait siégé, lui était trop connue pour qu'il ne comprît pas qu'il courait le risque d'une plus sérieuse accusation s'il ne reconnaissait la justice de cette détermination. Il parvint à appeler sur ses traits un sourire aussi faux que celui de ses rusés collègues, et répondit avec une gratitude apparente :

— Son Altesse et vous, mes excellents collègues, vous avez pris conseil de la bonté de votre cœur et de votre bonne volonté à mon égard, plutôt que vous n'avez pensé au devoir d'un pauvre sujet de Saint-Marc, qui doit ses services à la république tant qu'il lui reste de la force et de la raison. Ce n'est pas chose si facile de régler l'imagination capricieuse d'une femme ; et en même temps que je vous remercie de la considération que vous avez pour moi, vous me permettrez de vous assurer que je serai prêt à reprendre ma tutelle lorsqu'il plaira à l'Etat de m'en charger de nouveau.

— Personne n'en est plus persuadé que nous, ainsi que de votre habileté à remplir fidèlement la charge qui vous était confiée. Mais vous entrez, Signore, dans tous nos motifs, et vous conviendrez avec nous qu'il est également indigne de la république et d'un de ses plus illustres citoyens de laisser une pupille de l'Etat dans une position qui serait pour ce citoyen un sujet de censure non méritée. Croyez-moi : nous avons moins pensé à Venise dans cette affaire qu'à l'honneur et aux intérêts de la maison de Gradenigo ; car si ce Napolitain trompait nos vues, vous seriez le premier à en être blâmé.

— Mille remerciements, excellent Signore, répondit le tuteur dépossédé ; vous m'avez ôté de l'esprit un lourd fardeau, et vous m'avez rendu un peu de la vivacité et de l'élasticité de ma jeunesse. Ce n'est plus une affaire aussi pressante de s'occuper des droits de don Camillo, puisque votre bon plaisir est d'éloigner la jeune dame de la ville pendant une partie de l'année.

— Il vaut mieux le tenir en suspens, quand ce ne serait que pour occuper son esprit. Conserve tes relations avec lui, comme à l'ordinaire, et n'épargne pas les espérances : c'est un puissant stimulant pour les cœurs qui n'ont pas encore été désenchantés par l'expérience. Nous ne cacherons pas à un de nos membres qu'une négociation, près d'être terminée, débarrassera bientôt l'Etat de la tutelle de cette jeune fille, au profit de la république. Ses domaines au-delà de nos limites facilitent grandement le traité que nous avons caché à ta connaissance, par la seule considération que dernièrement nous t'avions surchargé d'affaires.

Le signor Gradenigo s'inclina de nouveau avec humilité, ou

plutôt avec une joie apparente. Il vit qu'on avait pénétré ses desseins secrets, malgré son habileté à tromper et son air de candeur; et il se soumit avec cette résignation désespérée qui devient une habitude, sinon une vertu, chez les hommes accoutumés à un gouvernement despotique. Lorsqu'ils en eurent fini avec ce sujet délicat, qui exigeait toute la finesse des politiques vénitiens, puisqu'il traitait des intérêts de l'homme qui faisait partie lui-même du terrible conseil, les Trois portèrent leur attention sur d'autres affaires, avec cette indifférence factice que peuvent feindre ceux qui sont habitués aux voies tortueuses des intrigues d'Etat.

— Puisque nous sommes si heureusement d'accord concernant donna Violetta, observa froidement le plus âgé des sénateurs, vieilli dans la pratique, et vraie personnification de la morale mondaine, nous pouvons parcourir notre liste d'affaires journalières. Que dit la gueule du Lion ce soir?

— De ces accusations habituelles et insignifiantes qui prennent naissance dans la haine personnelle, répondit l'autre. L'un accuse son voisin d'être inexact dans ses devoirs religieux et de négliger les jeûnes; voilà un beau scandale digne des oreilles d'un curé.

— N'y a-t-il rien de plus?

— Une femme se plaint que son mari la délaisse, et le style est empreint d'un ressentiment jaloux.

— Ce sont de ces querelles qui s'apaisent aussi facilement qu'elles s'élèvent. Que le voisinage calme le ménage brouillé, par ses plaisanteries.

— Un homme qui a un procès se plaint de la lenteur des juges.

— Ceci attaque la réputation de Saint-Marc; il faut y faire attention.

— Arrêtez, interrompit le signor Gradenigo. Le tribunal agit avec sagesse. C'est la cause d'un Hébreu qui possède, dit-on, des secrets importants. Cette affaire a besoin de mûres considérations, je puis vous l'assurer.

— Détruisez l'accusation. Y a-t-il quelque chose de plus?

— Rien d'important. Le nombre ordinaire de plaisanteries et de mauvais vers qui ne signifient rien. Si nous glanons quelque chose d'utile parmi ces accusations secrètes, il s'y trouve aussi bien des sottises. Il faudrait fouetter un sur dix de tous les poëtes qui ne savent pas mieux manier notre langue harmonieuse.

— C'est la licence de l'impunité. N'y faites point attention, car tout ce qui sert à amuser calme les esprits turbulents. Verrons-nous maintenant Son Altesse, Signori?

— Vous oubliez le pêcheur, observa gravement le signor Gradenigo.

— Cela est vrai. Quelle bonne tête pour les affaires! Rien de ce qui est utile ne t'échappe.

Le vieux sénateur, qui avait trop d'expérience pour se laisser tromper par un pareil langage, vit la nécessité de paraître flatté. Il salua de nouveau et protesta hautement et à plusieurs reprises contre la justice des compliments qu'il avait si peu mérités. Lorsque cette petite comédie fut terminée, les Trois délibérèrent gravement sur l'affaire qui était devant eux.

Comme la décision du conseil des Trois sera connue dans le cours de cet ouvrage, nous ne continuerons pas à raconter la conversation qui accompagna leur délibération. Cette séance fut longue, si longue que, lorsqu'ils eurent achevé leur tâche, la lente horloge de la place sonna minuit.

— Le doge sera impatient, dit un des membres, tandis que les Trois jetaient leurs manteaux sur leurs épaules avant de quitter l'appartement. Il me semble que Son Altesse avait l'air plus fatigué et plus faible qu'à l'ordinaire dans ces fêtes de la ville.

— Son Altesse n'est pas jeune, Signore. Si je me le rappelle bien, le doge est de beaucoup notre aîné à tous. Que Notre-Dame de Lorette lui prête des forces pour porter longtemps le bonnet à cornes, et lui donne la sagesse de le bien porter!

— Il a dernièrement envoyé des offrandes à sa châsse.

— Oui, Signore. Son confesseur les porta lui-même; je le sais de bonne source. Ce n'est pas un don bien important, mais un simple souvenir pour se conserver en odeur de sainteté. Je crains que son règne ne soit pas long!

— Il y a certainement des signes de décadence dans sa personne. C'est un digne prince, et nous perdrons un père lorsque nous pleurerons sa perte.

— Cela est vrai, Signore; mais le bonnet à cornes n'est point un bouclier contre les traits de la mort. L'âge et les infirmités sont plus puissants que nos désirs.

— Tu es bien sombre ce soir, signor Gradenigo. Tu n'as pas l'habitude d'être aussi silencieux avec tes amis.

— Je n'en suis pas moins reconnaissant de leur amitié, Signore. Si j'ai le visage triste, j'ai le cœur content. Celui qui a une fille aussi heureusement mariée que la tienne doit concevoir le soulagement que j'éprouve de voir qu'on a disposé de ma pupille. La joie produit souvent les mêmes effets que le chagrin; cela peut aller jusqu'aux larmes.

Les deux confrères regardèrent le signor Gradenigo avec une apparence de sensibilité; puis ils quittèrent tous ensemble la salle des Sentences. Des valets entrèrent, éteignirent les lumières, et laissèrent l'appartement dans une obscurité en harmonie avec ses tristes mystères.

CHAPITRE XIV.

> Alors j'entendis une sérénade qui rompit le silence et fit pénétrer l'espérance à travers les murs de pierre.
> ROGERS. *L'Italie.*

MALGRÉ l'heure avancée, on entendait encore sur les eaux une douce harmonie. Les gondoles continuaient à glisser le long des canaux, tandis que les arcades des palais faisaient retentir les échos des éclats de rire et des chansons. La Piazza et la Piazzetta brillaient encore de l'éclat des lumières et étaient remplies d'une foule joyeuse qui ne semblait point connaître la fatigue.

L'habitation de donna Violetta était loin de la scène de ces amusements. Cependant un murmure confus et les sons des instruments à vent arrivaient de temps en temps, adoucis par la distance, jusqu'aux oreilles de ses habitants.

La lune, par sa position, laissait dans l'ombre toute l'étendue de l'étroit passage sur lequel donnaient les fenêtres des apparte-

LE BRAVO.

ments particuliers de Violetta. La jeune fille se reposait sur un balcon suspendu au-dessus des ondes. Ses yeux étaient humides, et son oreille charmée écoutait ces airs si doux que des voix vénitiennes s'envoyaient en réponse l'une à l'autre de différents points des canaux : c'étaient les chansons des gondoliers. Sa compagne constante, qui était en même temps son mentor, se trouvait auprès d'elle, tandis que leur directeur spirituel à toutes deux était assis dans l'intérieur de l'appartement.

— Il y a peut-être des villes plus agréables sur le continent et des capitales plus gaies, dit Violetta en quittant son attitude penchée lorsque les voix cessèrent ; mais, par une telle nuit et à cette heure enchantée, quelle ville peut se comparer à Venise?

— La Providence a été moins partiale dans la distribution de ses faveurs terrestres que ne le croient des yeux sans expérience, reprit le carme. Si nous avons nos jouissances particulières et nos moments de contemplation divine, d'autres villes ont leurs avantages : Gênes et Pise, Florence, Ancône, Rome, Palerme, et par-dessus tout Naples...

— Naples, mon père?

— Oui, ma fille ; de toutes les villes de la brûlante Italie, c'est la plus belle et la plus favorisée de la nature. De tous les pays que j'ai visités pendant ma vie errante et consacrée à la pénitence, j'ai trouvé que c'était celui envers lequel la main du Créateur a été la plus généreuse.

— Ton imagination s'éveille ce soir, bon père Anselme. Ce pays doit être beau en effet puisqu'il peut ainsi échauffer et ranimer les sensations d'un saint moine.

— Ce reproche est juste ; je me suis plus abandonné à l'influence des souvenirs de la jeunesse que n'aurait dû le faire l'esprit mortifié de celui qui devrait aussi bien voir la main du Créateur dans le plus simple et le moins attrayant de ses ouvrages.

— Vous vous réprimandez vous-même sans cause, bon père! observa la douce donna Florinda en levant les yeux sur le visage pâle du moine. Admirer les beautés de la nature, c'est honorer celui qui nous les a données.

En ce moment les sons d'une musique plus rapprochée frappèrent les airs ; ils s'élevaient des ondes, sous le balcon de donna Violetta : la jeune fille tressaillit, et dans son étonnement elle respirait à peine ; ses joues se colorèrent, et elle semblait éprouver cette douce sensation qu'une harmonie délicieuse excite toujours dans une imagination tendre et naïve.

— Ce sont des musiciens qui passent, observa d'une voix calme donna Florinda.

— Non, c'est un cavalier. Il y a des serviteurs et des gondoliers qui portent sa livrée.

— Ils montrent autant de hardiesse que de galanterie, reprit le moine qui écoutait cette musique avec une gravité mécontente.

On ne pouvait plus en douter, c'était une sérénade. Bien que ce fût un usage de Venise, c'était la première fois qu'un incident semblable se présentait sous les fenêtres de donna Violetta. La solitude continuelle de sa vie, sa destinée bien connue, la jalousie d'un gouvernement despotique, et peut-être le profond respect qui entourait une héritière si jeune et d'une condition si élevée, avaient jusqu'à ce moment suspendu les tentatives des cavaliers de Venise qui auraient pu aspirer à sa main par amour, par vanité ou par intérêt.

— C'est pour moi! murmura Violetta, tremblante à la fois de crainte et de plaisir.

— C'est pour une de nous, en effet, répondit la prudente amie.

— N'importe pour laquelle, c'est une chose hardie, reprit le moine.

A cette observation, donna Violetta se retira derrière la draperie de la fenêtre; mais elle agita sa main en signe de plaisir, lorsque les sons harmonieux pénétrèrent dans les vastes appartements.

— Quel bon goût dirige cet orchestre! murmura-t-elle d'une voix basse, afin que ces paroles ne fussent entendues que de son amie. C'est un air des sonnets de Pétrarque! Quel imprudent, mais en même temps quel noble cœur!

— Plus noble que sage, reprit donna Florinda, qui entra sur le balcon et regarda attentivement sur les ondes. Il y a dans une gondole des mariniers à la livrée d'un noble, et un seul cavalier dans une autre.

— N'a-t-il pas des serviteurs? conduit-il lui-même la gondole?

— Cela ne serait pas convenable. Un homme en jaquette de soie ornée de fleurs guide la barque.

— Parle-lui, chère Florinda, je t'en prie.

— Cela peut-il se faire?

— En vérité, je le crois. Dis-leur que j'appartiens au sénat;

qu'il n'est pas prudent de s'arrêter ainsi sous mes fenêtres ; dis-leur ce que tu voudras, mais parle-leur.

— Ah! c'est don Camillo de Monforte! je le reconnais à sa noble taille et au salut gracieux de sa main.

— Cette témérité doit le perdre ; sa demande sera refusée, et lui-même sera banni! L'heure où passe la gondole de la police n'est pas encore arrivée; donne-leur l'avis de partir, bonne Florinda : et cependant pouvons-nous agir avec tant de rigueur envers un seigneur de son rang! Mon père, donne-nous tes conseils; tu connais les dangers de cette témérité du seigneur napolitain : aide-nous de ta sagesse, car il n'y a pas un moment à perdre.

Le carme avait observé attentivement et avec indulgence l'émotion que des sensations si nouvelles avaient éveillée dans l'âme ardente et sans expérience de la belle Vénitienne; la pitié, le chagrin et la sympathie étaient peints sur sa figure contristée, tandis qu'il cherchait à apprécier la force du sentiment qui agissait sur un esprit si pur et un cœur si généreux, mais son regard était plutôt celui d'une personne qui a connu le danger des passions, que d'un homme qui les condamne sans avoir égard à leur pouvoir et à leur origine. Il se rendit à l'invitation de donna Florinda et quitta silencieusement l'appartement.

La gouvernante se retira du balcon et se rapprocha de son élève. Il n'y eut entre elles aucune explication; elles ne se communiquèrent pas leurs mutuelles pensées. Violetta se jetta dans les bras de son amie et s'efforça de cacher sa tête dans son sein. La musique cessa tout à coup et fut remplacée par le bruit des rames qui frappèrent l'eau régulièrement.

— Il est parti! s'écria la jeune fille qui avait été l'objet de cette sérénade, et dont la sensibilité, en dépit de sa confusion, n'avait rien perdu de sa force; les gondoles s'éloignent, et nous ne lui avons pas même offert les remerciements d'usage pour cette galanterie.

— Gardons-nous en bien, ou nous donnerions de l'importance à un accident déjà trop sérieux. Souviens-toi de tes hautes destinées, mon enfant, et laisse-les partir.

— Il me semble qu'une personne de mon rang ne devrait pas manquer de politesse. Cette sérénade est sans doute aussi insignifiante que celles qu'on donne chaque soir sur les canaux, et, encore une fois, nous devons des remerciements.

— Reste dans l'intérieur de l'appartement. Je vais surveiller les mouvements du bateau ; car il est impossible de laisser croire que nous ne les avons pas aperçus.

— Merci, chère Florinda ! dépêche-toi, de crainte qu'ils n'entrent dans l'autre canal avant que tu les aies vus.

La gouvernante fut promptement sur le balcon. Quelque subite que fût cette action, ses yeux avaient à peine eu le temps de s'arrêter sur les ondes, que donna Violetta lui demanda vivement ce qu'elle voyait.

— Les gondoles sont parties, répondit Florinda. Celle qui contient les musiciens entre déjà dans le grand canal ; mais je ne sais ce qu'est devenue celle du cavalier.

— Regarde encore, il ne peut pas être si pressé de nous quitter.

— Je ne l'avais pas bien cherché. Voilà sa gondole près du pont de notre canal.

— Et le cavalier? il attend quelque signe de politesse ; nous ne devons pas l'en priver.

— Je ne le vois pas. Son serviteur est sur les marches du rivage, et la gondole paraît être vide. Le valet a l'air d'attendre, mais je ne vois pas le maître.

— Vierge Marie! quelque chose est-il arrivé au duc de Sainte-Agathe?

— Rien que le bonheur de se trouver ici, s'écria une voix près de l'héritière.

Donna Violetta se retourna, et vit à ses pieds celui qui remplissait toutes ses pensées. — Le cri de la jeune fille, l'exclamation de son amie, le rapide mouvement du moine, rassemblèrent en un groupe ces différents personnages.

— Quelle imprudence ! s'écria le père Anselme d'un ton de reproche. Levez-vous, don Camillo, ou vous me ferez repentir d'avoir cédé à vos prières ; vous allez au-delà de nos conditions.

— Autant que cette émotion surpasse mes espérances, répondit le seigneur. Bon père, c'est en vain qu'on s'oppose aux vues de la Providence. La Providence m'a amené au secours de cette charmante personne lorsqu'elle tomba dans le Giudecca ; et une fois encore la Providence me favorise, en me permettant d'être témoin de cette émotion. Parlez, belle Violetta : vous ne voulez pas être un instrument de l'égoïsme du sénat, vous ne céderez pas à son désir de disposer de votre main en faveur d'un mercenaire qui se jouerait du plus sacré de tous les serments pour posséder votre fortune?

— A qui suis-je destinée? demanda Violetta.

— N'importe, puisque ce n'est pas à moi. A quelque spéculateur, à quelque ambitieux indigne de votre personne.

— Vous connaissez, Camillo, les usages de Venise, et vous devez savoir que je n'ai aucune espérance de leur échapper.

— Levez-vous, duc de Sainte-Agathe, dit le moine avec autorité. Lorsque je vous ai permis d'entrer dans ce palais, c'était pour éloigner un scandale de ses portes, et pour sauver votre audace de la colère du sénat. Il est dangereux d'encourager des espérances auxquelles la politique de la république s'oppose. Levez-vous donc, et respectez vos promesses.

— Cette jeune dame décidera. Encouragez-moi d'un regard, belle Violetta, et Venise, son inquisition et son doge ne seront pas capables de m'arracher de vos genoux.

— Camillo, répondit la jeune fille tremblante, vous, le sauveur de ma vie, vous n'avez pas besoin de vous agenouiller devant moi.

— Duc de Sainte-Agathe!... Ma fille!

— Ne l'écoutez pas, généreuse Violetta : c'est un langage de convention; il parle comme on parle à son âge, lorsque la langue de l'homme dément les sentiments de sa jeunesse. C'est un carme, il doit feindre cette sévérité; il ne connut jamais la tyrannie des passions. L'humidité de sa cellule a glacé son cœur. S'il était homme, il eût aimé; et s'il avait jamais aimé, il ne serait pas aujourd'hui revêtu de cet habit.

Le père Anselme recula d'un pas, comme une personne à qu sa conscience fait un reproche. La pâleur de ses traits ascétiques prit la teinte de la mort. Ses lèvres remuèrent comme s'il eût voulu parler; mais le son fut étouffé par l'oppression de sa poitrine. La douce Florinda vit sa détresse, et elle essaya de s'interposer entre l'impétueux jeune homme et son élève.

— Cela peut être comme vous le dites, signor Monforte; et le sénat, dans ses soins paternels, cherche un époux digne de l'héritière d'une maison aussi illustre et aussi riche que celle de Tiepolo. Mais il n'y a rien en cela d'extraordinaire; le sénat suit un usage établi. Les nobles de toute l'Italie ne cherchent-ils pas dans leur compagne une condition égale et les dons de la fortune, afin que l'union soit assortie? Comment pouvons-nous savoir si les domaines de ma jeune amie n'ont pas autant de valeur aux yeux du duc de Sainte-Agathe qu'aux yeux de celui que le sénat peut lui choisir pour époux?

— Cela pourrait-il être? s'écria Violetta.

— Ne le croyez pas. Le but de mon voyage à Venise n'est point un secret. Je suis venu réclamer la restitution de domaines depuis longtemps ravis à ma famille, et les honneurs du sénat qui m'appartiennent à juste titre. Mais j'abandonne tous ces biens pour l'espérance de votre amour.

— Tu l'entends, Florinda? don Camillo ne peut tromper.

— Quel droit ont le sénat et Venise de remplir votre existence de misère! soyez à moi, charmante Violetta; et sous les remparts de mon château de Calabre nous défierons leur vengeance et leur politique. Leur désappointement fera la joie de mes vassaux, et notre félicité le bonheur de ceux qui nous entoureront. Je n'affecte point de mépriser la dignité des Conseils; je n'affecte pas non plus de l'indifférence pour le rang que je perds; mais à mes yeux vous êtes un trésor plus précieux que le bonnet du doge lui-même avec toute sa gloire et toute son influence imaginaire.

— Généreux Camillo!

— Soyez à moi, et épargnez aux froids calculateurs du sénat un nouveau crime. Ils pensent qu'ils peuvent disposer de vous à leur profit, comme d'une indigne marchandise; mais vous tromperez leurs desseins. Je lis une généreuse résolution dans vos yeux, Violetta; votre volonté sera plus forte que leur finesse et leur égoïsme.

— Je ne veux pas être vendue, don Camillo Monforte: ma main doit être accordée comme il convient à une fille de ma condition. Ils peuvent encore me donner la liberté du choix; le signor Gradenigo m'a flattée, il y a peu de temps, de cette espérance en me parlant d'un établissement digne de mon rang.

— Ne le croyez pas; il n'existe pas à Venise un cœur plus égoïste et plus froid. Il cherche à ménager votre union avec son fils, cavalier débauché, sans honneur, et victime des juifs du Rialto. Ne le croyez pas, car il est habile à tromper.

— Si cela est vrai, il est la victime de ses propres desseins. De tous les jeunes gens de Venise, Giacomo Gradenigo est celui que j'estime le moins.

— Cette entrevue doit avoir un terme, dit le moine interposant son autorité et forçant le jeune homme à se lever. Il serait plus aisé d'échapper aux tentations du péché qu'aux agents de la police. Je tremble que cette visite ne soit connue, car nous sommes entourés d'espions, et il n'y a pas à Venise un palais mieux surveillé que celui-ci. Si ta présence ici était découverte, indiscret jeune homme, tu ne sortirais de cette demeure que pour être jeté dans une prison, et tu serais une cause de persécution et d'éternels chagrins pour cette jeune fille sans expérience.

— En prison, dites-vous, mon père ?

— Oui, ma fille. De plus légères offenses ont souvent été punies par de plus sévères châtiments, lorsque le sénat s'est vu contrarier dans ses vues.

— Vous ne serez pas jeté dans un cachot, Camillo !

— Ne craignez rien ; l'âge et la profession paisible du bon père le rendent timide. Je suis depuis longtemps préparé à cet heureux moment, et je ne demande qu'une seule heure pour défier Venise et sa politique. Donnez-moi l'assurance de votre amour, et fiez-vous à moi pour le reste.

— Tu l'entends, Florinda !

— Cette audace convient au sexe de Camillo, ma chère, mais elle ne sied pas au tien. Une fille de ton rang doit attendre la décision de ses tuteurs naturels.

— Mais si le choix du sénat tombait sur Giacomo Gradenigo !

— Le sénat ne veut pas entendre parler de ce jeune homme. Les ruses de son père te sont depuis longtemps connues, et tu as dû t'apercevoir, par le mystère qu'il met dans sa conduite à ton égard, qu'il redoute la décision du conseil. L'État aura soin de disposer de ta main comme il convient à ton rang. Tu es recherchée par un grand nombre de cavaliers, et tes tuteurs attendent seulement qu'il se présente un parti digne de ta naissance !

— Digne de ma naissance !

— Qui réunisse à un rang élevé, à de brillantes espérances, la jeunesse et une bonne réputation.

— Dois-je regarder don Camillo comme au-dessous de moi ?

Le moine prit de nouveau la parole.

— Cette entrevue, dit-il, ne doit pas durer davantage. Les regards que vous avez attirés sur nous par votre musique imprudente sont maintenant dirigés sur d'autres objets. Partez, Signore, ou vous manquerez à votre parole.

— Partir seul, mon père ?

— Donna Violetta doit-elle quitter la maison de ses ancêtres aussi promptement qu'un domestique qu'on renvoie ?

— Signor Monforte, vous ne pouviez pas, dans cette entrevue, concevoir d'autre espérance que celle de voir agréer vos offres dans l'avenir... quelque gage...

— Et ce gage ?

Les regards de Violetta se tournèrent alternativement sur sa gouvernante, sur son amant, sur le religieux ; puis enfin ils se fixèrent à terre, lorsqu'elle dit :

— Ce gage est à vous, Camillo.

Un cri de surprise échappa en même temps au carme et à la gouvernante.

— Pardonnez-moi, mes amis, ajouta donna Violetta en rougissant, mais d'un ton décidé. J'ai peut-être encouragé don Camillo d'une manière que vos conseils et la modestie d'une jeune fille condamnent ; mais pensez que, s'il avait hésité à se jeter dans le Giudecca, je n'aurais pas aujourd'hui le pouvoir de lui accorder cette légère faveur. Pourquoi serais-je moins généreuse que lui ? Non, Camillo ; lorsque le sénat me condamnera à donner ma main à un autre que vous, il prononcera pour moi la sentence du célibat. J'irai cacher dans un cloître la douleur que je nourrirai jusqu'au tombeau.

Il y eut une interruption solennelle à ce discours, dans lequel donna Violetta s'était expliquée avec tant de franchise. Le son d'une cloche se fit tout à coup entendre. C'était un valet de chambre de confiance, qui avait reçu l'ordre de s'annoncer ainsi avant d'entrer. Comme cette recommandation avait été suivie de celle de ne point paraître avant d'avoir été appelé, à moins d'une circonstance grave, le signal causa un silence subit, même dans ce moment intéressant.

— Qu'est-ce que veut dire cela ? s'écria le carme en s'adressant au valet qui entrait brusquement. Que signifie cette interruption malgré mes ordres ?

— Mon père, la république !

— Venise est-elle dans un si grand danger qu'on vienne appeler les femmes et les prêtres à son secours ?

— Il y a en bas des officiers de l'Etat qui demandent à être admis au nom de la république.

— Cela devient sérieux, dit don Camillo, qui conservait seul son sang-froid. Ma visite est connue, et l'active jalousie du sénat est plus prompte encore que l'exécution de mes projets. Rappelez toute votre fermeté, donna Violetta. Rassurez-vous, mon père. Je prendrai sur moi la responsabilité de cette entrevue, si l'on en fait un crime.

— Dieu nous en préserve! s'écria donna Violetta effrayée, et qui perdait tout empire sur elle-même. Mon père, donna Florinda, nous partagerons son châtiment. Il n'a pas été coupable de cette imprudence sans ma participation; c'est moi qui l'ai encouragé à cette démarche.

Le moine et donna Florinda se regardèrent dans une muette surprise. Heureusement il y eut aussi une expression de sympathie dans ce regard, qui peignait l'inutilité des précautions lorsque les passions sont assez fortes pour éluder toute vigilance. Le moine fit signe à donna Florinda de garder le silence, et il se tourna vers le domestique.

— Quel est le caractère de ces agents de police? demanda-t-il.

— Mon père, ce sont des officiers bien connus, et ils portent les insignes de leur état.

— Que demandent-ils?

— A être introduits en la présence de donna Violetta.

— Il y a encore de l'espérance! répondit le moine en respirant plus librement. Il traversa l'appartement et ouvrit une porte qui communiquait avec l'oratoire particulier du palais: — Retirez-vous dans cette chapelle sacrée, don Camillo, tandis que nous écouterons ici l'explication d'une visite aussi extraordinaire.

Comme le temps pressait, don Camillo obéit à cet ordre. Il entra dans l'oratoire; et lorsque la porte fut refermée sur lui, le domestique de confiance introduisit ceux qui attendaient.

Un seul individu parut. On le reconnut à l'instant pour un agent public et avoué du gouvernement, qui avait souvent été chargé de missions délicates et secrètes. Donna Violetta, qui avait recouvré son sang-froid, s'avança à sa rencontre avec cette grâce qui devient une habitude chez les femmes de haute naissance.

— Je me trouve honorée de cette surveillance de mes terribles et illustres tuteurs, dit-elle, répondant par un léger signe de tête au profond salut qu'adressait l'officier à la plus riche héritière de Venise.— A quelle circonstance dois-je cette visite?

L'officier regarda un instant autour de lui avec sa prudence et ses soupçons habituels ; puis, après avoir salué, il répondit :

— Madame, j'ai reçu l'ordre d'avoir une entrevue avec la fille de l'Etat, l'héritière de l'illustre maison de Tiepolo, avec donna[1] Florinda Mercato, sa gouvernante, le père Anselmo, leur confesseur, et avec les autres personnes qui jouissent du plaisir de sa société et ont l'honneur de posséder sa confiance.

— Ceux que vous cherchez sont ici : je suis Violetta Tiepolo ; cette dame a pour moi les soins d'une mère, et ce révérend père est mon directeur spirituel. Dois-je faire appeler mes gens?

— Cela n'est pas nécessaire. Mon message est plutôt d'une nature secrète que publique. A la mort de votre honorable père l'illustre sénateur Tiepolo, le soin de votre personne, Madame, fut confié par la république, votre protectrice naturelle, à la tutelle spéciale et à la sagesse de signor Alexandro Gradenigo, dont la naissance est aussi illustre que les qualités sont estimables.

— Cela est vrai, Signore.

— Quoique l'amour paternel des Conseils n'ait point été visible, il était aussi tendre que vigilant. Maintenant que la beauté, l'instruction et les autres excellentes qualités de leur fille sont parvenues à une rare perfection, ils désirent resserrer les liens qui les unissent à vous, et se charger eux-mêmes du soin immédiat de votre personne.

— Dois-je comprendre par là que je ne suis plus la pupille du signor Gradenigo?

— Madame, votre perspicacité prévient une plus longue explication. Cet illustre patricien est dispensé des devoirs qu'il remplissait si bien. Demain de nouveaux tuteurs vont être nommés, et continueront leur honorable charge jusqu'à ce que la sagesse du sénat ait formé pour vous une alliance digne d'un nom et de qualités qui pourraient honorer un trône.

---

[1]. Nous devons expliquer pourquoi le titre de *Don* et *Donna* est souvent rappelé dans cet ouvrage. La république elle-même ne donnait aucun titre, quoiqu'elle permît à ses nobles de conserver ceux qu'ils portaient avant d'être incorporés aux droits de la ville de Venise. On appelle communément les gentilshommes napolitains et romains Dons, ainsi que les Parmesans. Les Vénitiens ne portent pas ce titre. On le donne à don Camillo, comme Napolitain, et aux deux dames, parce que c'était celui de leur rang à Rome. On verra que ceux qui sont strictement Vénitiens ne sont jamais qualifiés ainsi.

— Dois-je être séparée de ceux que j'aime? demanda impétueusement Violetta.

— Confiez-vous à la sagesse du sénat. Je ne connais pas sa résolution relativement à ceux qui vivent depuis si longtemps avec vous; mais on ne peut douter de sa bonté ni de sa prudence. Il me reste seulement à ajouter que, jusqu'au moment où arriveront ceux qui sont nommés pour être vos protecteurs, il sera convenable de conserver la même réserve et de ne pas recevoir plus de visites qu'à l'ordinaire. Votre porte, Madame, doit être fermée au signor Gradenigo comme à toutes les autres personnes de son sexe.

— Ne le remercierai-je pas de ses soins?

— Il est récompensé par la gratitude du sénat.

— Il m'eût été agréable d'exprimer de vive voix au signor Gradenigo mes sentiments; mais ce qui est refusé à mes lèvres sera sans doute accordé à ma plume.

— La réserve qu'on impose à cet égard est absolue. Venise est jalouse de ceux qu'elle aime. Maintenant que ma commission est remplie, il ne me reste plus qu'à prendre humblement congé de vous, flatté d'avoir été choisi pour paraître en votre présence, et d'avoir été jugé digne d'une mission aussi honorable.

Lorsque l'officier cessa de parler et que Violetta lui eut rendu ses saluts, elle tourna ses regards remplis de crainte sur les visages attristés de ses compagnons. Le langage ambigu de ceux qui étaient employés dans de telles missions était trop bien connu pour laisser quelque espoir sur l'avenir; ils pensèrent avec effroi qu'ils seraient séparés le lendemain, quoiqu'ils ne pussent pénétrer la raison de ce changement subit dans la politique de l'Etat. Interroger l'officier eût été chose inutile, car le coup venait évidemment du conseil secret, dont les motifs étaient impénétrables autant que les décrets étaient impossibles à prévoir. Le religieux leva la main et bénit en silence sa jeune pénitente; et incapables, même en la présence de l'étranger, de dissimuler leur chagrin, donna Florinda et Violetta se jetèrent en pleurant dans les bras l'une de l'autre.

Pendant ce temps, l'agent de cette cruelle mission avait retardé son départ, comme une personne qui vient de former une demi-résolution. Il regarda fixement le religieux, de manière à prouver qu'il avait l'habitude de réfléchir longtemps avant de parler.

— Révérend père, dit-il, puis-je vous demander un moment d'entretien sur une affaire qui concerne l'âme d'un pécheur?

Bien qu'étonné, le moine ne put hésiter à répondre à cet appel. Obéissant à un geste de l'officier, il le suivit hors de l'appartement à travers la magnifique suite de salons, et descendit avec lui jusque dans sa gondole.

— Vous devez posséder à un haut degré la confiance du sénat, révérend père, observa l'officier, pour avoir été placé près d'une personne à laquelle l'Etat prend un si grand intérêt.

— Je me trouve honoré de cette confiance, mon fils. Une vie de paix et de prières doit m'avoir fait des amis.

— Des hommes comme vous, mon père, méritent l'estime générale. Etes-vous depuis longtemps à Venise?

— Depuis le dernier conclave. Je vins dans cette ville comme confesseur du dernier ministre de Florence.

— C'était une place honorable. Alors vous avez été assez longtemps avec nous pour savoir que la République n'oublie jamais un service et ne pardonne pas une offense.

— C'est une ancienne république, dont l'influence atteint de loin et de près.

— Prenez garde à ces marches. Ces marches sont perfides pour un pied incertain.

— Le mien est trop habitué à descendre pour se méprendre. J'espère que je ne descends pas cet escalier pour la dernière fois.

L'agent du conseil affecta de ne pas comprendre cette question, et il ne répondit qu'à la première observation.

— C'est en effet une république fort ancienne, dit-il, mais elle tremble un peu de vieillesse. Tous ceux qui aiment la liberté, mon père, doivent déplorer le déclin de si glorieuses institutions. *Sic transit gloria mundi!* Vous autres carmes déchaussés, vous faites bien de mortifier la chair pendant la jeunesse: vous évitez les regrets que cause la perte des beaux jours. Un homme comme vous doit avoir peu de fautes de jeunesse sur sa conscience?

— Aucun de nous n'est sans péché, répondit le moine en se signant; celui qui se flatte d'être parfait ajoute à ses fautes celle de l'orgueil.

— Les hommes de mon état, révérend père, ont peu d'occasions d'examiner leur conscience, et je bénis l'heure qui m'a amené en la société d'un aussi saint homme. Ma gondole attend ; voulez-vous entrer ?

Le moine regarda son compagnon avec défiance ; mais, sachant l'inutilité de la résistance, il fit une courte prière mentale et suivit l'officier. Le bruit de l'aviron fouettant les vagues annonça le départ de la gondole.

CHAPITRE XV.

> O pescator dell' onda,
> Fi da lin ;
> O pescator dell' onda,
> Fi da lin ;
> Vien pescar in qua,
> Colla tua bella barca,
> 'Colle bella se ne va
> Fida lin lin la.
> *Barcarole vénitienne.*

La lune, parvenue au plus haut des cieux, répandait des torrents de lumière sur les dômes arrondis et les toits massifs de Venise, tandis que la baie dessinait une bordure brillante autour de la partie extérieure de la ville, espèce d'encadrement naturel, plus admirable peut-être encore que ce tableau appartenant aux créations de l'homme ; car, en ce moment, quelque riche que fût la reine de l'Adriatique par ses chefs-d'œuvre de l'art, par la grandeur de ses monuments publics, par le nombre et la splendeur de ses palais, et par tout ce qu'elle devait à l'industrie et à l'ambition de l'homme, elle n'occupait qu'un rang secondaire dans les magnifiques merveilles de la nuit.

Au-dessus d'elle était le firmament sublime dans son immensité, avec ses mondes de diamants. Au-dessous s'étendait à perte de vue la vaste mer Adriatique, calme comme la voûte qui se réfléchissait dans le miroir de ses flots resplendissants de leur lumière d'emprunt. Çà et là, ces îles basses, arrachées à la mer par le travail constant de dix siècles, parsemaient les lagunes, surchargées dn groupe de quelques édifices monastiques, ou rendues pittoresques par les toits modestes d'un hameau de pêcheurs. Ni le bruit de la rame, ni le rire de la joie, ni le chant harmonieux, ni le déploiement des voiles, ni la grosse gaieté des mariniers n'interrompaient le silence. Sur le premier plan tout était revêtu du charme de la nuit; dans le lointain tout annonçait la solennité de la nature paisible. La ville et les lagunes, le golfe et les Alpes sourcilleuses, les plaines interminables de la Lombardie, et l'azur du firmament, tout jouissait du même repos solennel.

Tout à coup parut une gondole. Elle sortait des canaux de la ville, et glissait sur le vaste sein de la baie sans faire plus de bruit que la marche imaginaire d'un esprit. Un bras nerveux et expérimenté en guidait le mouvement, qui était continu et rapide; sa vitesse indiquait combien était pressé celui qui la conduisait; il la dirigeait vers l'Adriatique, gouvernant entre une des issues les plus méridionales de la baie et l'île bien connue de San-Giorgio. Pendant une demi-heure les efforts du gondolier ne se ralentirent pas. Il tournait souvent la tête, comme s'il eût craint d'être poursuivi, et puis regardait au loin sur l'étendue des flots, comme cherchant avec une vive attente un objet encore invisible. Quand il eut mis un espace considérable entre lui et la ville, il laissa reposer ses rames et parut exclusivement occupé de sa recherche.

Enfin un point noir se montra sur les flots. La rame du gondolier fit alors jaillir l'onde derrière lui, et sa barque glissa de nouveau en changeant de direction, comme s'il ne lui restait plus aucune indécision. Ce point noir s'agita à la clarté de la lune, jusqu'à ce qu'il eût pris la figure d'une barque. Le gondolier cessa une seconde fois de ramer, et il se pencha en avant, fixant ses regards avec attention sur cet objet encore mal défini, comme s'il eût voulu appeler tous ses sens au secours de sa vue. En ce moment les doux sons d'un chant éloigné traversèrent les lagunes. La voix était faible et même tremblante, mais elle avait cette mélodie et cette exacte exécution qui appartiennent si particulièrement à Venise. C'était l'homme de la barque encore éloignée qui chantait une chanson de pêcheur. Toutes les notes en étaient pleines de douceur, et les intonations plaintives et mélancoliques. L'air était connu de tous ceux qui maniaient une rame sur les canaux, et familier aux oreilles de celui qui l'écoutait; il attendit la fin d'une stance, et dès que le son de la voix eut expiré, il y répondit en chantant la seconde. Ils continuèrent ainsi à chanter alternativement, et terminèrent par un chorus.

Alors la rame du gondolier frappa l'onde de nouveau, et il fut bientôt à côté de la barque.

— Tu t'es mis à pêcher de bonne heure, Antonio, dit le gondolier en passant dans la barque du vieux pêcheur ; il y a des gens qu'une entrevue avec le Conseil des Trois aurait envoyés à leurs prières et dans un lit où ils n'auraient guère dormi.

— Il n'y a pas dans Venise, Jacopo, une seule chapelle dans laquelle un pêcheur puisse aussi bien faire son examen de conscience que dans celle-ci, où, seul avec Dieu sur les lagunes, j'avais les portes du paradis ouvertes devant mes yeux.

— Un homme comme toi n'a pas besoin d'images pour exalter sa dévotion.

— Je vois l'image de mon Sauveur, Jacopo, dans ces brillantes étoiles, dans cette lune, dans ce ciel bleu, dans cette chaîne de montagnes couvertes de vapeurs, dans les eaux sur lesquelles nous voguons, même dans ce corps usé par le travail et les années, comme dans tout ce qu'ont produit sa sagesse et son pouvoir. J'ai prié beaucoup depuis que la lune est levée.

— Et l'habitude est-elle si forte en toi que tu penses à Dieu et à tes péchés, même en tenant ta ligne ?

— Le pauvre doit travailler et le pêcheur doit prier. Mes pensées ont été depuis quelque temps tellement occupées de mon enfant que j'en ai oublié jusqu'à mes repas. Si je pêche plus tard ou plus tôt que d'ordinaire, c'est parce qu'un homme ne peut vivre de chagrin.

— J'ai songé à ta situation, honnête Antonio ; voici de quoi soutenir ta vie et ranimer ton courage. Vois ! ajouta le Bravo en plongeant un bras dans sa gondole d'où il tira un panier : voici du pain de Dalmatie ; du vin de la Basse-Italie et des figues du Levant ; mange donc, et reprends du cœur.

Le pêcheur jeta un regard d'envie sur ces provisions, car la faim mettait à une forte tentation la faiblesse de la nature ; mais sa main ne lâcha pas la ligne avec laquelle il continuait de pêcher.

— Et c'est toi, Jacopo, qui me fais ce présent ? demanda-t-il d'une voix qui, en dépit de sa résignation, annonçait les suggestions de l'appétit.

—Antonio, c'est ce que t'offre un homme qui respecte ton courage et qui honore ton caractère.

— Et tout cela a été acheté avec ce qu'il a gagné?

— Cela se peut-il autrement? Je ne mendie pas pour l'amour des saints, et peu de gens à Venise donnent ce qu'on ne leur demande pas. Mange donc, mange sans crainte; tu y seras rarement invité de meilleur cœur.

— Remporte ce panier, Jacopo, si tu as de l'affection pour moi. Ne me tente pas au-delà de mes forces.

— Quoi! as-tu une pénitence à faire? s'écria le Bravo.

— Non, non! Il y a longtemps que je n'ai eu le loisir ou le courage d'entrer dans un confessionnal.

— Pourquoi donc refuser le présent que te fait un ami? Songe à ton âge et à tes besoins.

— Je ne puis me nourrir du prix du sang.

Le bras étendu de Jacopo retomba, comme s'il eût été frappé par le fluide électrique. Ce mouvement amena les rayons de la lune sur son œil étincelant; et, quelque ferme que l'honnête Antonio fût dans ses principes, il sentit son sang se retirer vers son cœur en rencontrant le regard fier de son compagnon. Il s'ensuivit une longue pause, pendant laquelle le pêcheur parut surveiller avec attention sa ligne, quoiqu'il ne songeât plus au motif pour lequel il l'avait jetée.

— Je l'ai dit, Jacopo, ajouta-t-il enfin, et ma langue ne démentira jamais les pensées de mon cœur. Reprends donc tes provisions, et oublie tout ce qui s'est passé. Ce n'est point par mépris que je t'ai parlé ainsi; c'est par égard pour mon âme. Tu sais quel chagrin j'ai eu pour mon enfant; mais après les larmes que j'ai données à sa perte, je pourrais encore pleurer sur toi: oui, et plus amèrement que sur aucun autre de ceux qui se sont égarés.

Il entendait le bruit de la respiration pénible du Bravo; mais celui-ci ne répondit rien.

— Jacopo, continua le pêcheur avec un ton de sollicitude, ne te méprends pas sur mes paroles. La pitié du pauvre et de celui qui souffre ne ressemble pas au mépris du riche et de l'homme du monde. Si je touche une blessure, je ne la froisse pas en y appuyant le talon. Ta peine présente vaut mieux que la plus grande des joies que tu aies éprouvées jusqu'ici.

— Assez, vieillard! dit Jacopo d'une voix étouffée; tes paroles sont oubliées. Mange sans crainte : ces provisions ont été achetées avec un gain aussi pur que le produit de la quête d'un moine mendiant.

— Je compterai sur la bonté de saint Antoine et sur la fortune de mon hameçon, répondit le vieillard avec simplicité. Nous autres qui vivons sur les lagunes, nous sommes habitués à aller souvent nous coucher sans souper. Reprends donc ton panier, bon Jacopo, et parlons d'autre chose.

Le Bravo cessa de presser le pêcheur d'accepter ses provisions. Mettant son panier à l'écart, il s'assit et réfléchit à ce qui s'était passé.

— N'est-ce que pour cela que tu es venu si loin, bon Jacopo? demanda le vieillard, voulant adoucir la dureté de son refus.

Cette question parut rappeler au Bravo le souvenir du motif de sa course. Il se leva et regarda autour de lui pendant plus d'une minute, avec une attention qui indiquait le grand intérêt qu'il mettait à cet examen. Ses regards se fixèrent plus longtemps et avec plus de soin dans la direction de la ville que du côté de la mer et des côtes, et il ne les détourna que lorsqu'un tressaillement involontaire annonça qu'il était aussi surpris qu'alarmé.

— Ne vois-tu pas là une barque en ligne avec la tour du Campanile? demanda-t-il vivement en étendant le bras vers la ville.

— C'est ce qu'il me semble. Il est de bien bonne heure pour que mes camarades arrivent; mais depuis quelque temps la pêche n'a pas été bonne, et la fête d'hier a détourné beaucoup de nos gens de leurs travaux. Il faut que les patriciens mangent et que les pauvres travaillent, sans quoi ils mourraient les uns et les autres.

Le Bravo se rassit lentement, et jeta un regard inquiet sur la physionomie de son compagnon.

— Y a-t-il longtemps que tu es ici, Antonio?

— Pas plus d'une heure. Quand ils nous ont renvoyés du palais, tu sais que je t'ai parlé de mes besoins. Il n'y a pas, en général, un meilleur endroit pour la pêche dans les lagunes que celui-ci, et cependant j'y ai en vain jeté la ligne. L'épreuve de la faim est bien dure; mais il faut la supporter comme toutes les autres. J'ai prié trois fois mon patron, et tôt ou tard il viendra à mon aide. Tu es accoutumé aux manières de ces nobles masques,

Jacopo; crois-tu vraisemblable qu'ils écoutent la raison? J'espère que je n'ai pas nui à ma cause faute de savoir-vivre; mais je leur ai parlé franchement et clairement, comme à des pères et à des hommes ayant un cœur.

—Ils n'en ont point, comme sénateurs. Tu ne comprends guère, Antonio, les distinctions de ces patriciens. Dans la gaieté de leurs palais et parmi les compagnons de leurs plaisirs, personne ne vous parlera en plus beaux termes d'humanité, de justice, oui, et même de Dieu. Mais quand ils se rassemblent pour discuter ce qu'ils appellent les intérêts de Saint-Marc, il n'y a pas de roc sur le sommet le plus froid des Alpes qui soit moins sensible, pas un loup dans leurs vallées qui soit plus inhumain.

—Tes discours sont bien forts, Jacopo. Je ne voudrais pas être injuste, même envers ceux qui m'ont fait une telle injustice. Les sénateurs sont des hommes, et Dieu leur a donné comme aux autres tous les sentiments de la nature.

—En ce cas ils ont abusé de ce don. Tu as senti l'absence de celui qui t'aidait dans tes travaux, pêcheur; tu as versé des larmes pour ton enfant, et par conséquent il t'est facile d'entrer dans les chagrins d'un autre. Mais les sénateurs ne connaissent pas de pareilles souffrances. Leurs enfants ne sont pas traînés aux galères; leur espoir n'est jamais détruit par les lois d'un maître impitoyable; ils n'ont pas de larmes à verser sur la ruine de leurs enfants, condamnés à vivre avec la lie de la république. Ils parleront de vertus publiques et de services rendus à l'Etat; mais en ce qui les concerne, la vertu qu'ils entendent, c'est la réputation; et les services dont ils se vantent sont ceux qui rapportent des honneurs et des récompenses. Les besoins de l'Etat sont leur seule conscience; et encore prennent-ils garde que ces besoins ne tournent à leur préjudice particulier.

—Jacopo, la Providence a établi des différences parmi les hommes: l'un est grand, l'autre est petit; celui-ci faible, celui-là fort; on voit des sages et on trouve des fous. Nous ne devons pas murmurer de ce que la Providence a fait.

—La Providence n'a pas fait le sénat: c'est une invention des hommes.—Ecoute-moi bien, Antonio: ton langage les a offensés, et tu n'es pas en sûreté à Venise. Ils pardonneront tout, excepté les plaintes contre leur justice: elles sont trop bien fondées pour être pardonnées.

— Peuvent-ils vouloir nuire à un homme qui cherche son enfant?

— Si tu étais un grand, un homme considéré, ils mineraient sourdement ta fortune et ta réputation avant que tu pusses mettre leur système en danger. Mais comme tu es pauvre et faible, ils te proscriront sans cérémonie, à moins que tu n'uses de modération. Je te préviens qu'il faut, avant tout, qu'ils maintiennent leur système.

— Dieu le souffrira-t-il?

— Nous ne pouvons entrer dans les secrets de Dieu, répondit le Bravo en faisant dévotement un signe de croix. Si son règne finissait avec ce monde, il y aurait de l'injustice à permettre le triomphe des méchants; mais comme... Cette barque avance bien vite! je n'en aime ni l'air ni les mouvements.

— Ce n'est point une barque de pêche, car il y a plusieurs rameurs et elle est couverte d'un dais.

— C'est une gondole de l'Etat! s'écria Jacopo en se levant, et sautant dans sa barque, qu'il détacha de celle de son compagnon. Après avoir réfléchi un instant sur ce qu'il devait faire : — Antonio, ajouta-t-il, nous ferions bien de nous éloigner.

— Tes craintes sont naturelles, répondit le pêcheur d'un ton calme; et je te plains mille fois d'avoir raison de craindre. Mais un aussi bon rameur que toi a encore le temps de gagner de vitesse sur la meilleure gondole qui soit dans nos canaux.

— Vite, vieillard, lève ton ancre et pars. Mon œil est sûr; je connais cette barque.

— Pauvre Jacopo! quel fléau qu'une mauvaise conscience! Tu as été serviable envers moi dans le moment du besoin; et si les prières d'un cœur sincère peuvent t'être utiles, elles ne te manqueront point.

— Antonio! s'écria le Bravo en donnant quelques coups de rames, et en s'arrêtant ensuite un instant comme un homme indécis, je ne puis rester un moment de plus. Ne te fie pas à eux, ils sont faux comme les démons; mais il n'y a pas de temps à perdre, il faut que je parte.

Le pêcheur murmura une exclamation de pitié, et lui fit ses adieux par un geste de la main.

— Bienheureux saint Antoine, ajouta-t-il en priant à haute voix, veille sur mon enfant, et ne permets pas qu'il mène jamais une vie si misérable! Le bon grain est tombé sur le rocher, car ce pauvre jeune homme a le cœur affectueux. Faut-il qu'il soit réduit à vivre du salaire du meurtre!

La gondole, qui continuait à s'approcher, attira alors toute l'attention du vieillard. Elle avançait rapidement vers lui, conduite par six vigoureux rameurs, et ses yeux se tournèrent avec inquiétude du côté vers lequel le fugitif s'était dirigé. Jacopo, avec une promptitude d'instinct qu'il devait à la nécessité et à une longue pratique, avait pris une direction qui le mettait sur la même ligne qu'une de ces raies brillantes que la lune traçait sur l'eau, et qui, en éblouissant l'œil, empêchaient de distinguer les objets qui se trouvaient sur toute sa largeur. Quand le pêcheur vit que le Bravo avait disparu, il sourit et se sentit plus à l'aise.

— Oui, qu'ils viennent ici! dit-il; cela donnera plus de temps à Jacopo. Je ne doute pas que le pauvre diable, depuis qu'il a quitté le palais, n'ait frappé quelque coup que le Conseil ne lui pardonnera point. Il n'a pu résister à la vue de l'or, et il a offensé ceux qui ont eu si longtemps de la patience avec lui. Dieu me pardonne d'avoir eu des liaisons avec un tel homme! Mais quand le cœur est dans l'affliction, il deviendrait sensible même à la pitié d'un chien. Peu de gens se soucient de moi maintenant, sans quoi l'amitié de gens comme lui ne m'aurait jamais fait grand plaisir.

Antonio cessa de parler, car la gondole de l'État arrivait en ce moment avec grand bruit près de sa barque, et quelques coups de rames donnés en sens inverse la firent arrêter sur-le-champ. L'eau bouillonnait encore quand un individu passa de la gondole sur la barque du pêcheur, et le premier de ces deux esquifs s'éloignant sur-le-champ à quelques centaines de pieds, y resta stationnaire.

Antonio regarda ce mouvement en silence et avec curiosité. Quand il vit les gondoliers se reposer sur leurs rames, il jeta de nouveau un regard à la dérobée dans la direction qu'avait prise la barque de Jacopo, et, voyant qu'il n'y avait rien à craindre pour lui, il reçut son nouveau compagnon avec assurance. La clarté de la lune lui permit de distinguer le costume et l'aspect d'un carme déchaussé. Celui-ci semblait encore plus confondu que le pêcheur de la rapidité de ce qui venait de se passer et de la nouveauté de sa situation. Cependant, malgré sa confusion, l'étonnement se montra sur ses traits flétris par une vie de pénitence, quand il vit l'humble condition, les cheveux blancs, l'air et les manières du vieillard avec lequel il se trouvait alors.

— Qui es-tu? lui demanda-t-il dans un premier mouvement de surprise.

— Antonio des lagunes, un pêcheur qui doit beaucoup de reconnaissance à saint Antoine pour les faveurs qu'il en a reçues sans en être digne.

— Et comment un homme comme toi a-t-il encouru le mécontentement du sénat?

— Je suis honnête, et prêt à rendre justice aux autres. Si cela offense les grands, ils méritent plus de pitié que d'envie.

— Les coupables sont toujours plus disposés à se croire infortunés que criminels. C'est une erreur fatale, et il faut la chasser, de crainte qu'elle ne conduise à la mort.

— Allez dire cela aux patriciens : ils ont besoin de bons conseils et des avis de l'Eglise.

— Mon fils, il y a de l'orgueil, de la colère et de la perversité d'esprit dans tes réponses. Les péchés des sénateurs (et puisqu'ils sont hommes, ils doivent en commettre) ne peuvent servir de justification aux tiens. Quand même une sentence injuste condamnerait un homme à un châtiment, ses offenses contre Dieu n'en sont pas moins coupables. Les hommes peuvent accorder leur pitié à celui que le courroux du bras séculier a frappé injustement; mais l'Eglise n'accorde le pardon qu'à celui qui confesse ses fautes et qui en reconnaît la grandeur.

— Etes-vous donc venu ici, mon père, pour confesser un pénitent?

— Telle est ma mission : je déplore l'occasion qui y a donné lieu; et si ce que je crains est véritable, je regrette encore plus qu'un homme si âgé ait contraint le bras de la justice à s'appesantir sur sa tête.

Antonio sourit, et porta encore les yeux le long de cette raie brillante de lumière qui avait caché la gondole et la personne du Bravo.

— Mon père, dit-il après avoir regardé longtemps et avec attention, il ne peut y avoir de mal à dire la vérité à un homme qui porte votre saint habit. Ils vous ont dit qu'il y avait ici, dans les lagunes, un criminel qui avait provoqué le courroux de Saint-Marc.

—Tu ne te trompes pas.

—Il n'est pas facile de savoir quand Saint-Marc est satisfait ou mécontent, poursuivit Antonio en continuant à s'occuper de sa ligne avec un air d'indifférence; car il a longtemps toléré l'homme qu'il cherche en ce moment; — oui, et même en présence du doge. Le sénat a ses raisons, qui sont hors de la portée des ignorants : mais il aurait mieux valu pour l'âme du pauvre jeune homme, et pour l'honneur de la république, qu'on l'eût détourné de ses mauvaises actions dès le commencement.

—Tu parles d'un autre ! — Tu n'es donc pas le criminel qu'on cherche?

—Je suis un pécheur, comme tout ce qui est né de la femme, révérend père; mais ma main n'a jamais tenu d'autre arme que le bon sabre avec lequel j'ai frappé l'infidèle. Il y avait tout à l'heure ici quelqu'un qui — je regrette de l'avouer — n'en pourrait dire autant.

—Et il est parti?

—Vous avez des yeux, mon père, et vous pouvez répondre vous-même à cette question. Oui, il est parti. Il ne peut encore être bien loin, mais il est hors de la portée de la gondole la plus légère de Venise; grâces en soient rendues à Saint-Marc!

Le carme, qui s'était assis, baissa la tête et remua les lèvres, soit pour prier, soit pour rendre grâces.

—Etes-vous fâché, mon père, qu'un criminel ait échappé?

—Mon fils, je me réjouis d'avoir échappé moi-même à cette fonction pénible de mon ministère, et je regrette qu'il existe des âmes assez dépravées pour la rendre nécessaire. Appelons les agents de la république, et informons-les qu'ils ne peuvent remplir leur mission.

—Ne vous pressez pas, mon père, la nuit est belle, et ces rameurs salariés dorment sur leurs rames comme les mouettes dans les lagunes. Le jeune coupable aura plus de temps pour se repentir, si on ne le trouve pas.

Le carme, qui s'était levé, se rassit sur-le-champ, comme cédant à une forte impulsion.

— Je le croyais déjà à l'abri de toute poursuite, murmura le moine, s'excusant, sans y penser, de son mouvement de précipitation.

— Il est trop hardi, et je crains qu'il ne veuille rentrer dans les canaux, auquel cas vous pourriez le rencontrer plus près de la ville; ou il peut y avoir d'autres gondoles de l'Etat dans les lagunes; ou... En un mot, mon père, vous serez plus sûr d'éviter la nécessité d'entendre la confession d'un Bravo, si vous voulez écouter celle d'un vieux pêcheur, qui désire depuis longtemps trouver l'occasion de s'acquitter de ce devoir.

Les hommes possédés d'un même désir n'ont besoin que de peu de mots pour s'entendre. Le carme comprit, comme par instinct, ce que voulait dire son compagnon; et, rejetant en arrière son capuchon, mouvement qui fit voir les traits du père Anselme, il se prépara à écouter la confession du vieillard.

— Tu es chrétien, lui dit-il, quand ils furent prêts tous deux; et un homme de ton âge n'a pas besoin qu'on lui apprenne dans quelles dispositions d'esprit il doit être pour s'approcher du tribunal de la pénitence.

— Je suis un pécheur, mon père; donnez-moi des conseils et l'absolution, afin que je puisse me livrer à l'espérance.

— Sois satisfait. — Ta prière est entendue. — Approche-toi, et mets-toi à genoux.

Antonio, qui avait attaché sa ligne à son banc et arrangé son filet avec son soin habituel, fit un signe de croix avec dévotion et se mit à genoux devant le carme. Il commença alors l'aveu de ses fautes. Le grand chagrin d'esprit du pêcheur prêtait à son langage et à ses idées une dignité que le confesseur n'était pas habitué à trouver dans des hommes de cette classe. Une âme si longtemps mortifiée par les souffrances était devenue noble et élevée. Il fit le récit des espérances qu'il avait conçues pour son petit-fils, et de la manière dont elles avaient été détruites par la politique injuste et égoïste de l'Etat; de ses différents efforts pour lui procurer la liberté, et des expédients hardis auxquels il avait eu recours à la regatta et aux noces imaginaires de l'Adriatique. Quand il eut ainsi préparé le carme à comprendre l'origine des passions criminelles dont il était de son devoir de faire l'aveu, il lui parla de ces passions et de l'influence qu'elles avaient eue sur une âme habituellement en paix avec tout le genre humain. Ce récit fut fait avec simplicité et sans réserve, mais d'un ton qui ne pouvait manquer de toucher celui qui l'écoutait.

— Et tu t'es livré à de tels sentiments contre les hommes les plus honorés et les plus puissants de Venise? demanda le moine en affectant une sévérité qui n'était pas dans son cœur.

— Je confesse ce péché en présence de mon Dieu. Je les ai maudits dans l'amertume de mon cœur : car ils me paraissaient des hommes sans entrailles pour le pauvre et aussi insensibles que les marbres de leurs palais.

— Tu sais que, pour obtenir le pardon, tu dois l'accorder. — Oublies-tu cette injure? Es-tu en paix avec toute la terre? Peux-tu, en état de charité pour tes semblables, adresser à celui qui est mort pour sauver toute notre race une prière en faveur de ceux qui ont été injustes envers toi?

Antonio baissa la tête sur sa poitrine et sembla faire l'examen de ses dispositions à cet égard.

— Mon père, répondit-il d'un air contrit, j'espère que je le puis.

— Prends garde de t'abuser toi-même, au risque de ta perdition. Au-delà de cette voûte qui nous couvre, il y a un œil qui perce l'espace et qui pénètre jusque dans les replis les plus profonds du cœur humain. Peux-tu pardonner aux patriciens leurs fautes, en esprit de contrition pour les tiennes?

— Sainte Marie, priez pour eux comme je le fais maintenant moi-même! — Oui, mon père, je leur pardonne. — *Amen!*

Le carme se leva, Antonio restant encore à genoux, et la lune éclairant de ses rayons la tête du bon moine. Levant les bras vers le ciel, il prononça la formule d'absolution avec l'accent d'une pieuse ferveur. Les yeux du pêcheur fixés sur le firmament, ses traits ridés et le saint calme du moine formaient un tableau de résignation et d'espérance dont les anges mêmes auraient aimé à être témoins.

— *Amen! amen!* s'écria Antonio en se relevant et en faisant le signe de la croix. Puissent saint Antoine et la Vierge me maintenir dans cette résolution!

— Je ne t'oublierai pas, mon fils, dans les offices de l'Eglise. Maintenant reçois ma bénédiction, afin que je puisse me retirer.

Antonio fléchit de nouveau le genou, tandis que le carme prononçait d'une voix ferme les paroles de paix. Quand il eut accompli ce dernier acte de son ministère, et qu'ils eurent tous deux donné quelques instants à une prière mentale, le moine fit un signal à la gondole pour qu'elle s'approchât. Les gondoliers firent aussitôt force de rames et arrivèrent en un instant. Deux hommes passèrent sur la barque d'Antonio, et aidèrent le carme, avec un zèle officieux, à reprendre sa place sur la gondole de la république.

— Le pénitent a-t-il reçu l'absolution? lui demanda à demi-voix celui qui semblait avoir l'autorité sur l'autre.

— Il y a ici une erreur. Celui que tu cherches s'est échappé. Ce vieillard est un pêcheur nommé Antonio, homme qui ne peut avoir grièvement offensé Saint-Marc. Le Bravo s'est dirigé vers l'île de San-Giorgio, et il faut chercher ailleurs.

L'officier ne retint pas plus longtemps le moine, qui entra promptement sous la tente placée dans la gondole. On jeta une corde dans la barque du pêcheur pour le remorquer. L'ancre d'Antonio fut levée au même instant; on entendit le bruit d'un corps lourd tombant dans l'eau, et les deux barques, obéissant à l'impulsion des rames, s'éloignèrent rapidement. Le même nombre d'hommes maniaient la rame dans la gondole, avec sa tente en drap noir, semblable à un catafalque; mais celle du pêcheur était vide.

Le bruit des rames et la chute du corps d'Antonio s'étaient confondus ensemble. Quand le pêcheur revint sur l'eau, il était seul au centre d'une nappe d'eau vaste, mais tranquille. Il aurait pu avoir un rayon d'espérance lorsqu'il sortit du sein obscur des ondes pour revoir la beauté brillante d'une nuit éclairée par la lune; mais les dômes de Venise étaient trop loin pour qu'un nageur pût espérer de les atteindre, et les forces d'Antonio étaient épuisées par la faim et la fatigue. Les deux barques voguaient rapidement vers la ville; il tourna donc les yeux d'un autre côté, et faisant les plus grands efforts pour se soutenir sur l'eau, il chercha à retrouver le point noir dans lequel il avait constamment reconnu la barque du Bravo.

Jacopo n'avait pas cessé de surveiller cette entrevue avec l'attention la plus minutieuse. Favorisé par sa position, il pouvait voir sans être aperçu lui-même. Il vit le carme prononcer l'absolution, il vit la gondole s'approcher de la barque, il entendit dans l'eau un bruit plus fort que celui qu'auraient dû causer les rames, enfin il avait vu la gondole emmener la barque d'Antonio vide. Les gondoliers avaient à peine frappé l'eau des lagunes de leurs rames, que Jacopo fit mouvoir les siennes.

— Jacopo! Jacopo! Ces mots arrivèrent de loin faiblement à ses oreilles et le firent frissonner.

Il connaissait cette voix, et il comprenait la cause de ces cris de détresse, auxquels succéda le bruit redoublé de l'eau que fendait avec rapidité la proue de la gondole du Bravo. La barque laissait derrière elles les eaux sillonnées et bouillonnantes, comme on voit flotter sous les astres le nuage poussé par un vent impétueux. Ces bras, naguère infatigables dans la course des gondoliers, semblaient avoir doublé de vigueur et d'adresse. Le point noir descendit le long de la raie lumineuse, comme l'hirondelle qui effleure de son aile la surface de l'eau.

— Par ici, Jacopo! — Tu t'écartes!

La proue de la gondole changea de direction, et l'œil étincelant du Bravo entrevit la tête du pêcheur.

— Vite, bon Jacopo! — Les forces me manquent.

Le bruit des eaux couvrit encore ces accents étouffés. Chaque coup de rame semblait donné par la fureur et faisait bondir la légère gondole.

— Jacopo! — Ici, cher Jacopo!

— Que la mère de Dieu te protége, pêcheur! J'arrive.

— Jacopo! Mon enfant! Mon enfant!

L'eau bouillonna avec bruit; un bras se montra dans l'air et disparut au même instant. La gondole arriva à l'endroit où il venait de se faire voir, et un dernier coup de rames en arrière, qui fit plier comme un roseau la lame de frêne, arrêta la nacelle tremblante. Ce choc mit la lagune en ébullition; mais quand l'écume se fut dissipée, la surface en était aussi calme que la voûte bleue et paisible qu'elle réfléchissait.

— Antonio! s'écria le Bravo.

Point de réponse! Silence effrayant! Rien n'apparut sur l'onde. Jacopo serra le manche de sa rame avec des doigts de fer, et le bruit de sa respiration le fit tressaillir : il porta de tous côtés des regards dont l'expression était celle de la frénésie, et de tous côtés il voyait le profond repos de l'élément qui est si terrible dans son courroux. Comme le cœur humain, il semblait d'accord avec la beauté du spectacle d'une belle nuit; mais, comme le cœur humain, il garde ses terribles secrets.

CHAPITRE XVI.

> Encore quelques jours, encore quelques nuits troublées par des songes, et je dormirai bien. Mais où? — N'importe. — Adieu, adieu, mon Angiolina.
>
> Lord Byron. *Marino Faliero.*

Quand le carme rentra dans l'appartement de donna Violetta, son visage était couvert de la pâleur de la mort, et ce ne fut qu'avec difficulté que ses jambes le portèrent jusqu'à une chaise. A peine remarqua-t-il que don Camillo Monforte était encore présent, et il ne fit pas attention à l'éclat et à la joie qui brillaient dans les yeux de Violetta. Les heureux amants eux-mêmes ne s'aperçurent pas de son arrivée, car le seigneur de Sainte-Agathe avait réussi à arracher le secret du cœur de sa maîtresse, si l'on peut appeler un secret celui que l'ardente Italienne avait à peine cherché à garder; et le moine avait traversé l'appartement avant que le regard plus tranquille de donna Florinda elle-même se fût arrêté sur lui.

—Vous vous trouvez mal! s'écria la gouvernante. Père Anselme, vous ne vous êtes pas absenté sans quelque cause grave?

Le moine rejeta en arrière son capuchon pour se donner de l'air, et ce mouvement découvrit la pâleur mortelle de son visage. Mais ses yeux hagards et ses traits semblaient avoir besoin d'un effort pour reconnaître les personnes qui l'entouraient.

— Ferdinando! Père Anselme! s'écria donna Florinda, reprimant une familiarité déplacée, quoiqu'elle ne pût commander à l'inquiétude de ses traits rebelles, parle-nous! — Tu souffres?

— Je souffre, Florinda.

— Ne me trompe pas. — Peut-être tu as encore reçu de mauvaises nouvelles. — Venise...

— Est dans un état effrayant.

— Pourquoi nous as-tu quittés? — Pourquoi, dans un moment si important pour notre élève, — un moment qui peut avoir la plus grande influence sur son bonheur, — as-tu été absent une longue heure?

Violetta, sans le savoir, jeta un regard de surprise sur la pendule, mais ne parla point.

— Les serviteurs de l'Etat ont eu besoin de moi, répondit le moine en soulageant ses souffrances d'esprit par un profond soupir.

— Je te comprends, père Anselme. — Tu es allé donner l'absolution à un pénitent?

— Oui, ma fille, et il en est peu qui quittent le monde mieux réconciliés avec Dieu et avec leurs semblables.

Donna Florinda murmura une courte prière pour l'âme du défunt, et fit avec piété un signe de croix. Son exemple fut imité par son élève, et don Camillo pria aussi, tandis que sa tête était penchée vers sa belle compagne avec un air de respect.

— Sa mort était-elle juste? demanda donna Florinda.

— Il ne l'avait pas méritée, s'écria le carme avec ferveur, ou il n'y a nulle foi à avoir en l'homme. J'ai été témoin de la mort d'un être qui était plus digne de vivre, comme il était heureusement mieux disposé à mourir, que ceux qui ont prononcé sa sentence.

— Dans quel horrible état se trouve Venise!

— Et tels sont ceux qui sont maîtres de ta personne, Violetta! dit don Camillo. C'est à ces meurtriers nocturnes que ton bonheur sera confié! — Dis-nous, bon père: ta triste tragédie touche-t-elle en quelque chose les intérêts de cette belle personne? car nous sommes entourés ici de mystères aussi incompréhensibles et presque aussi effrayants que le destin lui-même.

Les yeux du moine passèrent de l'un à l'autre, et sa physionomie commença à prendre un air moins égaré.

— Tu as raison, répondit-il, tels sont les hommes qui veulent disposer de la personne de notre pupille.

— Bienheureux saint Marc, pardonne la prostitution de ton nom révéré, et protége cette jeune fille par la vertu de tes prières!

— Mon père, sommes-nous dignes de connaître plus en détail ce que tu as vu?

— Les secrets du confessionnal sont sacrés, mon fils; mais ce que j'ai appris est fait pour couvrir de honte les vivants et non les morts.

— Je vois en ceci les mains de ceux qui sont là-haut. — Car c'était ainsi qu'on désignait le conseil de Trois. — Ils se sont immiscés dans mes affaires, pendant des années, par pur égoïsme; et je dois l'avouer à ma honte, ils m'ont forcé, pour obtenir justice, à une soumission aussi peu d'accord avec mes sentiments qu'avec mon caractère.

— Tu es incapable de cette injustice envers toi-même, Camillo.

— C'est un gouvernement horrible, ma chère Violetta; et les fruits en sont également pernicieux à celui qui commande et à celui qui obéit. Il offre le plus grand de tous les dangers, le fléau du secret sur ses intentions, sur ses actes et sur sa responsabilité.

— Tu dis la vérité, mon fils, il n'y a d'autre sécurité contre l'oppression et l'injustice dans un État que la crainte de Dieu et la crainte des hommes. Venise ne connaît pas la première, car trop de gens y partagent l'odieux de ses crimes; et quant à la seconde, les actes communs ici sont cachés à la connaissance des hommes.

— Nous parlons bien hardiment pour des gens qui vivent sous ses lois, dit donna Florinda en jetant un regard timide autour d'elle. Comme nous ne pouvons ni changer ni corriger les usages de l'État, il vaut mieux que nous gardions le silence.

— Si nous ne pouvons changer le pouvoir des Conseils, nous pouvons l'éluder, répondit don Camillo en baissant la voix, et poussant la prudence jusqu'à fermer la croisée, après avoir promené un regard inquiet sur les portes de l'appartement. Etes-vous sûre de la fidélité des domestiques, donna Florinda?

— Il s'en faut de beaucoup, Signore. Nous en avons qui sont d'anciens serviteurs et dont la fidélité est éprouvée, mais il en est qui nous ont été donnés par le sénateur Gradenigo, et ce sont, sans aucun doute, des agents de l'État.

— C'est ainsi qu'ils font espionner la conduite privée de chacun. Je suis forcé de garder dans mon palais des valets que je sais être à leur solde, et pourtant je crois qu'il vaut mieux paraître ignorer tout, de peur qu'ils ne me fassent entourer d'une manière que je ne pourrais même soupçonner.—Croyez-vous, mon père, que ma présence ait ici échappé aux espions?

— Ce serait hasarder beaucoup que de compter sur une entière sécurité. Je ne crois pas que personne nous ait vus entrer, car nous sommes venus par la porte secrète. Mais qui est certain de ne pas être observé, quand sur cinq hommes on peut redouter un espion soudoyé?

Violetta effrayée appuya la main sur le bras de son amant.

— Même à présent, Camillo, lui dit-elle, tu peux être observé, et ta perte peut être secrètement prononcée.

— Si l'on m'a vu, rien n'est moins douteux. Saint-Marc ne pardonnera jamais une opposition si hardie à son bon plaisir. Et cependant, chère Violetta, pour obtenir ton affection, ce risque n'est rien, et je consentirais à en courir de bien plus grands encore pour réussir dans mes projets.

— Ces jeunes gens sans expérience et trop confiants ont profité de mon absence pour parler plus librement que la discrétion ne le permettait, dit le carme du ton d'un homme qui prévoyait la réponse.

— Mon père, la nature ne peut être enchaînée par les faibles liens de la prudence.

Le front du moine se rembrunit. Ceux qui l'écoutaient cherchèrent à voir ce qui se passait dans son esprit d'après ce qui se peignait sur une physionomie en général si bienveillante, quoique toujours mélancolique. Pendant quelques instants chacun garda le silence.

Jetant un regard inquiet sur don Camillo, le carme lui demanda enfin :

— As-tu bien réfléchi sur les suites de ta témérité, mon fils? Que te proposes-tu en bravant ainsi le courroux de la république, en défiant ses artifices, ses moyens secrets de tout savoir, et en méprisant la terreur qu'elle inspire?

— Mon père, j'ai réfléchi comme on réfléchit à mon âge et quand on aime. Je me suis convaincu que tous les maux seraient un bonheur, comparés à la perte de Violetta, et qu'aucun risque ne doit effrayer quand on se promet pour récompense d'obtenir son affection. Telle est ma réponse à ta première question. Quant à la seconde, tout ce que je puis te dire, c'est que je suis trop accoutumé à l'astuce du sénat pour ne pas connaître les moyens de la déjouer.

— La jeunesse tient toujours le même langage quand elle se laisse séduire par cette illusion agréable qui dore l'avenir d'une teinte flatteuse. L'âge et l'expérience peuvent la condamner; mais cette faiblesse continuera d'être le partage de tous les jeunes gens, jusqu'à ce qu'ils apprennent à voir la vie sous ses véritables couleurs. Duc de Sainte-Agathe, quoique tu sois un noble de haute naissance, que tu portes un nom illustre et que tu sois le seigneur d'un grand nombre de vassaux, cependant tu n'es pas une puissance. Tu ne peux ni faire une forteresse de ton palais à Venise, ni charger un héraut de porter un cartel au doge.

— Vous avez raison, révérend; je ne puis rien faire de tout cela; et celui même qui le pourrait aurait tort de compter sur sa fortune pour commettre de tels actes de témérité. Mais les Etats de Saint-Marc ne couvrent pas toute la terre. Nous pouvons fuir.

— Le sénat a le bras long, avec mille mains qui le servent en secret.

— Personne ne le sait mieux que moi. Cependant il ne commet pas d'actes de violence sans motifs. La main de sa pupille une fois irrévocablement unie à la mienne, le mal, en ce qui le concerne, devient irréparable.

— Le crois-tu? On trouverait bientôt des moyens pour vous séparer. Ne te flatte pas que Venise renonce si aisément à ses desseins. La fortune d'une maison comme celle-ci achèterait d'indignes prétendants à sa main, et tes droits seraient méprisés ou peut-être niés.

— Mais, mon père, s'écria Violetta, la cérémonie de l'Eglise ne peut être méprisée. Elle est sacrée, puisqu'elle est instituée par le ciel.

— Ma fille, je le dis avec chagrin; mais les grands et les puissants trouvent les moyens de briser les nœuds formés même par le saint sacrement. Ta richesse ne servirait qu'à sceller ta misère.

— Cela pourrait arriver, mon père, si nous restions à la portée de Saint-Marc, s'écria le Napolitain. Mais une fois hors de ses frontières, ce serait usurper trop hardiment les droits d'un Etat étranger que de mettre la main sur une personne. D'ailleurs, mon château de Sainte-Agathe est une retraite qui défiera leurs trames les plus secrètes, jusqu'à ce qu'il arrive des événements qui leur fassent trouver plus prudent de renoncer à leurs projets que d'y persister.

— Cette raison aurait de la force si tu étais dans les murs de Sainte-Agathe, au lieu d'être où tu es, — au milieu des canaux de Venise.

— Il se trouve maintenant dans ce port un Calabrois, né mon vassal, un certain Stefano Milano, patron d'une felouque de Sorrente, et l'ami de mon gondolier, de ce Gino qui a été le troisième dans la course d'aujourd'hui... Te trouves-tu mal, bon père? tu parais troublé.

— Achève ce que tu as commencé, répondit le carme en lui faisant signe qu'il désirait ne pas être observé.

— Mon fidèle Gino m'a appris que cet homme est dans les lagunes pour quelque mission de la république, à ce qu'il pense; car quoique ce marin soit moins disposé à la familiarité que de coutume, il a laissé échapper quelques mots qui mènent à le conclure ainsi. La felouque est prête d'heure en heure à mettre en mer, et je ne doute pas que le patron ne préfère servir son seigneur naturel plutôt que ces mécréants, ces sénateurs à double visage. Je puis payer aussi bien qu'eux si je suis servi à mon gré, et je puis également punir si je suis offensé.

— Tout cela serait fort bon, Signore, si tu étais à l'abri de l'astuce de cette ville mystérieuse; mais comment peux-tu t'embarquer sans attirer l'attention de ceux qui surveillent sans doute nos mouvements et ta personne?

— Il y a des masques à toute heure sur les canaux ; et si Venise est si impertinente dans son système de surveillance, tu sais, bon père, qu'à moins d'un motif extraordinaire ce déguisement est sacré. Sans ce mince privilége, la ville ne serait pas habitable un seul jour.

— Je crains le résultat de cette aventure, dit le moine en hésitant; et il était évident, à son air de réflexion, qu'il en calculait toutes les chances. — Si nous sommes reconnus et arrêtés, nous sommes tous perdus.

— Fiez-vous à moi, mon père; même en cas d'un événement si malheureux, votre sûreté ne sera pas oubliée. J'ai, comme vous le savez, un oncle qui est très-avant dans les bonnes grâces du saint-père, et qui porte le chapeau écarlate. Je vous donne la parole d'honneur d'un cavalier d'employer tout mon crédit auprès de ce parent, pour obtenir de l'Eglise une intercession puissante capable d'affaiblir le coup qui menacerait son serviteur.

Les traits du carme s'animèrent, et pour la première fois le jeune noble plein d'ardeur remarqua sur ses lèvres ascétiques une expression de fierté mondaine.

— Tu as mal compris mes appréhensions, duc de Sainte-Agathe, dit-il. Ce n'est pas pour moi que je crains, c'est pour d'autres. Cette tendre et aimable enfant n'a pas été confiée à mes soins sans faire naître dans mon sein une sollicitude paternelle; et... Il s'interrompit et parut lutter contre lui-même. J'ai connu trop longtemps les douces vertus que possède donna Florinda, continua le moine, pour la voir avec indifférence exposée à un danger prochain et effrayant. Nous ne pouvons abandonner notre pupille, et je ne vois pas comment il nous est possible, en tuteurs prudents et vigilants, de consentir en aucune manière à lui faire courir un tel risque. Espérons encore que ceux qui gouvernent voudront protéger l'honneur et le bonheur de donna Violetta.

— Ce serait espérer que le Lion ailé se changera en agneau, ou que ces sénateurs sombres et sans âme deviendront une communauté de saints chartreux voués à la pénitence. Non, révérend père; il nous faut saisir cette heureuse occasion, car nous ne pouvons nous flatter d'en trouver une plus favorable, ou il ne nous reste plus qu'à mettre toutes nos espérances dans une politique froide et calculatrice qui méprise tout ce qui ne la conduit pas à son but. Une heure, une demi-heure même nous suffirait pour avertir le marin; et avant que le soleil se lève, nous pourrions voir les dômes de Venise se plonger dans les lagunes détestées.

— Tels sont les plans d'une jeunesse confiante, emportée par la passion. Crois-moi, mon fils, il n'est pas aussi facile que tu te l'imagines de tromper les agents de la police. Nous ne pourrions quitter ce palais, entrer dans la felouque, faire un seul des pas nombreux qui doivent être hasardés, sans attirer les yeux sur nous. — Ecoutez! — J'entends un bruit de rames. — Une gondole est en ce moment à la porte.

Donna Florinda courut à la hâte sur le balcon, et revint aussi promptement annoncer qu'elle avait vu un officier de la république entrer dans le palais. Il n'y avait pas de temps à perdre, et don Camillo fut de nouveau pressé de se cacher dans le petit oratoire. A peine cette précaution nécessaire avait-elle été prise, que la porte de l'appartement s'ouvrit et le messager privilégié du sénat annonça lui-même son arrivée. C'était le même individu qui avait présidé à l'horrible exécution du pêcheur et qui avait déjà annoncé la cessation des pouvoirs du signor Gradenigo. Son œil jeta un regard de soupçon autour de la chambre quand il y entra, et le carme trembla de tous ses membres quand leurs yeux se rencontrèrent. Mais toute crainte immédiate disparut quand le sourire artificieux par lequel il avait coutume d'adoucir ses commissions désagréables eut pris la place de l'expression momentanée d'un soupçon vague et habituel.

— Noble dame, dit-il en saluant avec le respect qu'exigeait le rang de celle à qui il parlait, la présence empressée d'un serviteur du sénat peut vous faire connaître l'intérêt que ce corps prend à votre bonheur. Désirant veiller à vos plaisirs et toujours attentif aux désirs d'une si jeune personne, il a décidé de vous procurer l'amusement et la variété d'une autre résidence, dans une saison où la chaleur et la foule des gens qui vivent en plein air rendent les canaux de notre cité désagréables. Je suis chargé de vous prier de faire les préparatifs qui peuvent vous paraître convenables pour aller passer quelques mois dans une atmosphère plus pure et pour partir très-promptement ; car votre voyage, toujours pour que vous le fassiez plus agréablement, commencera avant le lever du soleil.

— C'est donner à une femme bien peu de temps, Signore, pour se disposer à quitter la demeure de ses ancêtres.

—Saint-Marc ne souffre pas qu'un vain cérémonial l'emporte sur l'affection et sur les soins paternels. C'est ainsi qu'un père en agit envers son enfant. D'ailleurs il importait peu de vous donner cet avis longtemps d'avance, puisque le gouvernement veillera à ce vous trouviez tout ce qui peut vous être nécessaire dans la demeure qui doit être honorée par la présence d'une dame si illustre.

— Quant à moi, Signore, mes préparatifs de départ seront bientôt faits, mais je crains que les serviteurs dont mon rang exige que je sois accompagnée n'aient besoin de plus de loisirs.

— Cet embarras a été prévu, Madame ; et, pour le prévenir, le conseil a décidé de vous fournir la seule suivante dont vous aurez besoin pendant une si courte absence de la ville.

— Comment, Signore ! dois-je être séparée de mes gens ?

— Des mercenaires qui vous servent dans ce palais, Madame, pour être confiée aux soins de personnes qui vous serviront d'après de plus nobles motifs.

— Et mon amie maternelle ? — Et mon guide spirituel ?

— Il leur sera permis de se dispenser de leurs soins pendant votre absence.

Une exclamation de donna Florinda et un mouvement involontaire du moine prouvèrent l'effet que produisait sur eux cette nouvelle. Donna Violetta, ainsi blessée dans ses affections, fit un violent effort pour cacher son ressentiment. Sa fierté contribua à lui en donner la force. Mais elle ne put déguiser entièrement une autre espèce d'angoisse qui n'était que trop visible dans ses yeux.

— Dois-je comprendre que cette prohibition s'étend à celle qui est chargée du service de ma personne ?

— Telles sont mes instructions, Signora.

— Et l'on attend de Violetta Tiepolo qu'elle se charge elle-même des soins de la domesticité ?

— Non, Signora. On vous donne pour remplir ces devoirs une suivante parfaite et agréable. — Annina, continua-t-il en s'approchant de la porte, ta noble maîtresse est impatiente de te voir.

Tandis qu'il parlait encore, la fille du marchand de vin se montra. Elle avait un air d'humilité empruntée, mais elle laissait voir en elle quelque chose qui annonçait qu'elle se regardait comme indépendante du bon plaisir de sa nouvelle maîtresse.

— Et cette fille doit être placée près de ma personne ! s'écria donna Violetta, après avoir étudié un instant la physionomie fausse et hypocrite d'Annina, avec une répugnance qu'elle ne chercha pas à cacher.

— Telle a été la sollicitude de vos illustres tuteurs, Signora. Comme elle est informée de tout ce qui est nécessaire, je ne vous dérangerai pas plus longtemps, et je prendrai congé de vous, en vous recommandant de profiter du peu de moments qui vous restent d'ici au lever du soleil pour faire vos apprêts de départ, afin que vous puissiez jouir de la brise du matin en sortant de la ville.

L'officier jeta un autre regard autour de la chambre, plutôt par habitude que pour aucun autre motif, salua, et se retira.

Un triste et profond silence s'ensuivit. Tout à coup la crainte que don Camillo ne se méprît sur leur situation, et ne vînt à se montrer s'offrit à l'esprit de Violetta, et elle se hâta d'apprendre à son amant le danger qu'il courait en adressant la parole à sa nouvelle suivante.

— Tu as déjà été en service, Annina ? lui demanda-t-elle assez haut pour que sa voix pénétrât dans l'oratoire.

— Jamais à celui d'une dame si belle et si illustre, Signora. Mais j'espère me rendre agréable à une dame qu'on dit si bonne pour tout ce qui l'entoure.

— Tu n'es pas neuve dans l'art de la flatterie, du moins. Retire-toi, et va informer mes gens de cette résolution subite, afin d'exécuter sans retard les ordres du Conseil. Je te charge du soin de tous les préparatifs, Annina, puisque tu connais le bon plaisir de mes tuteurs. — Mes gens t'en faciliteront les moyens.

Annina parut hésiter, et ceux qui l'observaient crurent remarquer qu'elle n'obéissait qu'avec une répugnance soupçonneuse. Elle obéit pourtant, et sortit de l'appartement avec un domestique que donna Violetta avait appelé de l'antichambre. Du moment que la porte fut fermée, don Camillo reparut au milieu du groupe, et les quatre amis se regardèrent entre eux, frappés d'une égale terreur.

— Peux-tu encore hésiter, mon père ? demanda l'amant.

— Je n'hésiterais pas un instant, mon fils, si je voyais les moyens de réussir dans notre fuite.

— Quoi ! tu ne m'abandonneras donc pas ! s'écria Violetta en lui baisant la main ; ni toi, ma seconde mère ?

— Ni moi, répondit la gouvernante, qui avait une sorte d'intuition pour comprendre les résolutions du moine ; nous irons avec toi, ma chère, au château de Sainte-Agathe, ou dans les prisons de Saint-Marc.

— Bonne et vertueuse Florinda, reçois mes remerciements ! s'écria Violetta en croisant les mains sur son sein avec une émotion mêlée de piété et de reconnaissance. Camillo, c'est à toi de nous guider.

— Prends garde ! dit le moine ; j'entends quelqu'un. — Vite dans ta retraite !

Don Camillo était à peine rentré dans l'oratoire qu'Annina reparut ; comme l'officier du sénat, elle jeta un coup d'œil tout autour de l'appartement, et, d'après la question frivole qu'elle fit, il paraissait que son entrée n'avait aucun autre prétexte que de consulter le goût de sa nouvelle maîtresse sur la couleur d'une robe.

— Fais ce que tu voudras, ma fille, dit Violetta avec impatience ; tu connais le lieu qu'on me destine pour retraite, et tu peux juger du costume qui y est convenable. Hâte tes préparatifs, afin que je n'occasionne aucun délai. — Enrico, conduisez ma nouvelle suivante à ma garde-robe.

Annina se retira à contre-cœur, car elle avait trop d'astuce pour ne pas se méfier de cette soumission inattendue à la volonté du Conseil, et pour ne pas s'apercevoir que ce n'était qu'avec déplaisir que Violetta la voyait s'acquitter de ses nouveaux devoirs. Cependant, comme le fidèle domestique de donna Violetta restait à son côté, elle fut obligée d'obéir, et elle se laissa conduire à quelques pas de la porte ; mais, prétendant tout à coup se rappeler une nouvelle question qu'elle avait à faire, elle fit un tour en arrière avec tant de rapidité, qu'elle était dans la chambre avant qu'Enrico eût pu prévoir son intention.

— Ma fille, dit le moine d'un ton sévère, va exécuter tes ordres, et ne nous interromps pas plus longtemps. Je vais confesser cette pénitente, qui peut avoir à désirer longtemps les consolations de mon ministère avant que nous nous revoyions. Si tu n'as rien d'urgent à nous dire, retire-toi avant de donner à l'Eglise un sujet sérieux d'offense.

La sévérité du ton du carme, et son air de commandement, quoique mêlé d'humilité, imposèrent à Annina. Sa hardiesse trembla sous les regards du moine ; et dans le fait, elle fut épouvantée du risque qu'elle courait, si elle blessait des opinions si profondément enracinées dans tous les esprits ; ses habitudes superstitieuses ne pouvaient l'en mettre elle-même à l'abri. Elle murmura quelques mots d'excuse, et finit par se retirer ; mais avant de fermer la porte, elle jeta encore autour d'elle un autre regard annonçant l'inquiétude et le soupçon.

Après son départ, le moine fit un geste pour recommander le silence à don Camillo, qui avait à peine pu réprimer son impatience jusqu'à ce qu'Annina fût partie.

— Sois prudent, mon fils, lui dit-il à demi-voix ; nous sommes au milieu de la trahison. Dans cette malheureuse ville personne ne peut savoir à qui il doit se fier.

— Je crois que nous sommes sûres d'Enrico, dit donna Florinda, et cependant le son de sa voix trahissait le doute qu'elle affectait de ne pas éprouver.

— Peu importe, ma fille. Il ignore que don Camillo est ici, et à cet égard nous sommes en sûreté. — Duc de Sainte-Agathe, si vous pouvez nous tirer de cet embarras, nous vous suivrons.

Un cri de joie allait s'échapper des lèvres de Violetta; mais, obéissant à un regard du moine, elle se tourna vers son amant, comme pour apprendre sa décision. Un regard de don Camillo exprima son assentiment. Sans prononcer un seul mot, il écrivit à la hâte, au crayon, quelques mots sur l'enveloppe d'une lettre; et y ayant ensuite enfermé une pièce d'argent, il s'avança avec précaution vers le balcon et fit un signal. Chacun en attendit la réponse sans oser à peine respirer. Presque au même instant on entendit le bruit de l'eau, agitée par le mouvement d'une gondole qui s'arrêta sous la fenêtre. S'approchant de nouveau du balcon, don Camillo jeta le papier avec tant de précision, qu'il entendit la pièce de monnaie tomber au fond de la barque. Le gondolier leva à peine les yeux vers le balcon; et, commençant une chanson très-connue sur les canaux, il se mit à ramer en homme qui n'était pas pressé d'arriver.

— J'ai réussi, dit don Camillo en entendant Gino chanter. Dans une heure, mon agent se sera assuré de la felouque, et alors tout dépendra des moyens que nous aurons pour quitter ce palais sans être observés. Mes gens nous attendront bientôt; et peut-être ferions-nous aussi bien de nous fier ouvertement à notre vitesse pour gagner l'Adriatique.

— Nous avons un devoir solennel et indispensable à accomplir, dit le carme. — Mes filles, passez dans vos appartements, et occupez-vous des préparatifs nécessaires pour votre fuite, ce qui pourra paraître un désir de vous conformer au bon plaisir du sénat. Dans quelques minutes je vous rappellerai.

Surprises, mais obéissantes, les deux dames se retirèrent. Le moine fit alors connaître brièvement, mais avec clarté, ses intentions à don Camillo, qui l'écouta avec une grande attention; après quoi ils passèrent tous deux dans l'oratoire. Quinze minutes ne s'étaient pas écoulées, que le moine sortit seul. Il toucha le cordon d'une sonnette placée dans l'appartement de Violetta, et donna Florinda arriva promptement avec elle.

— Prépare-toi pour la confession, dit le prêtre en se plaçant avec une grave dignité sur le fauteuil dont il avait coutume de se servir quand il écoutait l'aveu ingénu des fautes et des erreurs de sa fille spirituelle.

Les joues de Violetta pâlirent et rougirent comme si quelque faute grave eût pesé sur sa conscience. Elle jeta sur celle qui lui tenait lieu de mère un regard qui semblait implorer son appui, et elle rencontra sur ses traits pleins de douceur un sourire qui l'encouragea. Alors, le cœur ému, sans s'être encore bien recueillie pour remplir ce devoir, mais avec une décision que le moment exigeait, elle s'agenouilla sur un coussin aux pieds du moine.

Les paroles que donna Violetta murmurait à voix basse ne furent entendues que de celui à l'oreille paternelle duquel elles étaient adressées, et de cet être redoutable dont elle espérait que ses aveux désarmeraient le courroux. Mais par la porte entr'ouverte de la chapelle don Camillo pouvait voir la belle pénitente agenouillée, les mains jointes, et les yeux levés vers le ciel. Pendant qu'elle faisait l'aveu de ses erreurs, la rougeur de ses joues augmentait, et l'ardeur de la piété étincelait dans ces yeux qui naguère brillaient d'une passion bien différente. L'âme ingénue et docile de Violetta fut moins prompte que l'esprit plus actif du duc de Sainte-Agathe à se débarrasser du fardeau de ses péchés. Celui-ci crut pouvoir reconnaître dans le mouvement des lèvres de Violetta le son de son propre nom; et plusieurs fois, pendant la confession, quelques mots qu'il s'imagina entendre lui persuadèrent qu'il devinait le reste. Deux fois le bon père sourit involontairement; et, à chaque indiscrétion, il plaçait la main avec affection sur la tête nue de la pénitente. Enfin Violetta cessa de parler, et l'absolution fut prononcée avec une ferveur que les circonstances remarquables dans lesquelles ils se trouvaient tous ne pouvaient manquer de doubler.

Quand cette partie de son devoir fut remplie, le carme entra dans l'oratoire; il alluma d'une main ferme les cierges de l'autel, et fit les autres dispositions nécessaires pour célébrer la messe. Pendant cet intervalle, don Camillo, à côté de sa maîtresse, l'entretenait à voix basse avec toute l'ardeur d'un amant heureux et triomphant. La gouvernante était près de la porte, écoutant si elle n'entendrait pas marcher dans l'antichambre. Le moine s'avança alors à l'entrée de la petite chapelle, et il allait parler, quand Florinda, approchant à pas précipités, lui coupa la parole.

Don Camillo n'eut que le temps de se cacher derrière le rideau d'une croisée ; et, la porte s'ouvrant, Annina entra dans l'appartement.

Lorsqu'elle vit l'autel préparé et l'air solennel du prêtre, elle s'arrêta avec un air d'embarras ; mais, se remettant de son trouble avec cette aisance qui lui avait valu l'emploi qu'elle remplissait, elle fit un signe de croix avec respect et se plaça à quelque distance, en femme qui connaît sa situation, et qui désirait assister au mystère qu'on allait célébrer.

— Ma fille, lui dit le moine, quiconque assistera au commencement de cette messe ne pourra nous quitter avant qu'elle soit finie.

— Mon père, mon devoir est d'être près de la personne de ma maîtresse, et je suis charmée de le remplir en assistant à un office de l'Église.

Le carme fut embarrassé ; ses yeux passaient de l'un à l'autre avec un air d'indécision. Tout à coup don Camillo parut au milieu de l'appartement.

— Commencez, mon père, lui dit-il ; ce ne sera qu'un témoin de plus de mon bonheur.

En parlant ainsi, il toucha d'un doigt la garde de son épée d'un air significatif, et jeta sur Annina à demi pétrifiée un regard qui étouffa l'exclamation qui était sur le point de lui échapper. Le moine parut comprendre les conditions de cet arrangement muet, et il commença la messe à l'instant même. La singularité de la situation de toutes les parties, les importants résultats du nœud qui allait être serré, la dignité imposante du carme, le risque qu'ils couraient tous d'être découverts, et la certitude d'être sévèrement punis s'ils l'étaient pour avoir osé contrarier la volonté du Conseil, tout contribua à donner à des noces célébrées dans de telles circonstances un caractère plus grave que celui qui s'attache ordinairement à la cérémonie d'un mariage. La jeune Violetta tremblait à chaque intonation de la voix solennelle du prêtre ; et vers la fin de la cérémonie elle fut obligée de s'appuyer sur le bras de celui à qui elle allait être unie. L'œil du carme s'anima quand il prononça les prières qui précèdent le mariage, et longtemps avant de les avoir finies il avait obtenu sur Annina elle-même un empire qui tenait en respect son esprit mercenaire. La formule de l'union conjugale fut enfin prononcée, et fut suivie de la bénédiction que le prêtre donna aux deux époux.

— Que Marie, de pure mémoire, veille sur ton bonheur, ma fille! dit le moine en donnant pour la première fois de sa vie un baiser sur le front à la nouvelle épouse dont les yeux étaient humides. Duc de Sainte-Agathe, puisse ton patron écouter tes prières, autant que tu seras tendre époux pour cette aimable enfant, pleine d'innocence et de confiance!

— Amen! — Ah! nous n'avons pas été unis trop tôt, ma chère Violetta; j'entends le bruit des rames.

Il courut au balcon, et un regard suffit pour l'assurer qu'il ne s'était pas trompé. Il était donc évident qu'il était alors nécessaire de faire le dernier pas, le pas le plus décisif. Une gondole à six rames, de grandeur suffisante pour braver les vagues de l'Adriatique en cette saison, et sur le pont de laquelle était un pavillon de dimensions convenables, s'arrêta à la porte d'eau du palais.

— Je suis surpris de cette hardiesse, s'écria don Camillo. — Point de délai, de crainte que quelque espion de la république ne donne avis de notre fuite à la police. — Partons, chère Violetta!

— Donna Florinda, mon père, partons!

La gouvernante et son élève passèrent à la hâte dans leur appartement: elles en revinrent au bout d'une minute, portant les écrins de donna Violetta et le peu d'objets qui leur étaient nécessaires pour un voyage de courte durée. A l'instant où elles reparurent, tout était prêt, car don Camillo s'était préparé d'avance à ce moment décisif; et le carme, habitué à une vie de privations, n'avait besoin d'aucune superfluité.

Ce n'était pas le moment d'entrer dans des explications inutiles ou de faire des objections frivoles.

— Tout notre espoir est dans la célérité, dit don Camillo; car le secret est impossible.

Il parlait encore, quand le moine donna l'exemple de sortir de l'appartement. Donna Florinda et Violetta, respirant à peine, le suivirent: don Camillo passa le bras d'Annina sous le sien, et lui ordonna à voix basse de prendre bien garde de lui désobéir en rien.

Ils traversèrent la longue suite des appartements, sans rencontrer un seul individu qui pût observer ce mouvement extraordinaire; mais quand les fugitifs entrèrent dans le grand vestibule qui communiquait avec le principal escalier, ils se trouvèrent au milieu d'une douzaine de domestiques des deux sexes.

— Place ! s'écria le duc de Sainte-Agathe, dont la voix et les traits étaient également inconnus à tous ceux qui s'y trouvaient. Votre maîtresse va prendre l'air sur les canaux.

La surprise et la curiosité étaient peintes sur tous les visages ; mais le soupçon et une vive attention dominaient sur la physionomie de plusieurs. A peine donna Violetta était-elle au bout du vestibule, que quelques domestiques descendirent précipitamment l'escalier, et sortirent du palais par différentes portes, chacun d'eux allant chercher celui au service duquel il était en qualité d'espion. L'un courait le long des rues étroites des îles pour se rendre dans la demeure du signor Gradenigo ; l'autre se hâta d'aller chez son fils ; un troisième, ne connaissant même pas celui à la solde duquel il était, alla trouver précisément un agent de don Camillo, pour lui apprendre une circonstance dans laquelle ce seigneur lui-même jouait un rôle si remarquable. Tel était le degré de la corruption que le mystère et la duplicité avaient introduite dans la demeure de la femme la plus belle et la plus riche de Venise. La gondole était au bas des degrés de marbre conduisant à la porte d'eau, et deux hommes de l'équipage en étaient sortis pour l'en tenir approchée. Don Camillo vit d'un coup d'œil que les gondoliers masqués n'avaient négligé aucune des précautions qu'il avait prescrites, et il s'applaudit en lui-même de leur ponctualité. Chacun d'eux portait à sa ceinture une courte rapière ; et il crut distinguer, sous les plis de leurs vêtements, des preuves qu'ils y avaient placé ces mauvaises armes à feu dont on se servait à cette époque. Il fit cette observation, tandis que le carme et Violetta entraient dans la barque. Donna Florinda les suivit, et Annina allait imiter leur exemple, quand don Camillo la retint par le bras.

— Ici finit ton service, lui dit-il à demi-voix. Cherche une maîtresse ; et à défaut d'une meilleure, tu peux entrer au service de Venise.

Pendant qu'il parlait ainsi, don Camillo jeta un coup d'œil en arrière, et il s'arrêta un seul instant pour examiner le groupe qui remplissait le vestibule du palais, à une distance respectueuse.

— Adieu, mes amis ! leur dit-il ; ceux de vous qui aiment leur maîtresse ne seront pas oubliés.

Il allait en dire davantage, mais se sentant saisir rudement les bras, il se retourna à la hâte, et vit les deux gondoliers qui étaient sortis de la barque, et qui le retenaient avec une étreinte énergique. L'étonnement lui ôta la force de lutter contre eux, et ils le repoussèrent avec violence jusque dans le vestibule. Annina, obéissant à un signal, passa devant lui, et sauta dans la barque. Les deux gondoliers s'y élancèrent, et prirent leur place ; les rames frappèrent l'eau, et la gondole s'éloigna de l'escalier sans qu'il fût possible à celui qu'elle laissait de la suivre.

— Gino ! — Mécréant ! que signifie cette trahison ?

Le mouvement de la gondole qui partait ne fut accompagné d'aucun autre son que le bruit que fait ordinairement l'eau sillonnée par une barque. Muet de désespoir, don Camillo vit la gondole s'éloigner de plus vite en plus vite à chaque coup de rames, le long du canal, et elle disparut en tournant autour de l'angle d'un palais.

La poursuite n'était pas aussi facile à Venise qu'elle l'aurait été dans une autre ville, car elle ne pouvait avoir lieu que par eau, parce qu'il n'existait aucun passage le long du canal. Plusieurs barques à l'usage de la famille étaient entre les pilotis, près de la principale entrée du palais, et don Camillo était sur le point de sauter dans l'une d'elles et d'en saisir les rames, quand le bruit ordinaire annonça l'approche d'une autre gondole, venant du côté du pont qui avait si longtemps servi de cachette à son domestique. Elle sortit bientôt de l'obscurité causée par l'ombre des maisons, et don Camillo vit que c'était une grande gondole conduite, comme celle qui venait de disparaître, par six gondoliers masqués. La ressemblance des deux barques et de l'équipement de leurs gondoliers était si parfaite, que non seulement don Camillo au comble de la surprise, mais tous ceux qui étaient présents, s'imaginèrent que c'était la même gondole, qui, avec une vitesse extraordinaire, avait déjà fait le tour des palais voisins, et revenait devant la porte de donna Violetta.

— Gino ! s'écria le Napolitain ne sachant que penser.

— Signore mio, répondit le fidèle domestique.

— Avance davantage, drôle ! Que signifie cette perte de temps dans un moment comme celui-ci ?

Don Camillo sauta d'une distance effrayante, et heureusement il atteignit la barque. Il ne lui fallut qu'un instant pour passer au milieu des gondoliers, et entrer dans le pavillon; mais un seul coup d'œil lui fit voir qu'il était vide.

— Misérables! avez-vous osé me trahir? s'écria le duc confondu.

En ce moment l'horloge de la cité commença à sonner deux heures; et ce ne fut qu'en entendant le son lourd et mélancolique de ce signal convenu retentir à travers l'air de la nuit, que Camillo, désabusé, entrevit enfin la vérité.

— Gino, dit-il en retenant sa voix comme un homme qui prend une résolution désespérée, ces gens-là sont-ils sûrs?

— Aussi sûrs que vos propres vassaux, Signore.

— Et tu n'as pas manqué de remettre ma note à mon agent?

— Il l'a reçue avant que l'encre fût sèche, Excellence.

— Le mercenaire! le scélérat! — Il t'a dit où trouver cette gondole équipée comme je la vois?

— Oui, Signore; et je lui dois la justice de dire qu'il n'y manque rien ni pour la vitesse ni pour tout ce qui peut être commode.

— Oui, murmura don Camillo entre ses dents, et il a porté ses soins jusqu'à en fournir une double! — Ramez, braves gens! ramez! votre propre sûreté et mon bonheur dépendent maintenant de vos bras. — Mille ducats si vous remplissez mon espoir!
— mon juste courroux, si vous le trompez.

En parlant ainsi, don Camillo se jeta sur les coussins avec amertume de cœur, après avoir fait un geste qui ordonnait aux gondoliers de se mettre à l'ouvrage. Gino, qui occupait la poupe et qui tenait la rame servant de gouvernail, ouvrit une petite fenêtre du pavillon, qui facilitait la communication avec l'intérieur, et se pencha pour prendre les ordres de son maître quand la barque se mit en mouvement. Se relevant ensuite, l'habile gondolier donna un coup de rame qui fit tourbillonner l'eau stagnante de l'étroit canal, et la gondole glissa comme si elle eût été douée d'un instinct docile.

CHAPITRE XVII.

> Pourquoi es-tu là étendu sur la verdure? Ce n'est pas encore l'heure du sommeil.....
> Pourquoi cette pâleur?
> Lord Byron. *Caïn.*

Malgré son air de décision, le duc de Sainte-Agathe ne savait quelle direction il devait suivre. Il ne pouvait douter qu'il n'eût été trahi par un au moins des agents à qui il avait été forcé de confier le soin des préparatifs nécessaires pour sa fuite préméditée. Il n'y avait pas à se flatter de l'espoir d'une méprise. Il vit sur-le-champ que le sénat était maître de la personne de sa nouvelle épouse ; et il connaissait trop bien le pouvoir de ce corps, et son mépris absolu pour tous les droits de l'humanité quand il s'agissait de quelque grand intérêt de l'État, pour douter un instant qu'il ne fût disposé à profiter de son avantage de la manière qui lui paraîtrait devoir le mieux répondre à ses vues. Par la mort prématurée de son oncle, donna Violetta avait hérité de vastes domaines sur le territoire de l'Église, et ce n'avait été que par égard pour son sexe qu'on l'avait dispensée d'obéir à cette loi arbitraire et jalouse qui ordonnait à tous les notables de Venise de se défaire de toutes les propriétés qu'ils pouvaient acquérir en pays étranger ; car il s'agissait de disposer de sa main d'une manière qui serait plus profitable à la république. Le sénat ayant encore cet objet en vue et possédant tous les moyens d'exécuter son projet, le duc napolitain non seulement savait fort bien qu'on nierait son mariage, mais il craignait que les témoins de la cérémonie ne fussent traités de manière à se débarrasser de leurs dépositions. Il avait moins d'inquiétude pour lui-même, quoiqu'il prévît qu'il avait fourni à ses adversaires un argument pour différer jusqu'à un temps indéfini de prononcer sur ses droits à la succession contestée, s'ils ne refusaient pas positivement de les reconnaître. Mais il avait déjà pris son parti sur cette chance. Il est probable toutefois que sa passion pour Violetta ne l'avait pas aveuglé sur le fait que les domaines qu'elle possédait sur le territoire romain seraient une indemnité qui ne serait pas tout à fait disproportionnée à cette perte. Il croyait qu'il pourrait probablement retourner dans son palais, sans avoir à craindre qu'on se portât à son égard à quelque acte de violence personnelle ; car la haute considération dont il jouissait dans son pays natal, et le grand crédit qu'il possédait à la cour de Rome, lui étaient des garanties qu'on ne lui ferait pas ouvertement un outrage. La principale raison qui avait fait différer de faire droit à sa réclamation était le désir qu'on avait de profiter de ses rapports intimes avec le cardinal favori ; et quoiqu'il n'eût jamais pu satisfaire entièrement les demandes toujours croissantes du Conseil à cet égard, il devait croire que le pouvoir du Vatican serait déployé pour le sauver de tout risque personnel imminent. Cependant il avait donné à la république des prétextes plausibles de sévérité ; et sa liberté lui était d'une telle importance en ce moment, qu'il craignait de tomber entre les mains des agents du sénat, comme une des plus grandes infortunes qui pussent l'accabler momentanément : il connaissait trop la politique tortueuse de ceux à qui il avait affaire pour ne pas prévoir qu'ils pouvaient l'arrêter, uniquement pour se faire un mérite spécial de lui rendre ensuite la liberté, dans des circonstances qui paraissaient si graves. L'ordre qu'il avait donné à Gino avait donc été de prendre le principal canal qui conduisait au pont.

Avant que la gondole qui bondissait à chaque coup de rames de l'équipage fût arrivée au milieu des navires, don Camillo eut le temps de recouvrer sa présence d'esprit et de former à la hâte quelques plans pour sa conduite future. Faisant signe aux gondoliers de cesser de ramer, il sortit du pavillon. Quoique la nuit fût bien avancée, des barques étaient encore en mouvement dans la ville et l'on entendait chanter sur les canaux : mais parmi les marins régnait le silence général motivé par leurs travaux journaliers et conforme à leurs habitudes.

—Gino, dit don Camillo en prenant un air calme, appelle le

premier gondolier de ta connaissance que tu verras sans occupation. Je voudrais le questionner.

En moins d'une minute cet ordre fut exécuté.

— As-tu vu depuis peu dans cette partie du canal quelque gondole conduite par un fort équipage? demanda don Camillo à l'homme que Gino avait appelé.

— Aucune que la vôtre, Signore; et de toutes les gondoles qui ont passé ce matin sous le Rialto dans les regatte, c'est bien celle qui fend l'eau le plus rapidement.

— Et comment connais-tu si bien, l'ami, les bonnes qualités de ma gondole?

— J'ai manié vingt-six ans la rame sur les canaux de Venise, Signore, et je ne me souviens pas d'y avoir vu une gondole voguer plus rapidement que ne le faisait la vôtre il y a quelques minutes. Elle s'élançait là-bas parmi les felouques, comme s'il eût encore été question de gagner la rame d'or. Corpo di Bacco! il faut qu'il y ait de fameux vin dans les palais des nobles, pour que les hommes puissent ainsi donner la vie aux planches d'une barque.

— Et de quel côté allions-nous? demanda don Camillo avec empressement.

— Bienheureux san Teodore! je ne suis pas surpris que vous me fassiez cette question, Excellence : puisqu'il n'y a qu'un moment que je vous ai vu passer, et que je vous vois ici aussi immobile sur l'eau que l'herbe qui flotte à sa surface.

— Tiens, l'ami, prends cet argent. Addio!

Le gondolier s'éloigna lentement, chantant une chanson en l'honneur de sa barque, tandis que la gondole de don Camillo s'élançait légèrement en avant. Felouques, chebecs, brigantins à trois mâts semblaient passer rapidement devant elle, tandis qu'elle traversait ce labyrinthe de navires. Gino, se penchant, attira l'attention de son maître sur une grande gondole qui venait à leur rencontre, dont l'équipage ramait avec indolence, et qui arrivait dans la direction du Lido. Les deux barques étaient dans une grande avenue tracée au milieu des bâtiments, passage ordinaire de ceux qui allaient à la mer. Nul objet ne se trouvait entre les deux gondoles. En changeant un peu la direction de la sienne, don Camillo se vit bientôt à la distance d'une rame de l'autre; et il reconnut sur-le-champ que c'était la perfide gondole par laquelle il avait été trompé.

— Rapière en main, mes amis, et suivez-moi! s'écria le Napolitain désespéré, se préparant à sauter au milieu de ses ennemis.

— C'est Saint-Marc que vous attaquez! s'écria une voix de dessous le pavillon. Les chances ne sont pas égales, Signore; car le moindre signal amènerait vingt galères à notre secours.

Don Camillo aurait méprisé cette menace, s'il ne se fût aperçu qu'elle faisait rentrer dans le fourreau les rapières que ses gens en avaient à demi tirées.

— Brigand! répondit-il, rendez-moi celle que vous avez enlevée.

— Signore, vous autres jeunes nobles, vous vous amusez souvent à vous permettre des extravagances avec ces serviteurs de la république. Il n'y a ici que les gondoliers et moi.

Un mouvement de la barque permit à don Camillo de regarder dans le pavillon, et il reconnut que ce qu'il venait d'entendre était la vérité. Convaincu de l'inutilité d'un plus long pourparler, connaissant le prix de chaque instant, et croyant encore pouvoir retrouver les traces de celle qu'il avait perdue, le jeune Napolitain fit signe à ses gens de reprendre leurs rames. Les deux barques se séparèrent en silence, celle de don Camillo s'avançant du côté d'où l'autre était venue.

En très-peu de temps la gondole de don Camillo fut dans une partie ouverte du Giudecca, et tout à fait au delà de la foule des bâtiments. Il était si tard que la lune commençait à descendre, et sa lumière, tombant en ligne oblique sur la baie, jetait dans l'ombre le côté des bâtiments tourné vers l'orient et tous les autres objets. On voyait une douzaine de navires qui, favorisés par la brise de terre, se dirigeaient vers la sortie du port. Les rayons de la lune frappaient sur la surface étendue de leurs voiles, du côté qui regardait la ville, et les faisaient ressembler à autant de nuages blancs fendant l'eau et s'avançant vers la mer.

— Ils envoient ma femme en Dalmatie! s'écria don Camillo, comme un homme qui commence à entrevoir la vérité.

— Signor mio! s'écria Gino au comble de la surprise.

— Je te dis, drôle, que ce maudit sénat a comploté contre mon bonheur, m'a volé ta maîtresse, et a employé une des felouques que je vois pour la faire conduire dans quelqu'une de ses forteresses sur la côte orientale de l'Adriatique.

— Sainte Marie! — Signor duc! mon maître! on dit que les statues de pierre elles-mêmes ont des oreilles dans Venise, et que les chevaux de bronze lâchent des ruades si l'on profère un seul mot contre ceux qui tiennent le haut rang.

— N'est-il pas permis de maudire ceux qui vous volent votre femme? La patience de Job y tiendrait-elle? N'as-tu pas d'affection pour ta maîtresse?

— Je ne me doutais pas, Excellence, que vous eussiez le bonheur d'avoir l'une et que j'eusse l'honneur d'avoir l'autre.

— Tu me fais sentir ma folie, mon bon Gino. En m'aidant en cette occasion, tu auras en vue ta propre fortune; car tes efforts et ceux de tes compagnons auront pour but la délivrance de la dame à qui je viens de promettre l'amour et la fidélité d'un époux.

— Que san Teodoro nous aide tous, et qu'il nous apprenne ce que nous devons faire! Cette dame est très-heureuse, signor don Camillo; et si je savais seulement quel nom lui donner, elle ne serait jamais oubliée dans aucune des prières qu'un si humble pécheur oserait offrir.

— Tu n'as pas oublié la dame charmante que j'ai retirée du Giudecca?

— Corpo di Bacco! Votre Excellence flottait comme un cygne et nageait aussi vite que vole une mouette. — Si je l'ai oubliée, Signore? Non, non! J'y pense toutes les fois que j'entends quelque chose dans l'eau, et je n'y pense jamais sans maudire du fond du cœur le marin d'Ancône. — San Teodoro me pardonne si cela ne convient pas à un chrétien. Mais quoique nous disions des merveilles de ce que notre maître a fait dans le Giudecca, ses eaux n'ont pas le pouvoir d'une cérémonie de mariage, et nous ne pouvons parler avec beaucoup de certitude d'une beauté que nous avons vue dans des circonstances si défavorables.

— Tu as raison, Gino: mais le fait est que cette dame, l'illustre donna Violetta Tiepolo, fille et héritière d'un célèbre sénateur, est maintenant ta maîtresse. Il ne nous reste qu'à l'établir dans le château de Sainte-Agathe, où je défierais Venise et tous ses agents.

Gino baissa la tête avec soumission; mais il jeta un regard en arrière pour s'assurer qu'aucun de ces agents que son maître défiait si ouvertement n'était à portée de l'entendre.

Pendant ce temps, la gondole avançait toujours; car ce dialogue n'interrompait nullement les efforts de Gino, qui dirigeait la barque vers le Lido. A mesure que la brise de terre devenait plus vive, les différents navires qui étaient en vue s'éloignaient, et lorsque don Camillo atteignit la barrière de sable qui sépare les lagunes de l'Adriatique, la plupart d'entre eux avaient traversé les passages, et se dirigeaient dans le golfe suivant leurs destinations. Le jeune Napolitain avait laissé ses gens suivre la direction qu'ils avaient d'abord prise, et c'était uniquement par indécision : il était certain que son épouse était dans un des bâtiments qu'il avait en vue, mais il ne pouvait savoir quel était celui qui était chargé de ce dépôt précieux ; et quand il eût été instruit de ce secret important, les moyens de poursuite lui manquaient. Quand il débarqua, ce fut donc avec le seul espoir de pouvoir former quelque conjecture générale sur la partie des domaines de la république dans laquelle il devait chercher celle qu'il avait perdue, en examinant de quel côté de l'Adriatique se dirigeaient les diverses felouques. Cependant il était déterminé à commencer sa poursuite sur-le-champ, et, en quittant sa gondole, il se tourna vers son gondolier de confiance, pour lui donner les instructions nécessaires.

—Tu sais, Gino, lui dit-il, qu'il y a dans le port un vassal de mes domaines, patron d'une felouque de Sorrente?

— Oui, Signore ; et je le connais mieux que je ne connais mes propres défauts ou même mes vertus.

— Va le chercher sur-le-champ, et assure-toi qu'il y est encore. J'ai imaginé un plan pour le faire entrer au service de son seigneur naturel ; mais je voudrais savoir si son bâtiment est bon voilier.

Gino fit en peu de mots l'éloge du zèle de son ami, et ne vanta pas moins *la bella Sorrentina* ; puis, la gondole s'éloignant du rivage, il se mit à manier la rame en homme empressé de s'acquitter de sa mission.

Il y a sur le Lido di Palestrina un lieu solitaire où l'esprit exclusif du catholicisme a voulu que les restes de tous ceux qui meurent à Venise hors du giron de l'église romaine retournent à la poussière dont ils sont sortis. Quoiqu'il ne soit pas éloigné du lieu ordinaire du débarquement et du petit nombre de maisons qui bordent le rivage, cet asile funèbre peut très-bien rappeler l'idée d'un sort sans espoir. Isolé, également exposé à l'air chaud du midi et au vent glacial des Alpes, fréquemment couvert par l'eau qui se détache du sommet des vagues de l'Adriatique, et ayant pour base des sables stériles ; tout ce qu'a pu faire l'industrie humaine aidée par un sol nourri de la dépouille de corps humains, a été de créer autour des modestes sépultures une maigre végétation qui contraste avec la stérilité générale du rivage. Ce cimetière n'est décoré d'aucun arbre ; encore aujourd'hui il n'est pas enclos, et, dans l'opinion de ceux qui l'ont destiné aux hérétiques et aux juifs, il est maudit. Cependant, quoique également condamnées au dernier outrage que l'homme puisse faire subir à ses semblables, ces deux classes proscrites fournissent une triste preuve des étranges préjugés et des passions des hommes, en refusant de partager en commun la misérable portion de terre que l'intolérance leur a accordée pour lieu de dernier repos. Tandis que le protestant, méprisant ses voisins, dort exclusivement à côté du protestant, les enfants d'Israël retournent à la poussière dans une partie séparée du même sol aride ; jaloux, les uns comme les autres, de conserver, même dans le tombeau, les distinctions de leur foi. Nous ne chercherons pas à analyser ce principe profondément enraciné qui rend l'homme sourd à l'appel le plus éloquent qu'on puisse faire en faveur des idées généreuses ; et nous nous contenterons de remercier le ciel d'être nés dans un pays où les intérêts de la religion sont difficilement souillés par l'alliage impur de ceux de la vie, où on laisse l'homme prendre soin lui-même du salut de son âme, et où, autant que l'œil humain peut le savoir, Dieu est adoré pour lui-même.

Don Camillo Monforte débarqua près de ces sépultures isolées des proscrits. Comme il voulait gravir ces monticules de sable que les vagues et les vents du golfe ont accumulés sur l'autre bord du Lido, il était nécessaire qu'il traversât cet endroit méprisé, ou qu'il fît un long circuit, ce qui ne lui convenait point. Après un signe de croix fait avec un sentiment superstitieux qui se rattachait à ses habitudes et à ses opinions, s'étant assuré que son épée ne tenait pas au fourreau, afin de pouvoir y avoir recours en cas de besoin, il traversa le terrain occupé par les morts, ayant soin d'éviter les tertres qui couvraient la sépulture d'un hérétique ou d'un juif. Il était arrivé à peu près au milieu de ce cimetière, quand une forme humaine se leva de terre et parut marcher avec l'air d'un homme occupé à méditer sur la leçon morale que pouvaient donner les sépultures placées à ses pieds. Don Camillo porta de nouveau la main à la poignée de son épée ; se détournant alors de manière à tirer avantage de la clarté de la lune, il s'avança vers l'étranger. Celui-ci l'entendit marcher : car il s'arrêta, regarda le cavalier qui s'approchait, croisa les bras, peut-être en signe de paix, et l'attendit.

— Tu as choisi pour te promener une heure qui inspire la mélancolie, Signore, dit le jeune Napolitain, et un lieu qui y porte encore davantage. J'espère que je ne trouble pas dans ses rêveries un Israélite ou un luthérien regrettant son ami?

— Je suis chrétien comme vous, don Camillo Monforte.

— Ah! tu me connais! — Tu es Battista, le gondolier qui était autrefois à mon service.

— Signore, je ne suis point Battista.

En parlant ainsi, l'étranger se tourna du côté de la lune, dont la lumière éclaira son visage.

— Jacopo! s'écria le duc en tressaillant, comme le faisait à Venise en général quiconque rencontrait, sans s'y attendre, l'œil ardent du Bravo.

— Oui, Signore; — Jacopo!

Au même instant, l'épée de don Camillo brilla aux rayons de la lune.

— Ne m'approche pas, drôle! s'écria-t-il; et explique-moi pourquoi je te rencontre sur mon chemin dans cette solitude.

Le Bravo sourit, mais ses bras restèrent croisés.

— Je pourrais avec la même justice, répondit-il, demander au duc de Sainte-Agathe pourquoi il se promène à une pareille heure au milieu des tombeaux des hébreux.

— Trêve de railleries! Je ne plaisante pas avec les gens qui ont ta réputation. Si quelqu'un dans Venise t'a chargé d'employer ton stylet contre moi, tu auras besoin de tout ton courage et de toute ton adresse pour gagner le salaire qui t'a été promis.

— Rengaînez votre fer, don Camillo. Il n'y a personne ici qui vous veuille aucun mal. Si j'étais employé comme vous venez de le dire, serait-ce en cet endroit que je viendrais vous chercher? Demandez-vous à vous-même si votre visite était connue de quelqu'un, si elle n'est pas la suite du frivole caprice d'un jeune seigneur qui se trouve moins à l'aise dans son lit que sur sa gondole? Nous nous sommes déjà vus, duc de Sainte-Agathe, et vous aviez plus de confiance en mon honneur.

— C'est la vérité, Jacopo, répondit don Camillo en baissant la pointe de son épée, sans pouvoir encore se décider à la remettre dans le fourreau ; c'est là la vérité ; mon arrivée en ces lieux est tout à fait accidentelle, et tu ne pouvais la prévoir. Mais pourquoi es-tu ici?

— Pourquoi ceux-ci y sont ils? demanda le Bravo en montrant les sépulcres qui étaient à ses pieds. Nous naissons et nous mourons, c'est ce que nous savons tous ; mais quand et où, c'est un mystère que le temps seul peut révéler.

— Tu n'es pas homme à agir sans de bonnes raisons. Quoique ces Israélites n'aient pu prévoir le moment de leur visite au Lido, l'heure de la tienne n'a pas été choisie sans intention.

— Je suis ici, don Camillo Monforte, parce que mon âme a besoin d'espace. Il me faut l'air de la mer. Celui des canaux m'étouffe. Je ne puis respirer librement que sur ce banc de sable.

— Tu as encore eu quelque autre raison, Jacopo?

— Oui, Signore. — J'abhorre cette cité de crimes.

En parlant ainsi, il secoua la main dans la direction des dômes de Saint-Marc, et le son grave de sa voix semblait sortir des profondeurs de sa poitrine.

— C'est un langage extraordinaire pour un...

— Pour un bravo. Prononcez ce mot hardiment, Signore ; il n'est pas étranger à mon oreille. Mais le stylet d'un bravo est honorable en comparaison du glaive de la prétendue justice dont Saint-Marc est armé. Le plus vil coupe-jarret de toute l'Italie, celui qui pour deux sequins enfoncera le poignard dans le cœur de son ami, est un homme franc et loyal, comparé à quelques hommes de cette ville, hommes de trahison et de nulle pitié.

— Je te comprends, Jacopo ; tu es enfin proscrit. La voix publique, quelque faible qu'elle soit dans cette ville, est parvenue aux oreilles de ceux qui t'employaient, et ils t'ont retiré leur protection.

Jacopo le regarda un instant avec une expression si équivoque que don Camillo releva insensiblement la pointe de son épée : mais quand il répondit, ce fut avec son calme habituel.

— Signore, dit-il, j'ai été jugé digne d'être employé par don Camillo Monforte.

— Je ne le nie pas. — Mais à présent que tu m'en rappelles l'occasion, une nouvelle clarté m'éclaire. Misérable ! c'est à ton manque de foi que je dois la perte de mon épouse.

Quoique la pointe du glaive fût à deux doigts de la gorge de Jacopo, il ne changea pas de position. Regardant don Camillo agité, il rit d'un rire étouffé, mais plein d'amertume.

— On dirait que le duc de Sainte-Agathe veut me voler mon métier, dit-il. Levez-vous, Israélites! et rendez témoignage de ce fait, de peur qu'on en doute. Un misérable bravo des canaux de Venise est attaqué au milieu de vos tombeaux méprisés, par le plus fier signor de la Calabre. — C'est par grâce que vous avez choisi ce lieu, don Camillo; car tôt ou tard ce banc de sable doit être ma dernière demeure. Quand je mourrais au pied de l'autel, ayant sur les lèvres les prières de l'Église avec le repentir le plus fervent, les dévots enverraient mon corps reposer au milieu de ces juifs infâmes et de ces maudits hérétiques. Oui, je suis un homme proscrit et indigne de dormir avec les fidèles.

Il parlait avec un si singulier mélange d'ironie et de mélancolie, que don Camillo sentit chanceler sa résolution. Mais se rappelant la perte qu'il avait faite, il brandit son épée et s'écria :

— Tes sarcasmes et ton effronterie ne te serviront à rien, drôle. Tu sais que je voulais t'engager comme chef d'une troupe d'élite pour favoriser la fuite d'une femme qui m'est chère?

— Rien n'est plus vrai, Signore.

— Et tu as refusé ce service?

— Oui, noble duc.

— Et peu content de cela, après avoir appris les détails de mon secret, tu l'as trahi!

— Non, don Camillo Monforte, je n'en ai rien fait. Mes engagements avec le conseil ne me permettaient pas de vous servir; sans quoi, par l'étoile la plus brillante de cette voûte! mon cœur se serait réjoui de voir le bonheur de deux jeunes et fidèles amants. Non, non, non; ils ne me connaissent pas, ceux qui pensent que je ne puis trouver du plaisir dans la joie d'un autre. Je vous ai dit que j'appartenais au sénat, et là s'est terminée toute l'affaire.

— Et j'ai eu la faiblesse de te croire, Jacopo; car tu as un caractère si étrangement composé de bien et de mal, tu as une telle réputation de garder fidèlement ta foi, que la franchise apparente de ta réponse me laissa sans inquiétude. J'ai pourtant été trahi, drôle, et je l'ai été au moment où je me croyais le plus sûr du succès.

Jacopo se montra touché de ce qu'il entendait; mais tout en marchant à pas lents tandis que don Camillo l'accompagnait en le surveillant avec attention, il sourit froidement, en homme qui avait pitié de la crédulité de son interlocuteur.

— Dans l'amertume de mon âme, continua le jeune Napolitain, j'ai maudit toute la race des Vénitiens pour cette trahison.

— C'est ce qu'il conviendrait mieux de dire à l'oreille du prieur de Saint-Marc qu'à celle d'un homme qui porte un stylet au service du public.

— On a imité ma gondole, on a copié la livrée de mes gens, on m'a enlevé mon épouse... Tu ne réponds rien, Jacopo?

— Que voulez-vous que je vous réponde, Signore? Vous avez été pris pour dupe dans un Etat dont le chef n'ose confier ses secrets à sa femme. Vous vouliez enlever à Venise une héritière, et Venise vous a enlevé votre femme; vous avez joué gros jeu, don Camillo, et vous avez perdu. Vous pensiez à satisfaire vos désirs et à faire valoir vos droits, quand vous prétendiez servir Venise auprès de l'Espagne.

Don Camillo fit un mouvement de surprise.

— Pourquoi cet étonnement, Signore? Vous oubliez que j'ai beaucoup vécu parmi ceux qui pèsent toutes les chances de chaque intérêt politique, et que votre nom est souvent dans leur bouche. Ce mariage est doublement désagréable à Venise, qui a presque un aussi grand besoin du mari que de la femme. Il y a longtemps que le Conseil a défendu la publication des bans.

— Fort bien! — Mais les moyens? — Explique-moi les moyens par lesquels on m'a trompé, de peur que la trahison ne te soit imputée.

— Signore, les marbres même de la ville apprennent leurs secrets à l'Etat. J'ai vu et compris bien des choses, tandis que mes supérieurs ne me regardaient que comme un instrument passif; mais j'en ai vu que ceux qui m'employaient n'auraient pu comprendre eux-mêmes. J'aurais prédit le résultat de votre mariage, si j'en eusse connu la célébration.

— C'est ce que tu n'aurais pu faire, à moins d'être un agent de leur trahison.

— Il est facile de prédire les projets des gens égoïstes; il n'y a que les hommes honnêtes et généreux qui déjouent tous les calculs. Celui qui peut obtenir connaissance des intérêts présents de

Venise est maître de ses secrets d'Etat les plus importants ; car tout ce qu'elle désire elle le fera, à moins que le service ne coûte trop cher. — Quant aux moyens, comment peut-on en manquer dans une maison comme la vôtre, Signore?

— Je ne me suis fié qu'à ceux qui méritaient ma confiance.

— Don Camillo, apprenez qu'il n'y a pas un serviteur dans votre palais, à l'exception de Gino, qui ne soit à la solde du sénat ou de ses agents; même les gondoliers qui vous conduisent tous les jours où vous appelle votre bon plaisir, ont vu tomber dans leurs mains les sequins de la république. Bien plus, ils sont payés non seulement pour vous espionner, mais pour s'espionner les uns les autres.

— Cela peut-il être vrai?

— En avez-vous jamais douté, Signore? demanda Jacopo en levant les yeux sur lui de l'air d'un homme qui admire la simplicité d'un autre.

— Je savais que les sénateurs sont des hommes faux, — qu'ils affichent une bonne foi dont ils se jouent en secret; mais je ne croyais pas qu'ils osassent étendre leurs manœuvres jusqu'aux serviteurs attachés à ma personne. Miner ainsi la sécurité des familles, c'est détruire la société dans sa base !

— Vous parlez en homme qui n'a pas été longtemps marié, Signore, dit le Bravo avec un rire étouffé. D'ici à un an vous pourrez savoir ce que c'est que d'avoir une femme qui vend vos plus secrètes pensées.

— Et tu sers de pareilles gens, Jacopo ?

— Qui ne les sert pas suivant ses moyens? Nous ne sommes pas maîtres de la fortune, don Camillo; sans quoi le duc de Sainte-Agathe n'emploierait pas son crédit sur un parent en faveur de la république. Ce que j'ai fait, ce n'a pas été sans une angoisse bien amère, que votre servitude plus douce peut vous avoir épargnée, Signore.

— Pauvre Jacopo !

— Si j'ai survécu à tout cela, c'est parce qu'un être plus puissant que le sénat ne m'a pas abandonné. Mais, don Camillo Monforte, il y a des crimes que toutes les forces de l'homme ne peuvent faire supporter.

Le Bravo frissonna, et il continua à marcher en silence au milieu des tombes méprisées.

— Ils ont donc été trop barbares, même pour toi? dit don Camillo, qui examinait avec surprise l'œil à demi fermé et la poitrine palpitante du Bravo.

— Oui, Signore. J'ai été témoin cette nuit d'une preuve de leur infamie et de leur mauvaise foi, qui m'a fait envisager ce que je dois moi-même attendre d'eux. L'illusion est passée: à compter de ce moment, je ne les sers plus.

Le Bravo parlait d'un ton profondément ému; et quelque étrange que cela fût dans un pareil homme, il semblait parler avec l'air de l'intégrité offensée. Don Camillo savait qu'il n'existe aucune condition dans la vie, quelque dégradée, quelque méprisable qu'elle soit aux yeux du monde, où il ne règne une opinion particulière sur la foi qu'on doit à ses compagnons; et il avait assez vu la marche tortueuse de l'oligarchie de Venise, pour croire qu'il était possible que sa duplicité honteuse et sans responsabilité blessât les principes même d'un bravo. On attachait moins d'odieux aux gens de cette classe en Italie, surtout à cette époque, qu'il n'est facile de se l'imaginer aujourd'hui. Le défaut radical des lois et leur vicieuse administration faisaient qu'un peuple irritable et susceptible prenait trop souvent le droit de se rendre justice. L'habitude avait diminué l'odieux du crime; et quoique la société dénonçât l'assassin, on pourrait presque dire que celui qui l'employait n'inspirait guère plus d'horreur que les gens religieux n'en conçoivent de nos jours pour celui qui survit à un combat singulier. Ce n'était pourtant pas l'usage que des hommes du rang de don Camillo eussent avec des gens de l'espèce de Jacopo plus de liaisons que n'en exigeait le service qu'ils en attendaient; mais le langage et le ton du Bravo excitèrent tellement sa curiosité et sa compassion, qu'il finit, sans y penser, par remettre son épée dans le fourreau et par se rapprocher de lui.

— Ce n'est pas assez d'abandonner le service du sénat, Jacopo, lui dit-il; ton repentir et tes regrets doivent te faire faire encore un pas de plus vers la vertu. Cherche quelque saint prêtre, et rends le calme à ton âme par la confession et la prière.

Tous les membres du Bravo furent agités d'un tremblement involontaire, et ses yeux se fixèrent sur don Camillo.

— Parle, Jacopo; moi-même je suis prêt à t'écouter si cela peut alléger le poids qui pèse sur ton cœur.

— Je vous remercie, noble Signore, je vous remercie mille fois de cet éclair de compassion; il y a bien longtemps qu'il n'a brillé à mes yeux! Personne ne sait quel est le prix d'un mot de bonté pour celui qui, comme moi, a été condamné par tous ses semblables. — Mes désirs, mes prières, mes larmes ont appelé une oreille qui voulût m'écouter; et je croyais avoir trouvé quelqu'un qui m'aurait entendu sans mépris, quand la froide politique du sénat l'a frappé. J'étais venu ici pour méditer au milieu de ces morts détestés, quand le hasard m'a fait vous rencontrer. Si je pouvais... Le Bravo s'interrompit et regarda don Camillo avec un air de doute.

— Continue, Jacopo!

— Je n'ai pas même osé confier mes secrets au confessionnal, Signore : comment puis-je être assez hardi pour vous les apprendre?

— Dans le fait, c'est une proposition étrange.

— Très-étrange, Signore. Vous êtes noble: je suis d'une humble naissance. Vos ancêtres étaient sénateurs et doges de Venise, et les miens, depuis que des pêcheurs se sont construit des huttes dans les lagunes, ont été des ouvriers sur les canaux et des conducteurs de gondoles. Vous êtes riche, puissant, courtisé; moi je suis pauvre, proscrit, et, comme je le crains, condamné en secret. En un mot, vous êtes don Camillo Monforte, et je suis Jacopo Frontoni.

Don Camillo fut touché, car le Bravo parlait sans amertume et avec un accent de profond chagrin.

— Je voudrais que tu fusses au confessionnal, pauvre Jacopo! lui dit-il. Je ne suis guère en état de te soulager d'un tel fardeau.

— Signore, j'ai vécu trop longtemps privé de la compassion de mes semblables, et je ne puis le supporter davantage. Ce maudit sénat peut me faire périr sans avertissement préalable; et alors, qui s'arrêtera pour jeter un coup d'œil sur mon tombeau? Signore, il faut que je parle ou que je meure.

— Ta situation est déplorable, Jacopo. Tu as besoin des avis d'un prêtre.

— Il n'y en a point en ce lieu, Signore; et je porte un fardeau qui m'accable. Le seul homme qui m'ait montré de l'intérêt depuis trois longues et cruelles années est parti.

— Mais il reviendra, pauvre Jacopo!

— Jamais, Signore. Il sert de pâture aux poissons des lagunes.

— Et c'est ta main qui lui a donné la mort, monstre?

— Non, Signore; c'est la justice de l'illustre république, répondit le Bravo avec un sourire plein d'amertume.

— Ah! le sénat commence donc à ouvrir les yeux sur les crimes des gens de ta classe? Ton repentir est le fruit de la crainte.

Jacopo avait peine à respirer. Il croyait avoir excité la compassion de don Camillo, malgré la différence de leur situation, et il fut accablé par la perte de cet espoir: il frémit, atteint d'un mortel découragement. Emu par les signes d'une douleur si peu équivoque, don Camillo continua de rester près de Jacopo: il lui répugnait de devenir le confident d'un homme dont le caractère était si connu, et cependant il ne pouvait se résoudre à laisser un de ses semblables livré à une telle angoisse.

—Signore, dit le Bravo d'une voix altérée qui pénétra jusqu'au fond du cœur du noble Napolitain, laissez-moi. S'ils demandent où est un proscrit, dites-leur de venir ici dans la matinée; ils trouveront mon corps près des sépultures des hérétiques.

— Parle, je t'écouterai.

Jacopo le regarda d'un air de doute.

— Débarrasse ton cœur du fardeau qui l'oppresse: je t'écouterai, quand même tu me parlerais de l'assassinat de mon plus cher ami.

Le Bravo, respirant à peine, le regarda comme s'il eût encore douté de sa sincérité. Tous ses traits étaient contractés convulsivement, et ses regards devinrent encore plus attentifs. Alors, les rayons de la lune tombant directement sur le visage de don Camillo, il y aperçut une compassion véritable, et fondit en larmes.

—Je t'écouterai, pauvre Jacopo; je suis prêt à t'écouter! s'écria don Camillo, profondément ému à ce signe de détresse dans un homme d'un caractère si ferme.

Un geste de la main du Bravo lui fit garder le silence, et Jacopo, après un moment de lutte intérieure, reprit la parole.

— Vous avez sauvé une âme de la perdition, Signore, lui dit-il en cherchant à calmer son émotion. Si les hommes heureux connaissaient tout le pouvoir d'un mot de bonté, d'un seul regard de compassion, quand il est accordé à celui que tout le monde méprise, ils ne regarderaient pas si froidement le misérable que chacun repousse. Cette nuit aurait été ma dernière, si vous m'aviez refusé votre pitié. Mais écouterez-vous mon histoire, Signore?— Ne dédaignerez-vous pas d'entendre les aveux d'un bravo?

— Je l'ai promis ; mais sois bref, car j'ai moi-même en ce moment de grands soucis.

— Je n'en connais pas toute l'étendue, Signore; mais il n'est pas probable qu'ils soient aggravés par cet acte de bonté.

Jacopo fit un effort sur lui-même, et commença son récit.

La marche de notre histoire n'exige pas que nous suivions cet homme extraordinaire dans la relation qu'il fit à don Camillo des secrets de sa vie. Il nous suffit de dire que plus cette confidence approchait de son terme, plus le jeune seigneur calabrois se rapprochait du Bravo et l'écoutait avec intérêt. Le duc de Sainte-Agathe respirait à peine, tandis que son compagnon, avec ce langage énergique et ce ton animé qui sont propres au caractère italien, lui racontait ses chagrins secrets et les scènes dans lesquelles il avait joué un rôle. Avant qu'il eût fini, don Camillo avait perdu de vue ses propres sujets d'affliction ; et lorsqu'il eut entendu tous ses aveux, le dégoût que lui avait d'abord inspiré la présence de cet homme avait fait place à une compassion dont il n'était pas maître. En un mot, celui qui lui parlait était si éloquent, et les faits qu'il lui racontait offraient tant d'intérêt, qu'il semblait maîtriser les sensations de son auditeur, comme l'improvisateur commande aux passions de la foule qui l'écoute.

Cependant le duc et Jacopo étaient sortis des limites du cimetière méprisé, et le Bravo achevait ses aveux, lorsqu'ils se trouvèrent sur la rive opposée du Lido. Ce fut là qu'à la voix contenue de Jacopo succéda le bruit sourd de l'Adriatique, qui venait se briser sur le rivage.

— Cela surpasse toute croyance! s'écria don Camillo, après une longue pause qui ne fut interrompue que par le choc alternatif des vagues.

— Signore, j'en atteste sainte Marie, c'est la vérité.

— Je n'en doute pas, pauvre Jacopo ; — je ne puis douter de la vérité d'une relation ainsi faite. Oui, tu as été victime de leur duplicité infernale, et tu peux bien dire que le fardeau était insupportable. — Quelles sont tes intentions?

— De ne plus les servir, don Camillo. Je n'attends que la dernière scène solennelle qui maintenant est certaine, et alors je quitte cette ville d'astuce pour aller chercher fortune dans quelque autre pays. Ils ont flétri ma jeunesse, ils ont chargé mon nom d'infamie; mais Dieu peut encore alléger ce fardeau.

— N'exagère pas les reproches que tu as à te faire, Jacopo. Le plus riche et le plus heureux de nous n'est pas au-dessus du pouvoir de la tentation. Tu sais que mon rang et mon nom ne m'ont pas garanti tout à fait moi-même de leurs artifices.

— Je sais, Signore, qu'ils sont en état de tromper des anges. Leur astuce n'est surpassée que par leurs moyens de tromper, et leur prétention à la vertu par leur indifférence à la pratiquer.

— Tu as raison, Jacopo. La vérité n'est jamais en plus grand danger que lorsque toute une communauté se laisse tromper par le masque du vice offrant les traits de la vertu; car sans vérité il n'y a pas de vertu. C'est substituer des mots à la réalité, — faire servir l'autel à des usages mondains, — et donner le pouvoir sans autre responsabilité que celle qu'impose l'égoïsme d'une caste. Jacopo, pauvre Jacopo! tu entreras à mon service. — Je suis maître dans mes domaines, et une fois délivré de cette république hypocrite, je me charge du soin de ta sûreté et de ta fortune. Sois tranquille pour ce qui concerne ta conscience ; j'ai du crédit près de la sainte Église, et l'absolution ne te manquera pas.

L'expression manqua à la reconnaissance du Bravo. Il baisa la main de Camillo, mais ce fut avec cette réserve de respect pour soi-même qui appartenait à son caractère.

— Une politique telle que celle de Venise, continua le jeune seigneur poursuivant le cours de ses réflexions, ne laisse personne maître de ses propres actions. Le tissu d'astuces qui en compose le système est plus fort que la volonté. Il couvre de mille formes spécieuses ses attentats contre la justice, et s'assure de l'appui de chacun, sous prétexte d'un sacrifice à faire au bien général. Nous nous imaginons quelquefois jouer un rôle fort simple dans une intrigue d'État excusable, quand nous tombons dans la fange du péché. La fausseté est la mère de tous les crimes, et jamais elle n'en produit tant que lorsqu'elle doit elle-même sa naissance à l'État. Je crains d'avoir sacrifié à cette influence perfide, et je voudrais pouvoir l'oublier.

Quoique don Camillo parût plutôt se parler à lui-même qu'il n'adressait ces paroles à son compagnon, il était évident, par la suite de ses pensées, que le récit de Jacopo avait éveillé en lui des réflexions désagréables sur la manière dont il avait cherché à faire valoir près du sénat ses prétentions. Peut-être avait-il senti la nécessité de faire quelque apologie de sa conduite devant un homme qui, quoique d'un rang si inférieur au sien, pouvait l'apprécier, et qui venait de condamner dans les termes les plus expressifs la servilité avec laquelle il avait consenti à devenir l'instrument des artifices de la fatale tyrannie vénitienne.

Jacopo se borna à dire quelques mots en forme de généralités, mais qui tendaient à calmer les reproches tacites que se faisait don Camillo. Avec une adresse qui prouvait combien il était propre au grand nombre de missions délicates dont il avait été chargé, il fit ingénieusement tomber la conversation sur l'enlèvement récent de donna Violetta, et il offrit à celui au service duquel il entrait de l'aider de tous ses moyens à retrouver son épouse.

— Pour que tu puisses savoir tout ce que tu entreprends, dit don Camillo, écoute-moi bien, Jacopo, et je ne cacherai rien à ton intelligence.

Le duc de Sainte-Agathe expliqua alors brièvement, mais avec clarté, à son nouveau serviteur les mesures qu'il avait prises et ce qu'il comptait faire pour retrouver celle qu'il aimait.

Le Bravo écouta avec la plus grande attention les détails les plus minutieux de ce récit; et pendant que don Camillo le continuait, il sourit lui-même plus d'une fois, en homme habitué à démêler les fils de l'intrigue la plus compliquée. Ce récit venait de se terminer quand le bruit des pas de Gino annonça son retour.

CHAPITRE XVIII.

> Elle était pâle, mais avait l'air riant. Je crus la voir néanmoins une ou deux fois porter la main à ses yeux comme pour y essuyer une larme.
> ROGERS. *L'Italie.*

Les heures se succédèrent, comme s'il n'était arrivé dans l'enceinte de la ville rien qui dût en troubler le cours paisible. Dans la matinée suivante, chacun s'occupa de ses affaires ou de ses plaisirs, comme on l'avait fait depuis des siècles, et personne ne s'arrêta pour questionner son voisin sur ce qui avait pu se passer pendant la nuit. Les uns étaient gais, les autres tristes; ceux-ci oisifs, ceux-là affairés : ici l'un travaillait, là un autre allait se divertir; et Venise offrait, suivant l'usage, sa foule silencieuse, méfiante, empressée, mystérieuse, et pourtant agitée, comme elle l'avait fait à mille autres semblables levers du soleil.

Les domestiques rassemblés autour de la porte de la demeure de donna Violetta avaient un air annonçant la méfiance et la circonspection; à peine osaient-ils se faire part à voix basse de leurs secrets soupçons sur le sort de leur maîtresse. Le palais du signor Gradenigo présentait sa sombre magnificence ordinaire, et celui de don Camillo Monforte ne montrait aucun signe du désappointement cruel que son maître avait essuyé. *La bella Sorrentina* était encore à l'ancre dans le port, ayant une vergue étendue sur le pont, tandis que l'équipage en réparait la voile avec l'indolence de marins qui travaillaient sans ardeur.

Les lagunes étaient couvertes de barques de pêcheurs, et des voyageurs arrivaient dans la ville ou en partaient par les canaux bien connus de Fusina et de Mestre. Ici quelque aventurier du Nord quittait les canaux pour retourner vers les Alpes, emportant avec lui un souvenir agréable des cérémonies qu'il avait vues, mêlé de quelques conjectures sur le pouvoir qui dominait dans cet état suspect ; là un habitant de la terre-ferme allait retrouver sa petite métairie, satisfait des spectacles et des regatte de la veille. En un mot, rien d'extraordinaire n'avait lieu, et les événements que nous avons rapportés restaient un secret entre ceux qui y avaient joué un rôle et ce Conseil mystérieux auquel ils devaient en si grande partie leur existence.

A mesure que le jour avançait, plus d'une voile se tendit pour se rendre aux colonnes d'Hercule ou dans le Levant ; et des felouques, des mystics et des goëlettes partirent ou arrivèrent, suivant que le vent venait de la terre ou de la mer. Cependant le marinier calabrois restait tranquille sous la banne qui couvrait son pont, ou faisait sa sieste sur de vieilles voiles, mises en lambeaux par la violence du souffle de maint sirocco. Lorsque le soleil tomba, les gondoles des grands et des désœuvrés commencèrent à glisser sur la surface des lagunes; et quand les deux places furent rafraîchies par l'air de l'Adriatique, le Broglio commença à se remplir de ceux qui avaient le privilége de se promener sous ce passage voûté. De ce nombre était le duc de Sainte-Agathe. Quoique étranger aux lois de la République, sa naissance illustre et les droits qu'il réclamait si justement le faisaient admettre parmi les sénateurs dans leurs moments de récréation, et ils le voyaient avec plaisir partager avec eux cette frivole distinction. Il arriva au Broglio à l'heure ordinaire, avec son air de calme habituel ; car l'influence secrète dont il jouissait à Rome, et même le succès qu'avaient eu les plans du sénat, devaient sans doute, pensait-il, lui assurer l'impunité. La réflexion avait démontré à don Camillo que puisque le sénat connaissait ses plans, il l'aurait fait arrêter depuis longtemps, si telle eût été son intention ; et la même raison l'avait porté à croire que la meilleure manière d'éviter les suites qui pouvaient résulter pour lui de son aventure, c'était de montrer de la confiance dans ses moyens pour les braver. Quand donc il arriva, appuyé sur le bras d'un des premiers membres de l'ambassade de Rome, et avec un œil armé d'assurance, il fut accueilli comme à l'ordinaire par tous ceux qui le connaissaient, d'une manière convenable à son rang et à ses prétentions. C'était pourtant avec de nouvelles sensations que don Camillo se promenait au milieu des patriciens de la république. Plus d'une fois il crut découvrir dans les regards que jetaient sur lui à la dérobée ceux avec qui il conversait, des indices qu'ils étaient instruits de l'entreprise dans laquelle il avait échoué. Plus d'une fois aussi, quand il s'attendait le moins à un pareil examen, on épiait ses traits comme pour y trouver quelque indice de ses intentions futures. Nul autre symptôme n'aurait pu faire découvrir qu'une héritière si importante avait été sur le point d'être perdue pour la république, ou qu'une épouse eût été enlevée à son mari. L'astuce habituelle du sénat et la conduite résolue mais prudente du jeune Napolitain dérobaient ces deux faits aux observations.

Ainsi se passa la journée à Venise ; personne, excepté ceux qui parlaient tout bas en secret, ne faisait allusion aux incidents de notre histoire.

A l'instant où le soleil se couchait, une gondole s'avança lentement jusqu'à la porte d'eau du palais ducal. Le gondolier en sortit, attacha sa barque, suivant l'usage, aux marches de l'escalier, et entra dans la cour. Il portait un masque, car l'heure du déguisement était arrivée, et son costume, semblable à celui des hommes de sa classe, était trop simple pour pouvoir servir à le faire reconnaître. Jetant un coup d'œil autour de lui, il entra dans le bâtiment par une route privée.

L'édifice où résidaient les doges de Venise est encore un sombre monument de la politique de cette république, et rappellerait au besoin ce que devaient être ses princes. Il est construit autour d'une cour vaste mais obscure, comme le sont presque tous les principaux édifices de l'Europe. Une des façades forme un des côtés de la Piazzetta dont il a été si souvent parlé, et une autre borde le quai du côté du port. L'architecture de ces deux façades extérieures du palais en rend la physionomie remarquable. Un portique peu élevé, qui forme le Broglio, soutient une rangée de croisées massives d'un genre oriental, au-dessus desquelles s'élève un grand mur percé d'un petit nombre d'ouvertures, et contraires aux usages ordinaires de l'art. La troisième façade est presque cachée par la cathédrale de Saint-Marc, et le pied de la quatrième est baigné par le canal. La prison publique de la ville est sur l'autre bord de ce canal, proclamant éloquemment la nature du gouvernement par le rapprochement du siége de la législation et du séjour des peines. Le fameux Pont-des-Soupirs forme la transition matérielle, et nous pourrions dire métaphorique, de l'une à l'autre. Ce dernier bâtiment est aussi situé sur le quai, et quoique moins élevé et moins spacieux, il est d'une architecture plus imposante; cependant le style extraordinaire et singulier de celle du palais est déjà très-propre à attirer l'attention.

Le gondolier masqué reparut bientôt sous l'arche de la porte d'eau, et retourna précipitamment à la barque. Il ne lui fallut qu'une minute pour traverser le canal, débarquer sur le quai opposé, et entrer dans la prison par la grande porte. Il semblait avoir de secrets moyens pour satisfaire la vigilance des divers concierges; car partout où il se présentait, les verrous se tiraient et les serrures s'ouvraient, sans qu'on le questionnât beaucoup. De cette manière, il eut bientôt traversé toutes les barrières extérieures de cette geôle, et il arriva devant une partie du bâtiment qui paraissait destinée au logement d'une famille. A en juger par tout ce qui l'entourait, ceux qui y demeuraient ne s'inquiétaient guère du luxe de leur habitation. Cependant il n'y manquait rien de ce qui pouvait être nécessaire aux gens de leur classe dans ce pays et dans ce siècle.

Le gondolier monta un escalier privé, et s'arrêta devant une porte où l'on ne voyait aucun de ces signes annonçant une prison, qui se trouvaient si abondamment dans les autres parties de ce bâtiment. Il écouta un instant, et frappa ensuite avec une singulière précaution.

— Qui est là? demanda la voix douce d'une femme. Et au même instant on entendit le loquet se lever et retomber, comme si elle eût voulu savoir quelle était cette visite avant d'ouvrir la porte.

— C'est un ami, Gelsomina, répondit le gondolier.

— Il n'y a personne ici qui ne soit ami des geôliers, s'il faut en croire les paroles. Il faut que vous me disiez votre nom, ou que vous alliez chercher une réponse ailleurs.

Le gondolier souleva un peu le masque qui changeait le son de sa voix comme il cachait ses traits.

— C'est moi, Gessina, dit-il, employant le diminutif de son nom.

Le loquet se leva, et la porte s'ouvrit sur-le-champ.

— Il est étonnant que je ne t'aie pas reconnu, Carlo, dit la femme avec un ton d'empressement et de simplicité; mais depuis quelque temps tu prends tant de déguisements, et tu contrefais ta voix d'une manière si étrange, que ta propre mère aurait pu se méfier de son oreille.

Le gondolier attendit un instant pour s'assurer qu'ils étaient seuls; et alors, ôtant son masque, il montra les traits du Bravo.

— Tu sais que les précautions sont nécessaires, dit-il, et tu ne me jugeras pas défavorablement.

— Je n'ai rien dit de cela, Carlo; mais ta voix m'est si familière, que j'ai trouvé surprenant que tu pusses en prendre une qui m'était étrangère.

— As-tu quelque chose à m'apprendre?

La jeune fille, car elle était jeune et agréable, hésita à répondre.

— Y a-t-il quelque chose de nouveau? répéta le Bravo, fixant un regard pénétrant sur ses traits ingénus.

— Tu es heureux de ne pas être arrivé plus tôt dans la prison, car je viens d'avoir une visite. Tu ne te serais pas soucié d'être vu, Carlo?

— Tu sais que j'ai de bonnes raisons pour venir masqué. J'aurais pu être charmé ou fâché de voir celui qui t'a rendu visite, suivant ce qu'il aurait été.

— Tu juges mal, dit vivement Gelsomina : je n'avais ici que ma cousine Annina.

— Me crois-tu jaloux? dit le Bravo en souriant avec affection et en lui prenant la main. Si c'eût été un cousin Pietro, Michele, Roberto, ou tout autre jeune homme de Venise, je n'aurais eu d'autre crainte que celle d'être connu.

— Mais ce n'était qu'Annina, — ma cousine Annina — que tu n'as jamais vue ; et je n'ai aucun cousin Pietro, Michele ou Roberto. Notre famille n'est pas nombreuse, Carlo ; Annina a un frère, mais il ne vient jamais ici. Elle-même, il y a bien longtemps qu'elle n'a trouvé à propos de quitter son commerce pour paraître dans ce séjour de tristesse. Il n'y a guère de cousines qui se voient si rarement qu'Annina et moi.

— Tu es une bonne fille, Gessina, et l'on te trouve toujours près de ta mère. — N'as-tu rien de particulier à me dire?

Les yeux pleins de douceur de Gelsomina ou Gessina, comme on l'appelait familièrement, se baissèrent de nouveau ; mais les relevant avant que Jacopo eût le temps d'y faire attention, elle s'empressa de reprendre le même sujet de conversation.

— Je crains qu'Annina ne revienne, sans quoi j'irais avec toi sur-le-champ.

— Cette cousine est donc encore ici? demanda le Bravo avec une sorte d'inquiétude. Tu sais que je ne voudrais pas être vu.

— Ne crains rien ; elle ne peut entrer sans toucher cette sonnette, car elle est là-haut près de ma pauvre mère qui ne peut quitter son lit. Quand elle viendra, tu pourras, comme tu l'as déjà fait plusieurs fois, entrer dans ce cabinet, et écouter ses discours frivoles si tu le veux ; ou bien..... mais nous n'en avons pas le temps. Annina vient rarement ici ; et je ne sais pas pourquoi, mais elle paraît beaucoup ne pas aimer le chevet du lit d'un malade, car elle ne reste jamais que quelques minutes avec sa tante.

— Tu voulais dire, Gessina : — ou bien que je pourrais aller faire ma visite.

— Sans doute, Carlo ; mais je suis sûre que nous serions rappelés par mon impatiente cousine.

— Je puis attendre. J'ai de la patience quand je suis avec toi, chère Gessina.

— Chut! — C'est le pas de ma cousine. — Entre dans le cabinet.

Tandis qu'elle parlait, le son d'une petite sonnette se fit entendre, et le Bravo passa dans le cabinet en homme qui connaissait déjà ce lieu de retraite : il en laissa la porte entr'ouverte, car l'obscurité qui y régnait le cachait suffisamment. Pendant ce temps, Gelsomina ouvrit la porte à sa cousine. Dès le premier mot que celle-ci prononça, Jacopo reconnut la voix de la fille artificieuse du marchand de vin, ce qu'il n'avait pas soupçonné, parce que le nom d'Annina était très-commun à Venise.

— Tu es ici fort à ton aise, Gelsomina, lui dit sa cousine en entrant et en se laissant tomber sur une chaise, comme si elle eût été fatiguée. Ta mère va mieux, et tu es véritablement la maîtresse de la maison.

— Je voudrais ne pas l'être, Annina; car je suis bien jeune pour avoir cette charge, avec tant d'affliction.

— Il n'est pas insupportable, Gessina, d'être maîtresse de maison à dix-sept ans. L'autorité est douce et l'obéissance est odieuse.

— Je n'ai trouvé ainsi ni l'une ni l'autre, et je renoncerai de bon cœur à la première quand ma pauvre mère sera en état de reprendre le soin de sa maison.

— C'est bien, Gessina, et cela fait honneur au bon père confesseur; mais l'autorité est chère à toute femme, ainsi que la liberté. — Tu n'étais pas avec les masques hier sur la place?

— Il est rare que je porte un déguisement, et je ne pouvais quitter ma mère.

— Ce qui veut dire que tu aurais été charmée de le faire. Tu as raison d'avoir des regrets : jamais, depuis que tu es née, on n'avait vu à Venise un plus beau mariage de la mer ou de plus brillantes regatte. Mais tu as pu voir de ta fenêtre la première cérémonie?

— J'ai vu la galère de parade s'avancer vers le Lido, et la foule de patriciens qui étaient sur le pont; c'est à peu près tout.

— Peu importe. Je te donnerai une aussi bonne idée de la fête que si tu eusses joué le rôle du doge lui-même. D'abord, on voyait les hommes de la garde avec leur ancien costume...

— Oh ! je me souviens de les avoir vus souvent ; car la cérémonie est la même tous les ans.

— Tu as raison ; mais Venise n'a jamais vu de si belle regatta. Tu sais que la première course se fait toujours par les gondoles à plusieurs rames, conduites par les plus habiles gondoliers des canaux. Luigi en était ; et quoiqu'il n'ait pas gagné le prix, il a plus que mérité de le gagner par la manière dont il a conduit sa barque. — Tu connais Luigi ?

— Je ne connais presque personne à Venise, Annina ; car la longue maladie de ma mère et les malheureuses fonctions de mon père me retiennent à la maison quand les autres se promènent sur les canaux.

— C'est vrai. Tu ne peux guère faire de connaissances. Mais Luigi ne le cède à aucun gondolier en habileté ni en réputation, et c'est le plus gai vaurien de tous ceux qui mettent le pied sur le Lido.

— Il a donc été le premier dans la grande course ?

— Il aurait dû l'être ; mais la maladresse de ses compagnons, et quelque mauvais tour qu'on lui a joué en traversant le canal, l'ont rejeté au second rang. C'était un spectacle à voir, que tant d'excellents gondoliers s'efforçant de maintenir leur réputation sur les canaux ou de s'en faire une. Santa Maria ! je voudrais que tu eusses pu les voir, ma fille !

— Je n'aurais pas été charmée d'être témoin de la défaite d'un ami.

— Il faut bien prendre la fortune comme elle vient. Mais le spectacle le plus merveilleux, après tout, quoique Luigi et les autres se soient bien distingués, c'était de voir un pauvre pêcheur nommé Antonio, qui avait la tête et les jambes nues, un homme de soixante-dix ans, et dont la barque ne valait pas mieux que celle dont je me sers pour porter du vin sur le Lido, prendre part à la seconde course, et en remporter le prix.

— Il n'a donc pas rencontré des rivaux bien redoutables ?

— Les plus habiles de Venise, quoique Luigi, ayant été de la première course, n'ait pu être de la seconde. — On dit aussi, continua Annina en regardant autour d'elle avec sa précaution ordinaire, qu'un homme, qu'on ose à peine nommer dans Venise, a eu la hardiesse de paraître masqué dans cette dernière course. Et cependant c'est le pêcheur qui a gagné le prix. — Tu as entendu parler de Jacopo ?

— C'est un nom fort commun.

— Mais il n'y a plus qu'un seul homme qui le porte aujourd'hui à Venise. Quiconque prononce le nom de Jacopo désigne le même individu.

— J'ai entendu parler d'un monstre qui porte ce nom. Sûrement, il n'a pas osé se montrer au milieu de tous les nobles dans une telle fête.

— Nous vivons dans un pays inexplicable, Gessina. Cet homme se promène à son gré sur la Piazza, d'un pas aussi hardi que le doge, et personne n'oserait lui dire un mot. Je l'ai vu, en plein midi, appuyé contre le mât triomphal, ou contre la colonne de san Teodoro, avec un air aussi fier que s'il y avait été placé pour célébrer une victoire de la république.

— Il possède peut-être quelque terrible secret qu'on craint qu'il ne révèle?

— Tu connais peu Venise, mon enfant! Santa Maria! un secret de ce genre est par lui-même une sentence de mort. Il est dangereux de trop savoir, comme il l'est de savoir trop peu, quand on a affaire à Saint-Marc. Mais on dit que Jacopo était là, face à face avec le doge, les sénateurs le regardant comme si c'eût été un spectre sortant du tombeau de leurs pères. — Mais ce n'est pas tout: comme je traversais ce matin les lagunes, j'ai vu tirer de l'eau le corps d'un jeune cavalier, et ceux qui en étaient près disaient qu'il portait la marque de son fatal stylet.

La timide Gelsomina frémit.

— Ceux qui gouvernent, dit-elle, auront à répondre à Dieu de leur négligence, s'ils laissent plus longtemps ce scélérat en liberté.

— Que le bienheureux saint Marc protége ses enfants! on dit qu'ils ont à répondre de beaucoup de péchés de cette espèce. — Mais j'ai vu le corps ce matin, de mes propres yeux, en entrant dans les canaux.

— Avais-tu donc passé la nuit sur le Lido, pour être de si bonne heure sur les canaux?

— Sur le Lido? — Oui. — Non. — Mais tu sais que cette fête a été un jour de grande besogne pour mon père; et je ne suis pas comme toi, Gessina, maîtresse de la maison, pour faire ce que je voudrais. — Mais je m'amuse ici à jaser avec toi, tandis que j'ai mille choses à faire au logis. — As-tu le paquet que je t'ai donné à garder la dernière fois que je suis venue te voir?

— Le voici, répondit Gelsomina, ouvrant un tiroir et remettant à sa cousine un petit paquet, mais enveloppé avec grand soin, qui contenait, à son insu, quelques objets de commerce prohibés qu'Annina, dans son activité infatigable, avait été obligée de tenir cachés quelque temps. Je commençais à croire que tu l'avais oublié, et j'étais sur le point de te l'envoyer.

— Gelsomina, si tu as de l'amitié pour moi, ne fais jamais rien de si imprudent! Mon frère Giuseppe — tu connais à peine Giuseppe?

— Nous nous connaissons fort peu, pour des cousins.

— Tu es heureuse de ton ignorance. Je ne veux pas dire ce que je pourrais du fils des mêmes parents que moi; mais si Giuseppe avait vu ce paquet par quelque accident, cela aurait pu te causer de grands embarras.

— Je ne crains ni ton frère ni personne, répondit la fille du geôlier avec la fermeté de l'innocence; dans quel embarras puis-je me trouver pour avoir rendu service à une parente?

— Tu as raison; mais cela aurait pu m'occasionner de grands tourments. Santa Maria! si tu savais quelle peine donne à sa famille ce jeune homme inconsidéré et malavisé! Il est mon frère, après tout, et tu t'imagineras le reste. — Addio, ma bonne Gessina, j'espère que ton père te permettra de venir voir enfin ceux qui ont tant d'amitié pour toi.

— Addio, Annina; tu sais que j'irais te voir bien volontiers, mais je ne puis guère quitter ma pauvre mère.

L'astucieuse fille du marchand de vin embrassa sa franche et confiante cousine : celle-ci lui ouvrit la porte, et elle disparut.

— Carlo, dit la douce voix de Gessina, tu peux sortir du cabinet; nous n'avons pas à craindre d'autres visites.

Le Bravo revint près de Gelsomina, mais les joues couvertes d'une pâleur plus qu'ordinaire. Il regarda douloureusement la douce et affectueuse créature qui attendait son retour; et comme il s'efforçait de répondre à son sourire ingénu, cette vaine dissimulation donna à ses traits une expression presque effrayante.

— Annina t'a fatigué par ses discours frivoles sur les regatte et sur des meurtres commis dans les canaux. Mais ne la juge pas trop sévèrement à cause de la manière dont elle a parlé de Giuseppe : il peut le mériter, et plus encore. Mais je ne sais quelle est ton impatience, et je ne veux pas ajouter à ton ennui.

— Un instant, Gessina. — Cette fille est ta cousine ?

— Ne te l'ai-je pas dit ? Nos mères sont sœurs.

— Et elle vient souvent ici ?

— Pas aussi souvent qu'elle le voudrait, j'en suis sûre.

— Tu es une excellente fille, ma bonne Gessina, et tu voudrais faire paraître tous les autres aussi vertueux que toi. — Et tu lui as rendu ses visites ?

— Jamais. Mon père me le défend, parce que celui d'Annina est marchand de vin, et que tous les gondoliers vont boire chez lui. Mais elle n'est pas à blâmer pour le commerce que font ses parents.

— Non, sans doute. — Et ce paquet ? y a-t-il longtemps qu'elle te l'a donné à garder ?

— Un mois. Annina me l'a laissé lors de sa dernière visite, parce qu'elle était pressée d'aller au Lido. — Mais pourquoi ces questions ? Tu n'aimes pas ma cousine : elle est un peu légère, et sa conversation est frivole ; mais je crois qu'elle a un bon cœur. Tu as entendu de quelle manière elle a parlé de ce misérable Bravo Jacopo, et de ce dernier meurtre ?

— Je l'ai entendu.

— Toi-même, Carlo, tu n'aurais pu montrer plus d'horreur qu'elle du crime de ce monstre ! Sans doute Annina est inconsidérée, et elle pourrait avoir des idées moins mondaines ; mais elle a, comme nous tous, une sainte aversion pour le péché. — Te conduirai-je près du prisonnier ?

— Précède-moi.

— Ton cœur honnête, Carlo, est révolté de la froide scélératesse de cet assassin. J'ai beaucoup entendu parler de ses meurtres et de la manière dont ceux qui sont là-haut transigent avec lui : ils disent en général que son adresse surpasse la leur, et que les officiers de justice attendent des preuves, afin de ne pas commettre d'injustice.

— Croyez-vous que le sénat ait la conscience si timorée ? demanda le Bravo d'une voix rauque, mais en faisant signe à sa compagne d'avancer.

Gessina prit un air mélancolique, comme si elle eût senti la force de cette question. Elle se retourna pour ouvrir la porte d'une armoire, et y prit une petite boîte.

—Voilà la clef, Carlo, lui dit-elle en lui en montrant une dans un gros trousseau; et je suis en ce moment la seule gardienne. Nous avons réussi à cela du moins, et le jour peut venir où nous en ferons davantage.

Le Bravo s'efforça de sourire, comme pour lui témoigner qu'il appréciait son obligeance ; mais il ne réussit qu'à lui faire comprendre qu'il désirait se mettre en marche. Au rayon d'espoir qui brillait dans les yeux de la bonne Gessina succéda une expression de tristesse, et elle obéit.

CHAPITRE XIX.

> Mais montons sur le toit ; et quand tu auras regardé le ciel et la terre, visite les étroites cellules qui se pressent ici comme des tombes d'un cimetière.
> *La place Saint-Marc.*

Nous n'entreprendrons pas de faire la description des galeries voûtées, des sombres corridors et de tous les appartements par lesquels la fille du geôlier fit passer Jacopo. Quiconque est jamais entré dans une grande prison n'en a pas besoin pour faire renaître ce sentiment pénible qu'excitent des fenêtres garnies de barres de fer, des portes criant sur leurs gonds, d'énormes verrous, et tout ce qui est à la fois un moyen et un symbole d'incarcération. Ce bâtiment était malheureusement, comme les autres édifices destinés à réprimer les vices de la société, vaste, entouré de murs épais, très-compliqué dans la distribution intérieure, quoique l'extérieur, nous l'avons déjà dit, fût d'une architecture noble et simple, comme en dérision de l'usage auquel il était destiné.

Gelsomina s'arrêta un instant, en entrant dans une galerie basse, étroite et vitrée.

—Carlo, dit-elle, tu m'as cherchée comme de coutume, sous la porte d'eau, à l'heure ordinaire ?

— Je ne serais pas entré dans la prison si je ne t'y avais trouvée, car tu sais que je désire ne pas être vu. Mais j'ai songé à ta mère, et j'ai traversé le canal.

— Tu t'es trompé : ma mère est à peu près comme elle a été depuis plusieurs mois. — Tu as dû voir que je ne te fais pas prendre le chemin ordinaire pour aller faire ta visite.

— Sans doute ; mais comme nous ne partons pas ordinairement de l'appartement de ton père, en pareille occasion, j'ai cru que le chemin que nous prenons aujourd'hui était différent pour cette raison.

— Connais-tu beaucoup le palais et la prison, Carlo?

— Plus que je ne le voudrais, ma bonne Gelsomina. — Mais pourquoi me questionner ainsi dans un moment où je voudrais être occupé différemment?

La timide jeune fille ne répondit rien. Ses joues n'étaient jamais très-animées ; car, de même qu'une fleur qui croît à l'ombre, elles avaient la teinte délicate que leur donne une vie retirée : mais à cette question elles devinrent tout à fait pâles. Accoutumé à l'ingénuité habituelle de sa compagne, le Bravo étudia un instant les traits expressifs de Gelsomina. Il s'avança ensuite rapidement vers une fenêtre : ses yeux tombèrent sur un canal sombre et étroit ; puis, traversant la galerie, il vit dessous le même passage aquatique conduisant, entre la maçonnerie de deux culées massives, au quai et au port.

— Gelsomina! s'écria-t-il en faisant quelques pas en arrière ; c'est ici le Pont-des-Soupirs?

— Oui, Carlo. Y as-tu quelquefois passé?

— Jamais, et je ne comprends pas pourquoi j'y passe en ce moment. J'ai souvent pensé qu'il pourrait m'arriver un jour de traverser ce fatal passage, mais je n'ai jamais songé que ce pourrait être avec un pareil guide.

L'œil de Gelsomina s'éclaircit, et elle sourit avec enjouement.

— Avec moi, ce passage ne sera jamais dangereux pour toi.

— C'est ce dont je suis bien sûr, bonne Gessina, répondit-il en lui prenant la main ; mais c'est une énigme que je ne puis expliquer. As-tu coutume d'entrer dans ce palais par cette galerie?

— Elle ne sert guère qu'aux concierges et aux condamnés, comme tu l'as sans doute entendu dire plus d'une fois. Cependant on m'en a donné les clefs, et l'on m'a appris les détours qui y conduisent, afin que je pusse te servir de guide comme à l'ordinaire.

— Gelsomina, je crains d'avoir été trop heureux en ta compagnie, pour avoir réfléchi, comme la prudence l'aurait exigé, sur la rare bonté qu'a montrée le Conseil en m'accordant cette permission.

— Regrettes-tu donc de m'avoir connue, Carlo?

Le ton mélancolique de la voix qui lui faisait ce reproche toucha le Bravo, et il baisa la main qu'il tenait, avec toute la ferveur d'un Italien.

— En ce cas, je regretterais les seuls moments de bonheur que j'aie goûtés depuis bien des années, Gessina. Tu as été pour moi comme une fleur trouvée dans le désert, — ce qu'une eau pure est pour l'homme dévoré par l'ardeur de la fièvre, — un rayon d'espoir pour le maudit. — Non, non, je n'ai pas regretté un seul instant de t'avoir connue, ma Gelsomina!

— Ma vie n'en serait pas devenue plus heureuse, Carlo, si j'avais pu penser que j'avais ajouté à tes chagrins. Je suis jeune, je ne connais pas le monde, mais je sais qu'on doit causer du plaisir et non de la peine à ceux qu'on estime.

— C'est ton bon naturel qui t'a donné cette leçon. — Mais n'est-il pas bien étrange qu'on permette à un homme comme moi de parcourir la prison, sans avoir d'autre surveillant que toi?

— Je n'y ai rien trouvé d'étrange, Carlo; mais il est bien vrai que cela n'est pas commun.

— Nous avons été si heureux ensemble, chère Gessina, que nous n'avons pas fait assez d'attention à ce qui aurait dû nous causer de l'alarme.

— De l'alarme, Carlo!

— De la méfiance du moins, car ces rusés sénateurs ne font jamais un acte de merci sans en avoir de bonnes raisons. Mais il est trop tard pour rappeler le passé, quand même nous le voudrions; et en ce qui te concerne, je ne voudrais pas perdre le souvenir d'un seul instant. — Allons, avançons.

Le léger nuage disparut du front de la jeune fille qui l'écoutait, mais elle resta immobile.

— On assure, ajouta-t-elle avec un léger tremblement, que de tous ceux qui passent ce pont il en est bien peu qui rentrent dans le monde, et cependant tu ne me demandes même pas pourquoi nous sommes ici?

Il y eut un éclair passager de méfiance dans le regard que le Bravo jeta à la hâte sur l'innocente créature qui lui parlait ainsi; mais cet éclair fut trop rapide pour changer l'expression d'intérêt affectueux qu'elle était accoutumée à trouver dans ses traits.

— Puisque tu veux que je sois curieux, lui dit-il, apprends-moi donc pourquoi tu es venue ici, et par-dessus tout, pourquoi y étant, tu t'y arrêtes.

— La saison est avancée, Carlo, répondit-elle parlant à voix basse, et nous le chercherions en vain dans les cachots souterrains.

— Je te comprends. — Marchons.

Gelsomina s'arrêta encore un instant avec inquiétude; mais, ne trouvant sur le visage de Jacopo aucune trace visible de l'angoisse qu'il endurait, elle se remit en marche. Jacopo lui parlait d'une voix étouffée, mais il était depuis trop longtemps habitué à dissimuler pour laisser paraître sa faiblesse, quand il savait combien elle serait pénible à l'être sensible et fidèle qui lui avait donné toute son affection avec un dévouement et une sincérité qui provenaient de sa manière de vivre autant que de son ingénuité naturelle.

Afin de faire comprendre au lecteur ces allusions qui semblaient si claires à nos amants, il peut être nécessaire de lui expliquer un autre trait odieux de la politique de la république de Venise.

Quelle que puisse être la théorie avouée d'un État, on en trouve le secret dans sa pratique. Les gouvernements établis pour le bien du peuple n'emploient la force qu'avec précaution et répugnance, parce que leur objet est de protéger le faible et non de l'opprimer; mais plus le système devient égoïste et exclusif, plus les moyens de coercition auxquels ont recours ceux qui sont au pouvoir deviennent sévères et cruels. Ainsi à Venise, où le système politique reposait sur la base étroite de l'oligarchie, la jalousie du sénat mettait les instruments du despotisme en contact direct même avec la dignité du prince titulaire, et le palais du doge était souillé par des prisons. Cet édifice majestueux avait ses cachots d'hiver et d'été. Le lecteur est peut-être prêt à s'imaginer que la compassion avait inspiré cette distribution pour donner quelque soulagement aux malheureux prisonniers; mais jamais l'État de

Venise ne connut aucun lien qui le rattachât aux faiblesses de l'humanité. Bien loin de vouloir alléger les souffrances du détenu, on lui faisait passer l'hiver dans des cachots creusés au-dessous du niveau des canaux, tandis que sa prison d'été, placée sous les plombs des toits, était exposée à toute l'ardeur du soleil brûlant d'Italie. Le lecteur a probablement déjà deviné que la visite de Jacopo à la prison avait rapport à quelque captif qu'on avait tout récemment transféré du cachot humide où il avait été enfermé pendant l'hiver et le printemps, dans un des donjons brûlants placés sous les toits.

Gelsomina continua de marcher avec une mélancolie qui annonçait qu'elle partageait les chagrins de son compagnon, mais sans paraître croire qu'un plus long délai fût nécessaire. Elle lui avait annoncé une circonstance qui lui pesait sur le cœur ; c'était un devoir qu'elle avait peine à remplir ; et comme presque tous les caractères doux et simples, maintenant qu'elle s'en était acquittée, elle se trouvait soulagée. Ils montèrent plusieurs escaliers, ouvrirent et fermèrent un grand nombre de portes, et traversèrent plusieurs corridors étroits. Tandis que Gelsomina cherchait dans un trousseau nombreux la clef de la porte devant laquelle ils s'arrêtèrent, le Bravo respirait péniblement l'air brûlant des combles du palais.

— Ils m'avaient promis que cela n'aurait plus lieu, dit-il ; mais ils oublient leurs promesses, les démons incarnés.

— Carlo ! — tu oublies que nous sommes dans le palais du doge ! lui dit Gelsomina à demi-voix, en jetant derrière elle un regard timide.

— Je n'oublie rien de ce qui a rapport à la république ; — tout est ici, répondit Carlo en frappant son front couvert de sueur ; et ce qui n'y est pas, est dans mon cœur.

— Pauvre Carlo ! — Mais cela ne durera pas toujours ; — il y aura une fin.

— Tu as raison, répondit le Bravo d'une voix rauque, et plus tôt que tu ne le penses. — Mais n'importe : ouvre la porte, et entrons.

Gelsomina hésitait ; mais voyant son air d'impatience, elle obéit, et ils entrèrent.

— Mon père ! s'écria le Bravo, se précipitant à côté d'un grabat étendu sur le plancher.

Un vieillard maigre et exténué se souleva en entendant ce mot, et son regard, qui, tout en exprimant un abattement profond, brillait en ce moment d'un éclat plus vif que celui de son fils même, se fixa tour à tour sur Gelsomina et sur Jacopo.

— Tu n'as pas souffert comme je le craignais de ce changement soudain, mon père, continua Jacopo à genoux près du lit de paille. Tes yeux, tes joues, tous tes traits sont mieux que lorsque tu étais dans le caveau humide.

— Je suis heureux ici, répondit le prisonnier; il y a de la lumière, quoiqu'on m'en ait donné trop. Tu ne peux te figurer, mon enfant, quelle joie on a de revoir ce jour, après une si longue nuit.

— Il est mieux, Gelsomina! — Ils ne l'ont pas encore tué. — Vois! ses yeux sont brillants, ses joues sont animées!

— Ils sont toujours ainsi, répondit la jeune fille à demi-voix, après avoir passé l'hiver dans ces cachots humides et obscurs.

— As-tu des nouvelles à m'apprendre, mon fils? — Que me diras-tu de ta mère?

Le Bravo baissa la tête pour cacher l'angoisse que lui causait cette question, qu'il entendait alors pour la centième fois.

— Elle est heureuse, mon père; — aussi heureuse que peut l'être une femme qui t'aime si tendrement, quand elle est séparée de toi.

— Parle-t-elle souvent de moi?

— Ton nom est le dernier mot que j'aie entendu sortir de sa bouche.

— Que sainte Marie la bénisse! J'espère qu'elle se souvient de moi dans ses prières!

— N'en doute pas, mon père. — Ses prières sont celles d'un ange.

— Et ta sœur malade? — Tu ne m'en parles pas, mon fils.

— Elle se porte bien à présent.

— A-t-elle cessé de se reprocher d'être la cause innocente de mes souffrances?

— Elle ne se le reproche plus.

— Ainsi elle ne se tourmente plus d'un malheur qui est sans remède?

Le Bravo sembla chercher du soulagement dans l'œil compatissant de Gelsomina, qui restait pâle et muette.

— Elle a cessé de se tourmenter, mon père, dit-il avec un calme forcé.

— Tu as toujours tendrement aimé ta sœur, mon fils! Tu as un bon cœur, comme je dois le savoir. Dieu m'a envoyé bien des chagrins, mais il m'a béni dans mes enfants.

Il s'ensuivit une longue pause, pendant laquelle le père semblait réfléchir sur le passé, et le fils se réjouissait de ne plus entendre des questions qui lui déchiraient le cœur; cette mère, cette sœur, dont son père lui parlait, avaient été depuis longtemps victimes des malheurs de leur famille. Le vieillard, car le prisonnier était aussi vieux d'années que de chagrins, reporta ses regards sur le Bravo d'un air pensif, et reprit la parole.

— Il n'y a guère d'espoir que ta sœur se marie; car personne ne se soucie de s'allier à une famille proscrite.

— Elle ne le désire pas. — Elle n'y songe point. — Elle est heureuse avec ma mère.

— C'est un bonheur que la république ne lui enviera point. — N'y a-t-il nul espoir que nous puissions bientôt être réunis?

— Tu seras réuni à ma mère; oui, tu goûteras enfin ce plaisir.

— Il y a bien longtemps que je n'ai vu personne de ma famille, excepté toi. — Mets-toi à genoux: que je te donne ma bénédiction.

Jacopo, qui s'était relevé pendant ces mots d'angoisse, obéit sur-le-champ, et baissa la tête avec respect pour recevoir la bénédiction paternelle. Le vieillard remua les lèvres en levant les yeux vers le ciel; mais son langage partait du cœur et non de la bouche. Gelsomina baissa la tête sur sa poitrine, et parut unir ses prières à celles du prisonnier. Quand cette cérémonie silencieuse mais solennelle fut terminée, chacun d'eux fit, suivant l'usage, le signe de la croix, et Jacopo baisa la main desséchée de son père.

— As-tu quelque espoir pour moi? demanda le vieillard, après avoir accompli ce devoir consolant de piété; promettent-ils encore de me laisser revoir le soleil?

— Ils le promettent. Ils font de belles promesses.

— Plût au ciel qu'ils les tinssent! J'ai vécu d'espérance depuis longtemps. — Je crois qu'il y a bien quatre ans que je suis enfermé dans ces murailles.

Jacopo ne répondit rien, car il savait que son père ne citait que l'espace de temps depuis lequel il lui avait été permis de le voir.

— Je m'étais flatté que le doge se rappellerait son ancien serviteur, et qu'il me permettrait de revoir ma maison.

Jacopo garda encore le silence, car le doge dont le vieillard parlait était mort depuis longtemps.

— Et cependant je devrais remercier le Ciel, car la vierge Marie et les saints ne m'ont pas oublié, et je ne suis pas sans plaisir dans ma captivité.

— Dieu soit loué! s'écria le Bravo. — Et de quelle manière apaises-tu tes chagrins, mon père?

— Regarde ici, répondit le vieillard, dont l'œil annonçait un mélange d'agitation fiévreuse causée par le changement récent de sa prison et par l'excès de ses angoisses; vois-tu cette fente dans ce morceau de bois? La chaleur l'augmente de temps en temps, et je crois que depuis que j'habite cette prison elle a doublé de longueur. Je me dis quelquefois que, lorsqu'elle arrivera à ce nœud, les cœurs des sénateurs s'adouciront, et qu'ils feront ouvrir les portes de ma prison. J'éprouve de la satisfaction à en suivre les progrès, et à la voir s'étendre pouce à pouce, d'année en année.

— Et c'est tout?

— Non vraiment; j'ai encore d'autres plaisirs. — L'année dernière il y avait une araignée qui avait attaché sa toile à cette poutre, et c'était une compagne que j'aimais à voir. Regarde s'il y a quelque espoir qu'elle revienne.

— Je ne la vois pas, dit Jacopo en soupirant.

— N'importe; j'ai toujours l'espoir de la voir revenir. Les mouches vont bientôt paraître, et alors elle cherchera sa proie. — Oui, ils peuvent m'enfermer sur une fausse accusation, me séparer bien des années de ma femme et de ma fille, mais ils ne peuvent me priver de tout plaisir.

Le vieux prisonnier resta alors muet et pensif. Une impatience d'enfant brillait dans ses yeux, et ses regards se portaient alternativement sur la fente, compagne de tant d'étés passés dans l'isolement, et sur la figure de son fils, comme s'il eût commencé à douter de la réalité de ses consolations.

— Eh bien! qu'ils la prennent : je ne les maudirai pas pour cela, dit le prisonnier en se couvrant la tête de sa couverture.

— Mon père!

Le vieillard ne répondit rien.

— Mon père !
— Jacopo !

Le Bravo perdit la parole à son tour. Il n'osa même pas jeter un regard à la dérobée sur Gelsomina attentive et qui respirait à peine, quoiqu'il sentît sa poitrine se soulever par le désir qu'il avait d'examiner ses traits innocents.

— M'entends-tu, mon fils ? continua le prisonnier en se découvrant la tête ; crois-tu réellement qu'ils auront la cruauté de chasser l'araignée de ma prison ?

— Ils te laisseront le plaisir de la voir, mon père, car cela n'intéresse ni leur pouvoir ni leur renommée. Tant que le sénat pourra appuyer un pied sur le cou du peuple, tant qu'il pourra se conserver l'apparence d'une bonne réputation, il ne t'enviera pas cette satisfaction.

— Sainte Marie, inspire-moi de la reconnaissance ! — J'avais des craintes, mon enfant ; car il n'est pas agréable de perdre un ami dans une prison.

Jacopo chercha alors à distraire le vieillard par d'autres idées. Il plaça près de son grabat quelques aliments qu'il lui était permis de lui apporter, et le flattant encore de l'espoir de recouvrer sa liberté, il lui dit qu'il allait le quitter.

— Je tâcherai de te croire, mon fils, dit le prisonnier, qui avait de bonnes raisons pour se méfier d'une assurance trop souvent démentie, je ferai tout ce que je pourrai pour te croire. — Tu diras à ta mère que je ne cesse jamais de songer à elle et de prier pour elle ; et tu donneras à ta sœur une bénédiction, au nom de son pauvre père emprisonné.

Le Bravo fit un mouvement de tête pour lui promettre de lui obéir, trop heureux de trouver un moyen quelconque pour se dispenser de parler. A un signe que lui fit le vieillard, il s'agenouilla de nouveau, et reçut avant de partir une seconde bénédiction. Après s'être occupé à arranger le peu de mobilier de la chambre, et avoir tâché d'agrandir une ou deux petites fentes pour donner plus de passage à l'air et à lumière, il sortit enfin de ce triste séjour.

En revenant par les passages compliqués qu'ils avaient déjà traversés pour monter jusqu'à la prison du vieillard, ni Gelsomina, ni Jacopo, ne prononcèrent un seul mot, jusqu'au moment où ils furent de nouveau sur le Pont-des-Soupirs. Il était rare qu'un pas d'homme se posât sur cette galerie, et la jeune fille, avec le tact de son sexe, choisit cet endroit comme le plus convenable pour renouer la conversation.

— Le trouves-tu changé? lui demanda-t-elle en s'arrêtant.

— Beaucoup.

— Tu prononces ce mot avec un air effrayant!

— Je n'ai pas appris à mon visage à mentir en ta présence, Gelsomina.

— Mais il y a de l'espoir. — Tu lui as dis toi-même qu'il y en avait.

— Que sainte Marie me pardonne cette supercherie! Je ne pouvais ôter au peu de temps qu'il a encore à vivre sa seule consolation.

— Carlo! Carlo! — Pourquoi es-tu si calme? je ne t'ai jamais entendu parler si tranquillement des injustices faites à ton père et de son emprisonnement.

— C'est parce que sa délivrance est prochaine.

— Mais tout à l'heure tu disais qu'il était sans espoir, et maintenant tu parles de sa délivrance!

— De sa délivrance par la mort. Le courroux du sénat lui-même respectera le tombeau.

— Crois-tu donc sa fin si prochaine? je n'avais jamais remarqué ce changement.

— Tu es bonne, Gelsomina, fidèle à tes amis, et tu ne peux soupçonner les crimes dont tu es incapable. Mais un homme qui a vu le mal d'aussi près que moi trouve des sujets de méfiance dans chaque événement nouveau. Oui, les souffrances de mon pauvre père touchent à leur fin, car la nature est épuisée en lui; mais quand sa mort serait moins prochaine, je puis prévoir qu'on trouverait des moyens pour l'accélérer.

— Tu ne saurais supposer que personne ici voulût lui nuire!

— Je ne soupçonne aucun des tiens, Gelsomina. Ton père et toi, vous avez été placés ici par l'intervention des saints, afin que les démons n'eussent pas trop de pouvoir sur la terre.

— Je ne te comprends pas, Carlo;—mais tu es souvent incompréhensible. — Ton père, en te parlant aujourd'hui, a prononcé un nom dont j'aurais voulu qu'il ne se fût pas servi.

Le Bravo jeta sur elle un regard inquiet et méfiant, et se hâta d'en détourner les yeux.

—Il t'a appelé Jacopo? continua-t-elle.

— Les hommes entrevoient souvent leur destin par la bonté de leurs saints patrons.

— Voudrais-tu dire, Carlo, que ton père soupçonne le sénat de vouloir employer le monstre qu'il a nommé?

— Pourquoi pas?—Le sénat a employé des gens pires que lui; et si ce qu'on dit est vrai, il ne lui est pas inconnu.

— Cela se peut-il?—Tu as de la rancune contre le sénat parce qu'il a fait une injustice à ta famille; mais tu ne peux croire qu'il ait jamais employé le stylet d'un assassin salarié.

— Je n'ai dit que ce qu'on répète chaque jour tout bas sur les canaux.

— Je voudrais que ton père n'eût pas prononcé ce nom terrible, Carlo!

— Tu as trop de raison pour t'inquiéter d'un nom, Gelsomina.
— Mais que penses-tu de mon père?

— Cette visite n'a pas été comme les autres que tu lui as faites avec moi. Je n'en saurais dire la raison, mais il m'a toujours paru que tu conservais toi-même l'espérance que tu cherchais à donner au prisonnier; au lieu qu'aujourd'hui tu sembles trouver un plaisir effrayant dans le désespoir.

— Tes craintes te trompent, répondit le Bravo d'une voix étouffée; tes craintes te trompent, et nous n'en dirons pas davantage.—Les sénateurs ont dessein de nous rendre enfin justice.—Ce sont des hommes honorables, d'une haute naissance, et portant des noms illustres. Ce serait une folie de se méfier des patriciens. Ne sais-tu pas que ceux qui sont d'un sang noble sont au-dessus des faiblesses et des tentations qui nous assiégent, nous autres dont l'origine est basse et obscure? Leur naissance les élève au-dessus des faiblesses des mortels; et ne devant de compte à personne, ils ne peuvent manquer d'être justes. Cela est raisonnable, et qui pourrait en douter?

En finissant ces mots, le Bravo sourit avec amertume.

— Tu te joues de moi, Carlo; personne n'est au-dessus du danger de faire le mal, excepté ceux que les saints et la bonne vierge Marie favorisent.

— Voilà ce que c'est que de vivre au sein d'une prison et de faire des prières matin et soir.—Non, non, fille simple; il y a sur la terre des hommes qui, de génération en génération, naissent sages, honnêtes, vertueux, braves, incorruptibles, propres à tout, et faits pour jeter entre quatre murailles ceux qui sont nés dans la bassesse et l'obscurité. Où as-tu passé tes jours, folle Gessina, pour ne pas avoir senti cette vérité, même dans l'air que tu respires? Cela est clair comme le jour qui frappe nos yeux, et palpable, — oui, palpable, — comme les murs de cette prison.

La jeune fille timide s'écarta de lui, et elle pensa même un instant à s'enfuir, car jamais, pendant leurs nombreuses entrevues, elle ne l'avait vu sourire avec tant d'amertume et montrer dans ses regards un tel égarement.

— Je pourrais presque m'imaginer, Carlo, que ton père avait raison en te donnant ce nom, lui dit-elle en jetant un regard de reproche sur ses traits encore agités.

— C'est l'affaire des pères de nommer leurs enfants. — Mais c'en est assez ; il faut que je te quitte, ma bonne Gessina; et je te quitte avec un poids bien lourd sur mon cœur.

Etrangère à la méfiance, Gelsomina oublia ses alarmes. Elle ne savait pour quelle raison, quoique le prétendu Carlo ne la quittât jamais sans qu'elle fût triste, elle se sentait plus affligée que de coutume quand il lui annonça son départ.

— Tu as tes affaires, lui dit-elle, et tu ne dois pas les oublier. As-tu eu du bonheur avec ta gondole depuis peu, Carlo?

— L'or et moi nous ne nous connaissons guère. La république laisse sur mes épaules toute la charge des besoins d'un vénérable prisonnier.

— Tu sais que ce que je possède est peu de chose, Carlo, dit Gelsomina d'une voix à peine intelligible; mais ce peu de chose est à toi. Mon père n'est pas riche, comme tu peux le savoir; sans quoi il ne vivrait pas des souffrances des autres, en tenant les clefs de cette prison.

— Il a un meilleur emploi que ceux qui lui imposent ce devoir. Si l'on me donnait le choix, Gessina, de porter le bonnet à cornes, de festoyer dans leurs salons, de dormir dans leurs palais, d'être le clinquant le plus bruyant dans un spectacle comme celui d'hier, de comploter dans leurs conseils secrets, et d'être le juge sans pitié chargé de condamner mes semblables à tant de misère, ou d'être simplement le porte-clefs et le gardien des verrous d'une prison, j'accepterais sur-le-champ ce dernier emploi, non seulement comme le plus innocent, mais comme étant et de beaucoup le plus honorable.

— Tu ne juges pas comme le monde, Carlo. J'avais craint que tu n'éprouvasses de la honte d'être le mari de la fille d'un geôlier ; et même — je ne te cacherai pas ce secret plus longtemps, puisque tu me parles à présent avec tant de calme, — j'ai pleuré dans ma crainte que cela ne fût ainsi.

— En ce cas, tu ne connais ni Carlo ni le monde. Si ton père était membre du sénat ou du conseil des Trois, et que ce fait fût connu, tu aurais une cause légitime de chagrin. — Mais la nuit tombe sur les canaux, Gelsomina, et il faut que je te quitte.

Gelsomina reconnut à regret la vérité de ce qu'il lui disait, et, prenant une clef, elle ouvrit la porte du pont couvert. Quelques corridors et un escalier les conduisirent au niveau du quai. Là le Bravo prit congé de sa compagne à la hâte, et sortit de la prison.

CHAPITRE XX.

> Mais pour se tromper ainsi, il faut être de vrais novices.
> Lord Byron. *Don Juan.*

L'heure des plaisirs de la Piazza et du mouvement des gondoles était arrivée. Des masques se montraient le long des portiques comme de coutume ; le bruit des chants et des cris se faisait entendre de nouveau, et Venise était encore agitée d'une gaieté trompeuse.

Quand Jacopo se trouva sur le quai en sortant de la prison, il se mêla aux flots d'êtres humains qui se dirigeaient vers les places, le masque privilégié le mettant à l'abri des observations. En traversant le pont inférieur du canal de Saint-Marc, il s'arrêta un instant pour jeter un regard sur la galerie vitrée qu'il venait de quitter, et s'avança ensuite avec la foule, occupé surtout de l'ingénue et confiante Gelsomina. Tout en passant le long des sombres arcades du Broglio, il chercha des yeux don Camillo Monforte ; l'ayant rencontré à l'angle de la petite place, ils échangèrent quelques signes secrets, et le Bravo marcha le premier sans attirer l'attention.

Des centaines de barques étaient au bord de la Piazza. Jacopo y chercha sa gondole, la fit sortir de cette masse flottante, et la dirigea dans le canal. Quelques coups de rame l'amenèrent bord à bord avec *la bella Sorrentina*. Le patron se promenait sur le pont, jouissant de la fraîcheur du soir avec l'indolence italienne, tandis que son équipage, groupé sur le gaillard d'avant, chantait ou plutôt psalmodiait une chanson connue sur ces mers. Les compliments réciproques furent brefs, comme c'est l'usage parmi gens de cette classe ; mais le patron semblait attendre cette visite, car il conduisit le Bravo à l'écart sur la felouque.

— As-tu quelque chose de particulier à me dire, bon Roderigo ? demanda le marin, qui reconnut le Bravo à un signe, et qui cependant ignorait encore son vrai nom. Tu vois que nous n'avons point passé le temps en paresseux, quoique ce fût hier jour de fête.

— Es-tu prêt à partir pour le Golfe ?

— Pour le Levant ou pour les Colonnes d'Hercule, comme il plaira au sénat. Nous avons levé notre vergue depuis que le soleil est descendu derrière les montagnes, et quoique nous puissions avoir l'air de ne pas être pressés de partir, nous n'avons besoin que d'être avertis une heure d'avance pour être en état de franchir le Lido.

— En ce cas, tenez-vous pour avertis.

— Maître Roderigo, vous apportez vos marchandises dans un marché qui en regorge déjà. J'ai déjà reçu avis qu'on aura besoin de nous cette nuit.

Le mouvement involontaire de soupçon que fit le Bravo échappa à l'observation du patron, dont les yeux examinaient les agrès de la felouque avec l'attention qu'un marin est habitué à donner à cette partie de son vaisseau quand il est sur le point de mettre à la voile.

— Tu as raison, Stefano. Mais un avis répété est une précaution qui ne peut nuire. Les préparatifs sont le premier devoir quand il s'agit d'une commission importante.

— Voulez-vous les voir vous-même, signor Roderigo ? dit le

marin en baissant la voix. *La bella Sorrentina* n'est ni *le Bucentaure* ni une galère du grand-maître de Malte; mais eu égard à son tonnage, on ne serait pas mieux logé dans le palais du doge. D'ailleurs quand on m'a dit qu'une dame devait faire partie du fret, j'ai senti qu'il y allait de l'honneur de la Calabre.

— Fort bien. Si l'on t'a expliqué tous les détails, je ne doute pas que tu ne te fasses honneur.

— Je ne dis pas qu'on m'en ait expliqué la moitié, bon Signore. Le secret que vous observez dans vos cargaisons à Venise est ma plus grande objection contre ce genre de commerce. Il m'est arrivé plus d'une fois d'avoir passé des semaines entières sur les canaux, ayant ma cale aussi nette que la conscience d'un moine, quand l'ordre m'arrivait de lever l'ancre, sans autre cargaison qu'un messager qui entrait dans sa cabane en sortant du port et qui ne la quittait qu'en arrivant sur la côte de la Dalmatie ou dans les îles grecques.

— En pareil cas, tu as gagné ton argent fort aisément.

— Diamine! maître Roderigo, si j'avais un ami à Venise pour m'avertir à temps, je pourrais lester ma felouque d'objets qui me rapporteraient du retour sur l'autre côte. Qu'importerait au sénat, quand je m'acquitte fidèlement de mon devoir envers ses membres, si je remplissais en même temps mon devoir envers la bonne femme et les jeunes enfants au teint bruni que j'ai laissés au logis dans la Calabre?

— Il y a de la raison dans ce que tu dis, Stefano; mais tu sais que l'Etat de Venise est un maître exigeant. Une affaire de ce genre doit être conduite avec délicatesse.

— Personne ne le sait mieux que moi; car lorsqu'on renvoya de la ville le commerçant avec tout ce qui lui appartenait, je fus obligé de jeter à la mer certains tonneaux, pour faire place à ses marchandises de rebut. Le sénat, en bonne justice, me doit une indemnité pour cette perte, digne signor Roderigo.

— Et cette perte, tu serais charmé de pouvoir la réparer cette nuit?

— Santissima Maria! Je n'ai pas encore vu votre visage, Signore, et vous pouvez être le doge lui-même, pour ce que j'en sais; mais je ferais serment que vous devriez être membre du sénat pour votre sagacité. — Si cette dame n'est pas chargée de trop de bagage, et que j'en aie encore le temps, je pourrais satisfaire le goût des Dalmates, en leur portant certains objets venant des pays au-delà des Colonnes d'Hercule.

— Tu peux juger toi-même de la probabilité, puisqu'on t'a appris la nature de ta mission.

— Que san Gennaro de Napoli m'ouvre les yeux! On ne m'a pas dit un seul mot au-delà de ce petit fait qu'une jeune dame à qui le sénat prenait grand intérêt quitterait la ville cette nuit pour se rendre sur la côte orientale. — Si cela pouvait être agréable à votre conscience, maître Roderigo, je serais charmé d'apprendre qui doivent être ses compagnons de voyage.

— Tu en apprendras davantage en temps convenable. En attendant, mets un cadenas sur tes lèvres, car Saint-Marc ne plaisante pas avec ceux qui l'offensent. Je suis charmé de voir que tu as fait tous tes préparatifs, digne Stefano; et te souhaitant une bonne nuit et un heureux voyage, je te recommande à ton saint patron.

— Mais un instant; avant de te quitter, je voudrais savoir à quelle heure tu comptes sur la brise de terre.

— Vous êtes exact comme un compas dans vos propres affaires, Signore; mais vous avez peu de charité pour vos amis. Avec le soleil brûlant qu'il a fait aujourd'hui, nous devrions avoir le vent des Alpes quand la nuit sera complètement tombée.

— Fort bien! — J'aurai l'œil sur toi. Encore une fois, addio!

— Cospetto! tu ne m'as rien dit de la cargaison!

— Elle aura plus de valeur qu'elle ne tiendra de place, répondit Jacopo nonchalamment, en sautant dans sa gondole, qu'il éloigna sur-le-champ de la felouque.

On entendit le bruit de ses rames qui frappaient l'eau, et tandis que Stefano, debout sur son pont, méditait sur les chances que lui offrait une spéculation, la barque s'avançait vers le quai avec un mouvement aussi facile que rapide.

L'astuce interrompt souvent et croise son sentier, imitant les détours du renard, cet animal rusé. Elle égare donc fréquemment ceux qui la pratiquent aussi bien que ceux qu'elle veut tromper. Quand Jacopo avait quitté don Camillo, il avait été convenu entre eux qu'il emploierait tous les moyens que pourraient lui suggérer sa sagacité naturelle et son expérience pour découvrir de quelle manière le Conseil avait dessein de disposer de la personne de donna Violetta. Ils s'étaient séparés sur le Lido, et comme personne n'avait été témoin de leur entrevue, et que personne ne pouvait vraisemblablement soupçonner leur récente intelligence, le Bravo entra dans ses nouvelles fonctions avec quelques chances de succès. Un changement d'agents, dans des affaires délicates, était un des moyens ordinaires que prenait le sénat pour éviter une découverte. Jacopo lui avait souvent servi d'instrument pour négocier avec Stefano, qui, comme on l'a donné à entendre, avait été employé pour mettre à exécution de secrètes et peut-être de justes mesures de police; mais c'était la première fois qu'on faisait intervenir un second agent entre le commencement et la fin de ses négociations. Il avait été chargé de voir Stefano et de l'avertir de se tenir prêt à partir au premier ordre pour une nouvelle mission. Mais depuis l'interrogatoire d'Antonio devant le Conseil, ceux qui l'avaient employé ne lui avaient pas donné de nouvelles instructions. Le danger de laisser donna Violetta à portée des gens de don Camillo était si évident, que cette précaution extraordinaire avait été jugée indispensable. Ce fut donc avec ce désavantage que Jacopo commença à s'acquitter de sa nouvelle et importante commission.

Ce que nous disions de l'astuce est passé en proverbe : le cas de Jacopo et de ceux dont il avait été l'agent devait être une nouvelle preuve de cette vérité populaire. Le silence inusité de ceux dont il recevait ordinairement les ordres en pareilles occasions lui avait donné à réfléchir, et la vue de la felouque, pendant qu'il passait le long du quai, donna une direction accidentelle à ses perquisitions. La manière dont il fut aidé par la cupidité du Calabrois a déjà été rapportée.

Dès que Jacopo eut touché le quai et qu'il y eut amarré sa gondole, il se hâta de retourner vers le Broglio, alors rempli par les masques et les désœuvrés de la Piazzetta. Les patriciens s'étaient rendus dans les lieux réservés à leurs plaisirs particuliers, ou du moins, suivant ce système de domination mystérieuse qu'il entrait dans leur politique de maintenir, ils ne se souciaient pas de rester exposés aux yeux du vulgaire pendant les heures qui allaient être consacrées à la licence.

Il semblerait que Jacopo avait reçu ses instructions ; car dès qu'il se fut assuré que don Camillo s'était retiré, il fendit la foule avec l'air d'un homme dont la marche était décidée. En ce moment les deux places étaient pleines, et plus de la moitié de ceux qui passaient la soirée dans ces lieux d'amusements portaient des masques. Les pas du Bravo, quoique assurés, ne décelaient aucune précipitation ; et il trouva le temps, en traversant la Piazzetta, d'examiner la taille, et, quand les circonstances le permettaient, les traits de tous ceux qu'il rencontrait. Il arriva de cette manière au point de jonction des deux places : là une main lui toucha légèrement le coude.

Jacopo n'était pas accoutumé à faire entendre sa voix sans nécessité dans la place Saint-Marc et à une pareille heure. Il tourna la tête vers celui qui l'avait accosté, lequel lui fit signe de le suivre. C'était un homme dont la taille était si complètement cachée par un domino, qu'il était impossible de former quelque conjecture pour deviner qui ce pouvait être. Voyant pourtant que cet individu désirait le conduire vers une partie de la place où il ne se trouvait personne, et ayant précisément dessein d'aller lui-même de ce côté, le Bravo fit un geste de consentement et le suivit. Lorsqu'ils furent sortis de la foule et dans un endroit où nul curieux ne pouvait entendre leur conversation sans être aperçu, l'étranger s'arrêta. Il sembla, de dessous son masque, examiner la personne, la taille et le costume de Jacopo avec une précaution singulière, et il termina cet examen par un signe qui paraissait dire qu'il était sûr de son fait. Jacopo lui répondit par un signe semblable, et continua à garder un sévère silence.

— Juste Daniel ! murmura l'étranger en voyant que son compagnon n'était pas disposé à parler, on croirait, illustre Signore, que votre confesseur vous a imposé le silence pour pénitence, à la manière dont vous refusez de parler à votre serviteur.

— Que me veux-tu ?

— Vous me voyez sur la Piazza, au milieu d'une foule de chevaliers d'industrie, de valets, de gondoliers, et de tous les bons vivants qui ornent cette contrée chrétienne, cherchant l'héritier d'une des maisons les plus anciennes et les plus honorables de Venise.

— Et comment sais-tu que je suis celui que tu cherches ?

— Signore, il y a bien des signes que l'homme sage aperçoit et qui échappent à l'étourdi. Quand de jeunes cavaliers ont la fantaisie de se mêler avec le peuple sous un déguisement honorable, comme cela arrive à certains jeunes patriciens de cette république, on peut les reconnaître à leur air, sinon à leur voix.

— Tu es un malin drôle, Osée ; mais c'est la malice de ta race qui la fait vivre.

— C'est sa seule défense contre l'oppression, jeune Signore. Nous sommes chassés comme des loups, et il n'est pas étonnant que nous montrions quelquefois la férocité des animaux pour les quels vous nous prenez. Mais à quoi bon parler des injures d mon peuple à un homme qui regarde la vie comme une mascarade?

— Et qui ne serait pas fâché, ingénieux Osée, si le monde n'était composé que d'Hébreux. — Mais, au fait, je n'ai pas de gages à racheter, et je ne sache pas que je te doive rien.

— Juste Samuel! vous autres cavaliers du sénat, vous êtes sujets à oublier le passé, ou vous ne parleriez pas de cette manière, Signore. Si Votre Excellence est portée à oublier ses gages, ce n'est nullement ma faute; mais quant au compte qui s'est accru depuis si longtemps entre nous, il n'y a pas sur le Rialto un commerçant qui puisse en contester les preuves.

— Eh bien! soit. — Viens-tu importuner le fils de mon père à la face de tout ce qui se trouve dans la place Saint-Marc?

— Je ne voudrais causer de déshonneur à nul individu sorti de cette illustre race, Signore; et par conséquent, je ne vous en parlerai plus, — comptant toujours qu'en temps convenable vous reconnaîtrez votre signature et votre sceau.

— J'aime ta prudence, juif. C'est une preuve que tu me cherches pour une affaire moins désagréable que de coutume. Comme le temps me presse, je te serai obligé de me la faire connaître sans délai.

Osée jeta autour de la place un coup d'œil à la dérobée, mais avec beaucoup d'attention, et s'approchant de plus en plus du patricien supposé, il continua :

—Signore, votre famille est en danger de faire une grande perte. Vous savez que le sénat a tout à coup enlevé donna Violetta à la tutelle de votre illustre père ?

Jacopo tressaillit; mais ce mouvement était si naturel à un amant désappointé qu'il servit à confirmer le juif dans son erreur, au lieu de l'en désabuser.

— Calmez-vous, jeune Signore, reprit Osée; ces désappointements nous arrivent à tous dans notre jeunesse, comme j'en ai fait la cruelle épreuve : je n'ai pas gagné Lia sans peine; et après le succès dans le commerce, le succès en amour est peut-être le plus incertain. L'or contribue beaucoup à l'assurer dans les deux cas, et il y réussit ordinairement. Mais vous êtes plus près que vous ne vous l'imaginez de perdre la maîtresse de votre affection, car je suis envoyé tout exprès pour vous dire qu'elle est sur le point d'être éloignée de cette ville.

— Où l'envoie-t-on? demanda Jacopo avec assez de vivacité pour faire honneur à son caractère supposé.

— C'est ce qui reste à savoir, Signore. Votre père est un sénateur plein de sagacité, et parfois il trempe profondément dans les secrets de l'Etat. Mais, à en juger par son incertitude en cette occasion, je suppose qu'il est guidé par ses calculs plutôt que par une connaissance bien sûre de ce qui se passe. Juste Daniel! j'ai vu des moments où j'ai soupçonné que le vénérable patricien lui-même était membre du Conseil des Trois.

— Et pourquoi non? — Il est d'une ancienne famille, dont les priviléges sont bien établis.

— Je ne dis rien contre le conseil, Signore. C'est un corps plein de sagesse, qui fait beaucoup de bien et qui prévient beaucoup de mal. Personne ne parle désavantageusement du conseil secret sur le Rialto : car on y songe plus à s'occuper d'une industrie lucrative qu'à discuter les mesures de ceux qui nous gouvernent. Mais, Signore, qu'il soit de tel ou tel conseil, ou simplement sénateur, le fait est qu'il m'a donné à entendre positivement le danger que nous courons de perdre...

— Nous! — Portes-tu tes pensées sur donna Violetta, Osée?

— Que Lia et la loi m'en préservent! — Si la belle reine de Saba elle-même venait me tenter, et que la nature donnât des signes de faiblesse, je suis sûr que nos rabbins trouveraient des arguments pour m'apprendre le renoncement à soi-même. D'ailleurs la fille de Lévi n'est pas plus portée à favoriser la polygamie qu'aucun autre des priviléges de notre sexe. J'ai parlé au pluriel, Signore, parce que le Rialto a quelque intérêt à ce mariage, aussi bien que la maison de Gradenigo.

— Je te comprends. — Tu crains pour ton or?

— Si j'avais pris l'alarme aisément à ce sujet, signor Giacomo, je ne m'en serais pas défait si facilement. La succession de votre illustre père suffira amplement pour rembourser tous les emprunts que vous aurez pu faire par mes humbles moyens; mais celle de feu le signor Tiepolo ne rendrait pas la garantie plus mauvaise.

— Je reconnais ta sagacité, et je sens l'importance de ton avis. Mais il paraît n'être appuyé que sur tes propres craintes.

—Jointes à certaines insinuations obscures de votre honorable père, Signore.

—A-t-il parlé plus positivement?

—Il m'a parlé en paraboles, Signore. Mais comme j'ai l'oreille orientale, ses paroles n'ont pas été emportées par le vent. Que la riche héritière soit sur le point d'être envoyée hors de Venise, c'est ce dont je suis certain; et par suite du petit intérêt que je prends moi-même à ses mouvements, je donnerais la plus belle turquoise de ma boutique pour savoir où l'on doit la conduire.

—Peux-tu me dire avec certitude qu'elle partira cette nuit?

—Ne donnant aucun gage que je serais obligé de racheter en cas de méprise, je vous dirai, jeune cavalier, que j'en suis assez sûr pour avoir l'esprit troublé d'inquiétudes à ce sujet.

—Il suffit! — Je veillerai à mes intérêts et aux tiens.

Jacopo lui fit un geste de la main en signe d'adieu, et poursuivit son chemin en traversant la Piazza.

—Mes intérêts! répéta le juif, si j'y avais veillé moi-même de plus près, comme aurait dû le faire un homme habitué à traiter avec cette race maudite, cette fille pourrait aujourd'hui épouser un Turc, sans que je m'en soucie le moins du monde.

—Osée, lui dit un masque à l'oreille, un mot en secret.

Le joaillier tressaillit, et vit que, dans l'ardeur de ses regrets, il s'était laissé approcher, sans y faire attention, par quelqu'un qui avait pu l'entendre. Celui qui l'avait abordé portait aussi un domino, et il en était si bien enveloppé qu'il était impossible de le reconnaître.

—Que me veux-tu, Signor masque? demanda le juif circonspect.

—Un mot en amitié et en confiance. — Tu as de l'argent à prêter à intérêt?

—C'est une question qu'il vaudrait mieux faire au trésorier de la république. J'ai beaucoup de pierres précieuses estimées fort au-dessous de leur poids, et je serais charmé de les placer entre les mains de quelqu'un plus heureux que moi et qui pourrait les garder.

—Cela ne suffira pas. — Tu es connu pour être cousu de sequins; un homme de ta race, et aussi riche que toi, ne refusera jamais de faire un prêt, avec des garanties aussi certaines que les lois de Venise. Un millier de ducats dans ta main n'est pas chose nouvelle.

— Ceux qui me disent riche, signor masque, s'amusent à plaisanter aux dépens du malheureux enfant d'une race infortunée. Que j'eusse pu être au-dessus du besoin, que je ne sois même pas tout à fait pauvre, cela peut être vrai; mais quand on parle de mille ducats, on parle d'affaires trop lourdes pour mes faibles épaules. S'il vous plaisait d'acheter une améthyste ou un rubis, Signore, nous pourrions peut-être faire affaire ensemble.

— C'est de l'or qu'il me faut, vieillard, et je ne pourrais moi-même, en cas de nécessité, te vendre des joyaux. Mes besoins sont urgents en ce moment, et je n'ai pas de temps à perdre en conversations. — Fais tes conditions.

— On doit avoir de bonnes garanties à offrir, Signore, pour prendre un ton si péremptoire en affaires d'argent!

— Ne t'ai-je pas dit que les lois de Venise ne sont pas plus certaines? — Mille ducats, et promptement. Tu en régleras l'intérêt avec ta conscience.

Osée pensa que c'était donner une grande latitude au traité, et il commença à écouter la proposition plus sérieusement.

— Signore, dit-il, mille ducats ne se ramassent pas tous les jours sur le pavé de la grande place. Celui qui voudrait les prêter doit d'abord les gagner par de longs et pénibles travaux, et celui qui voudrait les emprunter...

— Attend à ton côté.

— Doit avoir un nom et des répondants bien connus sur le Rialto.

— Tu prêtes à des masques sur gages suffisants, prudent Osée, ou la renommée t'accorde trop de générosité.

— Un gage suffisant me donne le moyen de voir clair devant moi, quand même l'emprunteur serait aussi bien caché que les membres du conseil des Trois. Venez me trouver demain, masqué ou non, suivant votre bon plaisir; car je n'ai pas la curiosité impertinente de pénétrer dans les affaires des autres au-delà de ce qu'exige le soin que je dois prendre de mon propre intérêt, et je fouillerai dans mes coffres, quoiqu'il n'y en ait pas un seul, chez aucun des héritiers présomptifs dans cette ville de Venise, qui puisse offrir un plus grand vide.

— Mes besoins sont trop urgents pour admettre ce délai. As-tu de l'or à me prêter, avec la condition d'en fixer toi-même l'intérêt?

— Avec des gages suffisants en pierres précieuses, Signore, je pourrais rassembler cette somme parmi mes compatriotes dispersés. Mais celui qui va sur l'île pour emprunter, comme je serais obligé de le faire, doit être en état de satisfaire à tous les doutes qu'on peut avoir sur le remboursement.

—L'or peut donc se trouver? Je puis être tranquille sur ce point?

Osée hésita, car il avait inutilement cherché à pénétrer le déguisement de son compagnon; et quoiqu'il regardât son ton d'assurance comme un augure favorable, l'instinct d'un prêteur faisait qu'il n'aimait pas son impatience.

—J'ai dit à l'aide des amis que j'ai parmi mes compatriotes, répondit-il avec prudence.

— Cette incertitude ne peut convenir à mes besoins. — Addio, Osée, il faut que je cherche ailleurs.

— Signore, vous ne pourriez être plus pressé si cet argent était destiné à payer les frais de vos noces. Si je pouvais trouver Isaac et Aaron chez eux à cette heure avancée, je crois que je pourrais, sans trop risquer, dire qu'il me serait possible de me procurer partie de cette somme.

—Je ne puis me fier à cette chance.

—La chance est peu de chose, Signore; car Aaron garde le lit, et Isaac ne manque jamais de régler ses comptes quand il a fini son travail de la journée. Cette occupation est une récréation suffisante pour l'honnête Hébreu; je suis pourtant surpris qu'il y trouve quelque satisfaction, car depuis un an nous n'avons tous fait que des pertes.

—Je te dis, juif, que je ne puis avoir aucun doute sur le résultat de cette négociation. — L'argent, de bons gages, ta conscience pour arbitre entre nous, mais point de promesses équivoques qui pourraient être suivies de désappointement, sous prétexte que des tiers ne seraient pas satisfaits.

—Juste Daniel! — Mais pour vous obliger, Signore, je crois pouvoir me hasarder... Oui, un Hébreu bien connu, Lévi de Livourne, m'a laissé un sac contenant précisément la somme en question. Aux conditions convenues, j'en ferai ma propre affaire, et je rembourserai le bon joaillier sur mes propres fonds un peu plus tard.

—Je te remercie de cette offre, Osée, dit l'inconnu en soulevant son masque de manière à montrer ses traits, et en le replaçant aussitôt. Cela abrégera notre négociation. N'as-tu pas ce sac du juif de Livourne sous ton domino?

Osée resta muet à la révélation de deux faits importants. Il avait communiqué à un étranger, peut-être à un agent de la police, ses soupçons sur les intentions du sénat relativement à donna Violetta ; et il venait de se priver du seul argument qu'il avait jamais pu employer avec succès contre les demandes d'emprunt de Giacomo Gradenigo, en lui disant à lui-même qu'il avait à sa disposition la somme précise qu'il demandait.

— J'espère que les traits d'une ancienne pratique ne nuiront pas à notre marché, Osée? dit l'héritier dissipateur du sénateur de Venise, cachant à peine le ton d'ironie avec lequel il lui faisait cette question.

— Père Abraham! si j'avais su que c'était vous, signor Giacomo, cela aurait considérablement abrégé votre négociation.

— Oui, tu aurais prétendu que tu n'avais pas d'argent, comme tu l'as fait si souvent depuis quelque temps.

— Non, Signore, non ; je ne suis pas homme à me dédire de ce que j'ai avancé. Mais je ne dois pas oublier ce que je dois à Lévi. Le prudent Hébreu m'a fait faire vœu, au nom de notre tribu, que je ne placerais son argent qu'entre les mains d'un homme qui donnerait la plus ample satisfaction sur ses moyens de le rendre.

— Il aura toute assurance, puisque c'est toi qui l'empruntes pour me le prêter.

— Signore, vous mettez ma conscience à une rude épreuve. Vous me devez en ce moment environ six mille sequins, et si je vous prêtais cet argent de confiance, et que vous me le rendissiez, — deux propositions que je n'avance que sous forme de suppositions, — un amour naturel pour ce qui m'appartient pourrait me porter à mettre cette rentrée sur mon propre compte, en laissant courir le risque par la somme due à Lévi.

— Arrange tout cela avec ta conscience comme tu l'entendras, Osée. — Tu as avoué que tu as de l'argent, et voici des bijoux pour ta sûreté.—Maintenant les sequins.

Il est probable que le ton décidé de Giacomo Gradenigo aurait fait peu d'impression sur le cœur de roche du juif, qui avait le caractère ordinaire d'un homme proscrit par l'opinion ; mais étant revenu de sa surprise, il commença à expliquer au jeune patricien les craintes qu'il avait conçues relativement à donna Violetta, dont le mariage, il est bon de se le rappeler, n'était connu que des témoins qui y avaient assisté, et du Conseil des Trois ; et à sa grande satisfaction, il apprit que l'argent que Giacomo voulait emprunter était destiné à exécuter son propre projet de faire transporter la riche héritière dans quelque lieu de sûreté. Cette circonstance changea sur-le-champ toute la face de l'affaire. Comme les gages offerts valaient réellement la somme demandée, Osée, prenant en outre en considération la chance de recouvrer ce qui lui était déjà dû sur les domaines romains de donna Violetta, crut que ce prêt ne serait pas un mauvais placement des prétendus sequins de son ami Lévi de Livourne.

Dès que les parties furent arrivées à s'entendre, elles quittèrent la place ensemble pour aller terminer leur marché.

CHAPITRE XXI.

> Nous suivons Cade ! Oui, nous suivons Cade !
> SHAKSPEARE. *Henri VI.*

La nuit avançait, les sons de la musique commencèrent à se faire entendre au milieu du silence ordinaire de la ville, et les gondoles des grands étaient de nouveau en mouvement sur chaque canal. A travers les fenêtres des petits pavillons qui les couvraient, les mains se faisaient des signes de reconnaissance, tandis que les barques se croisaient, mais peu de personnes s'arrêtaient pour se parler dans cette ville de mystères et de soupçons. On semblait même, quoique sans motif actuel, ne respirer l'air rafraîchissant du soir qu'avec cette contrainte qui était trop intimement mêlée aux mœurs de Venise pour qu'on n'en contractât pas l'habitude.

Parmi les gondoles plus légères et plus élégantes des patriciens, on en vit une d'une dimension plus qu'ordinaire descendre le grand canal. L'extérieur en était si simple, qu'elle semblait destinée à quelque usage vulgaire. Elle avançait lentement, et les bateliers maniaient leurs rames en hommes fatigués ou peu pressés. Celui qui la guidait montrait une adresse consommée, quoiqu'il n'employât qu'une seule main, et ses compagnons laissaient quelquefois leurs rames flotter sur l'eau avec indolence. En un mot, elle voguait avec l'air ordinaire de nonchalance d'une barque revenant à la ville après avoir fait une excursion sur la Brenta, ou dans quelques unes des îles plus éloignées.

Tout à coup cette gondole s'écarta du milieu du canal, sur lequel elle flottait plutôt qu'elle ne voguait, et entra dans un des canaux les moins fréquentés de la cité. A partir de ce moment, elle continua à sillonner l'eau avec plus de promptitude et de régularité, et arriva enfin dans un quartier habité par la classe la plus basse des Vénitiens. Là, elle s'arrêta à côté d'un magasin, et un homme de l'équipage en sortit et s'élança vers un pont. Les autres s'étendirent sur les bancs des rameurs, et parurent se livrer au repos.

Celui qui avait quitté la barque traversa quelques passages étroits, mais ouverts au public, comme il s'en trouve dans chaque partie de la ville. Il frappa légèrement à une fenêtre qui ne tarda pas à s'ouvrir; et la voix d'une femme demanda le nom de celui qui frappait ainsi.

— C'est moi, Annina, répondit Gino, qui avait déjà bien des fois fait son entrée dans la maison par cette porte de derrière; ouvre-moi, car je viens pour une affaire très-pressante.

Annina ouvrit la porte, mais non sans s'être assurée que celui qui lui parlait ainsi était seul.

— Tu es venu dans un mauvais moment, Gino, dit la fille du marchand de vin, car j'allais sortir pour aller respirer l'air du soir sur la place Saint-Marc. Mon père et mes frères sont déjà partis, et je ne suis restée que pour fermer la maison.

— Leur gondole ramènera quatre personnes au lieu de trois.

— Ils sont allés par les rues.

— Et tu vas courir les rues toute seule à une pareille heure?

— Et quand je le ferais, de quoi te mêles-tu? — Béni soit san Teodoro! je ne suis pas encore l'esclave du serviteur d'un Napolitain.

— Ce Napolitain est un noble puissant, Annina, en état de commander le respect de ses serviteurs, et disposé à le faire.

— Il aura besoin de tout son crédit. Mais pourquoi es-tu venu si tard ce soir ? — Tes visites ne me font jamais grand plaisir, Gino; et quand j'ai d'autres affaires, elles me gênent.

Si le gondolier avait eu un caractère susceptible, ou que sa passion eût été bien vive, cette franchise aurait pu le choquer; mais Gino reçut ce compliment aussi froidement qu'on le lui adressait.

— Je suis habitué à tes caprices, Annina, dit-il en se jetant sur un banc, en homme déterminé à rester là. Quelque jeune patricien t'aura envoyé un baiser en soufflant sur sa main tandis que tu traversais la place de Saint-Marc, ou ton père aura fait aujourd'hui une meilleure journée qu'à l'ordinaire; car ton orgueil s'enfle toujours comme sa bourse.

— Diamine! à entendre le drôle, on dirait que je lui ai fait une promesse, et qu'il n'a qu'à attendre dans la sacristie qu'on allume les cierges pour recevoir mes vœux! Où en sommes-nous donc ensemble, Gino Tullini, pour que tu prennes tout à coup de pareils airs avec moi?

— Où en sommes-nous, te dirai-je à mon tour, Annina, pour que tu prennes le confident de don Camillo pour le but de ces caprices trop connus?

— Retire-toi, insolent! je n'ai pas plus de temps à perdre à t'écouter.

— Tu es bien pressée ce soir, Annina.

— Oui, pressée d'être débarrassée de toi. Maintenant, écoute-moi, Gino, et retiens bien ce que je vais te dire, car ce sont les derniers mots que tu entendras jamais sortir de ma bouche. Tu sers un noble disgracié, qui ne tardera pas à être chassé honteusement de cette ville, et tous ses serviteurs fainéants s'en iront avec lui. Or j'entends rester dans ma ville natale.

Le gondolier sourit avec une indifférence réelle de son mépris affecté. Mais se rappelant sa mission, il prit sur-le-champ un air plus grave, et chercha à calmer le ressentiment de son inconstante maîtresse par des manières respectueuses.

— Que saint Marc me protége, Annina! si nous ne devons pas nous mettre à genoux ensemble devant le bon prieur, ce n'est pas une raison pour que nous ne fassions pas un marché. Je suis venu par les canaux obscurs jusqu'à une portée de ta maison; j'ai dans ma gondole du lacryma-christi bien mûr, tel que l'honnête Tomaso ton père en a rarement eu; et tu me traites comme un chien que l'on chasse d'une église!

—Je n'ai de temps à perdre ce soir, Gino, ni pour toi ni pour ton vin ; si tu ne m'avais pas retenue, je serais déjà dehors et contente.

—Mets les verrous à la porte, ma fille, et ne fais pas de cérémonie avec un ancien ami, dit le gondolier en lui offrant officieusement de l'aider à fermer sa maison.

Annina le prit au mot, et s'étant mis tous deux sérieusement en besogne, la maison fut fermée, et la jeune fille et son amant entrèrent dans la rue. Ils avaient à traverser le pont dont nous avons déjà parlé. Gino lui montra sa gondole et lui dit : —Tu ne te laisseras pas tenter, Annina ?

—Ton imprudence, en amenant les fraudeurs si près de la maison de mon père, nous jouera, un jour ou l'autre, un mauvais tour, maladroit que tu es !

—Cette hardiesse est précisément ce qui préviendra les soupçons.

—De quel vignoble vient ce vin ?

—Du pied du Vésuve, et le raisin est mûri par la chaleur du volcan. Si mes amis le vendent à ton ennemi le vieux Beppo, ton père se repentira de ne pas avoir profité de l'occasion.

Annina, toujours prête à écouter la voix de l'intérêt, jeta un regard d'envie sur la barque. Les rideaux du pavillon étaient fermés, mais il était spacieux, et son imagination le lui représentait déjà rempli d'outres venant de Naples.

—Ce sera la dernière de tes visites à notre porte, Gino ?

—Comme tu le voudras ;—mais descends et goûte ce vin.

Annina hésita ; puis, comme on dit qu'une femme le fait toujours quand elle hésite, elle céda ; ils entrèrent précipitamment dans la gondole, et sans regarder les bateliers qui étaient encore étendus sur les bancs, Annina se glissa sur-le-champ sous le pavillon. Un cinquième gondolier y était appuyé sur des coussins ; car bien loin de ressembler à une barque de contrebande, cette gondole offrait les mêmes arrangements que celles dont on se servait sur les canaux.

—Je ne vois rien qui ait pu me détourner de mon chemin ! s'écria Annina, trompée dans son attente. — Que me voulez-vous, Signore ?

—Tu es la bienvenue. Nous ne nous séparerons pas si aisément que nous l'avons déjà fait.

Le prétendu gondolier s'était levé en parlant ainsi. En achevant ces mots, il appuya une main sur l'épaule d'Annina, et elle se trouva en face de don Camillo Monforté.

Annina était trop habituée à la ruse pour montrer aucun des symptômes d'alarme réelle ou affectée, ordinaires aux femmes. Maîtresse de l'expression de ses traits, quoique tremblante, elle dit avec un ton de plaisanterie empruntée :

— Le commerce secret est donc honoré de la complicité du duc de Sainte-Agathe?

— Je ne suis pas ici pour plaisanter, jeune fille, et tu finiras par en être convaincue. — Tu as un choix à faire entre un franc aveu et ma juste colère.

Don Camillo parlait avec calme, mais d'un ton qui prouva évidemment à Annina qu'elle avait affaire à un homme déterminé.

— Quel aveu Votre Excellence veut-elle obtenir de la fille d'un pauvre marchand de vin? demanda-t-elle, ne pouvant plus dissimuler l'émotion de sa voix.

— La vérité; et souviens-toi que pour cette fois nous ne nous quitterons pas que tu ne m'aies satisfait. La police de Venise et moi nous sommes à présent aux prises, et ta présence ici est le premier fruit de mon plan.

— Signor duc, c'est une démarche hardie au milieu des canaux.

— Les conséquences me regardent; mais ton intérêt doit te porter à tout avouer.

— Je ne me ferai pas un grand mérite de céder à la force, Signore. Votre bon plaisir étant d'apprendre le peu que je puis savoir, je ne me ferai pas prier pour vous le dire.

— Parle donc, car le temps presse.

— Signore, je ne nierai pas que vous n'ayez été maltraité. Capperi! comme le Conseil vous a traité indignement! Un noble cavalier d'un pays étranger, qui, comme le sait la dernière des commères de Venise, a de justes droits aux honneurs du sénat, être traité de cette manière! C'est une honte pour la république. Le bienheureux saint Marc lui-même en perdrait patience!

— Trêve de verbiage, jeune fille : aux faits.

— Aux faits, Signor duc? Ils sont mille fois plus clairs que le soleil; et tout ce que j'en sais est au service de Votre Excellence. Assurément je voudrais en savoir davantage, puisque cela vous fait plaisir.

— Assez de ces protestations : venons-en aux faits.

Annina, qui, à la manière de la plupart des intrigantes de sa classe en Italie, avait été prodigue de paroles, trouva le moyen alors de jeter un coup d'œil sur l'eau, et vit que la gondole avait déjà quitté les canaux, et voguait sur les lagunes. Sentant qu'elle était complètement au pouvoir de don Camillo, elle commença à reconnaître la nécessité de parler d'une manière plus explicite.

— Probablement, dit-elle, Votre Excellence soupçonne que le Conseil a trouvé le moyen d'être informé de son intention de fuir de la ville avec donna Violetta?

— Je sais tout cela.

— Pourquoi il m'a choisie pour servir cette noble dame, c'est ce qu'il m'est impossible de savoir. Notre-Dame de Lorette! ce n'est pas moi qu'il faut envoyer chercher, quand le sénat veut séparer deux amants.

— J'ai eu de la patience avec toi, Annina, parce que je voulais attendre que la gondole fût hors de la ville; mais à présent il faut renoncer à tout subterfuge et me parler clairement. Où as-tu laissé ma femme?

— Votre Excellence pense-t-elle donc que le sénat regardera ce mariage comme légal?

— Réponds-moi, te dis-je, ou je trouverai les moyens de te faire parler. — Où as-tu laissé ma femme?

— Bienheureux san Teodoro! les agents de la république n'avaient que faire de moi, Signore, et ils me mirent hors de la gondole au premier pont que nous rencontrâmes.

— Tu cherches en vain à me tromper. — Tu es restée très-tard ce jour-là sur les lagunes, et je sais que tu es allée faire une visite à la prison de Saint-Marc, au soleil couchant, à ton retour de la barque sur laquelle était donna Violetta.

La surprise que montra Annina n'était pas jouée.

— Santissima Maria! vous êtes mieux servi que le Conseil ne le pense, Signore!

— Et tu l'apprendras à tes dépens, si tu ne me dis la vérité. — De quel couvent venais-tu?

— D'aucun couvent, Signore. Si Votre Excellence a découvert que le sénat a enfermé la signora Tiepolo dans la prison de Saint-Marc pour plus de sûreté, vous ne devez pas vous en prendre à moi.

— Ton artifice est inutile, Annina; tu es allée dans la prison pour y chercher des objets prohibés que tu avais laissés longtemps sous la garde de ta cousine Gelsomina, fille du geôlier, qui ignorait ce qu'était ce dépôt, car tu en as imposé bien des fois avec succès à son innocence et à son ignorance du monde. Donna Violetta n'est pas une prisonnière ordinaire pour être claquemurée dans une prison.

— Santissima Madre di Dio !

Annina ne put exprimer sa surprise que par cette exclamation.

— Tu vois que tu ne saurais me tromper. Je suis si bien instruit de tes mouvements qu'il est impossible que tu me fasses prendre le change. Tu ne vas pas souvent voir ta cousine; mais en arrivant sur les canaux le soir dont il s'agit...

De grands cris poussés sur l'eau interrompirent don Camillo. Il leva les yeux, et vit une masse compacte de barques s'avancer vers la ville en faisant force de rames comme une seule gondole. Mille voix parlaient en même temps; un cri lamentable général annonçait que cette multitude qui s'approchait était émue par un même sentiment. La singularité de ce spectacle, et le fait que sa gondole était précisément sur la route de cette flotte de plusieurs centaines de barques, lui firent oublier momentanément la jeune fille qu'il interrogeait.

— Que signifie ceci, Jacopo? demanda-t-il à demi-voix au gondolier qui dirigeait sa barque.

— Ce sont des pêcheurs, Signore; et, à la manière dont ils s'avancent vers les canaux, je suis porté à croire qu'il y aura parmi eux quelque émeute. Il y a régné beaucoup de mécontentement depuis le refus qu'a fait le doge d'accorder au fils de leur compagnon son congé du service des galères.

La curiosité avait porté les bateliers de don Camillo à s'arrêter un instant; mais ils virent bientôt la nécessité de s'écarter pour livrer passage à cette masse flottante, les pêcheurs maniant leurs rames avec ce vigoureux tour de bras qu'on remarque si souvent parmi les rameurs italiens. Un cri menaçant, accompagné d'un ordre d'arrêter, avertit don Camillo de la nécessité de prendre la fuite ou d'obéir. Il choisit le dernier parti comme celui qui paraissait devoir le moins déranger ses projets.

— Qui êtes-vous? demanda un homme qui semblait jouer le rôle de chef; si vous êtes des hommes des lagunes et des chrétiens, joignez-vous à vos amis, et venez avec nous sur la place Saint-Marc pour demander justice.

— Pourquoi donc ce tumulte? demanda don Camillo, dont le costume cachait le rang, et qui compléta son déguisement en adoptant le dialecte vénitien. Pourquoi êtes-vous ici rassemblés en si grand nombre, mes amis?

— Regardez!

Don Camillo se retourna, et vit les traits livides et les yeux éteints du vieil Antonio. L'explication lui fut donnée par cent bouches à la fois, au milieu de tant de cris, de juremens et d'imprécations, que, s'il n'y eût été préparé par le récit que lui avait fait Jacopo, il aurait trouvé très-difficile de comprendre ce qu'on lui disait.

En pêchant dans les lagunes, on avait trouvé le corps d'Antonio, et il en était résulté d'abord une consultation sur la cause probable de sa mort, puis un rassemblement de tous ceux qui suivaient la même profession que le défunt, et enfin la scène que nous venons de décrire.

— Giustizia! s'écrièrent cinquante voix animées de colère, tandis qu'on soulevait la tête du vieux pêcheur pour l'exposer à la clarté de la lune: *Giustizia in palazzo e pane in piazza*[1]!

— Demandez cela au sénat! dit Jacopo avec un ton de dérision qu'il ne chercha pas à cacher.

— Crois-tu donc que notre compagnon ait été puni ainsi de la hardiesse qu'il a montrée hier?

— Il est arrivé des choses plus étranges à Venise.

— Ils nous défendent de jeter nos filets dans le canal Orfano[2], de peur que les secrets de la justice ne viennent à être connus; et voilà qu'ils sont devenus assez audacieux pour faire noyer un des nôtres au milieu de nos gondoles.

— Justice! justice! s'écrièrent des voix rauques innombrables.

— A la place de Saint-Marc! Déposons le corps aux pieds du doge! — Partons, camarades! Que le sang d'Antonio retombe sur ses meurtriers!

Avec ce plan vague de redresser leurs griefs, les pêcheurs

---

1. Justice dans le palais et du pain sur la place.
2. Le canal Orfano était consacré aux exécutions secrètes; il était défendu d'y pêcher, dans la crainte qu'il ne révélât ainsi ses effrayants mystères.

reprirent leurs rames, et la flotte s'éloigna avec rapidité, comme si elle n'eût formé qu'une seule masse.

Cette rencontre, quoiqu'elle n'eût duré que quelques instants, fut accompagnée des cris, des menaces, et de tous les signes ordinaires de fureur qui caractérisent un tumulte populaire parmi ces hommes irritables ; elle produisit un effet sensible sur les nerfs d'Annina. Don Camillo profita de la terreur qu'elle éprouvait évidemment pour insister sur ses questions, car l'heure n'admettait plus aucun délai.

Le résultat fut que, tandis que les pêcheurs courroucés entraient dans le grand canal en poussant des cris terribles, la gondole de don Camillo Monforte s'avança sur la surface étendue et tranquille des lagunes.

CHAPITRE XXII.

Clifford ! Clifford ! nous suivons le roi et Clifford !
SHAKSPEARE. *Henri VI.*

La tranquillité de la ville la mieux gouvernée peut être troublée à tout moment par une émeute soudaine de mécontents. On ne peut pas plus se mettre en garde contre un tel danger que contre des crimes plus vulgaires. Mais quand les troubles d'une commotion populaire font trembler le gouvernement pour son existence, on doit en conclure qu'il y a quelque défaut radical dans son organisation. Les hommes se rallient autour de leurs institutions aussi promptement qu'autour de tous les autres intérêts qui leur sont chers, quand elles méritent leur attachement ; et l'on a la meilleure preuve de leur peu de valeur lorsque ceux qui gouvernent appréhendent sérieusement le souffle de la multitude. Dans toutes les occasions de troubles intérieurs, nulle nation ne montra jamais cette terreur plus que l'arrogante république de Venise. Il existait dans son système factice une tendance natuturelle et constante à la dissolution, qui n'était arrêtée que par la dextérité de son aristocratie et par les arcs-boutants politiques dont elle avait étayé son pouvoir. On parlait beaucoup du caractère vénérable de sa politique et de la sécurité qui en était la suite; mais c'est en vain que l'égoïsme lutte contre la vérité. De tous les sophismes que l'homme a employés à l'appui de ses expédients, il n'en est aucun de plus évidemment faux que celui qui conclut à la durée future d'un système social de la durée qu'il a déjà eue. Il serait aussi raisonnable de prétendre qu'un homme de soixante-dix ans a les mêmes chances pour vivre que le jeune homme de quinze, ou que le destin inévitable de toutes choses d'origine mortelle n'est pas la destruction. Il y a dans l'existence humaine une époque où le principe de vie est obligé de combattre la faiblesse de l'enfance; mais, cet état d'épreuve passé, l'enfant atteint l'âge où il a l'espoir le plus raisonnable de vivre. De même la machine sociale, comme toute autre, quand elle a marché assez longtemps pour démontrer la bonté de ses rouages, offre le plus de garanties de durée. Celui qui est jeune peut ne pas vivre assez pour devenir vieux; mais il est certain que celui qui est vieux a été jeune. L'empire de Chine a eu jadis sa jeunesse comme notre république[1]; mais nous ne trouvons aucune raison de croire qu'il aura une durée plus longue que la nôtre, dans la décrépitude qui est la compagne naturelle de sa vieillesse.

A l'époque de notre histoire, plus Venise vantait son antiquité, plus elle redoutait sa fin prochaine. Ses plus fortes combinaisons politiques avaient le vice fatal d'être toutes à l'avantage de la minorité; comme il arrive des forteresses et des montagnes qu'on voit sur un théâtre, il ne fallait que le grand jour pour détruire l'illusion. L'alarme avec laquelle les patriciens entendirent les cris des pêcheurs et sortirent de leurs palais pour se rendre vers la grande place peut aisément s'imaginer. Quelques uns, sentant tout ce qu'il y avait d'artificiel dans leur existence comme aristocratie, avaient depuis longtemps un secret instinct de leur perte prochaine, et commençaient à songer aux moyens les plus certains de pourvoir à leur sûreté. D'autres écoutaient ces cris avec admiration, car l'habitude avait maîtrisé la sottise au point d'avoir créé une identité entre l'Etat et des choses bien peu durables, et

---

1. Les Etats-Unis de l'Amérique septentrionale.

ils s'imaginaient que Saint-Marc avait remporté une victoire, dans cet état de décadence qui n'était pas intelligible pour leurs facultés apathiques. Mais un petit nombre, — et c'étaient ceux qui réunissaient en eux tout ce qu'il y avait de bon et d'utile pour la nation, tout ce qu'on attribuait communément et faussement au système en lui-même,—comprenaient parfaitement le danger, en savaient peser la gravité, et connaissaient les moyens de l'éviter.

Mais les mutins n'étaient en état ni d'apprécier leurs propres forces, ni de calculer leurs avantages accidentels ; ils n'agissaient que par l'effet d'une aveugle impulsion. Le triomphe qu'avait obtenu la veille leur vieux compagnon, le froid refus que lui avait fait le doge, et la scène du Lido, qui dans le fait avait fini par la mort d'Antonio, avaient disposé leurs esprits à une scène de tumulte. Quand donc ils eurent trouvé le corps de leur vieux compagnon, après le temps nécessaire pour rassembler toutes leurs forces sur les lagunes, ils se livrèrent à leur emportement et coururent vers le palais de Saint-Marc, comme nous l'avons décrit, sans autre but fixe que de céder à leur colère.

Lorsqu'ils entrèrent dans le canal, son peu de largeur fit des barques une masse si compacte, qu'ils pouvaient à peine se servir de leurs rames, et par conséquent leur marche se ralentit. Tous désiraient s'approcher autant que possible du corps d'Antonio ; et, comme il arrive dans tous les attroupements semblables, leur zèle mal ordonné les empêchait d'atteindre à leur but. Une ou deux fois ils proclamèrent avec des imprécations les noms de quelques sénateurs odieux au peuple, comme s'ils eussent voulu se venger des crimes de l'État sur ses agents ; mais ces cris ne durèrent que l'instant qui les avait entendus s'élever. En arrivant au pont du Rialto, près de la moitié de ces furieux débarquèrent, et prirent le plus court chemin par les rues pour se rendre au point de leur destination. Les autres, n'étant plus gênés par un trop grand nombre de barques, avancèrent plus vite. Lorsqu'ils approchèrent du port, les barques se formèrent en rangs moins serrés, et continuèrent à former un cortége funéraire.

Pendant que ce changement s'opérait, une gondole ayant un double rang de rameurs sortit rapidement d'un passage latéral, et entra dans le grand canal. Le hasard fit qu'en y entrant elle se trouva positivement en face de la phalange de barques qui le descendaient. Les gondoliers parurent surpris du spectacle extraordinaire qui s'offrait à leurs yeux, et pendant un instant ils ne surent quel parti prendre.

— Une gondole de la république! s'écrièrent cinquante pêcheurs.
— Une seule voix ajouta : *Canale Orfano !*

Le simple soupçon de la mission que ces deux mots attribuaient à la gondole, et dans un pareil moment, était suffisant pour inspirer une nouvelle rage aux pêcheurs. Ils poussèrent des cris de fureur, et une vingtaine de barques se mirent à la poursuite de la gondole ; mais cette démonstration fut suffisante. Les gondoliers de la république prirent la fuite encore plus vite qu'on ne les poursuivait. Ils s'approchèrent du rivage, et entrant dans un de ces passages en planches qui entourent tant de palais à Venise, ils disparurent par une allée.

Encouragés par ce succès, les pêcheurs saisirent la gondole comme une épave, et la touèrent au milieu de leur flotte, en remplissant l'air de cris de triomphe. La curiosité en porta quelques uns à entrer dans le pavillon couvert d'un drap noir, et qui ressemblait à un catafalque. Ils en sortirent à l'instant même, amenant avec eux un moine.

— Qui es-tu ? lui demanda d'une voix rauque celui qui prenait sur lui de jouer le rôle de chef.

— Un carme, un serviteur de Dieu.

— Sers-tu Saint-Marc ? As-tu été sur le canal Orfano pour donner l'absolution à un malheureux ?

— Je suis ici près d'une jeune et noble dame qui a besoin de mes avis et de mes prières. Le malheureux et celui qui jouit de tout le bonheur du monde, l'homme libre et celui qui est dans les fers, ont également droit à mes soins.

— Ah ! tu ne te crois donc pas au-dessus de tes devoirs ? — Tu diras les prières des morts pour l'âme d'un homme mort dans la pauvreté ?

— Mon fils, je ne connais nulle différence à cet égard entre le doge et le plus pauvre pêcheur. — Cependant je ne voudrais pas abandonner les dames qui...

— Il ne leur arrivera aucun mal. Entre dans ma barque; on y a besoin de tes saintes prières.

Le père Anselmo, — car le lecteur se doute déjà que c'était lui, — rentra dans son pavillon, expliqua brièvement ce qui se passait à ses compagnes tremblantes, et obéit. On le conduisit à la gondole qui marchait en tête des autres, on lui montra le corps du vieux pêcheur.

— Tu vois ce corps, mon père, lui dit son conducteur; c'est celui d'un homme qui était chrétien, juste et pieux.

— Oui, il était tout cela.

— Nous le connaissions tous comme le plus ancien et le meilleur pêcheur des lagunes, et il était toujours prêt à aider un compagnon que ses filets servaient mal.

— Je te crois aisément.

— Tu peux me croire; mes paroles sont aussi vraies que l'Evangile. Hier, il descendit ce canal en triomphe, car il avait remporté les honneurs de la regatta contre les meilleurs rameurs de Venise.

— J'ai entendu parler de son succès.

— On dit que Jacopo, le Bravo, — le Bravo, — celui qui était autrefois la meilleure rame des canaux, était au nombre des concurrents. — Santa Madonna! un pareil homme était trop précieux pour mourir!

— C'est le destin de tous. — Riches et pauvres, forts et faibles, heureux et misérables, tous doivent également arriver à cette fin.

— Mais non pas à une fin semblable, révérend carme; car Antonio, ayant offensé la république en réclamant le congé de son petit-fils qu'on a enrôlé de force sur les galères, a été envoyé en purgatoire sans qu'on s'inquiétât de ce que deviendrait son âme.

— Il y a un œil qui veille sur le dernier de nous, mon fils; et nous devons croire que votre compagnon n'a pas été oublié.

— Cospetto! On dit que ceux que le sénat voit d'un mauvais œil ne reçoivent que peu d'aide de l'Eglise. Prieras-tu pour lui comme tu l'as dit, révérend carme?

— Oui, sans doute, répondit le père Anselmo avec fermeté. Faites-moi place, mon fils, afin que je puisse m'acquitter convenablement de mes devoirs.

Les visages basanés mais expressifs des pêcheurs brillèrent de satisfaction, car au milieu de tout ce tumulte, ce peuple catholique conservait un profond respect pour les cérémonies de l'Eglise. Le silence fut bientôt obtenu, et les barques se remirent en marche avec plus d'ordre qu'auparavant.

Le spectacle était alors singulier. En tête de toutes les gondoles marchait celle qui contenait les restes d'Antonio. Le canal, s'élargissant en approchant du port, permettait aux rayons de la lune de tomber sur les traits livides du vieux pêcheur, qui conservait l'expression qu'avaient dû vraisemblablement leur donner les dernières pensées d'un homme périssant d'une mort si soudaine et si terrible. Le carme, la tête nue, les mains jointes, le cœur plein de dévotion, et son froc blanc agité par le vent, était debout aux pieds du corps, la tête penchée sur sa poitrine. Un seul gondolier conduisait cette barque, et l'on n'entendait d'autre bruit que celui des rames frappant l'eau lentement et avec régularité. Cette procession silencieuse s'avança ainsi pendant quelques minutes, et alors on entendit la voix tremblante du moine psalmodier les prières pour les morts. Les pêcheurs chantaient à leur tour les répons d'une manière qui doit être familière à toute oreille qui a entendu de pareils chants en Italie ; car dans ce siècle d'obéissance à la discipline de l'église romaine, peu d'entre eux ignoraient ces rites solennels. Le doux murmure de l'élément que fendaient les barques formait une sorte d'accompagnement, et mille figures curieuses et inquiètes garnissaient les balcons, pendant que le cortége funéraire s'avançait lentement.

La grande gondole de la république était remorquée, au centre de la masse mouvante, par une cinquantaine de barques, car les pêcheurs n'avaient pas voulu abandonner leur prise ; cette procession solennelle entra ainsi dans le port, et aborda au quai, à l'extrémité de la Piazzetta. Tandis qu'une foule de mains s'empressaient d'aider à porter à terre le corps d'Antonio, les cris qui s'élevèrent au centre du palais ducal annoncèrent que ceux de leurs compagnons qui étaient venus par les rues étaient déjà dans la cour.

Les places de Saint-Marc offraient alors un nouveau tableau. La belle église d'un genre oriental, avec son architecture riche et massive, le Campanile gigantesque, les colonnes de granit, les mâts de triomphe, tous ces traits particuliers et remarquables qui avaient été témoins de tant de scènes de violence et de réjouissances, de deuil et de gaieté, s'y voyaient encore, défiant le temps, magnifiques et vénérables, en dépit des scènes variées que les passions humaines jouaient tous les jours dans cette enceinte ; mais les chants, les plaisanteries, la gaieté avaient cessé. Les lumières des cafés avaient disparu. Les amis du plaisir s'étaient enfuis chez eux, de crainte d'être confondus avec ceux qui bravaient la colère du sénat ; tandis que les grimaciers, les bouffons, les chanteurs de ballades avaient quitté leur masque de gaieté pour prendre un air plus conforme aux véritables sentiments qui les agitaient.

— Giustizia ! s'écrièrent mille voix, lorsque le corps d'Antonio fut apporté dans la cour. Illustre doge ! *giustizia in palazzo, e pane in piazza !* Rendez-nous justice ! nous demandons justice !

La sombre et vaste cour était remplie des visages basanés et des yeux étincelants des pêcheurs. Le corps fut déposé au bas de l'escalier du Géant ; et le hallebardier tremblant qui était de garde eut tout au plus assez de présence d'esprit pour conserver cet air de fermeté qu'exigeaient la discipline et l'orgueil de sa profession ; mais il n'y avait aucun autre signe de force militaire, car le pouvoir politique qui gouvernait Venise connaissait trop bien son impuissance momentanée pour vouloir irriter ceux qu'il ne pouvait écraser. L'attroupement dans la cour n'était composé que de mutins inconnus ; leur châtiment ne pouvait avoir d'autre conséquence que d'écarter un danger immédiat, et le gouvernement n'y était pas préparé.

Le conseil des Trois avait été informé de l'arrivée des pêcheurs insurgés. Quand ils entrèrent dans la cour, ils étaient assemblés en conclave secret, et discutaient sur la possibilité que ce tumulte eût un objet plus grave et plus déterminé qu'il n'y avait lieu de le supposer d'après les symptômes apparents. Les membres de ce Conseil sortaient de place à tour de rôle, mais l'époque de ce changement n'était pas encore arrivée, et les individus qui ont déjà été présentés à nos lecteurs étaient toujours en possession de leur pouvoir dangereux et despotique.

— Les Dalmates sont-ils informés de ce mouvement ? demanda un des membres du tribunal secret, que son agitation laissait à peine en état de remplir ses hautes fonctions. Nous pouvons avoir besoin de quelques unes de leurs décharges avant que cette émeute soit apaisée.

— Fiez-vous donc pour cela aux autorités ordinaires, Signore, répondit le sénateur Gradenigo. Je crains seulement que quelque conspiration capable d'ébranler la fidélité des troupes ne soit cachée sous ce tumulte.

— Les mauvaises passions de l'homme ne connaissent pas de limites! Pour un État en décadence, Venise est au plus haut point de prospérité. Nos vaisseaux trafiquent avec succès; la banque fleurit et paie de bons dividendes. Je vous assure, Signore, que depuis bien des années je n'ai pas reçu un revenu aussi ample que dans le moment actuel. Tout le monde ne peut prospérer de la même manière.

— Vous avez le bonheur d'avoir des affaires florissantes, Signore; mais il y a bien des gens qui ne sont pas si heureux. Notre forme de gouvernement est un peu exclusive; et si nous en retirons des avantages, nous les payons en nous trouvant exposés aux accusations soudaines de la malveillance, au moindre revers de fortune qu'éprouve la république.

— Rien ne peut-il satisfaire ces esprits exigeants?—Ne sont-ils pas libres? — Ne sont-ils pas heureux?

— Il semblerait qu'ils voudraient en avoir de meilleures assurances que nos discours et notre opinion.

— L'homme est la créature de l'envie. — Le pauvre veut être riche; le faible puissant.

— Il y a du moins une exception à votre règle, Signore, car le riche désire rarement être pauvre, et le puissant être faible.

— On dirait que vous raillez ce soir, signor Gradenigo.—J'espère que je parle comme il convient à un sénateur de Venise, et d'une manière que vous êtes accoutumé à entendre.

— Oui, ce langage n'a rien d'extraordinaire. Mais je crains qu'il n'existe dans l'esprit étroit et exigeant de nos lois quelque chose qui ne convient pas à une fortune en décadence. Quand un État est tout à fait florissant, la prospérité privée fait oublier les défauts du système; mais personne ne fait de remarques plus sévères sur les mesures publiques que les marchands dont le commerce est en baisse.

— Et voilà leur gratitude! N'avons-nous pas fait de ces îles fangeuses un marché pour la moitié de la chrétienté? Et maintenant ils sont mécontents de ne pouvoir conserver dans son entier le monopole que s'était assuré la sagesse de nos ancêtres!

— Ils raisonnent à peu près dans le même sens que vous, Signore. — Mais vous avez raison de dire qu'il faut faire attention à cette émeute; allons trouver le doge. Il se montrera au peuple avec les patriciens qui pourront être présents, et un de nous comme témoin. Un plus grand nombre pourrait compromettre notre dignité.

Le conseil secret se sépara pour exécuter cette résolution, précisément à l'instant où les pêcheurs, assemblés dans la cour, venaient d'être renforcés par ceux de leurs compagnons qui étaient arrivés par eau.

Aucune réunion d'hommes ne sent aussi bien qu'un rassemblement de populace ce qu'elle doit à l'augmentation de son nombre. Sans discipline, et ne comptant que sur la force brutale pour triompher, la conscience de cette force fait partie intégrante de son existence. Quand les pêcheurs qui arrivaient virent la masse de leurs compagnons déjà réunis dans l'enceinte des murs du palais ducal, les plus hardis d'entre eux se sentirent une nouvelle audace, et ceux qui hésitaient devinrent déterminés. C'est le contraire du sentiment qu'éprouvent en général ceux qui sont appelés à réprimer ce genre de violence, et qui prennent ordinairement du courage en proportion de ce qu'ils ont moins besoin d'en faire preuve.

La foule rassemblée dans la cour poussait un de ses cris les plus furieux et les plus menaçants, lorsque le doge parut avec sa suite, s'approchant par une des longues galeries ouvertes du principal étage de son palais. La présence de l'homme vénérable qui présidait de nom à ce gouvernement factice, et la longue habitude de déférence des pêcheurs envers l'autorité, causèrent tout à coup, en dépit de leur insubordination actuelle, un profond silence. Un air de respect se répandit peu à peu sur les figures basanées qui avaient les yeux levés, tandis que le petit cortége s'approchait. Le silence occasionné par ce sentiment était si profond, qu'on entendait le froissement de la robe du doge, tandis que, retardé par ses infirmités et consultant d'ailleurs le décorum de son rang, il s'avançait à pas lents. La violence à laquelle s'étaient emportés auparavant ces pêcheurs grossiers, et la déférence qu'ils montraient en ce moment au spectacle imposant qu'ils avaient sous les yeux, prenaient leur source dans les mêmes causes, — l'ignorance et l'habitude.

— Pourquoi êtes-vous assemblés ici, mes enfants? leur demanda le doge quand il fut arrivé au haut de l'escalier du Géant; et, avant tout, pourquoi vous présentez-vous dans le palais de votre prince, en poussant des cris si peu convenables?

La voix tremblante du vieillard fut parfaitement entendue, car ses tons les plus bas furent à peine interrompus par un souffle. Les pêcheurs se regardèrent les uns les autres, et tous semblaient chercher celui qui serait assez hardi pour répondre. Enfin l'un d'eux, placé au centre de la masse et de manière à ne pouvoir être aperçu, s'écria : — Giustizia !

— Tel est notre désir, dit le doge avec douceur, et j'ajouterai que tel est notre usage. Pourquoi êtes-vous assemblés ici d'une manière si offensante pour l'Etat et si peu respectueuse pour votre prince?

Personne ne répondit encore. Une seule âme, dans toute la corporation des pêcheurs, avait su s'affranchir des liens de l'habitude et du préjugé, et cette âme avait abandonné le corps qui était maintenant déposé sur la dernière marche de l'escalier du Géant.

— Personne ne parlera-t-il? reprit le doge. Vos voix, si audacieuses quand on ne vous demande rien, deviennent-elles silencieuses quand on vous interroge?

— Que Votre Altesse leur parle avec douceur, lui dit tout bas le membre du conseil secret chargé d'être témoin de cette entrevue ; les Dalmates ne sont pas encore prêts.

Le doge le salua, comme pour exprimer son assentiment à un avis qu'il savait devoir être respecté, et reprit un ton plus doux.

— Si personne de vous ne veut me dire ce que vous désirez, il faudra que je vous ordonne de vous retirer ; et mon cœur paternel.....

— Giustizia! répéta la voix de l'individu caché dans la foule.

— Mais que demandez-vous ? Il faut que nous le sachions.

— Regardez ceci, Altesse.

Un pêcheur, plus hardi que les autres, avait tourné le corps d'Antonio de manière à exposer ses traits livides aux rayons de la lune ; et, en prononçant ces mots, il montra du doigt au prince le spectacle qu'il lui avait préparé. Le doge tressaillit à cette vue inattendue, et descendit lentement l'escalier, suivi de son cortége et de ses gardes. Il s'arrêta près du corps.

— Est-ce la main d'un assassin qui a fait ceci? demanda-t-il après avoir jeté un coup d'œil sur le corps du défunt et fait le signe de la croix. Que pouvait gagner un Bravo à la mort d'un pareil homme? Ce malheureux a peut-être succombé dans une querelle avec quelqu'un de sa classe?

— Point du tout, illustre doge; nous craignons qu'Antonio n'ait été victime du courroux de Saint-Marc.

— Antonio! Est-ce l'audacieux pêcheur qui voulait nous apprendre à gouverner l'État, après la regatta?

— Lui-même, Excellence, répondit le simple pêcheur des lagunes; et jamais meilleure main pour jeter un filet, ni meilleur ami au besoin, n'a manié la rame sur une gondole pour aller au Lido ou en revenir. Diavolo! Votre Altesse aurait eu du plaisir à voir le pauvre vieux chrétien au milieu de nous, le jour de la fête d'un saint, présidant à toutes nos pieuses cérémonies, et nous apprenant comment nos pères avaient coutume de faire honneur au métier.

— Ou si vous l'aviez vu avec nous un jour de réjouissance sur le Lido, illustre doge, s'écria un autre; car la glace une fois rompue, toutes les langues reprennent bientôt leur hardiesse dans un rassemblement. Le vieil Antonio était toujours le boute-en-train des autres, et pourtant personne ne savait mieux redevenir grave quand il le fallait.

Le doge commença à soupçonner la vérité; il jeta un regard à la dérobée sur l'inquisiteur inconnu, pour examiner sa contenance, mais il ne trouva dans l'air et les manières de cet individu rien qui pût confirmer ou dissiper ses soupçons.

— Il est plus facile, dit-il, de comprendre les bonnes qualités de cet infortuné que de savoir la manière dont il est mort. Quelqu'un de vous peut-il me l'expliquer?

Le principal orateur des pêcheurs se chargea de cette tâche, et raconta au doge, à sa manière, comment on avait trouvé le corps. Le prince adressa un nouveau regard au sénateur qui était à son côté, comme pour lui demander une explication; car il ignorait si la politique de l'État exigeait un exemple ou se contentait simplement d'une mort.

— Je ne vois en tout ceci qu'une des chances auxquelles est exposée la vie d'un pêcheur, dit le membre du Conseil secret. Quelque accident aura causé la mort de ce malheureux vieillard; et ce serait une charité de faire dire quelques messes pour son âme.

— Noble sénateur, dit le pêcheur avec un air de doute, Saint-Marc avait été offensé.

— On fait courir bien des sots bruits sur le plaisir et le déplaisir de Saint-Marc. Mais si l'on veut croire tout ce qu'on débite sur les affaires de cette nature, les criminels sont noyés, non dans les lagunes, mais dans le canal Orfano.

— C'est vrai, Excellence, et il nous est défendu d'y jeter nos filets, sous peine d'aller dormir au fond avec les anguilles.

— C'est une raison de plus pour croire que la mort de ce vieillard a été causée par quelque accident. — Y a-t-il quelque marque de violence sur son corps? Quoique l'Etat puisse à peine s'occuper d'un homme comme lui, quelqu'un peut avoir eu contre lui de mauvais desseins. — A-t-on examiné son corps?

— Excellence, c'était bien assez de jeter un homme de son âge au fond des lagunes. Le bras le plus vigoureux de Venise n'aurait pu s'en tirer.

— On peut avoir usé de violence envers lui dans quelque querelle, et les autorités compétentes doivent en informer. — Mais j'aperçois un carme. — Mon père, savez-vous quelque chose de cette affaire?

Le moine s'efforça de répondre, mais la voix lui manqua. Il jeta autour de lui des regards égarés, car toute cette scène lui semblait n'être qu'un rêve effrayant de son imagination. Il croisa les bras sur sa poitrine, et parut se mettre en prière.

— Tu ne réponds pas, mon frère? dit le doge, qui avait été aussi trompé que qui que ce fût par le ton naturel et indifférent de l'inquisiteur. Où as-tu trouvé ce corps?

Le père Anselmo expliqua brièvement la manière dont il avait été mis en réquisition par les pêcheurs.

A côté du prince était un jeune patricien qui n'avait en ce moment d'autre rang dans l'Etat que celui qui appartenait à sa naissance. Trompé comme les autres par le ton de celui qui connaissait seul la cause véritable de la mort d'Antonio, un louable sentiment d'humanité lui inspira le désir de s'assurer que le vieux pêcheur n'avait pas été victime d'un acte de violence.

— J'ai entendu parler de cet Antonio, dit ce jeune homme, nommé le sénateur Soranzo, et doué par la nature de qualités qui sous toute autre forme de gouvernement en auraient fait un philanthrope. J'ai appris ses succès dans la regatta. N'avait-il pas pour compétiteur le bravo Jacopo?

Un murmure sourd se fit entendre dans la foule.

— Un homme qu'on dit si féroce et si emporté peut avoir voulu se venger de sa défaite.

Un second murmure, mais beaucoup plus prononcé, annonça l'effet produit par cette suggestion.

— Jacopo ne travaille qu'avec le stylet, Excellence, dit l'orateur des pêcheurs à demi convaincu, mais doutant pourtant encore...

— Suivant les occasions, un homme comme lui peut avoir recours à d'autres moyens pour satisfaire sa méchanceté.— N'êtes-vous pas de mon avis, Signore?

Le sénateur Soranzo adressa cette question, de la meilleure foi possible, au membre inconnu du conseil secret. Celui-ci parut frappé de la probabilité de cette conjecture; mais il se borna à l'indiquer en inclinant la tête.

— Jacopo! — Jacopo! s'écrièrent mille voix dans la foule! — C'est Jacopo qui a fait ce coup! — Un vieux pêcheur l'avait emporté sur le meilleur gondolier de Venise, et il fallait du sang pour effacer cette honte!

— Ce sera le sujet d'une enquête, mes enfants, et stricte justice sera rendue, dit le doge en se préparant à remonter l'escalier.

— Officiers, donnez de l'argent afin de faire dire des messes pour le soulagement de l'âme de cet infortuné.

— Révérend carme, je recommande ce corps à vos soins; et vous ne pouvez mieux faire que de passer la nuit en prières à son côté.

Mille bonnets furent jetés en l'air quand on entendit ces ordres, et tout le rassemblement garda un silence respectueux, tandis que le doge se retirait, comme il était venu, par la longue galerie voûtée.

Un ordre secret des inquisiteurs empêcha l'arrivée des Dalmates.

Quelques minutes plus tard, tout était préparé. On apporta une bière de la cathédrale [1], on y plaça le corps et on le couvrit d'un dais. Le père Anselmo se mit à la tête de la procession, qui sortit de la cour par la principale porte du palais et traversa la place, en chantant le service des morts. La Piazzetta et la Piazza étaient encore vides; on voyait çà et là, à la vérité, quelque figure curieuse, appartenant à un agent de la police ou à un observateur moins intéressé, se montrer sous les arcades des portiques, et suivre des

---

[1]. L'église de Saint-Marc n'est point en réalité la métropole du diocèse, mais comme on l'appelle habituellement une cathédrale, nous lui avons conservé ce titre.

yeux la marche du cortége; mais personne ne se hasarda à se mettre en contact avec le rassemblement.

Cependant les pêcheurs ne songeaient plus à aucun acte de violence. Avec l'inconstance d'une multitude irréfléchie, sujette à ces alternatives d'émotions fortes, ils avaient abandonné toute idée de se venger des agents de la police, et ne pensaient plus qu'au service religieux qui, ayant été ordonné par le prince lui-même, devenait si flatteur pour leur classe. Un semblable caractère, résultat d'un système égoïste, trouve facilement en lui-même des raisons pour ne pas devenir meilleur.

Il est vrai que quelques uns des pêcheurs mêlaient à leurs prières pour le mort des menaces contre le Bravo; mais elles ne produisaient pas plus d'effet sur l'ensemble de la cérémonie dont il s'agissait, que n'en produit communément un épisode sur l'action principale d'une pièce.

Le grand portail de l'antique église fut ouvert, et des chants solennels s'élevèrent sous ses voûtes au milieu des colonnes. Le corps de l'humble Antonio, si cruellement sacrifié, fut porté sous cette arche qui soutient les précieux restes de l'art des Grecs, et déposé dans la nef. Des cierges furent allumés sur l'autel et autour du mort. Toutes les cérémonies imposantes du rituel catholique durèrent dans la cathédrale jusqu'au moment où le jour reparut.

Alors les prêtres succédèrent aux prêtres pour célébrer des messes à l'intention du défunt; et tous les pêcheurs y assistèrent avec dévotion, comme s'ils eussent cru que les honneurs accordés à leur compagnon les honoraient eux-mêmes et augmentaient leur importance. Les masques avaient reparu peu à peu sur la place; mais l'alarme avait été trop soudaine et trop vive pour que la gaieté légère dont ce lieu était ordinairement témoin entre le coucher et le lever du soleil revînt y régner si promptement.

CHAPITRE XXIII.

> C'est celui d'une dame bien jeune encore et
> la dernière d'une race illustre.
> ROGERS.

Quand les pêcheurs abordèrent au quai, il ne resta pas un seul d'entre eux sur la gondole de la république. Donna Violetta et sa gouvernante entendirent avec alarme le départ tumultueux de ceux qui s'étaient si singulièrement emparés de leurs personnes ; car elles ignoraient presque entièrement la cause qui les avait privées de la protection du père Anselmo, et qui leur avait si inopinément prêté un rôle dans une scène si extraordinaire. Le bon moine leur avait seulement dit qu'on demandait son saint office pour un mort ; mais la crainte de leur causer une terreur inutile l'avait empêché d'ajouter qu'elles étaient au pouvoir d'une populace en sédition. Cependant donna Florinda, en regardant par les fenêtres du pavillon et en entendant les cris qu'on poussait, en avait assez appris pour se douter de la vérité. En pareille circonstance, elle jugea que le parti le plus prudent était de se tenir autant qu'il serait possible à l'abri de tous les regards. Mais quand le profond silence qui succéda au débarquement des pêcheurs l'eut convaincue qu'elles étaient seules, elle et sa jeune compagne reconnurent sur-le-champ la chance favorable que la fortune leur avait procurée d'une manière si étrange.

— Ils sont partis, dit donna Florinda à voix basse, respirant à peine et redoublant d'attention.

— Et la police sera bientôt ici pour nous chercher.

Nulle autre explication n'eut lieu ; car Venise était une ville où la jeunesse et l'innocence apprenaient de bonne heure la nécessité des précautions. Donna Florinda jeta un autre regard par la croisée.

— Ils sont disparus! Dieu sait où ils sont allés. — Partons.

En un instant, les fugitives tremblantes furent sur le quai. Personne, excepté elles, ne se trouvait sur la Piazzetta. Un bruit sourd qui s'élevait de la cour du palais ducal ressemblait au bourdonnement d'une ruche inquiétée; mais on n'entendait rien de distinct ni d'intelligible.

— Il se médite quelque acte de violence, dit la gouvernante à demi-voix. Plût au ciel que le père Anselmo fût ici!

Elles entendirent des pas qui s'approchaient. Toutes deux se retournèrent en même temps, et elles virent un jeune homme portant le costume des pêcheurs des lagunes qui venait du côté du Broglio.

— Un révérend carme m'a chargé de vous remettre ceci, dit le jeune homme en jetant un coup d'œil derrière lui, comme s'il eût craint d'être surpris.

Il mit alors un morceau de papier entre les mains de donna Florinda, vit briller en échange dans la sienne une pièce de monnaie blanche, et s'enfuit en courant.

A l'aide de la clarté de la lune, la gouvernante parvint à lire quelques mots tracés au crayon par une main dont l'écriture lui avait été bien connue dans sa jeunesse :

« Sauvez-vous, Florinda! — Il n'y a pas un moment à perdre. « Evitez les endroits publics, et cherchez promptement un asile. »

— Mais où aller? s'écria-t-elle avec un air égaré, après avoir lu ce peu de mots.

— N'importe, pourvu que nous nous éloignions d'ici, répondit donna Violetta. Suivez-moi.

La nature supplée souvent elle-même à ce qui manque à l'inexpérience. Si donna Florinda eût reçu d'elle le caractère ferme et décidé de son élève, elle n'aurait pas vécu alors dans cet état d'isolement qui convient si peu à une femme, et le père Anselmo n'aurait pas été un moine. Tous deux avaient sacrifié leur inclination à ce qu'ils regardaient comme leur devoir; et si la vie contre nature de la gouvernante était due au calme de ses sentiments ordinaires, il est probable qu'on devait attribuer sa timidité à la même cause respectable. Il n'en était pas de même de Violetta. Elle était toujours plus disposée à agir qu'à réfléchir, et quoique en général l'avantage puisse être pour les personnes douées d'un caractère mieux discipliné, il y a des occasions qui forment exception à cette règle. Le moment présent était un de ces incidents dans les chances de la vie, où il vaut toujours mieux agir que de rester dans l'inaction.

Donna Violetta avait à peine cessé de parler qu'elle était déjà sous les arcades du Broglio. Sa gouvernante était à son côté, plutôt par affection que pour suivre les avis du moine ou les conseils de sa propre raison. L'idée vague et romanesque d'aller se jeter aux pieds du doge, qui descendait d'une branche collatérale de sa propre maison, s'était présentée tout à coup à l'imagination de la jeune épouse lorsqu'elle avait pris la fuite; mais dès qu'elles furent près du palais, les cris qui partaient de la cour leur firent connaître la situation des choses, et par conséquent l'impossibilité de pénétrer dans l'intérieur.

— Rentrons chez nous par les rues, mon enfant, dit donna Florinda en s'enveloppant de sa mantille avec toute la dignité d'une femme. Personne n'osera insulter des personnes de notre condition, et le sénat lui-même doit finir par respecter notre sexe.

— Et c'est vous qui parlez ainsi, Florinda! Vous qui avez si souvent tremblé devant sa colère! — Mais allez, si bon vous semble. Quant à moi, que m'importe le sénat? j'appartiens maintenant à don Camillo Monforte.

Donna Florinda n'avait nulle envie de contester ce point; et comme le moment était arrivé où celle qui avait le plus d'énergie devait régler les mouvements de l'autre, elle se soumit tranquillement au caractère décidé de donna Violetta. Celle-ci continua à suivre le portique, marchant toujours sous son ombre. En passant sous la porte qui donnait du côté de la mer, nos fugitives purent entrevoir ce qui se passait dans la cour. Cette vue accéléra leur marche, et elles volaient plutôt qu'elles ne couraient. En une minute elles furent sur le pont qui traverse le canal de Saint-Marc. Quelques marins, debout sur leurs felouques, regardaient de leur côté avec curiosité; mais la vue de deux femmes effrayées, cherchant à fuir un attroupement de populace, n'avait rien en soi-même qui parût devoir attirer l'attention.

En ce moment une masse d'hommes serrés s'offrit à leurs yeux, venant du côté opposé, le long du quai. On voyait briller leurs armes au clair de la lune, et l'on entendait la marche mesurée des troupes disciplinées. Les Dalmates sortaient en corps de l'arsenal.

Avancer et reculer parut alors également impossible à nos fugitives hors d'haleine. Comme la décision et le sang-froid sont des qualités fort différentes, donna Violetta ne réfléchit pas aussi promptement que les circonstances l'exigeaient, que les soldats soudoyés de la république regarderaient très-probablement leur fuite comme aussi naturelle qu'elle l'avait paru aux curieux qui se trouvaient sur les felouques.

La terreur aveugla les deux fugitives, et comme elles n'avaient alors d'autre objet que de trouver un asile, elles l'auraient vraisemblablement cherché même dans la chambre de jugement, si l'occasion s'en fût présentée. Elles entrèrent donc dans la première et, effectivement, dans la seule porte qui s'offrit à elles. Elles y trouvèrent une jeune fille dont l'air inquiet annonçait ce singulier mélange de dévouement et de terreur qui naît probablement de la compassion instinctive pour l'autre sexe.

—Vous êtes en sûreté ici, nobles dames, dit la jeune Vénitienne avec le doux accent de son pays natal ; personne n'osera vous nuire dans l'enceinte de ces murs.

— Dans quel palais suis-je entrée ? demanda Violetta pouvant à peine respirer. Si son propriétaire porte un nom connu à Venise, il ne refusera pas l'hospitalité à la fille de Tiepolo.

— Vous êtes la bienvenue, Signora ! répondit la jeune fille en faisant une grande révérence et en l'introduisant dans ce vaste édifice. Vous portez le nom d'une illustre maison.

— Il y a dans la république peu de personnages connus auprès de qui je ne puisse invoquer le souvenir de quelques services anciens ou plus récents rendus par mes ancêtres ou par ma famille.

— Sers-tu un noble maître ?

— Le plus noble de Venise.

— Nomme-le-moi, afin que nous puissions lui demander l'hospitalité d'une manière convenable.

— Saint-Marc.

Donna Violetta et sa gouvernante s'arrêtèrent à l'instant.

—Sommes-nous entrées, sans le savoir, par une porte du palais ?

— Cela serait impossible, puisque le canal est entre vous et la résidence du doge; mais Saint-Marc n'en est pas moins le maître ici. J'espère que vous ne vous croirez pas moins en sûreté, pour avoir trouvé asile dans la prison publique, à l'aide de la fille du geôlier.

Le moment d'une décision précipitée était passé, et celui de la réflexion était arrivé.

— Comment t'appelles-tu, mon enfant? demanda donna Florinda passant devant Violetta, et prenant la parole à l'instant où l'étonnement venait de réduire sa compagne au silence. Nous te remercions de la promptitude avec laquelle tu nous as ouvert la porte dans un tel moment d'alarme. — Quel est ton nom?

— Gelsomina, répondit la jeune fille d'un air modeste ; je suis fille unique du geôlier ; et quand j'ai vu des dames de votre rang honorable courir sur le quai, les Dalmates marchant d'un côté et une foule immense poussant des cris de l'autre, j'ai pensé qu'un refuge, même dans une prison, ne vous serait pas désagréable.

— La bonté de ton cœur ne t'a pas trompée.

— Si j'avais su que c'était une dame de la famille Tiepolo, j'y aurais mis encore plus d'empressement ; car il reste à présent bien peu de personnes portant ce nom illustre, pour nous faire honneur.

Violetta répondit à ce compliment par une révérence ; mais elle parut regretter que sa précipitation et l'orgueil de son rang l'eussent portée si indiscrètement à se trahir elle-même.

— Ne peux-tu nous conduire dans quelque endroit moins public? lui demanda-t-elle en s'apercevant qu'elles s'étaient arrêtées dans un corridor pendant cette explication.

— Vous serez ici aussi retirées que dans votre propre palais, nobles dames, répondit Gelsomina en prenant un autre passage conduisant à l'appartement que son père et elle occupaient, et d'une fenêtre duquel elle avait remarqué l'embarras des deux dames : personne n'entre ici sans motifs que mon père et moi, et ses devoirs lui donnent beaucoup d'occupations.

— N'as-tu pas de domestiques?

— Aucun. La fille d'un geôlier ne doit pas être assez fière pour ne pas se servir elle-même.

— Tu parles bien, dit donna Florinda. Une jeune fille qui a tant de discrétion, bonne Gelsomina, doit sentir qu'il ne convient pas qu'on sache que des femmes de condition se sont trouvées dans des murs comme ceux-ci, même par accident. Tu nous feras donc grand plaisir, si tu prends tous les moyens possibles pour être sûre que personne ne nous verra. Nous te donnons beaucoup d'embarras, mais tu en seras récompensée. Voici de l'or.

Gelsomina ne répondit rien. Elle resta les yeux baissés, et ses joues ordinairement pâles s'animèrent d'une vive couleur.

— Je me suis méprise sur ton caractère, dit donna Florinda remettant ses sequins dans sa bourse, et prenant les mains de la jeune fille. Si je t'ai blessée par mon offre indiscrète, tu dois l'attribuer à la crainte que nous avons de la honte dont nous serions couvertes si nous étions vues dans un pareil lieu.

Gelsomina rougit encore davantage, et ses lèvres tremblèrent.

— Est-ce donc une honte d'être innocemment dans ces murs, Madame? demanda-t-elle en détournant encore les yeux. Je l'ai longtemps soupçonné, mais personne ne me l'avait encore dit.

— Santa Maria! pardonne-moi. Si j'ai dit un seul mot qui ait pu t'affliger, excellente fille, sois bien sûre que c'est involontairement et sans intention.

— Nous sommes pauvres, Madame, et le besoin oblige à faire même des choses qui répugnent; mais je comprends vos craintes, et je prendrai des mesures pour que votre présence ici reste un secret. Cependant la bienheureuse Marie pardonnera de plus grands péchés que celui que vous avez commis en entrant ici.

Tandis que les deux dames étaient émerveillées de trouver tant de délicatesse et de sensibilité dans un pareil lieu, la jeune fille sortit.

— Je ne me serais pas attendue à cela dans une prison? s'écria Violetta.

— Comme tout n'est pas noble et juste dans un palais, de même il ne faut pas condamner sans preuve tout ce qui se passe dans une prison. Mais cette fille est vraiment extraordinaire pour sa condition, et nous devons des actions de grâces au bienheureux saint Théodore de nous l'avoir fait rencontrer.

— Pouvons-nous faire mieux que de la prendre pour confidente et d'en faire notre amie?

La gouvernante était plus âgée que son élève, et moins disposée à se fier aux apparences; mais l'imagination plus vive et le rang supérieur de Violetta lui avaient donné une influence à laquelle Florinda ne pouvait pas toujours résister. Gelsomina revint avant qu'il eût été possible de discuter la prudence de la proposition de donna Violetta.

— Tu as un père, Gelsomina? demanda la jeune héritière vénitienne en prenant la main de la jeune fille.

— Santa Maria en soit bénie! j'ai encore ce bonheur.

— C'en est un sans doute; car un père n'aurait pas le courage de vendre sa fille à des vues d'ambition et d'intérêt. — Et ta mère?

— Elle garde le lit depuis longtemps, noble dame. — Ah! je crois que nous ne serions pas ici; mais nous n'avions pas un autre lieu aussi convenable que cette prison même, dans son état de souffrance.

— Gelsomina, tu es plus heureuse que moi, même dans cette prison. — Je n'ai ni père — ni mère, — je pourrais dire ni amis.

— Et c'est une dame de la maison de Tiepolo qui parle ainsi!

— Il ne faut pas juger des choses par les apparences dans ce monde pervers, bonne Gelsomina. — Nous avons fourni bien des doges à Venise, mais nous avons beaucoup souffert. Tu peux avoir entendu dire que tout ce qui reste de la maison dont je sors se réduit à une jeune fille comme toi, qui a été placée sous la tutelle du sénat?

— On parle de ces affaires dans Venise; et de tous ceux qui se trouvent ici, personne ne va aussi rarement que moi sur la place. Cependant j'ai entendu parler de la richesse et de la beauté de donna Violetta; j'espère que ce qu'on dit sur le premier point est vrai, et mes yeux sont témoins en ce moment de la vérité du second.

La fille de Tiepolo rougit à son tour, mais ce n'était point par ressentiment.

— On parle avec beaucoup d'indulgence d'une orpheline, quoique sa fatale richesse ne soit peut-être pas exagérée. — Tu sais que le sénat se charge du soin et de l'établissement de toutes les filles nobles que la Providence prive de leur père?

— Je l'ignorais. — Saint-Marc est charitable d'agir ainsi.

— Tu penseras différemment tout à l'heure. — Tu es jeune, Gelsomina, et tu as passé tout ton temps dans la solitude?

— Oui, noble dame. Il est rare que j'aille ailleurs que dans la chambre de ma mère ou dans le cachot de quelque malheureux prisonnier.

Violetta regarda sa gouvernante avec une expression qui semblait dire que ses espérances étaient vaines, et qu'elle n'avait pas d'aide à attendre d'une jeune fille ayant si peu d'expérience du monde.

— Tu ne comprendras donc pas qu'une femme noble puisse

avoir peu de penchant à céder aux désirs du sénat, en disposant de ses affections et de ses devoirs?

Gelsomina leva les yeux sur elle : mais il était évident qu'elle n'entendait pas bien cette question. Violetta regarda encore sa gouvernante, comme pour l'appeler à son aide.

— Les devoirs de notre sexe sont souvent pénibles, dit donna Florinda, un instinct féminin lui faisant comprendre le regard de Violetta. Notre attachement peut ne pas toujours s'accorder avec les désirs de nos amis. Il ne nous est pas permis de choisir, mais nous ne pouvons pas toujours obéir.

— J'ai entendu dire qu'on ne permet pas aux nobles demoiselles de voir ceux qu'elles doivent épouser ; c'est là sans doute ce que vous voulez dire, Signora ; et cette coutume m'a toujours paru injuste, sinon cruelle.

— Est-il permis aux femmes de ta classe de se faire des amis parmi ceux qui peuvent leur devenir plus chers dans un autre temps? demanda Violetta avec vivacité.

— Nous jouissons de cette liberté, même dans une prison.

— Tu es donc plus heureuse que celles qui habitent dans des palais! Je me confierai à toi, généreuse fille; il est impossible que tu trahisses une personne de ton sexe, victime de la violence et de l'injustice.

Gelsomina leva la main, comme pour arrêter la confidence de la vive Violetta, et parut ensuite écouter avec attention.

— Peu de personnes entrent ici, lui dit-elle; mais je sais qu'il y a plusieurs moyens d'entendre les secrets qui se disent dans ces murs, qui me sont encore inconnus. Suivez-moi, nobles dames, et je vais vous conduire dans un endroit où je sais qu'on ne peut nous entendre, quand même on nous écouterait.

La fille du geôlier les fit alors entrer dans le cabinet où elle avait coutume de s'entretenir avec Jacopo.

— Vous disiez, Signora, qu'il était impossible que je trahisse une personne de mon sexe, victime de la violence et de l'injustice, et bien certainement vous ne vous trompiez pas.

En passant d'une chambre dans l'autre, Violetta avait eu un instant pour réfléchir, et elle commença à mettre plus de réserve dans ses communications. Mais l'intérêt naïf qu'un être d'un caractère aussi doux et ayant mené une vie aussi retirée que Gelsomina prenait à son récit fit qu'elle finit par se livrer à sa franchise naturelle ; et insensiblement, presque sans s'en apercevoir elle-même, elle apprit à la fille du geôlier la plupart des circonstances qui l'avaient conduite dans la prison.

Gelsomina pâlit en écoutant ce récit, et quand donna Violetta eut cessé de parler, tous ses membres tremblaient d'agitation.

— Le sénat a un pouvoir effrayant : comment oser lui résister? dit-elle en parlant si bas qu'on pouvait à peine l'entendre. Avez-vous réfléchi sur les risques que vous courez?

— Si je n'y ai pas réfléchi, il est trop tard maintenant pour le faire. Je suis épouse du duc de Sainte-Agathe, et je ne puis jamais être celle d'un autre.

— Jésus ! — c'est la vérité. — Et pourtant il me semble que j'aimerais mieux mourir dans un cloître que d'offenser le sénat.

— Tu ne sais pas, ma bonne fille, jusqu'où peut aller le courage d'une épouse, même à mon âge. — Tu es encore attachée à ton père, soumise aux habitudes de l'enfance et n'ayant reçu que les instructions de cet âge ; mais tu vivras assez pour apprendre que toutes les espérances de bonheur peuvent se concentrer sur un autre.

Gelsomina cessa de trembler, et son œil plein de douceur étincela.

— Le Conseil est terrible, dit-elle ; mais il doit être encore plus terrible d'abandonner celui à qui l'on a fait vœu d'amour et d'obéissance au pied des autels !

— As-tu quelques moyens pour nous cacher ici, ma fille, demanda donna Florinda, et pour nous aider à fuir plus loin en secret, quand ce moment de tumulte sera passé ?

— Aucun, Madame. A peine si je connais les rues et les places de Venise. Santissima Maria ! que ne donnerais-je pas pour connaître la ville aussi bien que ma cousine Annina, qui va, quand bon lui semble, de la boutique de son père au Lido, et de la place de Saint-Marc au Rialto ! — Je l'enverrai chercher, et elle nous donnera des conseils dans ce cruel embarras.

— Ta cousine ! — Tu as une cousine nommée Annina?

— Oui, Madame ; la fille de la sœur de ma mère.

— Et dont le père est un marchand de vin nommé Tomaso Torti?

— Les nobles dames de Venise connaissent-elles si bien leurs inférieurs ! — Ma cousine en sera très-flattée, car elle désire vivement être connue des grands.

— Et ta cousine vient-elle ici?

— Très-rarement. — Nous ne vivons pas dans une grande intimité. Annina, je le suppose, pense qu'une fille aussi simple et aussi peu instruite que moi n'est pas digne de sa compagnie; mais elle ne refusera pas de nous aider dans un danger semblable. Je sais qu'elle n'aime pas beaucoup la république, car nous avons causé bien des fois des événements qui se passent, et elle en parlait plus librement qu'il ne convient à une personne de son âge et dans cette prison.

— Gelsomina, ta cousine est un agent secret de la police, et elle ne mérite pas ta confiance.

— Madame!

— Je ne parle pas ainsi sans de bonnes raisons : crois-en ma parole. Elle est employée d'une manière qui ne convient pas à son sexe et qui la rend indigne de ta confiance.

— Nobles dames, je ne dirai rien qui puisse mécontenter des personnes de votre haut rang tombées dans la détresse ; mais vous ne devriez pas me porter à penser ainsi de la nièce de ma mère. Vous avez été malheureuses, et vous pouvez avoir des raisons pour ne pas aimer la république. Vous êtes en sûreté ici ; mais je n'aime point à entendre mal parler de ma cousine Annina.

Donna Florinda et sa compagne, douée de moins d'expérience, connaissaient assez la nature humaine pour considérer cette généreuse incrédulité comme une preuve de l'intégrité de celle qui la montrait. Elles se bornèrent donc sagement à stipuler qu'Annina, pour quelque raison que ce pût être, ne serait pas instruite de leur position. Ce point arrêté, elles se remirent toutes trois à discuter les moyens que pourraient trouver les fugitives pour quitter la prison en secret quand les circonstances le permettraient.

D'après l'avis de la gouvernante, Gelsomina ordonna à un porte-clefs de la prison d'aller voir ce qui se passait sur la place. Elle le chargea particulièrement, quoique de manière à éviter tout soupçon, de chercher un carme déchaussé dont elle lui donna le signalement d'après la description qui lui en avait été faite. A son retour il lui annonça que l'attroupement avait quitté la cour du palais et était entré dans la cathédrale, portant le corps du pêcheur qui avait si inopinément remporté la veille le prix de la regatta.

— Dites donc vos *Ave* et allez **vous reposer**, belle Gelsomina, ajouta le porte-clefs, car les pêcheurs ont fini de crier et commencent leurs prières. Per Diana! ces coquins à pieds nus sont aussi impudents que si Saint-Marc devait être leur héritage! Les nobles patriciens devraient leur donner une leçon de discrétion en envoyant un sur dix d'entre eux aux galères. Les mécréants! troubler ainsi le repos d'une ville bien ordonnée avec leurs sottes plaintes!

— Mais tu ne m'as rien dit du moine. — Est-il avec les mutins?

— Il y a un carme à l'autel; mais je sentais bouillir mon sang dans mes veines en voyant de tels vagabonds troubler la paix de gens respectables, et j'ai fait peu d'attention à son air et à son âge.

— En ce cas, tu n'as pas fait ce dont je t'avais chargé. Il est maintenant trop tard pour réparer ta faute; retourne à tes fonctions.

— Mille pardons, bellissima Gelsomina; mais l'indignation est le sentiment qui domine quand un homme en place voit ses droits attaqués par la canaille. Envoyez-moi à Corfou ou à Candie, si bon vous semble, et je vous ferai un rapport fidèle de la couleur de chaque pierre qui est dans les prisons de ces îles; mais ne m'envoyez pas au milieu des rebelles. Mon sang se soulève en songeant à leur scélératesse.

Comme la fille du geôlier se retira pendant que l'aide de son père faisait cette protestation de loyauté, celui-ci fut obligé d'exhaler le reste de son indignation en monologue.

Une des suites de l'oppression est de créer une échelle de tyrannie qui descend depuis ceux qui gouvernent jusqu'à ceux dont la domination ne s'étend que sur un seul individu. Quiconque s'est habitué à observer les hommes n'a pas besoin qu'on lui dise que personne n'est aussi arrogant avec ses inférieurs que celui qui est opprimé par ses supérieurs; car la pauvre nature humaine a un secret penchant à se venger sur le faible de toutes les injures que le fort lui fait éprouver. Cette déférence, lorsqu'elle reste libre, est la juste récompense de la vertu, de l'expérience et du talent.

Aussi nul n'est plus disposé à l'accorder que celui qui sait avoir des garanties contre l'usurpation de ses droits naturels. De là vient qu'il y a plus de sûreté contre la violence et les insultes populaires dans nos Etats libres[1], que dans aucun autre pays du monde ; car à peine s'y trouve-t-il un citoyen assez dégradé pour ne pas sentir que, en montrant l'apparence d'un désir de se venger des torts de la fortune, il reconnaît par cela même son infériorité.

Quoiqu'on puisse opposer au torrent des digues et des écluses, c'est au risque perpétuel de le voir rompre ces barrières artificielles ; mais, abandonné à son cours naturel, il deviendra un fleuve tranquille et profond qui finira par jeter le superflu de ses eaux dans le réceptacle commun de l'Océan.

Quand Gelsomina alla retrouver les deux dames, elle leur fit un rapport favorable à leur tranquillité. Le rassemblement dans la cour du palais et le mouvement des Dalmates avaient donné une autre direction à tous les regards. Si quelque passant pouvait les avoir vues entrer dans la prison, c'était une chose si naturelle dans cette circonstance, que personne ne s'imaginerait que des dames de leur rang y fussent restées un moment de plus qu'il n'était nécessaire. L'absence momentanée des suppôts en sous-ordre de la prison, qui en général faisaient peu d'attention à ceux qui entraient dans les parties ouvertes du bâtiment, et qui pour la plupart étaient sortis par curiosité, compléta leur sécurité. L'humble chambre dans laquelle elles se trouvaient était exclusivement destinée à l'usage de leur jeune protectrice, et il n'était guère possible qu'elles y fussent interrompues, jusqu'à ce que le Conseil eût eu le loisir de faire usage de ces terribles moyens qui rarement laissaient rien caché de ce qu'il voulait découvrir.

Donna Violetta et sa compagne furent satisfaites de cette explication. Elle leur donnait le temps de chercher les moyens de fuir, et rallumait dans le cœur de la première l'espoir d'être bientôt réunie à don Camillo. Cependant elles étaient encore dans l'embarras cruel de ne savoir comment lui faire connaître leur situation. Lorsque le tumulte eut cessé, elles résolurent de prendre une barque, et n'importe sous quel déguisement que Gelsomina pourrait leur fournir, de se faire conduire au palais du duc ; mais la réflexion convainquit donna Florinda du danger d'une telle démarche, puisqu'on savait que le seigneur napolitain était entouré d'agents de la police. Le hasard, qui sert mieux que les strata-

---

[1]. Les Etats-Unis de l'Amérique septentrionale.

gèmes à déjouer les intrigues, les avait conduites dans un lieu de sûreté momentanée, et c'eût été perdre tout l'avantage de leur situation que de s'exposer sans les plus grandes précautions au risque de se montrer sur les canaux publics.

Enfin la gouvernante songea aux moyens de tirer parti des services de l'excellente créature qui leur avait déjà montré tant de compassion. Pendant les confidences que Violetta avait faites à la fille du geôlier, l'instinct féminin de donna Florinda l'avait mise en état de découvrir les secrets ressorts qui agissaient sur les sentiments ingénus de leur jeune hôtesse. Gelsomina avait écouté, avec une admiration qui lui permettait à peine de respirer, la manière dont le généreux don Camillo s'était précipité dans le canal pour sauver la vie de Violetta; son visage avait été le miroir de ses pensées quand la fille de Tiepolo avait parlé de tous les dangers qu'il avait courus pour obtenir son amour; et la femme tout entière s'était montrée dans ses traits quand la jeune épouse avait appuyé sur le saint caractère du nœud qui les unissait, nœud trop sacré pour être rompu par la politique du sénat.

— Si nous avions le moyen de faire connaître notre situation à don Camillo, dit donna Florinda, tout pourrait encore aller bien; mais sans cela, à quoi nous servira l'heureux refuge que nous avons trouvé dans cette prison?

— A-t-il donc un courage assez hardi pour braver ceux qui nous gouvernent? demanda Gelsomina.

— Il appellerait les gens en qui il a confiance, et avant que le jour paraisse nous serions à l'abri du pouvoir du Conseil. Ces sénateurs intéressés regarderont les vœux prononcés par donna Violetta comme des serments d'enfant. Ils défieraient le courroux du Saint-Siége même, quand il est question de leur intérêt.

— Mais le sacrement de mariage n'est pas une institution humaine; ils le respecteront du moins.

— N'en crois rien : nulle obligation n'est assez solennelle pour qu'ils la respectent quand elle contrarie leurs plans politiques. Que sont les désirs d'une jeune fille, qu'est-ce que le bonheur d'une femme isolée et sans protection, auprès du soin de leur fortune? La jeunesse de Violetta leur offre une raison pour intervenir dans ses affaires, mais ce n'en est pas une pour que leurs cœurs soient émus par cette réflexion, que le malheur auquel ils voudraient la condamner n'en doit être que plus durable. Ils ne font aucun cas des obligations solennelles de la reconnaissance. Les liens de l'affection ne sont pour eux que des moyens d'inspirer la terreur à ceux qu'ils gouvernent, mais non un motif pour y avoir égard. Ils rient de l'amour et du dévouement d'une femme comme d'une folie qui peut amuser leur loisir, ou les distraire des contrariétés qu'ils éprouvent quelquefois dans des affaires plus graves.

— En est-il de plus grave que le mariage, Madame?

— C'en est une importante pour eux, parce qu'elle leur fournit le moyen de perpétuer les honneurs et les noms dont ils sont fiers. A cette exception près, le Conseil s'inquiète peu des intérêts domestiques.

— Ils sont pourtant pères et époux.

— Sans doute, parce que pour avoir un droit légal au premier titre il faut qu'ils aient le second. Le mariage n'est pas pour eux un nœud cher et sacré; c'est uniquement un moyen d'augmenter leur richesse et de soutenir leur rang, continua la gouvernante en suivant sur la physionomie naïve de la jeune fille l'impression que faisaient sur elle ses paroles. Ils appellent les mariages d'affection des jeux d'enfants, et ils trafiquent du cœur de leurs filles comme d'un article de commerce. Quand un Etat érige une idole d'or pour son dieu, bien peu de gens refusent de sacrifier à son autel.

— Je voudrais bien pouvoir servir la noble donna Violetta.

— Tu es trop jeune, bonne Gelsomina, et je crains que tu ne connaisses mal les astuces de Venise.

— Ne doutez pas de moi, Signora; je puis faire mon devoir comme une autre dans une bonne cause.

— S'il était possible d'instruire don Camillo Monforte de notre situation... Mais tu n'as pas assez d'expérience pour nous rendre un pareil service!

— Ne croyez pas cela, Signora! s'écria la généreuse Gelsomina, dont la fierté commençait à stimuler la compassion qu'elle ressentait naturellement pour une personne de son âge, éprouvant comme elle cette passion qui remplit tout le cœur d'une femme. Je puis y être plus propre que mon extérieur ne donne lieu de le penser.

— Je me confierai en toi, bonne fille, et si la sainte Vierge nous protége, le soin de ta fortune ne sera pas oublié.

La pieuse Gelsomina fit le signe de la croix, et après avoir informé ses compagnes de ses intentions, elle les quitta pour faire ses préparatifs. Pendant ce temps donna Florinda écrivit un billet en termes si circonspects qu'il ne pouvait la faire découvrir en cas d'accident, quoiqu'il suffit pour faire connaître au duc de Sainte-Agathe leur position actuelle.

Au bout de quelques minutes la fille du geôlier reparut. Son costume ordinaire, qui était celui d'une jeune fille vénitienne modeste et d'humble condition, n'exigeait aucun déguisement, et le masque, sans lequel personne ne sortait dans cette ville, cachait complètement ses traits. Donna Florinda lui remit alors son billet, lui indiqua le palais qu'elle devait chercher, lui apprit la rue où il était situé, lui fit le portrait de don Camillo pour qu'elle pût le reconnaître, et après avoir reçu bien des recommandations d'être prudente, Gelsomina sortit de la prison.

CHAPITRE XXIV.

> Qui a le plus de sagesse ici? — la justice, ou l'iniquité?
> SHAKSPEARE. *Mesure pour mesure.*

Dans la lutte constante qui a lieu entre l'innocence et l'astuce, celle-ci a l'avantage tant qu'elles se bornent l'une et l'autre à des intérêts familiers; mais du moment que la première surmonte son dégoût pour étudier le vice et se met sous la protection de ses principes élevés, elle se dérobe plus facilement aux calculs de son adversaire que si elle avait recours aux expédients les plus subtils. La nature a rendu chacun de nous assez fragile pour nous mettre à même de comprendre les manœuvres de l'égoïsme et de la ruse; mais ceux qu'elle a véritablement privilégiés sont ceux qui peuvent envelopper leurs motifs et leurs intentions sous un degré de droiture et de désintéressement qui surpasse l'habileté des intrigants. Presque tout le monde peut céder aux ordres d'un droit de convention, mais peu de personnes savent se décider dans les cas nouveaux et difficiles. Il y a souvent un mystère dans la vertu, tandis que l'hypocrisie n'en est qu'une misérable imitation qui s'efforce de couvrir ses œuvres du voile transparent de la déception. La vertu, en quelque sorte, ressemble à la sublimité de la vérité infaillible.

Ainsi les hommes trop versés dans les intérêts de la vie sont constamment dupes d'eux-mêmes quand ils se trouvent en contact avec des gens simples et intelligents. L'expérience de chaque jour prouve que, de même qu'il n'existe pas de renommée permanente qui ne soit fondée sur la vertu, il n'y a de politique sûre que celle qui est fondée sur le bien de tous. Des esprits vulgaires peuvent régler les affaires d'un Etat tant qu'ils se bornent à des intérêts vulgaires; mais malheur au peuple qui, dans de grandes occasions, ne met pas sa confiance dans des hommes honnêtes, nobles, sages et philanthropes! Plus de la moitié de la misère qui a déshonoré la civilisation et qui en a retardé les progrès vient de ce qu'on a négligé d'employer les grands hommes que les grandes occasions font toujours naître.

Voulant faire apprécier les vices du système politique de Venise, notre plume s'est écartée de son sujet, puisque l'application de la morale de notre histoire doit se faire d'après l'échelle familière de ses incidents particuliers. On a déjà vu que certaines clefs importantes de la prison avaient été confiées à Gelsomina. Les gardiens rusés de cette geôle avaient eu leurs motifs pour lui accorder cette confiance; ils avaient calculé qu'elle exécuterait leurs ordres, et ne s'étaient pas douté qu'elle fût capable d'écouter les conseils d'une âme généreuse au point de se servir de ces clefs d'une manière contraire à leurs propres vues. L'usage auquel elle allait les employer en ce moment prouvait que ces gardiens, dont l'un était son propre père, n'avaient pas su bien apprécier la force d'esprit d'une jeune fille simple et innocente.

Munie des clefs en question, Gelsomina prit une lampe et monta, du mezzanino [1] où elle demeurait, au premier étage de l'édifice, au lieu de descendre dans la cour. Elle ouvrit différentes portes, et traversa plusieurs sombres corridors avec la confiance

[1. Etage correspondant à l'entresol.

que donnent des intentions pures. Elle passa bientôt sur le Pont-des-Soupirs sans craindre de rencontrer personne dans cette galerie non fréquentée, et elle entra dans le palais. Là, elle s'avança vers une porte qui donnait sur une issue commune et publique de cet édifice. Marchant avec la précaution nécessaire pour être sûre de ne pas être découverte, elle éteignit sa lumière et se trouva au même instant sur le vaste et sombre escalier. Il ne lui fallut qu'un moment pour le descendre et pour arriver sous la galerie couverte qui entourait la cour. Un hallebardier était à quelques pas d'elle; il la regarda avec un air d'intérêt; mais comme sa consigne n'était pas d'interroger les personnes qui sortaient du palais, il ne lui dit rien. Gelsomina continua son chemin. Un homme hésitant encore dans l'acte de sa vengeance, jetait une accusation dans la Gueule du Lion. Gelsomina s'arrêta involontairement, jusqu'à ce que l'accusateur secret eût fini son œuvre de perfidie et se fût éloigné. Lorsqu'elle allait se remettre en marche, elle vit le hallebardier qui était de garde au haut de l'escalier du Géant, sourire de son indécision en homme habitué à de pareilles scènes.

— Y a-t-il du danger à sortir du palais? demanda-t-elle au grossier Dalmate.

— Corpo di Bacco! il aurait pu y en avoir il y a une heure, bella donna; mais les mutins sont muselés et font leurs prières.

La fille du geôlier n'hésita plus; elle descendit l'escalier du haut duquel avait roulé la tête de Faliero, et fut bientôt sous le cintre de la porte. Là, l'innocente et timide Gelsomina s'arrêta de nouveau, car elle n'osait se hasarder plus loin sans s'être assurée, comme un daim prêt à quitter son couvert, de la tranquillité de la place dans laquelle elle allait entrer.

Les agents de la police avaient été trop alarmés par l'insurrection des pêcheurs pour ne pas avoir recours aux expédients ordinaires de l'astuce. De l'argent avait été distribué aux charlatans et aux chanteurs de ballades pour les engager à reparaître, et des groupes de gens soudoyés, les uns masqués, les autres sans masque, s'étaient rassemblés sur divers points de la Piazza. En un mot, on avait mis en œuvre tous les stratagèmes employés ordinairement pour rétablir la confiance du peuple dans les pays dont la civilisation est encore si récente qu'on ne la considère pas comme assez avancée pour que les habitants soient les gardiens de leur propre sûreté. Il y a peu de ces artifices, quelque grossiers qu'ils soient, qui ne réussissent à faire un grand nombre de dupes : les oisifs, les curieux, les vrais mécontents, les factieux, les intrigants, joints à un bon nombre de gens irréfléchis et de ceux qui ne vivent que pour jouir du plaisir du moment, classe qui n'est pas la moins importante quant au nombre, s'étaient prêtés aux vues de la police ; et quand Gelsomina fut prête à entrer dans la Piazzetta, elle trouva les deux places presque remplies par la foule. Quelques pêcheurs encore agités étaient réunis autour du portail de la cathédrale comme des abeilles prêtes à essaimer devant leur ruche, mais sans pouvoir inspirer aucune alarme.

Quelque peu accoutumée qu'elle fût à des scènes semblables à celle qu'elle avait sous les yeux, le premier regard de Gelsomina lui fit voir qu'elle pouvait compter sur cet isolement qui distingue si singulièrement la solitude qu'offre une grande foule. Serrant autour d'elle sa simple mante et arrangeant son masque avec soin, elle s'avança d'un pas rapide vers le centre de la Piazza.

Nous ne pouvons suivre pas à pas la marche de notre héroïne, tandis qu'elle remplissait sa mission de bienveillance, en évitant les lieux communs de galanterie dont ses oreilles étaient assaillies et offensées. Jeune, active, et animée par le désir d'être utile, elle eut bientôt traversé la Piazza ; elle arriva sur la place San-Nicolo. C'était un des endroits où l'on trouvait des gondoles de louage ; mais en ce moment on n'y voyait pas une seule barque, la crainte ou la curiosité ayant écarté tous les gondoliers de leur rendez-vous ordinaire. Gelsomina monta le pont, et elle était sur l'arche du centre quand elle vit une gondole arriver nonchalamment du côté du grand canal. Son air d'hésitation et d'incertitude attira l'attention du gondolier, et il lui fit le signe d'usage pour lui offrir ses services. Comme elle ne connaissait que très-imparfaitement les rues de Venise, — labyrinthe qui offre peut-être de plus grands embarras à ceux qui n'en ont pas le fil que les passages de toute autre ville, — elle profita volontiers de cette offre. Descendre l'escalier, sauter dans la barque, prononcer le mot Dialto, et se cacher sous le pavillon, fut l'affaire d'une minute. La gondole partit au même instant.

Gelsomina se crut alors sûre de réussir dans son entreprise, car elle n'avait guère à craindre d'être reconnue et trahie par un batelier ordinaire. Il ne pouvait savoir quel dessein elle avait, et il était de son intérêt de la conduire en sûreté où elle voulait aller. Mais le succès de sa mission était si important qu'elle n'osait y compter avant de l'avoir obtenu. Elle reprit bientôt assez de résolution pour jeter un coup d'œil sur les palais et les gondoles à mesure qu'elle avançait, et elle sentit l'air rafraîchissant du canal ranimer son courage. Se retournant alors avec un reste de méfiance vers le gondolier pour examiner sa physionomie, elle vit que ses traits étaient cachés sous un masque si artistement fait, qu'il était impossible, au clair de lune, de s'apercevoir qu'il en portait un, à moins d'y faire une attention toute particulière.

Quoique l'usage de porter un masque fût assez commun aux serviteurs des grands, il n'était pas ordinaire que les gondoliers publics fussent ainsi déguisés. Cette circonstance pouvait exciter quelque crainte; cependant, en y réfléchissant, Gelsomina en conclut seulement que cet homme revenait de quelque partie de plaisir, de quelque sérénade donnée par un amant qui avait voulu que ceux qui l'accompagnaient fussent masqués.

— Monterez-vous sur le quai, Signora? demanda le gondolier, ou vous conduirai-je à la porte de votre palais?

Le cœur de Gelsomina battit violemment. Le son de cette voix lui plaisait, quoiqu'elle fût nécessairement changée par le masque; mais elle était si peu habituée à s'occuper des affaires des autres, et surtout d'affaires d'un si grand intérêt, qu'elle trembla de tous ses membres, comme si elle eût été employée à une mission moins généreuse.

— Connais-tu le palais d'un certain don Camillo Monforte, seigneur de Calabre, demeurant à Venise? lui demanda-t-elle après une pause d'un instant.

Cette question parut surprendre le gondolier, qui ne put s'empêcher de tressaillir. — Faut-il vous y conduire, Signora? dit-il.

— Si tu es certain de connaître le palais.

Le gondolier frappa l'eau de sa rame, et le bateau glissa entre de hautes murailles. Gelsomina reconnut au son qu'ils étaient dans un des petits canaux, et elle en conclut que son gondolier connaissait bien la ville. Il s'arrêta devant une porte d'eau, et il sauta sur l'escalier pour aider Gelsomina à sortir de la barque, suivant l'usage des gens de sa profession. Elle lui dit de l'attendre, et monta les degrés.

Il y avait dans la maison de don Camillo une apparence de désordre dont toute personne ayant plus d'expérience que notre héroïne se serait aperçue. Les domestiques avaient un air d'indécision dans leur manière de s'acquitter de leurs devoirs les plus ordinaires ; ils se regardaient les uns les autres avec méfiance : et quand la fille du geôlier, à demi effrayée, entra dans le vestibule, ils se levèrent tous, mais aucun n'alla à sa rencontre. Une femme masquée n'était pas une chose rare à Venise, car peu de personnes de ce sexe allaient sur les canaux sans prendre ce moyen ordinaire de déguisement ; mais il semblait, à leur hésitation, que les domestiques de don Camillo ne voyaient pas avec leur indifférence ordinaire celle qui arrivait en ce moment.

— Suis-je chez le duc de Sainte-Agathe, seigneur de Calabre ? demanda Gelsomina, qui vit la nécessité d'être ferme.

— Oui, Signora.

— Votre maître est-il chez lui ?

— Signora, il y est — et il n'y est pas. — De quelle belle dame lui annoncerai-je l'honorable visite ?

— S'il n'y est pas, vous n'avez rien à lui annoncer ; s'il y est, je désire le voir.

Les domestiques, car ils étaient plusieurs, se rassemblèrent en groupe et parurent se consulter pour savoir s'il convenait de recevoir cette visite. En ce moment, un gondolier, en jaquette brodée en fleurs, entra dans le vestibule. Son air franc et son regard de bonne humeur rendirent le courage à Gelsomina.

— Etes-vous au service de don Camillo Monforte ? lui demanda-t-elle comme il passait près d'elle, allant vers le canal.

— Avec la rame, bellissima donna, répondit Gino en portant la main à son bonnet, quoique levant à peine les yeux sur celle qui lui parlait.

— Et pourriez-vous lui faire savoir qu'une femme désire vivement lui parler en particulier ? — une femme.

— Santa Maria ! bella donna, il n'y a pas de fin aux femmes qui font de pareilles demandes à Venise. Mais vous feriez mieux d'aller rendre visite à la statue de san Teodoro que de voir mon maître en ce moment. La statue de pierre vous fera un meilleur accueil.

— Et vous avez ordre de répondre ainsi à toutes les femmes qui viennent dans ce palais ?

— Diavolo ! vous faites des questions singulières, Signora. —

Mon maître pourrait peut-être au besoin recevoir une personne de votre sexe que je nommerais bien; mais, sur l'honneur d'un gondolier, ce n'est pas le cavalier le plus galant de Venise dans le moment actuel.

— S'il en existe une pour qui il aurait cette déférence... Vous êtes bien hardi pour un domestique !—Comment savez-vous si je ne suis pas celle-là même?

Gino tressaillit. Il examina la taille de Gelsomina, ôta son bonnet et la salua.

— Je ne sais rien sur ce point, dit-il. Vous pouvez être Son Altesse le doge ou l'ambassadeur de l'Empire. Je ne prétends rien savoir à Venise depuis quelque temps...

Le gondolier qui avait amené Gelsomina et qui venait d'entrer dans le vestibule interrompit Gino en lui frappant sur l'épaule, et lui dit à l'oreille :

— Ce n'est pas le moment de refuser personne. — Fais monter l'étrangère.

Gino n'hésita plus. Avec l'air de supériorité d'un serviteur favori, il poussa de côté le groupe de domestiques, et se chargea de conduire lui-même Gelsomina en présence de son maître. Tandis qu'ils montaient l'escalier, trois des domestiques subalternes disparurent.

Le palais de don Camillo avait en ce moment l'air plus sombre qu'aucun autre palais de Venise. Les appartements en étaient mal éclairés; la plupart des murs avaient été dépouillés des tableaux qui en faisaient l'ornement; et, sous plus d'un rapport, un œil clairvoyant aurait pu y découvrir des preuves que l'intention secrète de celui qui y demeurait n'était pas d'y faire un long séjour. Mais Gelsomina ne fit aucune attention à ces détails en suivant Gino, qui la conduisit à travers divers appartements dans la partie du bâtiment qu'occupait son maître. Enfin le gondolier ouvrit une porte, et, la saluant avec un air qui tenait à la fois du doute et du respect, il s'arrêta pour la laisser passer.

— C'est ici, lui dit-il, que mon maître reçoit ordinairement les dames. Entrez, Signora; je vais lui annoncer le bonheur qui l'attend.

Gelsomina n'hésita point, elle entra; mais son cœur battit vivement quand elle entendit la clef tourner dans la serrure pour fermer la porte à double tour. Elle était dans une antichambre;

et, d'après la lumière qu'elle voyait dans la pièce contiguë, elle calcula qu'elle devait y entrer : c'était un petit cabinet. Mais à peine y avait-elle mis le pied, qu'elle se trouva en face d'une personne de son sexe.

— Annina! s'écria la fille ingénue du geôlier avec l'expression de la surprise.

— Gelsomina! répliqua sa cousine; — la simple, tranquille, modeste Gelsomina!

Les paroles d'Annina n'admettaient qu'une interprétation. Semblable à la sensitive que blesse tout brusque contact, Gelsomina ôta son masque pour respirer plus librement, se trouvant aussi offensée que surprise.

— Toi ici! ajouta-t-elle, sachant à peine ce qu'elle disait.

— Toi ici! répéta Annina avec ce rire qui échappe à la femme dégradée qui croit l'innocence réduite à son niveau.

— J'y suis venue pour une mission de pitié.

— Santa Maria! Nous y sommes donc toutes deux pour le même motif.

— Je ne sais ce que tu veux dire, Annina. — C'est sûrement ici le salon de don Camillo Monforte, noble napolitain qui fait valoir ses droits aux honneurs du sénat?

— Le plus élégant, le plus beau, le plus riche et le plus inconstant de tous les cavaliers de Venise. Quand tu serais venue ici mille fois, tu ne pourrais être mieux informée.

Gelsomina l'entendit avec horreur. Sa cousine artificieuse, qui connaissait son caractère aussi bien que le vice peut connaître l'innocence, examinait ses joues pâles et ses traits agités avec un secret triomphe. Dans le premier moment, elle avait cru elle-même tout ce qu'elle avait donné à entendre; mais une seconde réflexion et la vue du chagrin et de l'effroi qu'elle venait de causer à Gelsomina donnèrent une nouvelle direction à ses soupçons.

— Mais je ne t'apprends rien de nouveau, ajouta-t-elle promptement; je regrette seulement que tu m'aies trouvée ici quand tu croyais y rencontrer le duc de Sainte-Agathe.

— Annina! Toi me parler ainsi!

— A coup sûr, tu n'es pas venue dans son palais pour y chercher ta cousine.

Gelsomina était depuis longtemps familiarisée avec la douleur, mais elle n'avait jamais connu la profonde humiliation de la honte.

Elle fondit en larmes et se laissa tomber sur une chaise, hors d'état de se soutenir sur ses jambes.

— Je ne voudrais pas te chagriner de la sorte, dit la fille astucieuse du marchand de vin; mais que nous soyons l'une et l'autre dans ce cabinet privé du plus gai cavalier de Venise, c'est ce qui ne fait pas l'ombre d'un doute.

— Je t'ai déjà dit que c'est la pitié qui m'a conduite ici.

— La pitié pour don Camillo?

— La pitié pour une noble dame, — pour une femme jeune, belle et vertueuse, — pour une fille de la maison de Tiepolo, Annina!

— Et pourquoi une dame de la famille de Tiepolo emploie-t-elle le ministère de la fille du geôlier de la prison publique?

— Pourquoi? — Parce qu'une injustice a été commise par ceux qui exercent le pouvoir. — Il y a eu une émeute parmi les pêcheurs; cette dame et sa gouvernante ont été mises en liberté par les mutins; — le doge leur a parlé dans la grande cour; — les Dalmates étaient sur le quai. — Dans un moment de si grande terreur, la prison a servi de refuge à ces deux dames de si haute qualité. — Mais la sainte Eglise elle-même a béni leur affection.

Gelsomina n'en put dire davantage. Animée du désir de se justifier, blessée au fond de l'âme par l'embarras de sa situation étrange, elle finit par sangloter. Quelque incohérents qu'eussent été ses discours, elle en avait dit assez pour ne laisser aucun doute dans l'esprit d'Annina. Elle connaissait le mariage secret des nouveaux époux, l'insurrection des pêcheurs et le départ des deux dames qui avaient été provisoirement enfermées dans un couvent, la nuit précédente, quand elles avaient quitté leur palais. Ce couvent était situé dans une île à quelque distance, et elle en revenait elle-même avec don Camillo, qui l'avait forcée de l'y conduire, et qui avait appris là qu'il était venu trop tard pour y trouver encore celles qu'il cherchait, sans qu'on pût lui dire où elles étaient allées. La fille du marchand de vin comprit donc aisément, non seulement quelle était la mission de sa cousine, mais dans quelle situation se trouvaient alors les deux fugitives.

—Et tu ajoutes foi à cette fable, Gelsomina?-dit-elle, affectant de la pitié pour la crédulité de sa cousine. Le caractère de la prétendue fille de la maison de Tiepolo et de sa gouvernante n'est un secret pour aucun de ceux qui fréquentent la piazza de San-Marco.

— Si tu avais vu la beauté et l'innocence de cette dame, Annina, tu ne parlerais pas ainsi.

— Bienheureux san Teodoro! qu'y a-t-il de plus beau que le vice? C'est l'artifice le plus ordinaire du diable pour tromper de fragiles pécheurs. Ton confesseur a dû te le dire, Gelsomina, ou ses discours sont moins sérieux que ceux du mien.

— Mais pourquoi une femme menant une telle vie serait-elle entrée dans la prison?

— Oh! elles avaient de bonnes raisons pour craindre ces Dalmates; je n'en doute nullement. — Mais je puis t'en dire davantage sur les dames que tu as reçues avec tant de péril pour ta réputation. Il y a dans Venise des femmes qui font honte à leur sexe de plus d'une manière. Celle qui se donne le nom de Florinda est particulièrement connue pour frauder les revenus de Saint-Marc. Elle a reçu en présent du duc napolitain du vin de ses montagnes de Calabre, et, voulant tenter mon honnêteté, elle m'a offert de me le vendre, s'imaginant qu'une fille comme moi oublierait son devoir au point de l'aider à frauder la république.

— Est-il possible que cela soit vrai, Annina?

— Quel motif puis-je avoir pour te tromper? Ne sommes-nous pas filles des deux sœurs? Et quoique mes affaires sur le Lido m'empêchent de te voir bien souvent, l'affection n'est-elle pas naturelle entre nous? Je me suis adressée aux autorités; les vins ont été saisis, et les prétendues nobles dames ont été obligées de se cacher le jour même. On croit qu'elles désirent s'enfuir de la ville avec leur débauché Napolitain. Forcées de se réfugier quelque part, elles t'ont chargée de l'informer de l'endroit où il pourra les trouver pour venir à leur aide.

— Et pourquoi es-tu ici, Annina?

— Je suis surprise que tu ne m'aies pas fait cette question plus tôt. — Gino, gondolier de don Camillo, m'a fait la cour longtemps sans que j'aie voulu l'écouter, et quand cette Florinda s'est récriée sur ce que j'avais fait connaître sa fraude aux autorités, — ce que devait faire toute fille honnête de Venise, — il a conseillé à son maître de s'emparer de ma personne, partie par vengeance, partie dans le vain espoir de me forcer à rétracter la plainte que j'avais faite. — Tu as entendu parler de l'audace et de la violence de ces cavaliers quand ils sont contrariés dans leurs volontés!

Annina lui raconta alors avec assez d'exactitude la manière dont Gino s'était emparé d'elle, cachant seulement les faits qu'il était de son intérêt de ne pas révéler.

— Mais il existe une signora Tiepolo, Annina?

— Aussi sûr qu'il existe des cousines comme nous. Santa Madre di Dio! faut-il que des femmes si perfides et si audacieuses aient rencontré une jeune fille aussi innocente que toi! il aurait mieux valu qu'elles eussent eu affaire à moi. Je suis trop ignorante pour connaître toutes leurs ruses, la bienheureuse sainte Anne le sait; mais je n'ai pas à apprendre quel est leur vrai caractère.

— Elles m'ont parlé de toi, Annina.

Le regard que la fille du marchand de vin jeta sur sa cousine était semblable à celui que le perfide serpent jette sur l'oiseau qu'il fascine. Mais toujours maîtresse d'elle-même, elle ajouta:

— Pas d'une manière favorable, j'espère? Je serais désolée d'apprendre que de pareilles femmes aient dit du bien de moi.

— Elles ne sont pas de tes amies, Annina.

— Elles t'ont peut-être dit que j'étais payée par le Conseil?

— Précisément.

— Rien n'est moins étonnant. Les gens vicieux ne peuvent jamais croire qu'on agisse par conscience. — Mais voici le Napolitain. — Examine bien ce libertin, Gelsomina, et il t'inspirera autant de mépris qu'à moi.

La porte s'ouvrit, et don Camillo Monforte entra. Il y avait dans ses manières un air de méfiance qui prouvait que ce n'était pas sa femme qu'il espérait déjà rencontrer. Gelsomina se leva, et quoique partagée entre ses premières impressions et l'effet qu'avaient produit sur elle les mensonges de sa cousine, elle resta debout, semblable à une statue de la modestie, attendant que le duc s'approchât. Il fut évidemment frappé de sa beauté et de son air de candeur; mais il fronça les sourcils en homme qui a pris la résolution de ne pas se laisser tromper.

— Tu désirais me voir? lui dit-il.

— J'avais ce désir, noble Signore. — Mais... Annina...

— J'entends. En trouvant ici une autre femme, tu as changé d'avis.

— Oui, Signore.

Don Camillo la regarda avec un air d'intérêt et de regret.

— Tu es bien jeune pour un tel métier! lui dit-il; prends cet or, et retire-toi comme tu es venue. — Mais un instant! — Connais-tu cette Annina?

— Elle est fille de la sœur de ma mère, noble duc.

— Per Diana! un digne couple de sœurs! — Allez-vous-en ensemble; car je n'ai besoin ni de l'une ni de l'autre. — Mais écoute-moi, ajouta don Camillo en prenant Annina par le bras et en la conduisant à l'écart : tu vois, dit-il d'une voix basse, mais menaçante, que je suis à craindre aussi bien que ton sénat. Tu ne peux passer le seuil de la porte de ton père sans que j'en sois instruit. Si tu es prudente, tu donneras à ta langue une leçon de discrétion. Fais ce que tu voudras; je ne te crains pas : mais songe à la prudence!

Annina fit une humble révérence comme pour reconnaître la sagesse de cet avis, et, prenant le bras de sa cousine qui conservait à peine l'usage de ses sens, elle le salua de nouveau et sortit avec empressement. Sachant que leur maître était dans son cabinet, aucun des domestiques ne songea à mettre obstacle au départ de celles qui sortaient de la chambre privilégiée. Gelsomina, plus impatiente que sa rusée cousine elle-même de sortir d'un lieu qu'elle regardait comme souillé, respirait à peine quand elles arrivèrent à la gondole. Le batelier attendait sur les degrés, et en un moment la barque les éloigna d'un lieu que toutes deux étaient charmées de quitter, quoique par des raisons fort différentes.

Gelsomina, dans sa précipitation, avait oublié son masque, et dès que la gondole fut sur le grand canal, elle avança la tête à la fenêtre du pavillon pour respirer l'air frais du soir. Les rayons de la lune tombaient sur ses yeux pleins d'innocence et sur ses joues animées alors de couleurs qu'elles devaient partie à la fierté blessée, partie à la joie d'être délivrée d'une situation qui lui paraissait si dégradante. Elle avait une main appuyée sur son front quand elle vit le gondolier lui faire un signe et soulever un instant son masque.

— Carlo! était-elle sur le point de s'écrier; mais un autre signe, qui recommandait de la prudence, la rendit muette.

Gelsomina se retira de la fenêtre, et, lorsque les battements de son cœur se furent apaisés, elle baissa la tête et remercia le ciel de se trouver, dans un pareil moment, sous la protection d'un homme qui avait toute sa confiance.

Le gondolier ne leur demanda pas où il devait les conduire, et sa barque avança du côté du port, ce qui parut parfaitement naturel à chacune des deux cousines : Annina supposa qu'il prenait le chemin de la place, et c'était celui qu'il aurait pris si elle eût été seule; Gelsomina, qui croyait que celui qu'elle nommait Carlo n'avait d'autre profession que celle de batelier, s'imagina naturellement qu'il la conduisait à la prison.

Mais quoique l'innocence puisse endurer le mépris du monde, il est bien dur d'être soupçonné par ceux qu'on aime. Tout ce qu'Annina lui avait dit du caractère de don Camillo et des deux femmes qu'elle avait laissées chez son père se représenta à l'imagination de Gelsomina, et elle sentit le sang lui monter jusqu'au front en songeant à ce que son amant pouvait penser de sa conduite. La jeune fille ingénue se disait à elle-même : Il me connaît et n'aura de moi aucune mauvaise pensée; cependant sa délicatesse lui fit désirer de lui dire la vérité. L'attente, dans de pareils moments, est plus pénible que la justification même, qui est toujours un devoir humiliant pour la vertu. Prétendant avoir besoin de respirer l'air, elle sortit du pavillon et y laissa sa cousine. Annina ne fut pas fâchée d'être seule, car elle avait besoin de réfléchir sur tous les détours du sentier tortueux qu'elle suivait.

Gelsomina réussit donc à quitter le pavillon, et elle s'approcha du gondolier.

— Carlo ! lui dit-elle, en voyant qu'il continuait de ramer en silence.

— Gelsomina !

— Tu ne me fais pas de questions ?

— Je connais ta perfide cousine, et je puis croire que tu en es la dupe. Le moment viendra où tu apprendras la vérité.

— Tu ne m'as pas reconnue quand j'étais sur le pont et que je t'ai appelé ?

— Non. — Je ne cherchais qu'une pratique pour employer mon temps.

— Mais pourquoi appelles-tu Annina perfide, Carlo ?

— Parce qu'il n'y a pas à Venise un cœur plus astucieux et une langue plus fausse.

Gelsomina se rappela ce que lui avait dit donna Florinda. Annina était sa cousine; elle avait su lui inspirer cette confiance qu'une jeune fille sans expérience accorde toujours à l'intégrité supposée d'une amie, jusqu'à ce qu'elle ait pu reconnaître son illusion. Annina n'avait pas eu de peine à convaincre sa cousine que les deux dames auxquelles celle-ci avait donné un asile étaient des créatures méprisables ; mais en ce moment Gelsomina se trouvait avec un homme qu'elle croyait plus volontiers encore que personne au monde, et qui accusait ouvertement Annina. Dans une telle perplexité, la jeune fille troublée fit ce que son cœur et la nature lui suggérèrent : elle raconta promptement à voix basse au prétendu Carlo tous les incidents de la soirée et ce qu'Annina lui avait dit de la conduite des deux femmes qu'elle avait laissées dans la prison.

Jacopo l'écoutait avec tant d'attention que sa rame flottait sur l'eau.

— Il suffit, dit-il quand Gelsomina, rougissant de l'empressement qu'elle mettait à se justifier à ses yeux, eut fini de parler. Je comprends tout. — Méfie-toi de ta cousine, car le sénat même n'est pas plus faux.

Il parlait ainsi d'une voix ferme, quoique avec précaution. Gelsomina le comprit, quoique fort surprise de ce qu'elle entendait. Elle alla rejoindre sa cousine sous le pavillon, et la gondole continua à voguer, comme s'il ne fût rien arrivé.

CHAPITRE XXV.

> C'est assez : je pourrais me livrer à la joie maintenant. Hubert, je t'aime. Je ne te dirai pas ce que je prétends faire pour toi ; mais souviens-toi...
> SHAKSPEARE. *Le roi Jean.*

Jacopo n'ignorait aucun des détours de l'astuce vénitienne. Il savait avec quelle constance infatigable les Conseils, par le moyen de leurs agents, suivaient tous les mouvements de ceux dont ils avaient intérêt de connaître les démarches. Il était donc loin de se flatter d'avoir tout l'avantage que les circonstances semblaient lui avoir procuré. Annina était certainement en son pouvoir, et il était impossible qu'elle eût encore fait part de ce qu'elle venait d'apprendre de Gelsomina à aucun de ceux qui l'employaient. Mais un geste, un regard en passant devant la porte de la prison, l'air de se trouver dans un état de contrainte, ou une exclamation, pouvaient donner l'éveil à un des milliers d'espions aux gages de la police. La première chose à faire, et la plus importante, était donc de placer Annina en quelque lieu de sûreté. Retourner au palais de don Camillo, c'était se jeter au milieu des satellites du sénat. Cependant, quoique le seigneur napolitain, comptant sur son rang et son influence, eût préféré renvoyer une fille à la détention de laquelle il n'attachait aucune importance; après en avoir appris tout ce qu'elle savait, le cas était bien différent, maintenant qu'elle pouvait fournir aux officiers de police les renseignements nécessaires pour s'emparer de nouveau des deux fugitives.

La gondole continuait d'avancer. Places et palais étaient laissés en arrière, et Annina impatiente passa la tête par la fenêtre pour voir où elle était. La barque était en ce moment dans le port au milieu des navires, et son impatience augmenta. Sous un prétexte semblable à celui qu'avait pris Gelsomina, elle sortit du pavillon et s'approcha du gondolier.

— Je voudrais être débarquée promptement à la porte d'eau du palais du doge, lui dit-elle en lui glissant une pièce d'argent dans la main.

— Vos ordres seront exécutés, bella donna; — mais, Diamine! c'est merveille qu'une fille qui a tant d'esprit ne flaire pas les trésors qui se trouvent à bord de cette felouque.

— Veux-tu dire *la Sorrentina*?

— Quel autre patron apporte d'aussi bon vin sur le Lido? Modère ton impatience d'arriver, fille de l'honnête Tomaso, et fais un marché avec le patron; nous en profiterons, nous autres gens des canaux.

— Comment! tu me connais?

— Pour être la jolie marchande de vin du Lido. Il n'y a pas un gondolier qui ne te connaisse aussi bien que les murs des lagunes.

— Pourquoi es-tu masqué? Tu ne peux être Luigi?

— Qu'importe que je me nomme Luigi, Enrico ou Giorgio ? — Je suis une de tes pratiques, et j'honore jusqu'au plus petit poil de tes sourcils. Tu sais, Annina, que nos jeunes patriciens ont leurs folies, et qu'ils nous font jurer de leur garder le secret jusqu'à ce que tout danger d'être découverts soit passé. Si quelques yeux impertinents me suivaient, on pourrait me questionner sur la manière dont j'ai passé le commencement de cette soirée.

— Il me semble qu'il aurait mieux valu te donner une pièce d'or et te renvoyer chez toi tout d'un coup.

— Pour être suivi jusqu'à ma porte comme un juif dénoncé? Quand j'aurai confondu ma barque parmi un millier d'autres, il sera assez temps de me démasquer. — Veux-tu monter à bord de *la bella Sorrentina ?*

— Il est inutile de me le demander, puisque tu suis les ordres de ta propre volonté.

Le gondolier sourit, et fit un signe de tête comme pour lui donner à entendre qu'il savait ce qu'elle désirait secrètement. Annina hésitait encore si elle devait chercher à le faire changer de résolution, quand la gondole s'arrêta près de la felouque.

— Monterons-nous à bord pour parler au patron? demanda Jacopo.

— Cela est inutile; il n'a pas de vin.

— Je sais mieux que vous ce qui en est. — Je connais l'homme et tous ses subterfuges.

— Tu oublies ma cousine.

En parlant ainsi, Jacopo prit Annina dans ses bras avec un air moitié galant, moitié résolu, la plaça sur le pont de la *bella Sorrentina*, et y sauta lui-même ensuite; sans lui laisser un instant pour recueillir ses pensées, il la fit descendre dans la cabane, où il la laissa fort surprise de la conduite du gondolier, mais déterminée à ne pas faire connaître à un étranger la manière dont elle fraudait les droits des douanes.

Stefano Milano était endormi sur le pont, étendu sur une voile. Jacopo l'éveilla en lui frappant sur l'épaule; il se leva et vit debout près de lui le prétendu Roderigo.

— Mille pardons, Signore! lui dit le marin. Eh bien! ma cargaison est-elle arrivée?

— En partie seulement. Je viens de t'amener une certaine Annina Torti, fille du vieux Tomaso-Torti, marchand de vin du Lido.

— Santa Madre ! Le sénat croit-il nécessaire de renvoyer si secrètement de la ville une fille comme elle ?

— Oui ; et il attache une grande importance à sa détention. Je l'ai amenée jusqu'ici sans qu'elle ait soupçonné mon dessein, sous prétexte que tu pourrais lui vendre du vin en secret. D'après ce que je t'ai dit, c'est ton affaire à présent de veiller à ce qu'elle ne puisse quitter ton bord.

— Rien n'est plus facile, répondit Stefano ; et courant à la cabane, il en ferma la porte et en tira le verrou. — Elle est seule avec l'image de Notre-Dame, dit-il en revenant près de Jacopo, et elle ne peut trouver une meilleure occasion pour dire des *Ave*.

— Fort bien ! tâche de la garder ainsi. Maintenant il est temps que tu lèves l'ancre et que tu conduises ta felouque en avant de cette foule de navires.

— Il ne faut que cinq minutes pour cela, Signore ; tout est prêt.

— Fais-le donc sans délai ; car bien des choses dépendent de la manière dont tu t'acquitteras de ce devoir délicat. — Tu me reverras dans quelques instants. — Mais fais-y attention, maître Stefano ; veille bien sur ta prisonnière, car le sénat attache une grande importance à ce qu'elle ne puisse s'échapper.

Le Calabrois fit le geste d'un homme initié dans un mystère, qui veut exprimer la confiance qu'il a en son adresse. Tandis que le prétendu Roderigo rentrait dans sa gondole, Stefano commença à éveiller son équipage ; et à l'instant où Jacopo entrait dans le canal de Saint-Marc, les voiles de la felouque se déployaient, et le Calabrois sortait du milieu des navires pour aller stationner plus loin.

La gondole toucha bientôt les degrés de la porte d'eau du palais. Gelsomina y entra et monta l'escalier par où elle en était sortie. Le même hallebardier y était encore de garde ; il lui parla sur le ton de la galanterie, mais il ne s'opposa point à ce qu'elle passât.

— Hâtez-vous, nobles dames, hâtez-vous, pour l'amour de la sainte Vierge ! s'écria Gelsomina en entrant précipitamment dans la chambre où donna Violetta et sa compagne attendaient son retour. Ma faiblesse a mis votre liberté en danger, et il n'y a pas un moment à perdre. Suivez-moi pendant que vous le pouvez, et ne vous arrêtez pas, même pour dire une prière.

— Tu es troublée et hors d'haleine, dit donna Florinda. As-tu vu le duc de Sainte-Agathe?

— Ne me questionnez pas, mais suivez-moi.

Gelsomina prit la lampe, et, jetant sur les deux dames un regard qui les conjurait de la suivre, elle sortit de l'appartement. Est-il nécessaire de dire qu'elle fut suivie?

Elles quittèrent la prison en sûreté et passèrent le Pont-des-Soupirs, car on doit se rappeler que Gelsomina en avait encore les clefs. Elles descendirent le grand escalier du palais, et entrèrent dans la galerie ouverte : elles n'éprouvèrent aucun obstacle dans leur marche, et elles traversèrent la cour avec l'air de femmes qui vaquaient à leurs affaires habituelles.

Jacopo les attendait à la porte d'eau. En moins d'une minute, sa gondole fendait l'eau du port, se dirigeant vers la felouque, dont le clair de lune faisait encore distinguer la voile blanche, tantôt enflée par le vent, tantôt battant contre le mât, selon que les marins accéléraient ou retardaient leur marche. Gelsomina les accompagna un instant des yeux avec une vive émotion, et traversant alors le pont du quai, elle rentra dans la prison par la porte publique.

— T'es-tu bien assuré de la fille du vieux Tomaso? demanda Jacopo en arrivant de nouveau sur le pont de *la bella Sorrentina*.

— Elle est comme un lest qui suit le mouvement du roulis, maître Roderigo, tantôt d'un côté de la cabane, tantôt de l'autre; mais voyez que la porte est fermée au verrou.

— Fort bien! — Je t'amène une autre partie de ta cargaison. — Tu as la passe nécessaire pour la galère de garde?

— Tout est en bon ordre, Signore. Vit-on jamais Stefano Milano oublier les précautions dans un moment de presse? Diamine! laissez venir la brise, et quand même le sénat voudrait nous rappeler, ce serait en vain qu'il ferait courir tous ses sbires après nous.

— Excellent Stefano! déploie donc toutes tes voiles, car nos maîtres surveillent tes mouvements et attachent un grand prix à ta diligence.

Tandis que le Calabrois exécutait cet ordre, Jacopo aida les deux dames à sortir de la gondole. En un moment, les vergues furent ajustées, et l'eau qui écumait des deux côtés de la felouque annonça qu'elle était en marche.

— Tu as de nobles dames pour passagères, dit Jacopo au patron quand celui-ci se fut acquitté des travaux actifs nécessaires pour mettre son navire en mouvement, et quoique des raisons politiques exigent qu'elles s'éloignent de la ville pour un certain temps, on te saura bon gré de consulter leurs désirs.

— Comptez sur moi, maître Roderigo. Mais vous oubliez que je n'ai pas encore reçu mes instructions sur ma destination. Une felouque qui ne sait où elle doit aller est aussi embarrassée qu'un hibou en plein soleil.

— Tu le sauras en temps convenable. Un officier de la république viendra régler cette affaire avec toi. — Je ne voudrais pas que ces nobles dames, tant qu'elles seront près du port, apprissent qu'elles doivent avoir pour compagne de voyage une femme comme Annina ; elles pourraient se plaindre qu'on leur manque de respect. — Tu comprends, Stefano ?

— Cospetto ! suis-je un fou, un sot ? Et si cela est, pourquoi le sénat m'emploie-t-il ? Cette fille ne peut être aperçue d'elles ; qu'elle reste où elle est. Tant que ces nobles dames seront disposées à respirer l'air de la nuit, elles ne seront pas incommodées de sa compagnie.

— Sois tranquille sur ce point. Ceux qui ne sont pas habitués à la mer ne se soucient guère de l'air renfermé d'une cabane. — Tu vas te rendre au-delà du Lido, Stefano, et tu m'y attendras. Si tu ne me revois pas avant une heure après minuit, fais voile pour le port d'Ancône, et tu y recevras de nouveaux ordres.

Stefano, qui avait déjà bien souvent reçu ses instructions du prétendu Roderigo, promit de se conformer à celles qui venaient de lui être données, et ils se séparèrent. On devine que les deux fugitives avaient été instruites de la manière dont elles devaient se conduire.

La gondole de Jacopo n'avait jamais fendu l'eau avec un mouvement plus rapide que celui qu'il lui imprimait en ce moment en la dirigeant vers la terre. Au milieu du passage continuel d'une foule de barques, il n'était pas probable qu'on remarquât les manœuvres de la sienne. Il fut donc assuré en arrivant sur le quai de la place, qu'on n'avait pas observé combien de fois il avait déjà passé et repassé. Il se démasqua hardiment et descendit à terre. L'heure à laquelle il avait donné rendez-vous sur la Piazza à don Camillo Monforte commençait à approcher, et il traversa à pas lents la petite place pour se rendre à l'endroit où il devait le trouver.

Jacopo, comme on l'a vu dans un chapitre précédent, avait coutume de se promener près des colonnes de granit pendant les premières heures de la nuit, et l'on croyait généralement que c'était pour y attendre des pratiques dans son trafic de sang, comme les hommes livrés à un commerce plus innocent prennent leur place ordinaire dans un marché. Quand on le voyait à celle qu'il avait l'habitude d'occuper, tous ceux qui avaient quelque égard pour leur réputation ou qui voulaient sauver les apparences avaient grand soin de l'éviter.

Le Bravo persécuté et pourtant toléré marchait à pas lents sur les dalles pour aller à son rendez-vous, ne se souciant pas d'y arriver trop tôt, quand un laquais lui glissa un morceau de papier dans la main et disparut aussi vite que ses jambes pouvaient le porter. On a déjà vu que Jacopo ne savait pas lire, car notre histoire se passait dans un siècle où l'on maintenait avec soin dans l'ignorance les gens de sa classe. Il arrêta donc le premier passant qui lui parut avoir l'air assez obligeant pour le satisfaire, et le pria de lui lire le billet qu'il venait de recevoir.

Celui à qui il s'était adressé était un honnête marchand d'un quartier éloigné. Il prit le billet et commença à le lire à haute voix:

« Je suis appelé ailleurs, et je ne puis me trouver au rendez-
« vous, Jacopo. »

Au nom de Jacopo, le papier tomba des mains du lecteur, qui s'enfuit à toutes jambes.

Le Bravo retourna lentement vers le quai, réfléchissant sur l'accident fâcheux qui dérangeait ses plans. Quelqu'un lui toucha le coude: il se retourna et vit un masque à son côté.

— Tu es Jacopo Frontoni? dit l'étranger.
— En personne.
— Tu as une main qui est fidèle à celui qui l'emploie?
— Fidèle.
— Bien. — Tu trouveras cent sequins dans ce sac.
— Quelle vie est dans la balance contre cet or?
— La vie de don Camillo Monforte.
— De don Camillo Monforte?
— Oui. Tu connais ce riche seigneur?

— Vous le décrivez parfaitement, Signore. Il en donnerait autant à son barbier pour le saigner.

— Fais l'affaire comme il faut, et la somme sera doublée.

— Il me faut la garantie d'un nom. Je ne vous connais pas, Signore.

L'étranger regarda autour de lui avec précaution; et soulevant son masque un instant, il montra au Bravo les traits de Giacomo Gradenigo.

— Cette garantie te suffit-elle?

— Oui, Signore. — Quand faut-il agir?

— Cette nuit. — A l'instant même.

— Frapperai-je un homme de ce rang dans son palais, au milieu de ses plaisirs?

— Viens ici, Jacopo, et tu en sauras davantage. — As-tu un masque?

Le Bravo fit un signe affirmatif.

— Mets donc ta figure sous un masque, car elle n'est pas en bonne odeur ici. Va chercher ta barque, et je te rejoindrai.

Le jeune patricien était lui-même déguisé, et il quitta le Bravo avec le dessein de le rejoindre dans un endroit où celui-ci ne pourrait être reconnu. Jacopo fit sortir sa barque de la foule des gondoles amarrées sur le quai, et s'écarta à quelque distance, convaincu qu'on le suivait des yeux et qu'il ne serait pas longtemps seul. Il ne se trompait pas dans ses conjectures; car au bout de quelques instants une gondole s'avança rapidement vers la scène, et deux hommes masqués en sortirent pour entrer dans celle du Bravo sans dire un seul mot.

— Au Lido! dit une voix que Jacopo reconnut pour celle de Giacomo.

L'ordre fut exécuté, et la barque qui avait amené le jeune Gradenigo suivit à peu de distance. Quand ils furent assez loin de toutes les barques pour ne pas avoir à craindre d'être entendus, les deux passagers sortirent du pavillon et firent signe au Bravo de cesser de ramer.

— Tu te charges de l'affaire, Jacopo Frontoni? demanda l'héritier corrompu du sénateur Gradenigo.

— Frapperai-je le noble au milieu de ses plaisirs, Signore?

— Cela ne sera pas nécessaire. Nous avons trouvé le moyen de l'attirer hors de son palais et il est maintenant en ton pouvoir, sans autre espoir que celui que peuvent lui donner son bras et son courage. Te charges-tu de l'affaire?

— Volontiers, Signore. — J'aime avoir affaire aux braves.

— En ce cas tu seras satisfait. Le Napolitain a été sur mes brisées dans.... dirai-je dans mes amours, Osée? ou as-tu une meilleure expression?

— Juste Daniel! vous n'avez d'égard ni pour la réputation ni pour la sûreté de personne, signor Giacomo! — Je ne vois aucune nécessité de porter un coup mortel, maître Jacopo. Une bonne blessure qui pourrait faire sortir toute idée de mariage de la tête du duc, du moins pour quelque temps, et y faire entrer en place des pensées de pénitence, me paraîtrait pouvoir...

— Frappe droit au cœur! dit Giacomo. C'est parce que je sais que ton coup est sûr que je me suis adressé à toi.

— C'est une vengeance usuraire, signor Giacomo, reprit le juif moins résolu. Tout ce qu'il faut pour nos projets, c'est que le Napolitain soit obligé de garder sa chambre environ un mois.

— Envoie-le dans sa tombe, Jacopo! — Ecoute-moi bien. — Cent sequins pour frapper le coup, — cent autres pour qu'il soit frappé de manière à ce qu'il n'y manque rien, — et encore cent autres pour que son corps soit jeté dans le canal Orfano, de manière à ce que l'eau ne trahisse jamais notre secret.

— Si les deux premières conditions sont accomplies, la troisième sera une prudente précaution, murmura le juif, coquin circonspect et préférant les expédients secondaires qui pouvaient peser moins sur la conscience. — Ainsi donc une bonne blessure ne saurait vous contenter, signor Giacomo?

— Je n'en donnerais pas un sequin. — Elle laisserait de l'espoir à cette sotte fille, et ne ferait qu'exciter sa compassion. — Acceptes-tu mes conditions, Jacopo?

— Je les accepte.

— En ce cas, rame vers le Lido. Tu le trouveras au milieu des sépultures des amis et des parents d'Osée. — Pourquoi me tirer par mon habit, Osée? Espères-tu tromper un homme de ce caractère par quelque mensonge ridicule? — Oui, Jacopo, tu trouveras en ce moment don Camillo parmi les sépultures des juifs. Nous l'avons trompé par le moyen d'une prétendue lettre de la dame à la main de laquelle nous prétendons tous deux, et il sera seul, dans l'espoir de quitter le pays avec elle. Je me fie à toi pour que le Napolitain ne soit pas trompé dans son attente, du moins en ce qui le concerne.— Tu me comprends?

— Rien ne peut être plus clair, Signore.

— Il suffit! Tu me connais, et tu peux compter sur ce que je t'ai promis, si tu me sers bien.— Osée, notre affaire est finie.

Giacomo Gradenigo fit signe à sa gondole d'approcher, et, jetant à Jacopo un sac qui contenait le premier paiement du sang qu'il voulait faire couler, il entra dans sa barque avec l'air d'indifférence d'un homme habitué à regarder comme légitimes de pareils moyens d'arriver à son but. Il n'en était pas de même d'Osée. C'était un fripon plutôt qu'un scélérat; l'envie d'assurer l'argent qu'il avait prêté, et la promesse que le père et le fils lui avaient faite d'une somme considérable si le succès couronnait les desseins du dernier sur la main de donna Violetta, étaient des tentations irrésistibles pour un homme qui vivait méprisé de tout ce qui l'entourait, et qui ne trouvait de consolation qu'en cherchant à se procurer des moyens de jouissance que les chrétiens recherchent aussi bien que les juifs. Cependant son sang se glaçait quand il songeait à quelle extrémité Giacomo voulait pousser les choses, et il s'arrêta pour dire un mot en partant au Bravo.

— On prétend que ton stylet est sûr, honnête Jacopo, lui dit-il à demi-voix; une main aussi exercée que la tienne doit savoir blesser aussi bien que tuer.— Fais une bonne blessure au Napolitain; mais épargne sa vie. Le porteur d'un poignard au service du public, comme le tien, ne s'en trouvera peut-être pas plus mal, lors de la venue du Shiloh, pour avoir ménagé ses forces à l'occasion.

— Tu oublies l'or, Osée!

— Père Abraham! quelle mémoire j'ai, à mon âge! Tu as raison, prudent Jacopo. — Eh bien! l'or t'arrivera en tout événement, — pourvu que tu arranges les choses de manière à laisser à mon jeune ami toute chance de succès auprès de l'héritière.

Jacopo fit un geste d'impatience, car en ce moment il vit une gondole s'approcher rapidement d'un endroit isolé du Lido. Le juif passa dans la barque de son compagnon, et le Bravo s'avança à force de rames vers la terre. Il ne fut pas longtemps sans toucher aux sables du Lido, et il marcha à grands pas vers les tombeaux au milieu desquels il avait tant d'aveux à faire à celui qu'on venait de le charger d'assassiner.

— Es-tu envoyé vers moi? lui demanda un homme qui sortit de derrière un monticule de sable, mais qui prit la précaution de tirer son épée avant d'avancer.

— Précisément, signor duc, répondit le Bravo en se démasquant.

— Jacopo! — C'est plus de bonheur que je ne l'espérais! — As-tu des nouvelles de mon épouse?

— Suivez-moi, don Camillo, et vous ne tarderez pas à la voir.

Une telle promesse n'avait besoin d'être appuyée par aucun moyen de persuasion. Don Camillo entra dans la gondole du Bravo, et ils étaient dans un des passages du Lido conduisant au golfe quand Jacopo commença ses explications. Il les eut bientôt terminées, et il n'oublia pas le dessein qu'avait formé Giacomo Gradenigo contre la vie de celui qui l'écoutait.

La felouque, qui avait reçu antérieurement la passe nécessaire des agents de police même, avait pris pour quitter le port le passage par lequel la gondole entra dans la mer Adriatique. La mer était calme, une bonne brise venait de terre; en un mot, tout favorisait les fugitifs. Donna Violetta et sa gouvernante étaient appuyées contre un mât, les yeux fixés avec impatience sur les dômes éloignés de Venise et admirant la beauté qu'elle offrait encore à minuit. De temps en temps des sons de musique, partant des canaux, arrivaient à leurs oreilles, et un sentiment naturel de mélancolie s'emparait de la première en songeant que c'étaient peut-être les derniers sons de cette nature qu'elle entendrait dans sa ville natale; mais un plaisir sans mélange chassa de son sein tous les regrets quand don Camillo, sautant de la gondole sur le pont de la felouque, la serra en triomphe contre son cœur.

Ce ne fut pas une négociation difficile de déterminer Stefano Milano à abandonner pour toujours le service du sénat pour celui de son seigneur féodal. Les promesses et les ordres de don Camillo suffirent pour lui faire approuver ce changement, et tous sentirent alors qu'il n'y avait pas de temps à perdre. Toutes les voiles furent étendues, et la felouque commença à s'éloigner du rivage. Jacopo laissa touer sa gondole jusqu'à une lieue en mer avant de se préparer à y rentrer.

— Il faut vous rendre à Ancône, signor don Camillo, dit le Bravo appuyé sur la balustrade de la felouque et ne pouvant encore se résoudre à partir, et vous mettre sur-le-champ sous la protection du cardinal-secrétaire. Si Stefano tient la mer, il peut arriver qu'il rencontre les galères de la république.

— Ne crains rien pour nous.—Mais toi, excellent Jacopo, que deviendras-tu entre leurs mains?

— Soyez sans inquiétude, Signore. Dieu dispose de tout comme bon lui semble. J'ai dit à Votre Excellence que je ne puis encore quitter Venise. Si la fortune me favorise, je pourrai voir votre château-fort de Sainte-Agathe.

— Et personne ne sera mieux reçu ni plus en sûreté dans ses murs.—Mais je crains pour toi, Jacopo!

— N'y pensez pas, Signore; je suis habitué au danger,—à la misère,—au désespoir.—J'ai eu un moment de plaisir cette nuit en voyant le bonheur de deux jeunes cœurs; et Dieu, dans sa colère, m'en avait refusé depuis longtemps un semblable. — Madame, que tous les saints veillent sur vous, et que Dieu, qui est au-dessus de tout, vous préserve de tout danger!

Il baisa la main de donna Violetta, qui, ignorant encore la moitié des services qu'il lui avait rendus, l'écoutait avec étonnement.

— Don Camillo Monforte, continua-t-il, redoutez Venise jusqu'au jour de votre mort.—Que nulle promesse, nulle espérance, nul désir d'augmenter vos honneurs ou vos richesses ne vous tentent jamais de vous mettre en son pouvoir. Personne ne connaît mieux que moi la fausseté de cette république, et mes derniers mots sont pour vous inviter à vous en méfier.

— Tu parles comme si nous ne devions plus nous revoir, digne Jacopo!

Le Bravo se retourna, et ses traits se trouvèrent exposés aux rayons de la lune. On y distinguait un sourire mélancolique annonçant la satisfaction du succès obtenu par les deux amants, satisfaction mêlée à de fâcheux pressentiments pour lui-même.

— Nous ne sommes certains que du passé, dit-il à voix basse.

Touchant la main de don Camillo, il baisa la sienne et sauta à la hâte dans sa gondole. La corde en fut détachée et la felouque s'éloigna, laissant cet homme extraordinaire seul sur les eaux de l'Adriatique. Don Camillo courut à la poupe et vit pour la dernière fois le Bravo, qui retournait sur cette scène d'astuces et de violences à laquelle il était si charmé lui-même d'avoir pu échapper.

CHAPITRE XXVI.

> Mon corps est courbé, mais ce n'est pas de fatigue.
> C'est la rouille d'un vil repos qui l'a usé ; car il a
> été la proie d'un cachot, et j'ai eu le sort de ces
> hommes pour qui les dons bienfaisants de la terre
> et de l'air sont à jamais défendus.
> Lord Byron. *Le Prisonnier de Chillon.*

Lorsque le jour parut le lendemain, la place de Saint-Marc était vide. Les prêtres chantaient les prières des morts autour du corps du vieil Antonio, et quelques pêcheurs étaient demeurés dans la cathédrale et aux environs, n'étant qu'à demi persuadés de la manière dont leur compagnon avait perdu la vie. Mais, comme c'était la coutume à cette heure du jour, la ville paraissait tranquille ; l'alarme qui s'était répandue sur les canaux lors de l'insurrection des pêcheurs avait fait place à cette tranquillité apparente et douteuse qui est, plus ou moins, la suite inévitable d'un système qui n'a point pour base fondamentale l'appui volontaire de la masse du peuple.

Jacopo était encore en ce moment sous les combles du palais du doge, accompagné de la bonne Gelsomina. Tandis qu'ils parcouraient les détours de cet édifice, il raconta à sa compagne tous les détails relatifs à la fuite des deux amants, omettant par prudence de lui parler du projet conçu par Giacomo Gradenigo contre la vie de don Camillo. Cette jeune fille ingénue l'écouta avec la plus vive attention, les couleurs de ses joues et l'expression changeante de ses regards accusant seules combien ce récit l'intéressait.

— Et espères-tu qu'ils puissent échapper à ceux qui sont au pouvoir ? demanda Gelsomina à voix basse ; car peu de personnes à Venise auraient osé faire tout haut une pareille question. Tu sais que la république a toujours des galères dans l'Adriatique.

— Je ne l'ai pas oublié, répondit le Bravo, et j'ai conseillé au noble Calabrois de faire voile pour le port d'Ancône. Une fois dans les Etats de l'Eglise, l'influence de don Camillo et les droits de son épouse les protégeront.—Y a-t-il ici un endroit d'où nous puissions voir la mer?

Gelsomina le fit entrer dans une chambre des combles qui commandait sur le pont, sur le Lido, et au loin sur l'Adriatique. Une forte brise, passant sur les toits des maisons, faisait plier légèrement les mâts des bâtiments dans le port, et agitait les lagunes au-delà de la foule des navires. Depuis ce point jusqu'à la barrière des sables, on voyait évidemment, au gonflement des voiles et aux efforts des gondoliers qui ramaient pour arriver sur le quai, que le vent était très-vif. Au-delà du Lido la mer était agitée, et plus loin encore les vagues étaient couronnées d'écume par la brise de terre.

— Santa Maria soit louée! s'écria Jacopo quand il eut examiné toute la scène qui s'offrait à ses regards; ils sont déjà bien loin de la côte, et avec un vent comme celui-ci ils ne peuvent manquer d'entrer dans le port au bout de quelques heures. — Allons au cachot.

Gelsomina sourit en entendant parler de la sûreté des fugitifs; mais son regard s'attrista quand Jacopo changea de discours. Cependant elle fit sans répliquer ce qu'il désirait, et quelques minutes après ils étaient à côté du grabat du vieux prisonnier. Il ne parut pas s'apercevoir de leur arrivée, et Jacopo fut obligé de s'annoncer.

— Mon père, dit-il avec cet accent mélancolique naturel à sa voix quand il parlait au vieillard, c'est moi.

Le prisonnier se retourna, et quoique évidemment plus faible que lors de la dernière visite de son fils, un faible sourire se peignit sur ses traits flétris.

— Et ta mère? demanda-t-il avec un empressement qui fit que Gelsomina se détourna à la hâte.

— Elle est heureuse, mon père, — heureuse.

— Heureuse sans moi?

— Elle est toujours avec vous en esprit, elle pense à vous dans toutes ses prières. — Vous avez en ma mère une sainte qui intercède pour vous, mon père.

— Et ta bonne sœur?

— Elle est aussi heureuse, n'en doutez pas, mon père. Elles sont toutes deux patientes et résignées.

— Et les sénateurs ?

— Sont toujours les mêmes, des hommes sans âme, égoïstes et arrogants, répondit Jacopo avec aigreur. — Et détournant la tête, il proféra dans l'amertume de son cœur une malédiction contre eux, mais assez bas pour ne pas être entendu.

— Les nobles signori se sont trompés en croyant que j'avais pris part à une tentative pour frauder les revenus de l'Etat, reprit le vieillard résigné. Ils reconnaîtront un jour leur erreur.

Jacopo ne répondit point. Tout illétré qu'il était, et quoiqu'il fût privé de cette connaissance que tout gouvernement paternel se fait un devoir aujourd'hui de répandre parmi tous ses sujets, son intelligence l'avait mis en état de comprendre qu'un système qui s'annonçait ostensiblement comme fondé sur les talents supérieurs d'un petit nombre d'êtres privilégiés serait le dernier à convenir de la fausseté de sa théorie.

— Tu es injuste envers eux, mon fils ; ce sont d'illustres patriciens qui n'ont aucun motif pour opprimer un malheureux comme moi.

— Aucun autre que la nécessité de maintenir la sévérité de ces lois qui ont fait d'eux des sénateurs et de vous un prisonnier.

— Je te dis, mon fils, que j'ai connu de dignes sénateurs. Il y a parmi eux le signor Tiepolo qui m'a rendu de grands services dans ma jeunesse. Sans cette fausse accusation, j'aurais pu être à présent un des hommes les plus fortunés de ma profession à Venise.

— Mon père, nous prierons pour l'âme du sénateur Tiepolo.

— L'illustre sénateur est-il donc mort ?

— Ainsi l'annonce un mausolée somptueux élevé dans l'église du Redentor.

— Il faut que nous finissions tous par mourir, dit le vieillard en faisant un signe de croix : doge comme patricien, patricien comme gondolier, Jacopo...

— Mon père ! s'écria le Bravo assez promptement pour l'empêcher de finir ce mot. S'agenouillant alors à côté du grabat du prisonnier, il lui dit à l'oreille : Vous oubliez qu'il y a des raisons pour ne pas prononcer ce nom ; je vous ai dit souvent que si vous me nommez ainsi, mes visites ne pourront plus avoir lieu.

Le prisonnier le regarda d'un air égaré, car la nature défaillante rendait obscur à son esprit ce qui lui avait autrefois paru si clair. Ses yeux, après s'être fixés longtemps sur son fils, se tournèrent vers la muraille, et il finit par sourire d'un air enfantin.

— Veux-tu regarder si l'araignée est revenue ?

Jacopo soupira, mais il se leva pour satisfaire son père.

— Je ne la vois pas, dit-il ; il ne fait pas encore assez chaud.

— Pas assez chaud ? — C'est du feu qui coule dans mes veines !

— Tu oublies que nous sommes sous les combles, mon fils, et que c'est du plomb qui couvre nos têtes. Et le soleil... oh ! le soleil !

— Les illustres sénateurs ne songent pas quel supplice c'est de passer le froid hiver dans des cachots au-dessous du niveau des canaux, et l'été sous un métal ardent.

— Ils ne songent à rien qu'à leur pouvoir, murmura Jacopo. Ce pouvoir usurpé par l'injustice doit être maintenu par d'injustes rigueurs. — Mais à quoi bon parler ainsi ? Avez-vous tout ce que le corps exige, mon père ?

— De l'air, mon fils, de l'air ! — Donne-moi cet air que Dieu a fait pour l'usage du dernier des êtres qu'il a créés.

Le Bravo se précipita vers une des fentes qui se trouvaient dans les murs de cet édifice vénérable, mais souillé par tant de cruautés. Il fit de nouveaux efforts pour élargir cette ouverture ; mais quoique le sang jaillît de ses ongles, il ne put y réussir.

— La porte ! Gelsomina, ouvre la porte ! s'écria-t-il en retournant près du lit, épuisé par ses efforts inutiles.

— Je ne souffre point à présent, dit le vieillard. C'est quand tu m'auras quitté, quand je serai seul avec mes pensées, que je me représenterai ta mère en pleurs et ta sœur désolée ; c'est alors que je sentirai le besoin d'air. — Ne sommes-nous pas dans le brûlant mois d'août, mon fils ?

— Nous ne sommes pas encore en juin, mon père.

— J'aurai donc encore plus de chaleur à endurer ? — Que la volonté de Dieu soit faite, et que la bienheureuse santa Maria, sa mère immaculée, me donne la force de la supporter !

Les regards de Jacopo prirent un caractère d'égarement presque aussi effrayant que l'œil fixe et glacé du vieillard. Sa poitrine se souleva, ses poings se serrèrent, et l'on entendit le bruit de sa respiration pressée.

— Non ! dit-il à voix basse, mais d'un ton qui prouvait que sa résolution était inébranlable, tu ne souffriras plus de pareils tourments! Lève-toi, mon père, et suis-moi. Les portes nous sont ouvertes, nous en avons les clefs, et je connais tous les détours du palais. Je trouverai le moyen de te cacher jusqu'à la nuit, et alors nous quitterons pour toujours la république maudite.

Un regard d'espoir brilla dans les yeux du vieux prisonnier en écoutant cette proposition inspirée par une sorte de délire. Mais le doute que les moyens d'exécution fussent praticables en changea sur-le-champ l'expression.

— Tu oublies ceux qui sont là-haut, mon fils.

— Je ne connais là-haut qu'un être au-dessus de nous.

— Et cette fille, comment peux-tu espérer de la tromper?

— Elle prendra ta place. — Elle est avec nous de cœur, et elle se prêtera à une apparence de violence. — Je ne promets pas trop pour toi, bonne Gelsomina?

La pauvre enfant effrayée, qui n'avait jamais vu dans le prétendu Carlo des signes si évidents d'une résolution désespérée, se laissa tomber sur une escabelle sans pouvoir prononcer un seul mot. Le prisonnier les regarda tour à tour l'un et l'autre : il fit un effort pour se lever, mais en vain; il se laissa retomber sur la paille. Ce ne fut qu'en ce moment que Jacopo reconnut que son projet était impraticable, et qu'il ne l'avait conçu que dans un mouvement d'exaltation. Peu à peu l'agitation du Bravo se calma, et il redevint impassible.

— Mon père, dit-il, il faut que je vous quitte. Nos maux touchent à leur fin.

— Je te reverrai bientôt?

— Si les saints le permettent. — Votre bénédiction, mon père.

Le vieillard étendit les mains sur la tête de Jacopo, et murmura une prière. Quand il eut rempli ce devoir, son fils et Gelsomina s'occupèrent quelques instants à mettre à sa portée tout ce dont il pouvait avoir besoin et sortirent ensuite ensemble.

Jacopo semblait peu disposé à quitter le voisinage du cachot qu'occupait son père. Il paraissait préoccupé d'un sombre pressentiment que ces visites faites à la dérobée devraient cesser bientôt. Cependant, après un instant de délai, ils descendirent à l'étage inférieur; et, comme Jacopo désirait sortir du palais sans rentrer dans la prison, Gelsomina se prépara à le conduire par le principal corridor.

— Tu es plus triste que de coutume, Carlo, dit-elle, suivant avec l'intérêt de l'affection ses regards qu'il cherchait à détourner d'elle; il me semble que tu devrais te réjouir de la bonne fortune du duc napolitain et de la dame Tiepolo.

— Leur bonheur est un rayon de soleil dans un jour d'hiver, bonne Gelsomina. — Mais on nous observe.—Quel est cet espion qui surveille tous nos mouvements?

— C'est un domestique du palais. Il s'en trouve toujours sur notre chemin dans cette partie du bâtiment. — Es-tu fatigué? entre ici. Personne ne vient jamais dans cette chambre, et nous pourrons jeter encore un regard sur la mer.

Jacopo suivit sa conductrice dans un des appartements abandonnés du second étage, car dans le fait il était charmé de voir ce qui se passait sur la place avant de sortir du palais. Son premier regard se porta sur la mer, et il vit les vagues se précipiter encore vers le sud, poussées par la brise qui descendait des Alpes. Satisfait de cette vue, il ramena ses regards sur ce qui se passait plus près de lui. En ce moment, un officier de la république sortit du palais, précédé d'un trompette et suivi de quelques soldats, comme c'était l'usage quand le sénat faisait faire une proclamation. Gelsomina ouvrit une fenêtre, et tous deux s'y avancèrent pour écouter. Quand ce petit cortége fut arrivé en face de la cathédrale, la trompette sonna, et la voix de l'officier se fit entendre en ces termes :

— « Attendu que plusieurs assassinats infâmes et barbares ont été commis depuis peu envers les personnes de divers bons citoyens de Venise, le sénat, dans le soin paternel qu'il prend de tous ceux qu'il est chargé de protéger, a jugé à propos d'avoir recours à des moyens extraordinaires pour prévenir le retour de crimes si contraires aux lois de Dieu et à la sécurité de la société; en conséquence, l'illustre Conseil des Dix offre publiquement une récompense de cent sequins à celui qui découvrira l'auteur de quelqu'un de ces horribles meurtres. Et attendu que la nuit dernière le corps d'un certain Antonio, pêcheur bien connu et digne citoyen fort estimé des patriciens, a été trouvé dans les lagunes, et qu'il n'y a que trop de raisons pour croire qu'il a perdu la vie par le fait d'un nommé Jacopo Frontoni, qui passe pour un bravo, et que les autorités ont fait épier depuis longtemps, mais toujours en vain, dans l'espoir de le surprendre sur le fait, commettant un de ces abominables assassinats, il est enjoint à tous les bons et honnêtes citoyens de la république d'aider les autorités à se saisir de la personne dudit Jacopo Frontoni, quand même il se réfugierait dans un sanctuaire, car Venise ne peut plus endurer la présence d'un homme ayant une telle habitude de répandre le sang. Et comme encouragement, le sénat, dans sa sollicitude paternelle, offre une récompense de trois cents sequins pour son arrestation. » La formule ordinaire de prière et de souveraineté terminait la proclamation.

Comme il n'était pas ordinaire à ceux qui couvraient d'un si sombre mystère toutes ces mesures du gouvernement de publier ainsi leurs intentions, cette proclamation remplit d'étonnement et de crainte tous ceux qui l'entendirent. Quelques uns tremblèrent que le pouvoir mystérieux et redoutable d'où émanait l'arrêt ne fût sur le point de se déployer; la plupart crurent devoir exprimer bien haut leur admiration des soins paternels du sénat.

Personne n'entendit les paroles de l'officier avec plus d'intérêt que Gelsomina. Elle avait le corps à demi passé par la croisée, pour ne pas en perdre une syllabe.

— As-tu entendu, Carlo? s'écria-t-elle en se retirant de la croisée; ils proclament enfin une récompense pour l'arrestation du monstre qui a commis tant de meurtres.

Jacopo se mit à rire, mais d'une manière qui ne parut pas naturelle à sa compagne.

— Les patriciens sont équitables, dit-il, et tout ce qu'ils font est juste. Ils sont de naissance illustre et ils ne peuvent se tromper. Ils feront leur devoir.

— Mais ils ne font ici que s'acquitter de leurs devoirs envers Dieu et envers le peuple.

— J'ai entendu parler des devoirs du peuple; mais on dit peu chose de ceux du sénat.

— Nous ne devons pas refuser de croire qu'il les remplit, Carlo, puisque, dans le fait, il cherche à protéger les citoyens. Ce Jacopo est un monstre que tout le monde déteste, et ses forfaits ont été longtemps la honte de Venise. Tu vois que les patriciens ne sont pas avares de leur or quand il y a quelque espoir de s'emparer de sa personne. — Ecoute! on va répéter la proclamation.

La trompette sonna de nouveau, et l'officier, s'étant avancé entre les colonnes de granit presque sous la fenêtre à laquelle était Gelsomina avec son compagnon impassible, fit une seconde lecture de la proclamation.

— Pourquoi mets-tu ton masque, Carlo ? lui demanda Gelsomina quand l'officier eut fini de parler. Ce n'est pas la coutume de porter un masque dans le palais à une pareille heure.

— On croira que c'est le doge qui rougit d'entendre proclamer sa justice et sa libéralité, ou peut-être me prendra-t-on pour un des Trois.

— Ils suivent le quai pour aller à l'arsenal, et là ils prendront une barque pour se rendre au Rialto, suivant l'usage.

— Et par là ils avertiront à temps ce redoutable Jacopo de se cacher. Vos juges en pouvoir sont mystérieux quand ils devraient être francs, et francs quand ils devraient être mystérieux. — Il faut que je te quitte, Gelsomina : fais-moi sortir par la cour du palais, et retourne dans l'appartement de ton père.

— Cela ne se peut pas, Carlo, — tu connais la permission accordée par les autorités ; j'en ai excédé les bornes ; — pourquoi voudrais-je te le cacher ? — il ne t'était pas permis d'entrer ici à cette heure.

— Et tu as eu le courage d'outre-passer ces ordres par amour pour moi, Gelsomina ?

La jeune fille confuse baissa la tête, et la rougeur de son front ressemblait à la lumière rose de son Italie.

— Tu l'as deviné, lui répondit-elle.

— Mille grâces, ma chère et bonne Gelsomina ; mais sois bien sûre que je trouverai le moyen de sortir du palais sans être vu. Le danger était d'y entrer. Ceux qui en sortent sont censés avoir le droit de s'y trouver.

— Nulle personne masquée ne peut passer pendant le jour devant les hallebardiers, à moins d'avoir le mot d'ordre secret.

Le Bravo parut frappé de cette observation, et sa contenance trahit un grand embarras. Il connaissait si bien les conditions auxquelles il lui avait été permis d'entrer dans la prison qu'il regardait comme peu prudent d'en sortir pour descendre sur le quai. C'était le chemin par lequel il était venu. Mais il ne doutait guère que ceux qui en gardaient la porte extérieure, et qui probablement savaient alors qu'il y était, ne missent obstacle à sa retraite. L'autre sortie lui semblait également dangereuse. Il avait été moins surpris de la proclamation en elle-même que de la publicité que le sénat avait jugé à propos de donner à sa politique, et il s'était entendu publiquement dénoncer, en tressaillant sans doute, mais sans terreur. Il avait tant de moyens de déguisement, et l'usage de se masquer était si général à Venise, qu'il n'avait pas eu de craintes bien sérieuses sur le résultat de cette affaire jusqu'au moment où il se trouva réduit à une alternative si fâcheuse. Gelsomina lut dans ses yeux son indécision, et regretta de lui avoir causé tant d'inquiétude.

— Il n'y a pas autant de danger que tu sembles le croire, Carlo, lui dit-elle. On t'a permis d'aller voir ton père à certaines heures, et cette permission est une preuve que le sénat n'est pas sans pitié. Si pour t'obliger j'ai oublié une de ses injonctions, c'est une faute que les sénateurs ne voudront pas punir comme un crime; ils n'auront pas le cœur assez dur.

Jacopo la regarda avec un air de compassion, car il savait qu'elle ne connaissait guère la véritable nature de la politique astucieuse de la république.

— Et il est temps que nous nous séparions, lui dit-il, de peur qu'on ne fasse payer à ton innocence le prix de mon imprudence. Je suis maintenant près du corridor ouvert au public, et je me fierai à la fortune pour gagner le quai.

Gelsomina lui prit le bras, ne voulant pas l'abandonner à lui-même dans ce bâtiment redoutable.

— Cela ne se peut pas, Carlo; tu rencontreras un soldat, et ta faute sera connue. Peut-être ne te sera-t-il plus permis de venir ici, et la porte du cachot de ton pauvre père te sera tout à fait fermée.

Jacopo lui fit signe de lui montrer le chemin, et il la suivit.

Toujours émue, quoique un peu rassurée, Gelsomina traversa différents passages, fermant avec soin chaque porte après qu'ils l'avaient passée. Enfin ils arrivèrent sur le fameux Pont-des-Soupirs. La jeune fille inquiète avança d'un pas léger en approchant de sa demeure, et elle songeait aux moyens de cacher le prétendu Carlo dans l'appartement de son père, s'il y avait du danger à ce qu'il sortît de la prison pendant le jour.

— Il ne nous faut plus qu'une minute, Carlo, lui dit-elle à voix basse en mettant la clef dans la serrure de la porte qui conduisait dans la prison. — La clef tourna, mais les gonds restèrent immobiles. Gelsomina pâlit et s'écria : — Les verrous sont fermés en dedans !

— Peu importe. Je descendrai par la cour du palais, et je passerai hardiment sans masque devant le hallebardier.

Après tout, Gelsomina ne voyait que peu de risque qu'il fût reconnu par les soldats mercenaires qui étaient au service du doge, et, empressée de le tirer d'une position inquiétante, elle retourna en courant à l'autre extrémité de la galerie. Elle mit dans la serrure la clef qui l'avait déjà ouverte, mais cette porte résista comme la première. Gelsomina tressaillit et s'appuya contre le mur pour se soutenir.

— Nous ne pouvons ni avancer ni reculer ! s'écria-t-elle, effrayée sans trop savoir pourquoi.

— Je vois ce que c'est, dit Jacopo. Nous sommes prisonniers sur ce pont fatal.

En parlant ainsi, le Bravo ôta son masque d'un air calme, et montra les traits d'un homme résolu.

— Santa Madre di Dio ! que peut signifier cela ?

— Que nous avons passé sur ce pont une fois de trop, ma chère amie. Le Conseil est avare de ces sortes de faveurs.

Les verrous des deux portes s'ouvrirent, et les gonds crièrent en même temps. Un officier de l'inquisition entra, armé et portant des menottes. Gelsomina poussa un cri ; mais Jacopo resta immobile tandis qu'on lui mettait les fers aux mains.

— Et moi aussi ! s'écria sa compagne avec une sorte de frénésie ; — je suis la plus coupable ! — Liez-moi aussi ! — jetez-moi dans un cachot, mais laissez le pauvre Carlo en liberté !

— Carlo ! répéta l'officier avec un sourire cruel.

— Est-ce un crime d'aller voir son père en prison ? Le Conseil le savait ; — il l'avait permis ; — seulement, Carlo s'est trompé d'heure.

— Sais-tu pour qui tu parles, jeune fille ?

— Pour le meilleur cœur, — pour le meilleur fils qui soit dans Venise. — Ah ! si vous l'aviez vu comme moi pleurer sur les souffrances du vieux prisonnier ; — si vous l'aviez vu dans l'angoisse de sa douleur de bon fils, vous auriez pitié de lui.

— Ecoute ! reprit l'officier en levant un doigt pour l'avertir de faire attention.

Le son d'une trompette se fit entendre sur le pont de Saint-

Marc, qui était presque sous leurs pieds, et l'on publia de nouveau la proclamation qui offrait trois cents sequins pour l'arrestation du Bravo.

— C'est un officier de la république mettant à prix la tête d'un monstre qui porte un stylet homicide, s'écria Gelsomina qui prenait en ce moment peu d'intérêt à cette proclamation ; il a bien mérité son destin.

— Pourquoi donc t'y opposes-tu ?

— Je ne vous comprends pas, dit Gelsomina respirant à peine.

— Jeune folle, cet homme est Jacopo Frontoni.

Gelsomina aurait voulu ne pas en croire ses yeux ; mais l'expression d'angoisse de ceux de Jacopo lui révéla l'horrible vérité, et elle tomba privée de tout sentiment. Au même instant on emmena le Bravo.

CHAPITRE XXVII.

> Levons le rideau et observons ce qui se passe dans cette chambre.
>
> ROGERS.

Il y eut ce jour-là dans les rues de Venise cette sorte de rumeur mystérieuse, cette curiosité pleine de défiance qui caractérisaient les mœurs de cette cité. Une foule d'individus passaient près des colonnes de granit, comme s'ils s'attendaient encore à voir le Bravo à sa place ordinaire, bravant audacieusement la proclamation ; car pendant si longtemps on avait souffert qu'il parût en public, que les habitants de Venise pouvaient à peine se persuader qu'il quitterait si facilement ses habitudes. Il est inutile de dire que cette vague attente fut déçue. On vanta aussi hautement la justice de la république, car les sujets humiliés sont hardis à louer leurs maîtres, et celui qui avait été muet pendant des années sur les affaires publiques trouvait une voix comme le plus hardi bourgeois d'une ville libre.

Mais la journée se passa sans que les citoyens de Venise fussent détournés de nouveau de leurs occupations. On continua les prières des morts avec peu d'interruption, et l'on dit des messes devant les autels d'une moitié des églises pour le repos de l'âme du pêcheur. Ses camarades, encore un peu défiants, mais dont l'amour-propre était satisfait, surveillaient les cérémonies d'un œil jaloux. Avant la fin de la soirée, ils s'étaient de nouveau rangés parmi les plus humbles serviteurs de l'oligarchie ; car l'effet de cette espèce de pouvoir est d'apaiser par ses flatteries les mécontentements que cause son injustice. Tel est l'esprit humain : l'habitude de la soumission produit un sentiment de respect profond, quoique factice, qui inspire à ceux qui se trouvent sous son influence une espèce de gratitude toutes les fois que leurs supérieurs descendent du théâtre de leur grandeur et confessent qu'ils partagent les faiblesses humaines.

La place de Saint-Marc se remplit à l'heure habituelle, les patriciens désertèrent le Broglio comme à l'ordinaire, et la gaieté fut à son comble, avant que l'horloge eût sonné la seconde heure de la nuit. Des gondoles remplies de nobles dames parurent sur les canaux. On releva les jalousies des palais pour y laisser entrer la brise de mer, et les sons de la musique commencèrent à se faire entendre dans le port, sous les ponts et sous le balcon des belles. Le cours des plaisirs ne pouvait être interrompu par la seule raison que l'innocent n'avait point été vengé.

Il y avait alors comme maintenant sur le grand canal plusieurs palais d'une magnificence presque royale. Le lecteur a déjà fait connaissance avec un ou deux de ces splendides édifices, et nous allons maintenant le conduire en imagination dans un autre.

La construction particulière de Venise, conséquence de sa position au milieu des eaux, donne la même apparence à toutes les riches habitations de cette ville. La demeure dans laquelle le fil de cette histoire conduit nos pas avait sa porte d'eau, son vestibule, son escalier massif en marbre, sa cour intérieure, sa magnifique suite d'appartements, ses tableaux, ses lustres, ses planchers composés de marbres précieux comme tous ceux que nous avons jugé nécessaire de dépeindre.

Il était dix heures du soir. Une famille peu nombreuse, mais charmante, formait un riant tableau dans la noble demeure à laquelle nous venons de faire allusion. On voyait un père qui avait à peine atteint l'âge mur. Dans ses yeux brillaient en même temps la vivacité, l'esprit, l'humanité, et dans ce moment l'amour paternel. Il pressait dans ses bras avec orgueil un joyeux enfant de trois ou quatre ans, ravi d'un amusement qui le rendait presque aussi grand que son père. Une belle Vénitienne aux tresses d'or, aux joues purpurines, telle que le Titien aimait à peindre les femmes, couchée sur un lit de repos, suivait les mouvements de ces deux êtres qui lui étaient si chers, avec les sentiments d'une mère et d'une épouse ; elle souriait de la joie bruyante de son jeune enfant. Une fille qui était son image, dont les cheveux tombaient jusqu'à la ceinture, jouait avec un enfant d'un âge si tendre, que les yeux d'une mère pouvaient seuls découvrir en lui les signes d'une croissante intelligence. Telle était la scène qu'offrait cette famille lorsque l'horloge de la Piazza sonna dix heures. Frappé de ce bruit, le père mit son enfant à terre et consulta sa montre.

— Feras-tu une promenade en gondole, mon amour? demanda-t-il.

— Avec toi, Paolo?

— Non, ma chère; j'ai des affaires qui me retiendront jusqu'à minuit.

— Vous m'en faites accroire lorsque vos caprices vous conduisent loin de moi.

— Ne me parle pas ainsi. J'ai donné rendez-vous ce soir à mon homme d'affaires, et je connais trop bien ton cœur maternel pour penser que tu veuilles me retenir lorsqu'il s'agit des intérêts de de nos chers enfants.

Donna Giulietta sonna ses femmes pour avoir son manteau. Le jeune enfant et le bruyant garçon furent conduits au lit, tandis que la dame et sa fille aînée descendirent à la gondole.

Donna Giulietta ne se rendit pas seule à son bateau ; car dans son union, l'inclination avait heureusement été consultée en même temps que les intérêts avaient été débattus.

Son mari baisa tendrement sa main en la conduisant à sa gondole ; et le bateau s'était éloigné à quelque distance du palais avant qu'il eût quitté les pierres humides de la porte d'eau.

— As-tu préparé le cabinet pour mes amis? demanda le signor

Soranzo ; car c'était le même sénateur qui accompagnait le doge lorsque ce dernier alla joindre le pêcheur.

— Oui, Signore.

— Est-il tranquille et éclairé comme je l'ai ordonné?

— Excellence, tout sera prêt.

— Tu as placé des siéges pour six personnes? Nous serons six.

— Signore, il y a six fauteuils.

— C'est bien. Lorsque le premier de mes amis arrivera, j'irai le rejoindre.

— Excellence, il est déjà arrivé deux cavaliers masqués.

Le signor Soranzo tressaillit et consulta de nouveau sa montre ; alors, se rendant précipitamment dans une partie silencieuse et écartée du palais, il ouvrit une petite porte et il se trouva en présence de ceux qui l'attendaient.

— Mille pardons, Signori! s'écria le maître de la maison; c'est au moins un nouveau devoir pour moi... Je ne sais pas quelle peut être votre honorable expérience... et le temps s'est écoulé sans que je l'aie remarqué. Je vous demande grâce, Messires; ma promptitude à l'avenir réparera cette négligence.

Les deux étrangers étaient plus âgés que le maître de la maison, et il était évident à leurs traits endurcis qu'ils avaient une plus longue habitude du monde. On reçut ses excuses avec politesse, et, pendant quelques minutes, la conversation roula sur des sujets de convention.

— Nous pouvons espérer le secret ici, Signore? demanda un des étrangers.

— Le secret de la tombe. Personne n'entre ici sans permission que ma femme, et dans ce moment elle jouit de la fraîcheur du soir dans sa gondole.

— On assure, signor Soranzo, que vous faites un heureux ménage. J'espère que vous concevez la nécessité de fermer la porte cette nuit, même à donna Giulietta.

— Sans aucun doute, Signori; les affaires de la république passent avant tout.

— Je me trouve trois fois heureux, Signore, qu'en tirant au sort pour le Conseil secret ma bonne fortune m'ait donné d'aussi excellents collègues. Croyez-moi, j'ai déjà rempli ce terrible devoir en moins agréable société.

Ce discours flatteur, que le vieux et astucieux sénateur avait adressé régulièrement à tous ceux que la chance lui avait associés dans l'inquisition pendant une longue vie, fut bien reçu, et on y répondit par de semblables compliments.

— Il paraîtrait que le digne signor Alexandre Gradenigo était un de nos prédécesseurs, continua-t-il en regardant quelques papiers; — car, quoique les trois juges présents fussent inconnus à tout le monde, excepté à quelques secrétaires et officiers de l'Etat, la politique de Venise transmettait leurs noms à leurs successeurs; — c'est un noble gentilhomme bien dévoué à l'Etat.

— C'est une affaire heureusement arrangée, répondit le plus âgé des Trois, qui avait depuis longtemps l'habitude de ne plus se rappeler tout ce que la politique voulait qu'on oubliât lorsque le but était atteint. Les galères ont besoin de bras, Saint-Marc doit porter la tête haute.

Le signor Soranzo, qui avait reçu quelque instruction préalable pour ses nouvelles fonctions, avait un air mélancolique; mais il n'était aussi lui-même que la créature d'un système.

— Avez-vous des affaires importantes à nous communiquer? demanda-t-il.

— Signore, nous avons toute raison de croire que l'Etat vient de faire une grande perte. Vous connaissez l'un et l'autre l'héritière de Tiepolo, du moins de réputation, quoique sa manière de vivre retirée vous ait tenus éloignés de sa société.

— Donna Giulietta fait un grand éloge de sa beauté, dit le jeune mari.

— Nous n'avons pas de plus belle fortune à Venise, dit le troisième inquisiteur.

— Toute belle et toute riche qu'elle soit, Signore, je crains que nous ne l'ayons perdue. Don Camillo de Monforte, que Dieu protège jusqu'à ce que nous n'ayons plus besoin de son influence! a manqué de l'emporter sur nous. Mais au moment où l'Etat déjouait ses plans, la jeune dame est tombée par hasard entre les mains de mauvais sujets, et depuis ce temps on n'en a plus entendu parler.

Paolo Soranzo espéra secrètement qu'elle était dans les bras du Napolitain.

— Un secrétaire m'a communiqué la disparition du duc de Sainte-Agathe, observa un troisième, et la felouque que nous employons souvent pour des missions délicates n'est plus à l'ancre.

Les deux vieillards se regardèrent l'un et l'autre comme s'ils commençaient à soupçonner la vérité ; ils virent qu'ils n'avaient rien à espérer de cette affaire ; et comme ils n'avaient à s'occuper que de ce qui était dans les limites de leur pouvoir, ils ne perdirent point de temps en regrets inutiles.

— Nous avons deux affaires qui pressent, observa le plus âgé des sénateurs ; le corps du vieux pêcheur doit être enseveli tranquillement ; il faut prévenir autant que possible un tumulte nouveau : puis il nous reste encore à disposer de ce dangereux Jacopo.

— Il faudrait d'abord le saisir, dit le signor Soranzo.

— C'est déjà fait. Le croiriez-vous, Messieurs? il a été arrêté dans le palais même du doge.

— Il faut l'envoyer à l'échafaud sans plus tarder!

Les deux vieillards se regardèrent encore l'un et l'autre ; il était évident que, comme tous les deux avaient été déjà membres du conseil secret, ils avaient des signes d'intelligence auxquels leur compagnon était étranger. On pouvait aussi apercevoir dans leurs regards le désir de ménager ses sentiments avant d'entrer plus ouvertement dans les pratiques de leurs devoirs.

— Pour la gloire de Saint-Marc, Signore, que la justice ait franchement son cours dans cette circonstance ! continua le jeune membre du conseil. Quelle pitié peut inspirer un spadassin? C'est un des droits les plus heureux de notre autorité que de faire publiquement un acte de justice si bien mérité.

Les vieux sénateurs s'inclinèrent pour reconnaître la justesse de ce sentiment de leur collègue, qui était exprimé avec toute la générosité de la jeunesse et la franchise d'une âme noble ; car il y a un acquiescement de convention à tout ce qui est moral et qui embellit en apparence la plus tortueuse politique.

— Vous avez raison, signor Soranzo, de rendre cet hommage à nos droits, répondit le plus âgé. — On a trouvé plusieurs accusations dans les Gueules de Lion [1] contre le Napolitain signor don Camillo Monforte ; je laisse à votre sagesse, mes illustres collègues, à décider sur leur caractère.

— La malveillance se trahit elle-même par ses propres excès, s'écria le jeune membre de l'inquisition. Sur ma vie! Signore,

---

[1]. Quoiqu'on ait l'habitude de dire la gueule du lion, il existe sur presque toutes les

ces accusations sont le résultat de quelque animosité particulière et sont indignes de l'attention de l'État; j'ai beaucoup vécu avec le jeune signor de Sainte-Agathe, et il n'y a pas parmi nous un plus digne gentilhomme.

— Néanmoins il a des desseins sur la main de la fille du vieux Tiepolo.

— Fait-on un crime à la jeunesse de rechercher la beauté? Il a rendu un grand service à cette dame; et il n'est pas étrange qu'un homme de son âge ait conçu une telle affection.

— Venise a ses affections comme le plus jeune de nous tous, Signore.

— Mais Venise ne peut pas épouser l'héritière.

— Cela est vrai. Saint-Marc doit être satisfait de jouer le rôle d'un père prudent. Vous êtes encore jeune, signor Soranzo, et donna Giulietta est d'une rare beauté. En avançant dans la vie, vous jugerez différemment de la fortune des royaumes et de celle des familles. Mais nous perdons inutilement notre temps sur cette affaire, puisque nos agents n'ont pas encore eu de succès dans leurs poursuites. L'affaire la plus pressante maintenant est celle du Bravo. — Son Altesse vous a-t-elle montré la dernière lettre du souverain pontife sur la question des dépêches interceptées?

— Oui, nos prédécesseurs y ont fait une réponse convenable, et cette affaire doit en rester là.

— Alors nous allons nous occuper librement de l'affaire de Jacopo Frontoni. Il sera nécessaire de nous assembler dans la salle de l'inquisition, afin que l'accusé soit confronté avec ses accusateurs. C'est un procès important, Signori, et Venise perdrait dans l'opinion des hommes, si son tribunal le plus élevé ne montrait pas l'intérêt qu'il prend au jugement.

— Qu'on tranche la tête à cet assassin! s'écria de nouveau le signor Soranzo.

— Tel sera probablement son sort, ou peut-être le condamnera-t-on à être roué. Un plus mûr examen nous éclairera sur ce que doit dicter la politique.

— Il ne peut y avoir qu'une politique lorsqu'il s'agit de protéger les jours des citoyens. Jusqu'ici je n'avais jamais désiré de

places importantes de Venise un de ces réceptacles d'accusations. On doit se rappeler que le lion ailé était l'emblème de la république.

voir abréger la vie d'un homme; mais dans ce procès j'ai hâte de voir arriver le jugement.

— Votre honorable impatience sera satisfaite, signor Soranzo; car prévoyant l'urgence de cette affaire, mon collègue, le digne sénateur qui partage nos délicates fonctions, et nous-même, nous avons déjà donné les ordres nécessaires à ce sujet. L'heure est venue, et nous arriverons à temps dans la salle de l'inquisition pour remplir ce devoir.

Alors la conversation roula sur des objets d'un intérêt général. Ce tribunal extraordinaire et secret, qui était obligé de ne point avoir de lieu spécial pour ses assemblées, qui pouvait rendre ses décrets sur la Piazza ou dans le palais, au milieu des débauches des masques ou devant l'autel, dans des assemblées brillantes ou dans le domicile particulier de l'un de ses membres, avait, comme on peut le croire, beaucoup d'affaires sous sa juridiction. Comme le hasard de la naissance avait décidé de sa composition (et Dieu n'a pas rendu tous les hommes propres à remplir des fonctions si cruelles), il arrivait quelquefois, comme dans le cas présent, que deux des membres avaient à combattre les dispositions généreuses d'un collègue, avant que l'action de cette justice pût être exercée dans ses formes.

Il est digne de remarque que les gouvernements proclament plus de règles de justice et de vertu que n'en observe chacun de leurs membres en particulier. On ne doit pas en chercher la raison, puisque la nature a donné à tous les hommes la connaissance intime de ces principes qu'on n'abandonne jamais qu'influencé par des intérêts personnels. Nous louons la vertu que nous ne pouvons imiter. C'est ainsi que les États où l'opinion publique a le plus d'influence ont toujours la manière d'agir la plus pure. Il suit, comme une conséquence de cette proposition, qu'un gouvernement représentatif doit être aussi réel que possible; car il tendra inévitablement à élever la morale publique. La condition d'un peuple dont les maximes et les mesures publiques sont au-dessous de son intégrité naturelle est misérable, et elle prouve non seulement qu'il n'est pas le maître de ses destinées, mais elle donne encore la preuve de cette vérité dangereuse, qu'un pouvoir collectif mine en général les qualités qui sont nécessaires à la vertu, et qui dans tous les temps ont bien de la peine à résister aux attaques de l'égoïsme. Une représentation légale est bien plus nécessaire à un peuple civilisé qu'à un peuple qui conserve sa simplicité primitive, puisque la responsabilité, qui est l'essence d'un gouvernement libre, contiendra bien plus les agents d'une nation civilisée que tout autre moyen. L'opinion commune qu'une république ne peut pas exister sans un degré extraordinaire de vertu parmi les citoyens est si flatteuse pour nous autres Américains du Nord, que nous prenons rarement la peine d'en approfondir la vérité. Cependant il nous semble que l'effet est mis ici à la place de la cause. On dit que comme le peuple est entièrement maître dans une république, le peuple devrait être vertueux afin de bien gouverner; mais s'il en était ainsi, cela serait aussi vrai d'une république que de toute autre forme de gouvernement. Les rois gouvernent, et certainement tous n'ont pas été vertueux. Le sujet de notre histoire prouve suffisamment que l'aristocratie qui gouvernait à Venise donnait un démenti à cette opinion. Toutes choses égales d'ailleurs, il est certain que les citoyens d'une république porteront à un plus haut degré les vertus privées que les sujets de tout autre gouvernement. La responsabilité au tribunal de l'opinion publique existant dans toutes les branches d'une administration républicaine, la morale de convention qui caractérise les opinions dominantes n'agit seulement que sur la masse, et ne peut être changée en une arme de corruption, comme cela arrive lorsque des institutions factices donnent une direction fausse à son influence.

L'affaire dont nous entretenons nos lecteurs est une preuve de ce que nous venons de dire. Le signor Soranzo était un homme d'un caractère naturellement excellent; ses habitudes domestiques avaient contribué à favoriser ces bonnes dispositions. Comme tous les Vénitiens de son rang, il avait fait une étude de la politique de la soi-disant république de Venise; et le pouvoir des intérêts collectifs, ainsi qu'une impérieuse nécessité, lui avait fait admettre plusieurs théories qu'il eût repoussées avec indignation si elles lui avaient été présentées sous une autre forme. Cependant le signor Soranzo était loin de comprendre les effets de ce système que sa naissance l'obligeait à soutenir. Venise elle-même payait à l'opinion publique l'hommage dont il a été question tout à l'heure, et ne présentait à l'Europe qu'une fausse exposition de ses véritables principes politiques. Malgré cette prudence, la plupart de ceux qui étaient trop apparents pour être voilés étaient difficilement adoptés par un esprit qui n'y était point façonné par l'habitude. Le jeune sénateur fermait les yeux sur leurs résultats. Comme il sentait leur influence dans tous les intérêts de sa vie, mais non dans ceux de cette pauvre vertu si négligée et dont les récompenses sont si éloignées, il était obligé de chercher ailleurs quelque palliatif ou quelque bien indirect pour excuser son acquiescement à ces principes.

Ce fut dans ces dispositions que le signor Soranzo fut admis au Conseil des Trois. Souvent, dans les rêves de sa jeunesse, il avait envisagé la haute fonction dont il était revêtu comme le but de toute son ambition. Mille tableaux du bien qu'il pourrait faire avaient enchanté sa jeune imagination; et ce ne fut qu'en avançant dans la vie, et lorsqu'il eut une connaissance plus intime des ruses employées par les mieux intentionnés, qu'il parvint à croire ce que jusqu'alors il avait jugé impossible. Néanmoins il entra au conseil avec des doutes et de la défiance. S'il eût vécu dans un siècle plus rapproché de nous, sous le même système modifié par les connaissances qui ont résulté de l'invention de l'imprimerie, il est probable que le signor Soranzo eût été un noble de l'opposition. Soutenant quelquefois avec ardeur des mesures de bien public, et quelquefois cédant avec grâce aux suggestions d'une politique plus austère, mais toujours influencé par les avantages positifs qu'il était né pour posséder, il savait à peine lui-même qu'il n'était pas ce qu'il faisait profession d'être. La faute, malgré tout, n'était pas autant celle du noble que celle des circonstances qui, en plaçant les intérêts en opposition avec le devoir, entraînent souvent plus d'un esprit généreux dans des faiblesses plus grandes encore.

Les collègues du signor Soranzo éprouvèrent cependant plus de difficultés qu'ils ne l'avaient supposé à le préparer aux devoirs d'un homme d'Etat, qui étaient si différents de ceux qu'il avait remplis jusqu'alors comme homme. Ils ressemblaient l'un et l'autre à deux éléphants de l'Orient, possédant l'instinct et les qualités généreuses de ce noble animal, mais disciplinés par une force étrangère à leur nature, et réduits à être des créatures de convention placées de chaque côté d'un jeune frère sorti nouvellement de ses plaines natales, et auquel il était de leur devoir d'apprendre de nouveaux exercices de trompe, de nouvelles affections, et la manière de porter avec dignité le hoirdah d'un rajah.

Les anciens membres du conseil continuèrent la conversation en faisant beaucoup d'allusions à leur politique, mais sans parler de leurs intentions directes, jusqu'à l'heure où ils devaient s'assembler dans le palais du doge. Alors ils se séparèrent aussi mystérieusement qu'ils s'étaient réunis, afin qu'aucun œil vulgaire ne pût pénétrer le secret de leur caractère officiel.

Le plus âgé des Trois parut dans une assemblée de patriciens que de belles et nobles dames embellissaient de leur présence, et il en disparut de manière à ne laisser aucun soupçon. Le second visita le lit de mort d'un ami, discourut bien et longtemps avec un religieux sur l'immortalité de l'âme et les devoirs d'un chrétien. Lorsqu'il partit, le bon père lui donna sa bénédiction, et la famille se répandit en éloges sur son compte.

Le signor Soranzo s'entoura de sa famille jusqu'au dernier moment. Donna Giulietta était rentrée plus charmante que jamais. La brise de mer lui avait donné une nouvelle fraîcheur, et sa douce voix, les joyeux accents de son premier-né ainsi que ceux de la jeune fille aux cheveux blonds, résonnaient encore aux oreilles du jeune mari, lorsque son gondolier le débarqua sous le pont du Rialto. Là il mit son masque et son manteau, et se rendit avec la foule vers la place Saint-Marc, par les petites rues. Il y avait peu de danger pour lui d'être observé. Le déguisement était aussi souvent utile à l'oligarchie de Venise qu'il était nécessaire pour éluder son despotisme et rendre la ville tolérable aux citoyens. Paolo vit plusieurs pêcheurs des lagunes au visage brun, aux jambes nues, qui entraient dans la cathédrale. Il les suivit, et se trouva bientôt près d'un autel assez mal éclairé, où l'on disait encore des messes pour le repos de l'âme d'Antonio.

— C'était un de tes confrères? demanda-t-il à un pêcheur dont l'œil noir brillait au milieu de cette obscurité comme l'œil du basilic.

— Oui, Signore; et jamais homme plus honnête et plus juste ne jeta ses filets dans les lagunes.

— Il fut la victime de sa profession?

— Cospetto di Bacco! personne ne sait de quelle manière il finit. Quelques uns disent que Saint-Marc était impatient de le voir en paradis, et d'autres prétendent qu'il est tombé sous les coups d'un spadassin nommé Jacopo Frontoni.

— Pourquoi un Bravo choisirait-il une victime si obscure?

— En ayant la bonté de répondre vous-même à votre propre question, Signore, vous m'éviterez de l'embarras. Pourquoi, en effet? On dit que Jacopo est vindicatif et que la honte et la colère d'avoir été vaincu dans la dernière regatta par un homme beaucoup plus âgé que lui ont été les causes de cette action.

— Est-il si jaloux de son talent comme gondolier?

— Diamine! j'ai vu le temps où Jacopo eût mieux aimé mourir que de ne pas être le premier dans une course, mais c'était avant qu'il portât un stylet. S'il s'en était tenu à son aviron, la chose aurait pu arriver; mais une fois connu comme spadassin, il semble déraisonnable d'attacher tant d'importance aux prix décernés sur les canaux.

— Cet homme ne peut-il pas être tombé dans les lagunes par accident?

— Cela pourrait être, sans aucun doute, Signore. Cela nous arrive journellement; mais nous pensons qu'il est plus sage de nager jusqu'au bateau que d'aller au fond. Le vieux Antonio avait un bras, dans sa jeunesse, qui pouvait le conduire du quai sur le Lido.

— Mais il peut avoir été frappé en tombant, et rendu de cette manière incapable de s'aider.

— Si cela était vrai, Signore, il y aurait des signes qui le prouveraient.

— Jacopo n'aurait-il pas fait usage de son stylet?

— Peut-être pas à l'égard d'Antonio. La gondole du vieillard fut trouvée à l'embouchure du grand canal, à une demi-lieue du cadavre et contre le vent. Nous parlons de ces choses, Signore, parce que nous nous y connaissons.

— Une heureuse nuit, pêcheur!

— Une plus heureuse nuit encore à vous, Excellence! dit l'habitant des lagunes enchanté d'avoir aussi longtemps captivé l'attention d'un homme qu'il croyait de beaucoup son supérieur.

Le sénateur déguisé continua son chemin. Il n'eut aucune difficulté à quitter la cathédrale sans être observé, et il avait des moyens secrets d'entrer dans le palais sans attirer sur lui l'attention. Là il rejoignit promptement ses collègues du terrible tribunal.

CHAPITRE XXVIII.

>Là les prisonniers reposent ensemble ; ils n'entendent point la voix de l'oppresseur.
>
>JOB.

On a déjà vu la manière dont le Conseil des Trois tenait ses assemblées publiques, si rien de ce qui a rapport à ce corps mystérieux peut être appelé public. Dans l'occasion présente, il y avait les mêmes robes, les mêmes déguisements et les mêmes officiers de l'inquisition dont nous avons parlé dans un chapitre précédent. Le seul changement était dans le caractère des juges et dans celui de l'accusé. Par un arrangement particulier de la lampe, une partie de la lumière était dirigée sur la place que devait occuper le prisonnier, tandis que le côté où étaient assis les inquisiteurs restait dans une obscurité en harmonie avec leurs sombres et mystérieux devoirs. Avant qu'on eût ouvert la porte par laquelle l'accusé devait paraître, on entendit le bruit des chaînes ; c'était un indice que cette affaire était regardée comme sérieuse. Les gonds tournèrent, et le Bravo parut en présence des juges inconnus qui devaient décider de son sort.

Comme Jacopo s'était souvent trouvé en la présence de ce lugubre Conseil, quoiqu'il n'eût jamais été prisonnier, il ne montra aucune crainte, aucune surprise. Ses traits étaient pâles, mais calmes ; ses membres immobiles et son maintien décent. Lorsque la légère rumeur que causa son arrivée fut apaisée, il régna un profond silence dans l'appartement.

— On t'appelle Jacopo Frontoni ? dit le secrétaire-greffier qui servait d'organe aux trois juges dans cette occasion.

— Oui.

— Tu es le fils d'un certain Ricardo Frontoni, un homme bien connu pour avoir volé les douanes de la république, et qu'on croit avoir été banni dans une île éloignée ou puni d'une autre manière.

— Oui, Signore, puni d'une autre manière.

— Tu es gondolier?

— Oui, Signore.

— Ta mère est...

— Morte! dit Jacopo, s'apercevant que le secrétaire s'arrêtait pour examiner ses notes.

L'accent profond dont ce mot fut prononcé causa un silence que le secrétaire n'interrompit pas avant d'avoir jeté un regard sur les juges.

— Elle n'était pas accusée du crime de ton père?

— Si elle l'avait été, Signore, elle est depuis longtemps hors du pouvoir de la république.

— Peu de temps après que ton père eut encouru le déplaisir du sénat, tu quittas l'état de gondolier?

— Oui, Signore.

— Tu es accusé, Jacopo, d'avoir abandonné l'aviron pour le stylet.

— Oui, Signore.

— Pendant plusieurs années le bruit de tes sanglants exploits s'est répandu dans Venise, et depuis quelque temps aucun individu n'a péri de mort violente sans qu'on t'accusât d'avoir porté les coups.

— Cela n'est que trop vrai, signore secrétaire. Je voudrais que cela ne le fût pas.

— L'oreille de Son Altesse et celle des membres du Conseil n'ont pas été fermées aux plaintes portées contre toi; elles ont écouté ces bruits avec l'inquiétude qui convient à un gouvernement paternel. Si le sénat t'a laissé libre, c'était simplement pour ne pas souiller l'hermine de la justice par un arrêt prématuré.

Jacopo s'inclina sans parler; cependant un sourire si expressif brilla sur son visage à cette déclaration, que le secrétaire du tribunal secret qui servait d'organe aux juges courba la tête presque sur son papier, comme s'il eût voulu chercher quelques notes plus attentivement.

Que le lecteur ne revienne pas à cette page avec surprise lorsqu'il connaîtra le dénouement de cet ouvrage; car, de notre temps même, des corps politiques se sont rendus coupables de réticences aussi évidentes, sinon aussi cruelles.

— Il y a maintenant contre toi une accusation terrible, Jacopo Frontoni, continua le secrétaire; et dans l'intérêt de la vie des citoyens, le Conseil secret lui-même s'est saisi de cette affaire. N'as-tu pas connu un certain Antonio Vecchio, pêcheur de nos lagunes?

— Oui, Signore; j'ai été dernièrement avec lui, et je regrette que ç'ait été si peu de temps avant sa mort.

— Tu sais aussi qu'il a été trouvé noyé dans la baie?

Jacopo frémit, n'exprimant son assentiment que par un signe. L'effet de cet acquiescement tacite fut profond sur le plus jeune des trois membres, car il se tourna vers ses compagnons comme un homme frappé de la franchise de cet aveu. Ses collègues s'inclinèrent d'une manière significative, et cette communication silencieuse cessa.

— Sa mort a excité le mécontentement parmi ses confrères, et elle est devenue une affaire sérieuse pour l'illustre Conseil.

— La mort du plus pauvre homme de Venise doit exciter l'intérêt des patriciens, Signore.

— Sais-tu, Jacopo, que tu es accusé d'être son meurtrier?

— Oui, Signore, je le sais.

— On dit que tu te mêlas parmi les gondoliers dans la dernière regatta, et que, sans le vieux pêcheur, tu aurais remporté le prix.

— C'est la vérité, Signore.

— Tu ne nies pas cette accusation? dit l'examinateur avec surprise.

— Il est certain que, sans le pêcheur, j'aurais remporté le prix.

— Et tu le désirais, Jacopo?

— Oui, Signore, de toute mon âme, répondit l'accusé avec une émotion qu'il n'avait point encore montrée. J'étais un homme condamné par ses confrères, et l'aviron a été ma gloire depuis mon enfance jusqu'à présent.

Un nouveau mouvement du jeune inquisiteur trahit également son intérêt et sa surprise.

— Tu confesses donc le crime?

Jacopo sourit avec dérision.

— Si les illustres sénateurs qui sont ici présents veulent se démasquer, dit-il, je pourrai répondre à cette question avec plus de confiance.

— Ta demande est hardie et inusitée. Personne ne connaît les patriciens qui président aux destinées de l'Etat. Confesses-tu le crime ?

L'entrée d'un officier, qui se présenta avec précipitation, empêcha la réponse. Cet homme plaça un rapport écrit entre les mains de l'inquisiteur revêtu d'une robe rouge, et se retira. Après une courte pause, les gardes reçurent l'ordre d'emmener le prisonnier.

— Grands sénateurs, dit Jacopo en s'avançant vers la table, comme s'il voulait saisir le moment de parler : miséricorde; permettez-moi de visiter un prisonnier qui est sous les plombs ; j'ai des raisons puissantes pour désirer de le voir, et je vous demande, comme hommes et comme pères, de m'accorder cette demande.

Les deux vieux sénateurs, qui se consultaient sur la nouvelle communication qu'ils venaient de recevoir, n'écoutèrent pas cette requête. Le troisième, qui était le signor Soranzo, s'était approché de la lampe afin de lire sur les traits d'un homme si coupable, et regardait Jacopo avec surprise. Touché de l'émotion de la voix du Bravo et agréablement trompé par le visage qu'il étudiait, il prit sur lui de lui accorder sa demande.

— Faites ce qu'il désire, dit-il aux hallebardiers ; mais qu'il soit prompt à reparaître.

Jacopo jeta sur le jeune sénateur un regard qui exprimait toute sa reconnaissance; mais craignant que ses collègues ne s'opposassent à l'exécution de cet ordre, il quitta précipitamment la salle. La marche du cortége qui se rendait de la salle d'inquisition aux cachots d'été des prisonniers eût offert au besoin un des tableaux caractéristiques du gouvernement de Venise. Jacopo traversa de sombres et secrets corridors cachés aux regards du vulgaire, tandis que de minces cloisons seulement les séparaient de l'appartement du doge, dont la splendeur, semblable à la pompe extérieure de l'Etat, voilait la nudité et la misère. En atteignant les toits, Jacopo s'arrêta et se tourna vers ses conducteurs :

— Si vous êtes des créatures formées par Dieu, dit-il, ôtez-moi ces chaînes bruyantes, quand ce ne serait que pour un instant.

Ses conducteurs se regardèrent avec surprise, et ni l'un ni l'autre ne s'offrit à lui rendre ce charitable service.

— Je vais voir probablement pour la dernière fois, continua le prisonnier, un homme alité, je pourrais dire un père mourant qui ne connaît pas ma situation... Voudriez-vous qu'il me vît ainsi?

Cet appel, qui tirait sa force plutôt de la manière expressive dont il était fait que des paroles elles-mêmes, produisit son effet : un des conducteurs ôta les chaînes du Bravo et lui dit d'avancer. Jacopo entra d'un pas prudent, et lorsque la porte fut ouverte, il pénétra seul dans la chambre, car les conducteurs ne trouvaient pas dans une entrevue entre un spadassin et son père un intérêt suffisant pour endurer la chaleur brûlante de la prison. La porte fut fermée sur lui et le cachot retrouva son obscurité.

Malgré sa fermeté habituelle, Jacopo hésita lorsqu'il se trouva si subitement dans la silencieuse demeure du captif abandonné. Le bruit produit par une respiration qui tenait du râle de la mort lui fit connaître promptement l'endroit où était le grabat; mais les murs massifs du côté du corridor empêchaient la lumière de pénétrer.

— Mon père! dit Jacopo avec douceur.

Il n'obtint pas de réponse.

— Mon père! répéta-t-il d'une voix plus forte.

La respiration se releva, et le captif parla.

— La vierge Marie a écouté mes prières, dit-il d'une voix affaiblie; Dieu t'a envoyé, mon fils, pour me fermer les yeux.

— Vos forces vous abandonnent-elles, mon père?

— De plus en plus. Mon heure est arrivée; j'avais espéré voir encore la lumière du jour et bénir ta mère et ta sœur... La volonté de Dieu soit faite!

— Elles prient pour nous deux, mon père; elles sont au-delà du pouvoir du sénat.

— Jacopo, je ne te comprends pas.

— Ma mère et ma sœur sont mortes! ce sont des saintes dans le ciel.

Le vieillard gémit, car les liens qui l'attachaient à la terre n'étaient point encore brisés. Jacopo l'entendit murmurer une prière, et il s'agenouilla près du grabat.

— C'est un coup inattendu, murmura le vieillard; nous quittons ensemble ce monde.

— Il y a longtemps qu'elles sont mortes, mon père!

— Pourquoi, Jacopo, ne me l'as-tu pas dit plus tôt?...

— N'avais-tu pas assez de chagrin? Maintenant que tu vas les rejoindre, il te sera doux d'apprendre qu'elles sont depuis longtemps heureuses.

— Et toi?... tu resteras seul... Donne-moi ta main... Pauvre Jacopo!

Le Bravo s'approcha, et prit la main tremblante de son père; elle était humide et froide.

— Jacopo, continua le captif dont l'âme soutenait le corps, j'ai prié trois fois depuis une heure : une fois pour le salut de mon âme, une seconde fois pour le repos de ta mère, et une troisième pour toi.

— Que Dieu vous bénisse, mon père! que Dieu vous bénisse! J'ai besoin de prières.

— J'ai demandé à Dieu qu'il t'accordât ses faveurs. — Je me suis rappelé — tout ton amour et tes soins, — tout ton dévouement à ma vieillesse et à mes souffrances. Lorsque tu étais un enfant, Jacopo, ma tendresse pour toi me porta à des actes de faiblesse. — Je tremblais que dans ton âge mûr tu ne m'en fisses repentir. — Tu ne peux connaître les craintes qu'un père éprouve pour son enfant; — mais tu m'as récompensé de mes peines. — Agenouille-toi, Jacopo: — que je demande encore une fois à Dieu — de se souvenir de toi.

— Je suis à tes côtés, mon père.

Le vieillard leva ses faibles bras, et, d'une voix qui semblait recouvrer son ancienne énergie, il prononça une bénédiction solennelle et fervente.

— La bénédiction d'un père mourant, Jacopo, adoucira ton chagrin, ajouta-t-il après une pause, et donnera la paix à tes derniers moments.

— Elle produira surtout ce dernier effet, mon père.

Un coup bruyant frappé à la porte interrompit ces touchants adieux.

— Viens, Jacopo, dit un des gardiens, le Conseil t'attend!

Jacopo sentit son père tressaillir, mais il ne répondit pas.

— Ne te laisseront-ils pas quelques minutes de plus? murmura le vieillard; je ne te retiendrai pas longtemps.

La porte s'ouvrit; un rayon de la lampe pénétra dans le cachot Le gardien eut l'humanité de la fermer encore, et Jacopo se retrouva dans l'obscurité. Le regard que le Bravo obtint, à la faveur de cette lueur fugitive, fut le dernier que son père jeta sur lui. La mort était dans ce regard, qui exprimait en même temps l'affection la plus tendre.

— Cet homme est humain; il ne veut pas t'arracher de mes bras, murmura le père.

— Ils ne peuvent pas te laisser mourir seul, mon père.

— Mon fils, je suis avec Dieu. — Cependant je serais heureux de t'avoir à mes côtés. — N'as-tu pas dit que ta mère et ta sœur étaient mortes?

— Mortes!

— Ta jeune sœur aussi?

— Toutes les deux, mon père; ce sont des saintes dans le ciel.

Le vieillard respira plus péniblement, et il y eut un moment de silence. Jacopo sentit une main se mouvoir dans les ténèbres, comme si elle l'eût cherché. Il aida ce dernier effort, et posa avec respect la main mourante sur sa tête.

— Que la vierge Marie sans tache et son fils qui est Dieu te bénissent, Jacopo! murmura une voix qui parut à l'imagination exaltée du Bravo s'élever dans les airs.

Ces paroles solennelles furent suivies d'un soupir péniblement exhalé; Jacopo cacha sa tête dans la couverture et pria. Un profond silence eut lieu.

— Mon père! dit Jacopo tressaillant au son de sa propre voix.

Il n'obtint point de réponse, et, avançant la main, il toucha les traits froids d'un cadavre. Avec une fermeté qui tenait du désespoir, il courba de nouveau la tête, et prononça avec ferveur une prière pour le mort.

Lorsque la porte du cachot s'ouvrit, Jacopo parut devant ses gardiens avec cette dignité qui n'appartient qu'aux grands caractères, et qui était augmentée par la scène dans laquelle il venait de jouer un rôle. Il leva les mains et resta immobile lorsque les menottes furent replacées; alors il suivit ses guides à l'appartement secret. Peu de temps après, il avait repris sa place devant le Conseil des Trois.

— Jacopo Frontoni, dit le secrétaire, tu es accusé d'un autre attentat qui a eu lieu, il y a quelques jours, dans notre ville. Connais-tu un noble de Calabre qui a des droits aux honneurs du sénat et qui demeure depuis longtemps à Venise?

— Oui, Signore.

— As-tu jamais eu des rapports avec lui?
— Oui, Signore.
Un mouvement général d'intérêt eut lieu parmi les auditeurs.
— Sais-tu où don Camillo est à présent?

Jacopo hésita. Il connaissait si bien les intelligences que possédait le Conseil, qu'il doutait s'il serait prudent de nier la connaissance qu'il avait de la fuite des amants; d'ailleurs son âme était profondément pénétrée, dans ce moment, d'un sentiment de vérité.

— Peux-tu dire pourquoi le jeune duc ne se trouve pas dans son palais? répéta le secrétaire.
— Illustrissimo, il a quitté Venise pour toujours.
— Comment peux-tu le savoir? Aurait-il fait son confident d'un spadassin?

Le sourire qui traversa les traits de Jacopo respirait toute la fierté d'un homme qui se sent au-dessus de celui à qui il l'adresse, et le secrétaire du tribunal secret regarda plus attentivement ses papiers, comme un homme qui reconnaissait le pouvoir de ce sourire.

— Je vous demande encore si vous êtes son confident?
— Oui, Signore, dans cette occasion. Don Camillo m'a assuré lui-même qu'il ne reviendrait plus.
— C'est impossible, puisqu'il y perdrait toutes ses espérances et une immense fortune.
— Il se consolera, Signore, par l'amour de l'héritière et dans la possession de ses propres richesses.

Il y eut parmi les trois juges un nouveau mouvement que toute leur habitude de contrainte et la dignité de leurs mystérieuses fonctions ne purent empêcher.

— Que les gardiens s'éloignent, dit l'inquisiteur qui portait une robe rouge.

Aussitôt que le prisonnier se trouva seul avec les trois membres et le secrétaire, l'interrogatoire continua. Les sénateurs, se fiant à l'effet produit par leurs masques, parlèrent lorsque l'occasion s'en présenta.

— Tu viens de faire une communication importante, Jacopo, dit le chef du tribunal; elle pourrait te racheter la vie, si tu voulais entrer dans quelques détails.
— Que puis-je apprendre à Votre Excellence? Il est sûr que le

Conseil connaît la fuite de don Camillo, et je ne puis croire que des yeux qui s'endorment si rarement ne se soient point encore aperçus du départ de la fille de Tiepolo.

— Cela est vrai, Jacopo; mais tu as quelque chose à dire sur les moyens qui ont été employés. Souviens-toi que le Conseil, en décidant de ton sort, aura égard à ta sincérité.

Le visage du prisonnier laissa voir encore un de ces sourires qui forçaient les interrogateurs à baisser les yeux.

— Les moyens de fuite ne peuvent pas manquer à un amant téméraire, Signore, répondit-il. Don Camillo est riche et aurait pu trouver mille complaisants, s'il en avait eu besoin.

— Tu parles d'une manière équivoque : c'est ce que tu peux faire de plus dangereux pour toi que de te jouer du Conseil. Quels sont les agents qu'il a employés?

— Il avait des serviteurs fidèles, Excellence, plusieurs gondoliers courageux, enfin des domestiques de toute espèce.

— Nous savons tout cela. — Il s'est échappé par d'autres moyens; ou même es-tu sûr qu'il se soit échappé?

— Signore, est-il à Venise?

— C'est nous qui te le demandons. Voilà une accusation trouvée dans la gueule du lion et qui dit que tu l'as assassiné.

— Et donna Violetta aussi, Excellence?

— Nous ne savons rien d'elle. Quelle réponse fais-tu à cette accusation?

— Signore, pourquoi trahirais-je mes propres secrets?

— Ah! tu veux nous tromper! Rappelle-toi que nous avons sous les plombs un prisonnier qui peut tirer de toi la vérité.

Jacopo leva la tête et prit l'attitude d'un homme qui n'a plus rien à craindre. Cependant son regard était triste, en dépit de ses efforts, et il y avait dans sa voix une grande mélancolie.

— Sénateurs, dit-il, votre prisonnier sous les plombs est libre.

— Ton désespoir te donne la hardiesse de te jouer de nous?

— Je dis la vérité. La liberté, si souvent attendue, est venue à la fin!

— Ton père.....?

— Est mort! interrompit Jacopo d'une voix solennelle.

Les deux membres les plus âgés du conseil se regardèrent avec surprise, tandis que le plus jeune écoutait avec l'intérêt d'un homme qui entrait dans un noviciat de secrets et de devoirs embarrassants. Les deux premiers se consultèrent ensemble, puis ils communiquèrent au signor Soranzo ce qu'ils jugeaient nécessaire de lui dire dans cette occasion.

— Veux-tu consulter ta propre sûreté, Jacopo, et révéler tout ce que tu sais sur la fuite du Napolitain? continua l'inquisiteur lorsque la consultation fut terminée.

Jacopo ne trahit aucune faiblesse à cette menace renfermée dans les paroles du sénateur; mais, après un moment de réflexion, il répondit avec autant de franchise qu'il aurait pu en mettre au confessionnal.

— Vous savez, illustres sénateurs, dit-il, que l'Etat avait le désir de marier l'héritière de Tiepolo en consultant ses propres avantages, et qu'elle était aimée par le noble Napolitain. Comme cela arrive aux cœurs jeunes et vertueux, elle répondait à son amour, ainsi qu'il convient à une fille de sa haute naissance et d'un âge aussi tendre. Il n'y a rien d'extraordinaire dans cette circonstance : deux personnes si bien faites l'une pour l'autre devaient tout tenter pour se réunir. Signori, la nuit où le vieux Antonio mourut, j'étais seul au milieu des tombes du Lido, rempli de tristes et amères pensées ; la vie était devenue pour moi un fardeau. Si le mauvais génie qui s'était emparé de mes sens eût été vainqueur, j'aurais péri de la mort misérable d'un suicide. Dieu envoya don Camillo Monforte à mon secours. Grâces soient rendues à la vierge Marie et à son adorable fils pour leur miséricorde! Ce fut là que j'appris les desseins du Napolitain et que je m'engageai à son service. Je lui jurai, sénateurs de Venise, une fidélité à toute épreuve; je lui jurai de mourir pour lui si cela était nécessaire, et de l'aider à enlever celle qu'il aimait. J'ai accompli mes promesses. Les heureux amants sont maintenant dans les Etats de l'Eglise et sous la puissante protection du cardinal secrétaire, le frère de la mère de don Camillo.

— Insensé! telle a donc été ta conduite? N'as-tu aucune pensée pour toi-même?

— J'en ai peu, Excellence. Je songeais plutôt à trouver un cœur humain où je pusse déposer le fardeau de mes souffrances qu'à votre mécontentement. Je n'ai jamais connu dans toute ma vie un moment aussi doux que celui où je vis le duc de Sainte-Agathe presser contre son sein sa belle fiancée tout en larmes.

Les inquisiteurs furent frappés du froid enthousiasme du Bravo, et la surprise les tint encore une fois en suspens. Enfin le plus âgé des trois reprit son interrogatoire.

— Veux-tu nous faire connaître des détails sur la fuite, Jacopo? Rappelle-toi que tu as encore une vie à racheter.

— Signore, cela n'en vaut guère la peine; mais pour vous faire plaisir, je ne cacherai rien.

Alors, Jacopo, en termes simples et francs, expliqua les moyens employés par don Camillo pour favoriser sa fuite; son espoir, son désappointement, et enfin son succès. Dans ce récit, rien ne fut oublié que le lieu où les dames trouvèrent temporairement un asile et le nom de Gelsomina. Il révéla encore l'attentat de Giacomo Gradenigo sur la vie du Napolitain, et la part qu'y prit le juif. Personne n'écouta ces détails plus attentivement que le jeune sénateur. Malgré ses devoirs publics, il sentait son sang précipiter ses pulsations pendant que le prisonnier racontait les dangers des amants; et, lorsqu'il proclama leur union, il sentit son cœur bondir de joie. Ses collègues, au contraire, vieillis dans la politique vénitienne, écoutèrent les détails du Bravo avec une froideur calculée. Les effets de tout faux système sont de subordonner les sentiments aux circonstances : la fiction prend la place de la passion et de la vérité. Tel est l'effet de la doctrine de la prédestination chez les Musulmans : car celui-là se soumet facilement à une défaite, qui a obtenu un avantage sur la nature et la justice; sa résignation étant en général aussi parfaite que son arrogance était insupportable. Les deux vieux sénateurs virent tout d'abord que don Camillo et sa belle compagne n'étaient plus en leur pouvoir; et ils se convainquirent promptement qu'il était sage de se faire un mérite de la nécessité. N'ayant plus rien à apprendre de Jacopo, ils rappelèrent les gardiens et le renvoyèrent à son cachot.

— Il sera convenable d'écrire des lettres de félicitation au cardinal secrétaire sur l'union de son neveu avec une si riche héritière de notre ville, dit l'inquisiteur des Dix lorsque la porte se ferma sur le prisonnier. L'influence du Napolitain peut nous être favorable.

— Mais s'il parlait de la résistance que le sénat a opposée à son bonheur? dit le seigneur Soranzo, comme une faible objection à un plan aussi hardi.

— Nous nous excuserons en en rejetant la faute sur un Conseil antérieur au nôtre. Ces malentendus sont les conséquences inévitables des caprices de la liberté, Signore. Le coursier qui parcourt les forêts dans la liberté de la nature ne peut pas être conduit comme le triste animal qui traîne une charrette. Voici la première de nos assemblées, Signore; mais l'expérience vous prouvera que, toute excellente que soit notre théorie, il se trouve quelquefois des défauts dans la pratique. L'affaire du jeune Gradenigo est fort grave, Signore!

— Je connais depuis longtemps son libertinage, répondit le plus âgé des membres. Il est bien malheureux pour un si noble patricien d'avoir un si indigne fils. Mais ni l'Etat ni la ville ne peuvent tolérer l'assassinat.

— Plût à Dieu qu'il fût moins fréquent! s'écria le signor Soranzo avec une parfaite sincérité.

— Ah! sans doute. Des informations secrètes tendent à confirmer l'accusation de Jacopo; et d'ailleurs une longue expérience nous a appris à mettre notre confiance dans ses rapports.

— Comment! — Jacopo est-il un agent de police?

— Nous parlerons de cela plus à loisir, signor Soranzo. Maintenant, nous devons nous occuper d'un attentat sur la vie d'un personnage protégé par nos lois.

Les trois membres entrèrent alors dans une sérieuse discussion sur l'affaire des deux délinquants. Venise, ainsi que tous les gouvernements despotiques, avait le mérite d'une grande activité dans sa police criminelle lorsqu'elle était disposée à faire justice, comme dans tous les cas où les intérêts du gouvernement n'étaient pas compromis, ou qu'on n'avait pas su corrompre les juges. Quant à ce dernier moyen, grâce à la jalousie de l'Etat et à la richesse de ceux qui rendaient la justice, il n'était en aucune manière aussi fréquent que dans les autres sociétés où les juges, étant moins riches, sont plus exposés aux tentations. Le seigneur Soranzo eut alors une belle occasion d'exercer ses sentiments généreux. Quoique allié à la maison de Gradenigo, il n'était pas le dernier à blâmer la conduite de l'héritier de cette famille. Son premier mouvement fut de demander un exemple terrible, afin de montrer au monde que le crime, à Venise, ne trouvait de l'impunité dans aucun rang. Il fut détourné de cette sévérité par ses deux compagnons, qui lui rappelèrent que les lois faisaient une distinction entre l'intention et l'exécution d'une offense. Eloigné de son premier dessein par l'expérience plus calme de ses collègues, le jeune inquisiteur proposa ensuite que l'affaire fût renvoyée devant les tribunaux ordinaires. On ne manquait pas d'exemples pour prouver que l'aristocratie de Venise savait sacrifier au besoin un de ses membres à l'apparence de la justice, car, lorsque de pareilles affaires étaient conduites avec prudence, elles affermissaient plutôt qu'elles n'affaiblissaient son pouvoir. Mais le crime du jeune Gradenigo était trop commun pour permettre que l'aristocratie se relâchât de ses priviléges, et les vieux inquisiteurs s'opposèrent au vœu de leur jeune collègue avec une apparence de raison. On convint définitivement qu'ils décideraient eux-mêmes dans cette affaire.

La question qui vint ensuite fut le degré de châtiment. Le chef rusé du Conseil commença par proposer un bannissement de quelques mois ; car Giacomo Gradenigo s'était déjà exposé à la rigueur du sénat dans plus d'une circonstance. Le signor Soranzo s'opposa à cette faible punition avec l'ardeur d'un esprit généreux et juste. Il finit par l'emporter, et ses compagnons prirent soin que leur complaisance eût l'air d'une concession à ses arguments. Le résultat de cette consultation fut que le signor Gradenigo serait condamné à dix ans d'exil dans les provinces, et Osée banni pour la vie. Si le lecteur pensait que la justice n'eût pas la même impartialité envers les deux coupables, il faut qu'il se rappelle que le juif devait être bien aise d'en être quitte à si bon marché.

— Nous ne devons cacher ni ce jugement, ni ce qui l'a motivé, dit l'inquisiteur du Conseil des Dix quand l'affaire fut terminée. L'Etat ne perd jamais rien à faire connaître sa justice.

— Et la manière dont il la rend, j'espère, dit le signor Soranzo. Nos affaires étant finies pour ce soir, Signori, votre bon plaisir est-il que nous retournions dans nos palais ?

— Nous avons encore cette affaire de Jacopo.

— Cet homme ! Nous pouvons sûrement le livrer aux tribunaux ordinaires.

— Comme vous le jugerez à propos, Signori. Est-ce votre avis ?

Les deux autres firent un signe d'assentiment, et tous trois se disposèrent à partir.

Soranzo sortit le premier ; mais avant de quitter le palais, les deux autres membres du Conseil eurent ensemble une longue conférence secrète. Le résultat fut un ordre expédié au juge cri-

minel, et alors ils retournèrent chacun chez soi, en hommes ayant l'approbation de leur conscience.

De son côté, le signor Soranzo regagna son heureuse et magnifique demeure. Pour la première fois de sa vie, il y rentra avec méfiance de lui-même; il éprouvait une mélancolie dont il avait peine à se rendre compte, car il avait fait le premier pas dans ce sentier tortueux de la corruption, des sophismes et des fictions de la politique qui mène à l'anéantissement de tous les sentiments nobles et généreux. Il aurait bien voulu se sentir le cœur aussi léger qu'au moment de cette même soirée où il avait donné la main à son épouse à cheveux blonds pour l'aider à entrer dans sa gondole; mais sa tête pesa longtemps sur son oreiller avant que le sommeil jetât un voile sur le souvenir qui lui revenait sans cesse de la manière dont on avait changé l'accomplissement des devoirs les plus sérieux en une comédie solennelle dans laquelle il venait de jouer son rôle.

CHAPITRE XXIX.

> Es-tu coupable? — Non! non, en vérité, je ne le suis pas.
>
> ROGERS.

La matinée du jour suivant vit les funérailles d'Antonio. Les agents de la police prirent la précaution de faire courir, dans la ville, le bruit que le sénat permettait de rendre ces honneurs à la mémoire du vieux pêcheur à cause du succès qu'il avait obtenu dans la regatta, et comme une sorte de réparation pour la mort mystérieuse d'un homme innocent. Tous les pêcheurs des lagunes se ressemblèrent sur la place à l'heure indiquée, en costume décent, flattés de la distinction accordée à un homme de leur profession, et de plus en plus disposés à oublier leur première colère, pour ne songer qu'au moment de faveur qu'ils éprouvaient. C'est ainsi qu'il est facile à ceux qui sont élevés au-dessus de leurs semblables par le hasard de la naissance, ou par l'opinion d'une société factice, de réparer les torts de leur conduite en cédant quelque chose de leur supériorité de convention.

Des messes furent encore célébrées devant l'autel de saint Marc pour le repos de l'âme du vieil Antonio. Le bon carme était à la tête des prêtres. Il avait à peine ressenti la faim et la fatigue, dans son empressement à remplir tous les devoirs que prescrivait l'Eglise pour un homme dont il pouvait dire qu'il avait vu les derniers moments. Cependant son zèle, dans ce moment d'agitation, ne fut remarqué par personne, si ce n'est par ceux dont le métier était de ne laisser passer aucun trait de caractère, aucune circonstance extraordinaire, sans y trouver un motif de soupçon. Lorsque le carme se retira de l'autel, à l'instant où l'on allait enlever le corps, il se sentit tirer doucement par la manche; et suivant celui qui lui donnait cet avis, il se trouva bientôt au milieu des colonnes de cette sombre église, seul avec un inconnu.

— Père, vous avez donné l'absolution à plus d'une âme prête à se séparer du corps? lui dit l'étranger d'un ton qui semblait faire une assertion plutôt qu'une question.

— C'est le devoir de ma sainte profession, mon fils.

— Le sénat reconnaîtra vos services. On aura besoin de votre ministère, après l'enterrement du corps de ce pêcheur.

Le père Anselmo pâlit; mais faisant un signe de croix, il baissa la tête pour indiquer qu'il était prêt à s'acquitter de son devoir. En ce moment, les porteurs enlevèrent le corps, et la procession funéraire entra sur la grande place. Les enfants de chœur de la cathédrale marchaient les premiers, et ils étaient suivis par les chantres qui chantaient l'office d'usage. Le carme se hâta de prendre sa place après eux. Venait ensuite le corps du défunt, sans cercueil, car c'est un luxe de funérailles que les Italiens de la classe du vieil Antonio ne connaissent pas même encore aujourd'hui. Le corps était couvert des habits de dimanche d'un pêcheur, les mains et les pieds restant nus. Une croix était placée sur sa poitrine; ses cheveux gris voltigeaient au gré du vent, et un bouquet, comme pour orner la pâleur repoussante de la mort, était sur sa bouche. Le brancard sur lequel le mort était porté était enrichi de dorures et de sculptures, autre triste preuve des derniers désirs de la vanité humaine.

Après tous ces symboles caractéristiques de la mort, marchait un jeune homme que ses joues brunes, son corps à demi nu et son œil noir égaré annonçaient pour être le petit-fils du pêcheur. Venise savait quand il était à propos de céder avec grâce, et le jeune homme avait reçu, sans conditions, son congé du service des galères, par pitié, comme on le disait tout bas, pour la mort prématurée de son aïeul. On pouvait reconnaître en lui l'air fier, l'esprit intrépide, et l'honnêteté rigide du vieil Antonio; mais ces qualités étaient alors obscurcies par un chagrin bien naturel et, comme il était arrivé à celui dont il suivait le convoi, par les chances cruelles de son sort. De temps en temps la poitrine du généreux jeune homme se soulevait, tandis qu'on avançait sur le quai, en prenant le chemin de l'arsenal, et il y avait des moments où ses lèvres tremblaient, comme si le chagrin allait l'emporter sur sa fermeté.

Cependant pas une larme ne mouilla ses joues, jusqu'au moment où le corps disparut à ses yeux. Alors la nature triompha. Il s'éloigna du cercle qui l'entourait, se retira à l'écart, et pleura comme un jeune homme de son âge et plein de simplicité, lorsqu'il se trouve n'être plus qu'un voyageur isolé dans le désert du monde.

Ainsi se termina l'incident des funérailles du pêcheur Antonio Vecchio, dont le nom cessa bientôt d'être prononcé dans cette ville de mystères, mais dont on se souvint longtemps sur les lagunes, où les hommes de sa profession vantaient son talent comme pêcheur, et la manière dont il avait remporté le prix de la regatta contre les meilleurs rameurs de Venise. Son petit-fils vécut et travailla comme les autres individus de sa condition ; et nous prendrons ici congé de lui, en disant qu'il avait si bien hérité des qualités de son aïeul, qu'il s'abstint de paraître parmi la foule que la curiosité ou l'esprit de vengeance attira sur la Piazzetta quelques heures plus tard.

Le père Anselmo prit une barque pour retourner sur les canaux, et en mettant le pied sur le quai de la petite place, il espérait qu'il lui serait enfin permis de chercher les personnes dont il ignorait encore le destin, et auxquelles il prenait un si vif intérêt. Il n'en fut pourtant rien. L'individu qui lui avait parlé dans la cathédrale semblait l'attendre; et connaissant l'inutilité et le danger de toute remontrance quand il s'agissait des affaires de l'Etat, le carme se laissa conduire où il plut à son guide de le mener. Ils prirent des chemins détournés qui finirent par aboutir à la prison. Le père Anselmo fut introduit dans l'appartement du geôlier, et son compagnon lui dit d'attendre qu'il vînt le chercher.

Le fil de notre histoire nous conduit maintenant dans le sombre cachot où Jacopo avait été enfermé après son interrogatoire devant le Conseil des Trois. Il y avait passé la nuit comme les autres individus placés dans une situation semblable. Au point du jour, le Bravo parut devant ceux qui ostensiblement remplissaient à son égard les fonctions de juges. Nous disons *ostensiblement*, car la justice n'est jamais pure sous un système dans lequel ceux qui gouvernent ont un intérêt distinct de celui des gouvernés; puisque, dans tous les cas où il s'agit de l'ascendant des autorités existantes, l'instinct de l'intérêt personnel influe aussi certainement sur leurs décisions que celui de la vie porte l'homme à fuir le danger. Si tel est le fait dans des pays soumis à un gouvernement plus doux, le lecteur en croira aisément l'existence dans un État comme celui de Venise. Comme on peut l'avoir prévu, ceux qui étaient chargés de juger Jacopo avaient reçu leurs instructions, et s'il fut mis en jugement, ce fut plutôt une concession faite aux apparences qu'un hommage rendu aux lois. Toutes les formes d'usage furent remplies; des témoins furent interrogés ou censés l'avoir été, et l'on eut soin de faire courir dans la ville le bruit que les tribunaux étaient enfin occupés à décider du sort de cet homme extraordinaire à qui il avait été permis si longtemps d'exercer impunément sa profession sanguinaire dans le centre même des canaux. Pendant la matinée les citadins crédules se racontaient les uns aux autres les divers assassinats qui lui avaient été imputés depuis trois ou quatre ans. L'un citait un étranger dont le corps avait été trouvé près des maisons de jeu fréquentées par la plupart de ceux qui venaient à Venise. Un autre rappelait le destin d'un jeune noble qui avait succombé sous le poignard d'un assassin sur le Rialto même. Un troisième donnait les détails d'un meurtre qui avait privé une mère de son fils unique, et la fille d'un patricien de l'objet de son amour. De cette manière, et chacun contribuant à son tour à grossir la liste, un petit groupe assemblé sur le quai compta jusqu'à vingt-cinq individus à qui l'on supposait que le stylet de Jacopo avait arraché la vie, sans y comprendre cette victime de sa vengeance à laquelle on venait de rendre les derniers devoirs. Heureusement peut-être pour sa tranquillité d'esprit, celui qui était le sujet de toutes ces histoires et l'objet des malédictions qu'elles attiraient sur sa tête ne savait rien de tout cela. Il ne chercha point à se défendre devant ses juges, et il refusa avec fermeté de répondre à leurs questions.

—Vous savez ce que j'ai fait, Messires, leur dit-il avec hauteur, et vous savez aussi ce que je n'ai pas fait. Quant à ce qui vous concerne, veillez à vos intérêts.

Lorsqu'on l'eut reconduit dans son cachot, il demanda de la nourriture, et mangea tranquillement, quoique avec modération. On emporta alors tout instrument dont il aurait pu faire usage contre sa propre vie, on examina ses fers avec soin, et on l'abandonna à ses pensées. Le prisonnier était dans cette situation, quand il entendit un bruit de pas s'approcher de son cachot. Les verrous furent tirés et la porte s'ouvrit. Un prêtre parut entre lui et la clarté du jour qui entrait par la porte. Elle se referma, et le prêtre plaça une lampe qu'il tenait en main sur la petite table où étaient le pain et la cruche d'eau du prisonnier.

Jacopo reçut cette visite d'un air calme, mais avec le respect d'un homme qui sentait ce qui était dû au caractère d'un ministre des autels. Il se leva, fit le signe de la croix, et s'avança à sa rencontre aussi loin que sa chaîne put le lui permettre.

— Vous êtes le bienvenu, mon père, lui dit-il. Je vois que les sénateurs, en me bannissant de la surface de la terre, ne désirent pas me bannir de la présence de Dieu.

— Cela excéderait leur pouvoir, mon fils. Celui qui est mort pour eux a répandu son sang pour toi, si tu n'es pas rebelle à sa grâce. Mais (le Ciel sait que je le dis à regret) tu ne dois pas croire qu'un homme qui a commis autant de péchés que toi, Jacopo, puisse avoir l'espérance du bonheur éternel, sans un repentir profond et partant du fond du cœur.

— Quelqu'un peut-il en avoir sans cela, révérend père?

Le père Anselmo tressaillit; car cette question, et le ton de tranquillité de celui qui lui parlait, produisaient un effet étrange dans cette entrevue.

—Tu n'es point ce que je te supposais, Jacopo; ton esprit n'est point entièrement couvert de ténèbres, et tu as commis tes crimes malgré ta conscience qui t'en reprochait l'énormité.

— Je crains que cela ne soit vrai, mon père.

— Tu dois en sentir le poids par la force de ton repentir; parle.

Le père Anselmo s'interrompit, car un sanglot qu'il entendit en ce moment lui apprit qu'ils n'étaient pas seuls. Jetant les yeux autour de lui, non sans quelque alarme, il découvrit Gelsomina qui, favorisée par le porte-clefs, était entrée dans le cachot, cachée derrière le carme. Jacopo poussa un gémissement quand il l'aperçut; et, détournant la tête, il s'appuya contre la muraille.

— Qui es-tu, ma fille, et pourquoi es-tu ici? demanda le moine.

— C'est la fille du geôlier, dit Jacopo, voyant qu'elle était hors d'état de répondre. Je l'ai connue dans les fréquentes visites que j'ai rendues à cette prison.

Les yeux du père Anselmo passèrent de l'un à l'autre. D'abord l'expression en était sévère; mais elle devint plus indulgente à mesure qu'il examinait tour à tour leur physionomie, et la vue de leur profonde affliction finit par l'adoucir tout à fait.

— Voilà l'effet des passions humaines! dit-il d'un ton qui tenait le milieu entre le reproche et la consolation. Tels sont toujours les fruits du crime.

— Mon père, s'écria Jacopo avec vivacité, je puis mériter un tel reproche; mais les anges du ciel seuls sont plus purs que la jeune fille que vous voyez toute en larmes.

— Je me réjouis de l'apprendre. Je te crois, homme infortuné; oui, il m'est doux d'apprendre que ton âme n'est pas chargée du péché d'avoir corrompu l'innocence d'une si jeune créature.

La poitrine du prisonnier se soulevait, tandis que Gelsomina frémissait.

— Pourquoi as-tu cédé à la faiblesse de la nature? Pourquoi es-tu entrée ici? demanda le carme, cherchant à prendre un ton de reproche que sa voix attendrie démentait. Connaissais-tu le métier de l'homme que tu aimais?

— Sainte Marie immaculée! s'écria Gelsomina, non! — non! — non!

— Et à présent que tu as appris la vérité, tu n'es plus sans doute victime d'une passion insensée?

Les regards de Gelsomina étaient égarés; mais une angoisse profonde en était l'expression dominante. Elle baissa la tête plutôt par un sentiment de douleur que de honte, et ne répondit rien.

— Je ne vois pas, mes enfants, à quoi peut servir une telle entrevue. Je suis envoyé ici pour recevoir la confession d'un Bravo; et une jeune fille qui a tant des raisons pour condamner l'imposture dont il a fait usage envers elle ne doit pas se soucier d'entendre les détails d'une telle vie.

— Non! — non! — non! murmura de nouveau Gelsomina, ajoutant à la force de ses paroles par un geste expressif.

— Il vaut mieux, mon père, dit Jacopo d'une voix creuse, qu'elle me croie tout ce que son imagination peut s'imaginer de plus monstrueux. Elle en apprendra plus facilement à haïr ma mémoire.

Gelsomina ne répondit pas une parole, mais elle fit de nouveau le même geste avec une sorte de frénésie.

— Le cœur de cette pauvre enfant semble cruellement déchiré; dit le carme avec un ton d'intérêt. Il faut traiter avec ménagement une fleur si tendre. — Ecoute-moi, ma fille, et écoute ta raison plutôt que ta faiblesse.

— Ne la questionnez, pas mon père. — Qu'elle s'en aille ! — qu'elle me maudisse!

— Carlo! s'écria Gelsomina.

Un long silence s'ensuivit. Le moine vit que la passion avait plus de force que tout ce qu'il pourrait dire, et qu'il fallait laisser au temps le soin de la guérison. Le prisonnier avait à soutenir contre lui-même une lutte plus violente qu'aucune de celles auxquelles il avait été exposé jusqu'alors. Enfin un dernier désir mondain l'emporta, et il rompit le silence.

— Mon père! dit-il en s'avançant jusqu'au bout de sa chaine, et en parlant d'un ton solennel et avec dignité, j'avais espéré que cette infortunée mais innocente créature aurait surmonté sa faiblesse par suite de l'horreur qu'elle éprouverait en apprenant que celui qu'elle aimait était un Bravo; je l'avais demandé au ciel dans mes prières; — mais je ne rendais pas justice au cœur de la femme. — Dis-moi, Gelsomina, — et, sur l'espoir de ton salut, ne me trompe pas! — peux-tu me regarder sans horreur?

Gelsomina trembla, mais elle leva les yeux sur lui, et lui fit un sourire semblable à celui par lequel l'enfant en pleurs répond au regard de tendresse de sa mère. L'effet de ce regard fut puissant sur Jacopo, et ses membres robustes furent agités d'un tel tremblement que le carme entendit le cliquetis de ses chaînes.

— C'en est assez, dit-il en faisant un violent effort pour retrouver du calme. Gelsomina! tu entendras ma confession. — Tu as été longtemps dépositaire d'un grand secret; — nul autre ne te sera caché.

— Mais, Antonio! s'écria Gelsomina. — Ah! Carlo! Carlo! qu'avait fait ce vieux pêcheur pour que ta main lui donnât la mort?

— Antonio! répéta le moine, es-tu donc accusé de sa mort, mon fils?

— C'est le crime pour lequel je suis condamné à mourir.

Le carme se laissa tomber sur l'escabelle du prisonnier, et y resta immobile tandis que ses regards, exprimant l'horreur, allaient tour à tour de la physionomie impassible de Jacopo à celle de sa compagne tremblante. La vérité commençait à luire à ses yeux, quoique voilée encore du tissu mystérieux de la politique vénitienne.

— Il y a ici quelque horrible méprise, dit-il d'une voix altérée; je cours devant tes juges et je les détromperai.

Le prisonnier sourit d'un air calme, et étendit la main pour arrêter le bon carme dont la simplicité égalait le zèle.

— Cela serait inutile, lui dit-il; le bon plaisir du Conseil des Trois est que je sois puni de la mort d'Antonio.

— Tu seras donc injustement puni! — Je suis témoin qu'il a péri par d'autres mains.

— Mon père, s'écria Gelsomina; répétez ces paroles; oh! redites-moi que Carlo n'a pas commis cet acte de cruauté.

— Il est du moins innocent de ce meurtre.

— Oui, Gelsomina, s'écria Jacopo en lui tendant les bras; et, cédant à la plénitude de son cœur, il ajouta : — Ainsi que de tout autre.

Un cri de joie s'échappa des lèvres de Gelsomina, et le moment d'après elle tomba sans connaissance dans les bras de son amant.

Nous tirons un voile sur cette scène, et nous laissons passer une heure avant de le lever. Le cachot offrait alors un petit groupe rassemblé au centre de la chambre, et sur lequel la faible lumière de la lampe produisait des effets de lumière et d'ombre de manière à faire ressortir la physionomie italienne de chacun des personnages qui le composaient. Le carme était assis sur l'escabelle, Jacopo et Gelsomina étaient à genoux à ses côtés. Le premier parlait avec vivacité, et les deux autres écoutaient chaque syllabe qui sortait de sa bouche, avec une attention qui prouvait que l'intérêt qu'ils prenaient à son innocence était plus fort que la curiosité.

— Je vous ai dit, mon père, continua-t-il, qu'une fausse accusation d'avoir fraudé les douanes avait attiré sur mon malheureux père le courroux du sénat, et que, malgré son innocence, il avait passé plusieurs années dans un de ces maudits cachots, tandis que nous le croyions exilé dans les îles. Enfin nous réussîmes à placer devant le Conseil des preuves qui devaient convaincre les patriciens de leur injustice; mais je crois que les hommes qui prétendent être les élus de la terre, faits pour exercer l'autorité, ne sont pas disposés à reconnaître leurs erreurs, car ce serait une preuve contre la sagesse de leur système. Le conseil différa si longtemps de nous rendre justice que ma pauvre mère succomba à ses chagrins. Ma sœur, qui avait alors l'âge qu'a Gelsomina aujourd'hui, la suivit bientôt; — car la seule raison qu'allégua le sénat quand il se trouva pressé pour donner des preuves, fut le soupçon qu'un jeune homme qui l'aimait était coupable du crime qui a coûté la vie à mon malheureux père.

— Et le sénat refusa-t-il de réparer son injustice? demanda le carme.

— Il ne pouvait la réparer, mon père, sans avouer publiquement qu'il pouvait se tromper. Il y allait de l'honneur de quelques grands de l'État, et je crois que dans leurs conseils il règne une morale qui distingue entre les actions de l'homme et celles du sénateur, et qui met la politique avant la justice.

— Cela peut être vrai, mon fils; car quand un gouvernement est basé sur de faux principes, les intérêts doivent nécessairement en être maintenus par des sophismes. Dieu en juge tout autrement.

— Sans cela, mon père, il n'y aurait pas d'espoir dans ce monde. Après des années de prières et de sollicitations, et en m'obligeant au secret par un serment solennel, on me permit enfin d'entrer dans le cachot de mon père. C'était un bonheur de pouvoir fournir à ses besoins, d'entendre sa voix, de m'agenouiller pour recevoir sa bénédiction. Gelsomina entrait alors dans l'âge nubile, et ce fut elle qui fut chargée de me conduire. J'ignorais les motifs des sénateurs, quoique depuis lors la réflexion me les ait fait pénétrer. Quand ils me crurent suffisamment engagé dans leurs filets, ce fut alors qu'ils m'entraînèrent dans cette fatale erreur qui a détruit toutes mes espérances et qui m'a conduit où je suis.

— Tu m'avais affirmé ton innocence, mon fils!

— Je ne suis pas coupable d'avoir versé le sang, mon père; mais je le suis d'avoir cédé à leurs artifices. Je ne vous fatiguerai pas en vous rapportant tous les moyens qu'ils employèrent pour faire plier mon caractère à leurs desseins. Je prêtai le serment de servir l'État comme son agent secret, pendant un certain temps. Ma récompense devait être la liberté de mon père. S'ils étaient venus me trouver au milieu du monde, dans le calme de ma raison, leurs artifices n'auraient pas triomphé : mais voyant tous les jours les souffrances de celui qui m'avait donné le jour et qui était alors tout ce qui me restait au monde, ils étaient trop forts pour ma faiblesse. On me parlait tout bas de roues et de tortures; on me fit voir des tableaux représentant des martyres, pour me donner une idée des tourments qu'on pouvait faire souffrir. Les assassinats étaient fréquents et exigeaient l'œil de la police. En un mot, mon père (et en parlant ainsi, Jacopo se cacha le visage avec la robe de Gelsomina), je leur permis de faire courir sur mon compte des bruits qui pouvaient attirer sur moi les regards du public. Je n'ai pas besoin de dire que quiconque se prête à sa propre infamie ne manque jamais d'en recevoir la flétrissure.

— Quel pouvait être le but de cette misérable fausseté?

— Mon père, on s'adressait à moi comme à un bravo connu, et mes rapports, sous plus d'un point de vue, étaient utiles aux desseins du sénat. J'ai sauvé la vie de quelques citoyens, et c'est une consolation pour moi dans mon erreur, si cette erreur n'est pas un crime.

— Je te comprends, Jacopo : j'ai entendu dire que Venise ne se faisait pas scrupule de se servir de cette manière des hommes d'un caractère brave et ardent. Bienheureux saint Marc, ton nom peut-il servir de sanction à une telle imposture!

— Oui, mon père, et à d'autres encore. J'avais à remplir d'autres devoirs qui se rattachaient aux intérêts de la république, et naturellement je m'étais habitué à m'en acquitter. Les citoyens s'émerveillaient qu'on laissât en liberté un homme comme moi, et les gens vindicatifs regardaient cette circonstance comme une preuve de mon adresse. Quand l'indignation publique s'élevait trop contre moi, pour le maintien des apparences, les Trois avaient soin de lui donner une autre direction ; quand elle se calmait plus qu'il ne convenait à leurs projets, ils ne manquaient pas de la ranimer. En un mot, pendant trois longues et cruelles années, j'ai mené la vie d'un damné, n'étant soutenu que par l'espoir de délivrer mon père, n'ayant de consolation que l'amour de cette innocente créature.

— Pauvre Jacopo! tu mérites la compassion. Je ne t'oublierai pas dans mes prières.

— Et toi, Gelsomina?

La fille du geôlier ne lui répondit pas ; elle avait avidement écouté chaque syllabe qui sortait de la bouche de son amant ; et maintenant que toute la vérité commençait à se présenter à son esprit, ses yeux brillaient d'un éclat qui paraissait presque surnaturel à ceux qui en étaient témoins.

— Gelsomina, continua Jacopo, si je n'ai pas réussi à te convaincre que je ne suis pas le scélérat que je paraissais être, je voudrais avoir été muet.

Elle lui tendit la main, et baissant la tête sur son sein, elle se mit à pleurer.

— Je vois toutes les tentations auxquelles tu as été exposé, pauvre Carlo, lui dit-elle d'une voix douce ; je sais quelle était la force de ton amour pour ton père.

— Me pardonnes-tu donc, chère Gelsomina, d'avoir trompé ton ingénuité?

— Tu ne m'as point trompée. — Je t'ai cru un fils prêt à mourir pour son père, et je te trouve ce que je te croyais.

Le bon carme voyait cette scène avec intérêt et compassion, et des larmes mouillaient ses joues.

— Votre affection mutuelle, mes enfants, leur dit-il, est aussi pure que celle des anges. — Y a-t-il longtemps que vous vous connaissez?

— Trois ans, mon père.

— Et c'était toi, ma fille, qui accompagnais Jacopo dans le cachot de son père?

— J'étais toujours son guide dans ses pieuses visites, mon père.

Le moine réfléchit profondément. Après quelques minutes de

silence, il écouta la confession que lui fit Jacopo à voix basse, et lui donna l'absolution avec une ferveur qui prouvait combien était vive la compassion que lui inspirait ce jeune couple. Ce devoir accompli, il prit la main de Gelsomina, et ses traits annonçaient une douce confiance quand il fit ses adieux à Jacopo.

— Nous te quittons, lui dit-il; mais prends courage. Je ne puis croire que l'Etat de Venise lui-même soit sourd à une histoire comme la tienne. — Mets d'abord ta confiance en Dieu, et crois que cette bonne fille et moi nous ne t'abandonnerons pas sans un dernier effort.

Jacopo reçut cette assurance en homme habitué à vivre au milieu des dangers. Le sourire qui accompagna ses adieux annonçait l'incrédulité autant que la mélancolie; mais il goûtait aussi la joie d'un cœur réconcilié avec lui-même.

CHAPITRE XXX.

> Votre cœur est à l'abri de tout reproche; sa vertueuse indignation le fait trop facilement accuser sur l'apparence ou prêter à un criminel l'ombre de l'innocence.
>
> Lord Byron. *Werner*.

Le carme et Gelsomina trouvèrent le porte-clefs qui les attendait; et quand ils furent sortis du cachot, la porte en fut fermée pour la nuit. Comme ils n'avaient plus affaire aux gardiens des prisonniers, ils passèrent sans qu'on leur fît aucune question; mais lorsqu'ils arrivèrent au bout du corridor qui conduisait à l'appartement du geôlier, le moine s'arrêta.

— Es-tu en état de faire un grand effort pour empêcher la mort de l'innocent? demanda-t-il tout à coup à sa compagne, avec le ton solennel d'un homme qui parle sous l'influence d'une pensée d'un ordre élevé.

— Mon père!

— Je voudrais savoir si ton amour pour ce jeune homme peut te soutenir dans une épreuve difficile, mais sans laquelle il périra certainement.

— Je mourrais pour épargner à Jacopo une minute de souffrance.

— Ne te trompe pas, ma fille. — Te sens-tu capable d'oublier tes habitudes, de surmonter la méfiance que doivent t'inspirer ton âge et ta condition; de paraître et de parler sans crainte en présence de ceux que le pouvoir entoure de ses terreurs ?

— Révérend carme, je parle tous les jours sans crainte, quoique non sans respect, à un être bien plus redoutable que qui que ce soit à Venise.

Le père Anselmc regarda avec admiration l'aimable jeune fille dont les traits étaient animés du courage que donnent l'innocence et l'affection, et il lui fit signe de le suivre.

— Nous nous présenterons donc, lui dit-il, si la nécessité l'exige, devant les êtres les plus fiers et les plus redoutables de la terre. Nous remplirons notre devoir envers les deux parties, les oppresseurs et l'opprimé, afin que le péché d'omission ne pèse pas sur nos âmes.

Le père Anselmo, sans autre explication, conduisit la jeune fille soumise à ses conseils dans la partie du palais qui était connue pour servir d'habitation au chef de la république.

L'ombrage que prenaient de la personne de leur doge les patriciens de Venise est un fait historique. Le rang qu'il occupait faisait de lui un mannequin entre les mains des nobles, et ceux-ci ne toléraient son existence que parce que la théorie de leur gouvernement exigeait un agent apparent dans les cérémonies imposantes qui faisaient partie de leur système spécieux, et dans leurs relations avec les autres Etats. Il était dans son palais comme la reine abeille dans la ruche, honoré et respecté en apparence, mais par le fait n'étant que l'instrument de ceux qui étaient seuls armés du pouvoir de nuire, et peut-être, pourrions-nous ajouter, consommant comme l'insecte que nous venons de nommer plus que sa portion individuelle des fruits de l'industrie commune.

Le père Anselmo fut redevable à son caractère résolu et à son air de confiance de pouvoir pénétrer jusque dans les appartements privés d'un prince vivant sous une espèce de surveillance, dans une partie retirée du palais. Les diverses sentinelles le laissèrent passer parce qu'elles s'imaginèrent, d'après sa sainte profession et son air calme, que c'était quelque frère occupé des soins ordinaires d'un ministère privilégié. A l'aide de cette aisance et de cette tranquillité extérieure, le carme et sa compagne arrivèrent jusqu'à l'antichambre du souverain, où tant d'autres avaient tenté de pénétrer par des moyens beaucoup plus compliqués sans pouvoir y réussir.

Il ne s'y trouvait que deux ou trois serviteurs subalternes de la maison du doge. Un d'eux se leva promptement en voyant arriver si subitement deux inconnus, et son air de confusion exprima la surprise que lui causait la présence inattendue de ces deux personnages.

— Je crains que Son Altesse ne nous ait attendus, dit le père Anselmo avec un ton de simplicité; car il avait su cacher son intérêt profond sous cette apparence de courtoisie.

— Santa Maria! vous devez le savoir mieux que moi, révérend père; mais...

— Ne perdons pas de temps en paroles inutiles; il n'y a déjà eu que trop de délais, mon fils. Fais-nous entrer dans le cabinet de Son Altesse.

— Il est défendu de laisser entrer personne sans l'avoir annoncé en présence de...

— Tu vois que ce n'est pas une visite ordinaire. — Vas informer le doge que le carme qu'il attend, et la jeune fille à qui son cœur prend un intérêt paternel, sont à ses ordres.

— Son Altesse a donc ordonné?...

—Dis-lui en outre que le temps presse, car le moment approche où l'innocence est condamnée à périr.

Le serviteur du doge se laissa tromper par l'air d'assurance et de gravité du moine. Il hésita un instant, et ouvrant alors la porte d'une chambre voisine, il le fit entrer avec sa compagne et les pria d'attendre son retour. Il entra ensuite dans le cabinet de son maître pour s'acquitter de sa mission.

Nous avons déjà dit que le doge régnant, — si l'on peut donner cette épithète à un prince qui n'était que l'instrument de l'aristocratie,— était un homme d'un âge avancé. Il avait ce jour-là laissé de côté les soins de son rang, et, dans sa solitude retirée, il cherchait à se livrer à ces sentiments et à ces pensées qui trouvaient si peu à se déployer dans les devoirs de son élévation factice, en entrant en communication intellectuelle avec un des auteurs classiques de l'Italie. Il avait quitté son costume d'apparat pour jouir de plus d'aisance et de liberté, et le carme n'aurait pu choisir un instant plus favorable à son projet, puisque l'homme auquel il avait à s'adresser n'était pas défendu par les insignes ordinaires de son rang, et que son cœur venait d'être attendri par la lecture des ouvrages d'un de ces auteurs qui savent faire naître dans l'esprit de leurs lecteurs les sentiments qu'ils veulent leur inspirer. Telle était la préoccupation du doge en ce moment que son serviteur entra sans être aperçu, et qu'il resta debout, attendant avec respect un signe de son maître, pendant près d'une minute avant que le prince le remarquât.

— Que me veux-tu, Marco? lui dit enfin le doge, levant les yeux de dessus son livre.

— Signore, répondit le serviteur avec cette sorte de familiarité qui est permise à ceux qui approchent immédiatement de la personne des princes, — le révérend père carme et la jeune fille attendent votre bon plaisir.

— Que dis-tu? Un carme! une jeune fille!

— Oui, Signore, ceux que Votre Altesse attend. — Signore, je ne fais que répéter les paroles du moine. — Dis à Son Altesse, m'a dit le père, que le carme qu'elle désire voir et la jeune fille au bonheur de laquelle son cœur prend un intérêt paternel sont à ses ordres.

L'indignation plutôt que la honte appela une vive rougeur sur le front ridé du vieux prince, et son œil étincela.

— Et c'est à moi qu'on parle ainsi! — et même dans mon palais!

— Pardon, Signore; mais ce n'est pas un de ces prêtres éhontés comme il y en a tant, qui déshonorent leur tonsure. Le moine et la jeune fille ont un air de candeur et d'innocence. Votre Altesse les a peut-être oubliés.

La rougeur disparut des joues du prince, et ses yeux reprirent leur expression paternelle. Mais l'âge et l'expérience qu'il avait acquise en remplissant des devoirs délicats avaient appris au doge de Venise la nécessité des précautions. Il savait que la mémoire ne lui manquait pas, et il se douta sur-le-champ qu'un message si extraordinaire cachait quelque mystère secret. Ce pouvait être un complot de ses ennemis, qui étaient nombreux et actifs; ou, dans le fait, il pouvait y avoir plus d'un motif pour autoriser une démarche si hardie.

— Le carme ne t'a-t-il rien dit de plus, Marco? demanda-t-il après quelques instants de profonde réflexion.

— Signore, il m'a dit que le cas était urgent, attendu que le moment approchait où l'innocence allait périr. Je soupçonne qu'il vient vous présenter une pétition en faveur de quelque jeune indiscret, car on dit que plusieurs jeunes nobles ont été arrêtés par suite de folies qu'ils ont faites pendant le carnaval. La jeune fille peut être une sœur déguisée.

— Dis à un de tes compagnons de venir ici, et lorsque je sonnerai, fais entrer le moine et la jeune fille en ma présence.

Marco se retira, et eut soin de rentrer dans l'antichambre par des portes qui ne l'obligeaient pas à se montrer trop tôt à ceux qui attendaient son retour. Un de ses compagnons se rendit sur-le-champ près du doge, qui lui ordonna d'aller prier un membre du Conseil des Trois de venir le trouver. Ce sénateur, qui était dans une chambre voisine, occupé à examiner quelques papiers importants, obéit sur-le-champ à cette invitation. Il parut comme ami du prince, ayant été reçu publiquement et avec les honneurs ordinaires.

— J'attends une visite d'un genre extraordinaire, Signore, dit le doge en se levant pour recevoir celui qu'il avait pris la précaution d'appeler près de lui, et je désire avoir un témoin de cette entrevue.

— Votre Altesse a raison de partager ses travaux avec le sénat; mais faut-il que vous exagériez cette nécessité au point de regarder comme important d'appeler un conseiller chaque fois qu'il vous vient une visite dans le palais?

— Fort bien, Signore, dit le prince en faisant entendre le signal convenu avec Marco. J'espère que mon importunité ne vous a pas dérangé. — Mais voici les personnes que j'attends.

Le père Anselmo et Gelsomina entrèrent en ce moment dans le cabinet. Le premier coup d'œil convainquit le doge qu'ils lui étaient inconnus. Il échangea un regard avec le membre du Conseil secret, et chacun vit dans les yeux de l'autre que leur surprise était mutuelle.

Lorsqu'il fut en présence du prince, le carme rejeta son capuchon en arrière et découvrit sa tête ascétique. Gelsomina, intimidée par le rang de celui devant lequel elle se trouvait, resta un pas en arrière, à demi cachée par le froc du moine.

— Que signifie cette visite? demanda le prince en désignant du doigt la jeune fille tremblante, tandis que ses yeux étaient fixés sur ceux du carme; elle n'est faite ni à l'heure ni avec les formes convenables. Et pourquoi cette étrange compagnie?

C'était la première fois que le père Anselmo se trouvait devant le souverain de Venise. Accoutumé, comme tous les Vénitiens, et surtout dans ce siècle, à calculer prudemment ses chances de succès avant de se hasarder à faire connaître sa demande, il fixa un regard pénétrant sur celui qui l'interrogeait.

— Illustre prince, répondit-il, nous venons réclamer justice; ceux qui ont une pareille demande à faire ont besoin de hardiesse pour ne pas déshonorer leur caractère et nuire à leur cause.

— La justice est la gloire de Saint-Marc, et elle fait le bonheur de ses sujets. Ta démarche, mon père, n'est pas conforme aux règles dictées par la sagesse, mais elle peut avoir son excuse. — Explique ta demande.

— Il y a dans la prison publique un homme condamné à mort par les tribunaux, et cette sentence doit être exécutée demain matin, à moins que votre autorité suprême n'intervienne pour le sauver.

— Un homme condamné par les tribunaux doit mériter son destin.

— Je suis le confesseur de cet infortuné jeune homme, et en remplissant mes devoirs sacrés j'ai appris qu'il était innocent.

— Dis-tu qu'il a été condamné par les juges ordinaires?

— Par une sentence du tribunal criminel, Votre Altesse.

Le prince parut soulagé. Puisque l'affaire avait été jugée publiquement, il avait du moins un motif de croire qu'il pouvait se livrer à l'amour qu'il avait pour ses semblables sans offenser la politique tortueuse de l'Etat. Jetant un coup d'œil sur l'inquisiteur immobile, comme pour trouver en lui un signe d'approbation, il fit un pas vers le carme et lui dit avec un ton d'intérêt croissant.

— Et de quelle autorité attaques-tu la sentence des juges?

— Comme je l'ai déjà dit à Votre Altesse, c'est en vertu de ce que j'ai appris en exerçant mes fonctions sacrées. Il m'a ouvert le fond de son âme en homme qui a déjà un pied dans la tombe;

et quoiqu'il ait commis des fautes envers Dieu, comme tout ce qui est né de la femme, il est innocent en ce qui concerne l'Etat.

— Crois-tu, mon père, que la loi obtiendrait jamais une victime, si l'on ne regardait comme coupables que ceux qui s'accusent eux-mêmes? Je suis vieux et j'ai longtemps porté ce bonnet importun, — et le doge, en parlant ainsi, étendit la main vers le bonnet à cornes, symbole de son rang, qui était sur une table près de lui; — et je ne me rappelle pas un seul criminel, de mon temps, qui ne se soit regardé comme victime de circonstances fâcheuses.

— Un homme de ma profession n'ignore pas que les hommes cherchent à procurer à leur conscience cette perfide consolation. Notre principale tâche est de démontrer leur illusion à ceux qui, tout en condamnant leurs péchés, en s'en confessant et en s'humiliant, se font un mérite de leur humilité. Mais, doge de Venise, il y a dans l'acte religieux dont j'ai été requis de m'acquitter ce soir, une vertu irrésistible. Bien des gens cherchent à se tromper eux-mêmes dans le confessionnal; mais, grâce au pouvoir de Dieu, peu y réussissent.

— Bénis soient la Mère immaculée et le Fils incarné! qu'il en soit ainsi! s'écria le doge, frappé de la foi douce du carme; et faisant un signe de croix avec respect. — Mais, mon père, tu as oublié de me dire le nom du condamné.

— C'est un nommé Jacopo Frontoni, — un prétendu Bravo.

Le tressaillement, le changement de couleur et le regard du prince de Venise annoncèrent une surprise bien naturelle.

— Et appelles-tu le stylet le plus sanglant qui ait jamais déshonoré cette ville, l'arme d'un prétendu Bravo? Les artifices de ce monstre l'ont emporté sur ton expérience, mon père. — La véritable confession d'un pareil criminel ne serait qu'une relation d'actes de sang et de crimes révoltants.

— C'est avec la même idée que je suis entré dans son cachot; mais j'en suis sorti convaincu que l'opinion publique a été injuste à son égard. Si Votre Altesse daigne écouter son histoire, elle le jugera digne de pitié plutôt que de châtiment.

— De tous les criminels de mon règne, c'est le dernier en faveur duquel j'aurais cru qu'on pût dire un seul mot. — Parle librement, carme; ma curiosité est égale à ma surprise.

Le doge se livrait si complètement au sentiment qui l'animait, qu'il oublia momentanément la présence de l'inquisiteur, dont les regards eussent pu l'avertir que le sujet de la conversation commençait à devenir grave.

Le moine commença par des actions de grâces, car il n'était pas toujours facile dans cette ville de mystères de faire arriver la vérité jusqu'aux oreilles des grands. Les hommes les plus simples qui vivent sous un système de duplicité adaptent tous, à leur insu, quelque chose de ce système à leur propre usage. Le père Anselmo évita donc d'abord de parler sans ménagement des pratiques odieuses de l'Etat, et il ne fit qu'avec quelque réserve allusion à cette politique du sénat, qu'un homme de sa sainte profession et de son caractère franc et honnête aurait intrépidement condamnée en toute autre circonstance.

— Dans le rang élevé que vous occupez, souverain prince, dit le carme, vous pouvez ne pas savoir qu'un humble, mais laborieux artisan de cette ville, nommé Ricardo Frontoni, fut condamné il y a déjà longtemps comme ayant fraudé les revenus de la république : c'est un crime que Saint-Marc ne manque jamais de punir de tout son déplaisir ; car quand les hommes placent les biens de ce monde avant toute autre considération, ils se méprennent sur les motifs qui ont formé entre eux une union sociale.

— Tu parlais d'un certain Ricardo Frontoni, mon père ?

— Tel était son nom, Votre Altesse ; cet infortuné avait accordé sa confiance et son amitié à un homme qui, en prétendant être l'amant de sa fille, pouvait passer pour être instruit de tous ses secrets. Quand ce faux amant vit que des fraudes qu'il avait commises contre les douanes étaient sur le point d'être découvertes, il ourdit un tissu d'impostures qui le tira d'affaire et qui fit tomber le courroux du sénat sur son ami trop confiant. Ricardo fut condamné à rester dans les cachots jusqu'à ce qu'il révélât des faits qui n'avaient jamais existé.

— C'est un sort bien dur, si tout cela pouvait être prouvé.

— C'est le malheur du secret et de l'intrigue dans l'administration des intérêts communs, illustre doge...

— As-tu autre chose à dire de ce Ricardo ?

— Son histoire est courte, Signore, car à l'âge où la plupart des hommes s'occupent de leurs affaires avec le plus d'activité, il languissait en prison.

— Je me souviens d'avoir entendu parler de quelque accusation semblable ; mais cela est arrivé sous le règne de mon prédécesseur,— n'est-il pas vrai, mon père ?

— Et son emprisonnement a duré presque jusqu'à la fin du vôtre, Votre Altesse.

— Comment ! quand le sénat apprit l'erreur qu'il avait commise, il ne s'empressa pas de la réparer ?

Le carme regarda le prince avec attention, comme pour s'assurer si la surprise qu'il montrait n'était pas un rôle supérieurement joué ; il se sentit convaincu que toute cette affaire était un de ces actes qui, quoique injustes, oppressifs et destructifs du bonheur d'une famille, n'avaient pas assez d'importance pour passer sous les yeux de ceux qui gouvernaient avec des principes tendant à leur propre conservation plutôt qu'au bien de leurs sujets.

— Illustre doge ! lui dit-il, l'Etat est discret dans les affaires qui touchent à sa réputation. Des raisons que je ne me permettrai pas d'examiner ont fait que le pauvre Ricardo est resté enfermé dans les cachots longtemps encore après que la mort et les aveux de son accusateur eurent mis son innocence hors de doute.

Le doge réfléchit un instant, et songea alors à consulter la physionomie de son compagnon. Le marbre de la colonne contre laquelle il était appuyé n'était pas plus froid, plus impassible que le visage de l'inquisiteur. L'homme avait appris à étouffer tous les mouvements de la nature sous le poids des devoirs factices que lui imposait sa place.

— Et qu'a de commun l'affaire de Ricardo avec l'exécution du Bravo ? demanda le doge après s'être efforcé, mais en vain, d'imiter l'air d'indifférence de son conseiller.

— C'est ce que je laisserai à la fille du geôlier de la prison le soin d'expliquer à Votre Altesse.— Avance, mon enfant ; dis tout ce que tu sais ; et souviens-toi que, si tu parles devant le prince de Venise, tu parles aussi en présence du Roi du ciel.

Gelsomina trembla ; car une jeune fille vivant comme elle l'avait toujours fait, quel que fût le motif qui l'amenait en ce lieu, ne pouvait surmonter toute sa timidité ; mais fidèle à sa promesse, et puisant des forces dans la pureté de son affection pour le condamné, elle s'avança sans chercher à se cacher plus longtemps derrière le froc du moine.

— Tu es donc la fille du geôlier de la prison ? lui demanda le doge surpris, mais avec douceur.

— Nous sommes pauvres et infortunés, Votre Altesse, et nous servons l'Etat pour gagner notre pain.

— Vous servez un noble maître, mon enfant. — Et que sais-tu de ce Bravo ?

— Ceux qui l'appellent ainsi, mon souverain, ne connaissent pas son cœur. Il n'y a pas dans Venise un homme plus fidèle à ses amis, plus esclave de sa parole et plus dévot envers les saints que Jacopo Frontoni.

— C'est un rôle que l'art peut apprendre à jouer, même à un Bravo. — Mais nous perdons le temps. Qu'ont de commun ces deux Frontoni?

— C'est le père et le fils, Votre Altesse. Quand Jacopo fut d'un âge à bien comprendre les malheurs de sa famille, il fatigua les sénateurs de supplications en faveur de son père, et enfin ils ordonnèrent que la porte du cachot de celui-ci fût ouverte secrètement à un fils si pieux. Je sais fort bien, grand prince, que ceux qui gouvernent ne peuvent avoir des yeux pour tout voir, sans quoi une telle injustice n'aurait jamais pu avoir lieu. Mais il est certain que Ricardo passa des années en prison, l'hiver dans un cachot froid et humide, l'été dans un cachot brûlant, avant que son innocence fût reconnue. Alors, comme par dédommagement de souffrances si peu méritées, il eut la permission de voir Jacopo.

— Et d'après quelles considérations, jeune fille?

— N'était-ce point par compassion, Altesse? On lui promit aussi qu'avec le temps les services qu'il rendrait rachèteraient la liberté de son père. Les patriciens ne furent que tardivement convaincus, et ils firent leurs conditions avec Jacopo, qui les accepta, quelque dures qu'elles fussent, pour que son père pût respirer un air pur avant de mourir.

— Tu parles en énigmes.

— Je ne suis pas habituée à parler en présence d'un prince, Votre Altesse, ni sur de pareils sujets. Mais ce que je sais, c'est que pendant trois longues années Jacopo a été admis dans le cachot de son père; et il fallait bien que les autorités eussent permis ses visites, sans quoi mon père ne les aurait pas souffertes. C'était moi qui l'accompagnais quand il remplissait ce devoir de piété filiale; et je prends à témoin la bienheureuse vierge Marie et tous les saints que...

— Le connais-tu pour un Bravo?

— Oh non! Votre Altesse; je ne le connais que comme un fils respectueux, craignant Dieu et honorant son père. J'espère que je ne souffrirai jamais une angoisse pareille à celle qui a glacé mon sang dans mes veines quand j'ai appris que celui que je ne connaissais que comme le bon Carlo était ce Jacopo si abhorré à Venise. Mais cette angoisse est passée, bénie soit la mère de Dieu!

— Et tu devais épouser ce condamné?

Cette question n'appela pas de nouvelles couleurs sur les joues de Gelsomina. Le nœud qui l'attachait à Jacopo lui était devenu trop sacré pour qu'elle montrât la faiblesse ordinaire de son sexe.

— Oui, Votre Altesse; nous devions nous marier s'il eût plu à Dieu et aux grands sénateurs, qui ont tant d'influence sur le bonheur du pauvre, de le permettre.

— Et maintenant que tu le connais, tu es encore disposée à t'unir à un homme comme ce Jacopo?

— C'est parce que je le connais pour ce qu'il est que je le respecte davantage, puissant doge! Il a vendu à l'Etat son nom et sa réputation pour sauver son père emprisonné, et je ne vois rien en cela qui doive effrayer celle qui l'aime.

— Cette affaire a besoin d'explication, mon père. L'imagination de cette fille est exaltée, et elle rend obscur ce qu'elle veut expliquer.

— Illustre prince, elle veut dire que la république a consenti à permettre au fils de voir son père captif, et à lui en faire espérer la mise en liberté, à condition qu'il servirait la police en se prêtant à passer pour un Bravo!

— Et ce conte incroyable, mon père, est appuyé sur la parole d'un criminel condamné!

— Et qui avait la mort devant les yeux. Il y a des moyens de rendre la vérité évidente, et ils sont familiers à ceux qui sont accoutumés à assister aux derniers moments des pécheurs repentants, quoiqu'ils soient inconnus aux autres hommes. Dans tous les cas, Signore, cette affaire mérite d'être approfondie.

— Tu as raison sur ce point. — L'heure de l'exécution est-elle fixée?

— Demain au point du jour, prince.

— Et le père?

— Il est mort.

— En prison ?
— En prison, prince de Venise.

Il y eut quelques moments de silence.

— As-tu entendu parler de la mort d'un certain Antonio ? demanda le doge après s'être remis du choc qu'il avait reçu.

— Oui, Signore; et au nom du caractère sacré de mon saint ministère, j'affirme que Jacopo est innocent de ce crime. J'ai confessé ce vieillard.

Le doge se détourna; car la vérité commençait à luire à ses yeux, et la rougeur qui couvrait ses joues contenait un aveu qu'il sentait le besoin de dissimuler. Il chercha à rencontrer les regards de l'inquisiteur; mais son coup d'œil plein d'humanité fut repoussé par les traits impassibles de son compagnon, comme la lumière est répercutée par la surface polie et glacée du marbre.

— Votre Altesse ! s'écria une voix tremblante.
— Que me veux-tu, mon enfant ?
— Il y a un Dieu pour la république comme pour le gondolier. Votre Altesse épargnera à Venise un si grand crime.
— Tu parles bien hardiment, jeune fille.
— Le grand danger de Carlo m'a donné de la hardiesse. Vous êtes chéri du peuple; personne ne parle de vous sans faire l'éloge de votre bonté et de votre désir de servir le pauvre; vous êtes le chef d'une famille riche et heureuse; vous ne voudrez pas,—vous ne pourriez pas quand vous le voudriez, — regarder comme un crime dans un fils de tout sacrifier pour son père. — Vous êtes notre père à tous; nous avons le droit de venir implorer votre merci,—et je n'invoque que votre justice.

— La justice est la devise de Venise.
— Ceux qui vivent comblés des faveurs de la Providence ne savent pas toujours ce que les infortunés ont à souffrir. Il a plu à Dieu d'affliger ma pauvre mère de chagrins qu'elle aurait eu bien de la peine à supporter sans sa patience et sa religion. Ce sont les soins qu'il était en mon pouvoir d'avoir pour elle qui attirèrent d'abord les yeux de Jacopo; car le devoir filial remplissait seul alors son cœur. — Si Votre Altesse voulait consentir à aller voir le pauvre Carlo, ou ordonner qu'on l'amène ici, son simple récit démentirait toutes les indignes calomnies qu'on a osé répandre contre lui.

— Cela est inutile, — tout à fait inutile. Ta foi en son innocence, ma fille, a plus d'éloquence que ne pourraient en avoir ses paroles.

Un rayon de joie brilla sur le visage de Gelsomina. Elle se tourna avec vivacité vers le moine, qui l'écoutait avec attention, et lui dit :

— Son Altesse nous écoute, mon père, et nous gagnerons notre cause. On peut menacer et alarmer les gens timides à Venise, mais on ne frappera jamais le coup que nous avons craint. — Le Dieu de Jacopo n'est-il pas mon Dieu et le vôtre? — N'est-il pas le Dieu du sénat et du doge, du Conseil et de la république? — Je voudrais que les membres secrets du Conseil des Trois eussent pu voir comme moi le pauvre Jacopo revenant de son travail, accablé de fatigue et désolé d'arriver si tard, entrer dans le cachot glacial d'hiver ou dans le cachot brûlant d'été ; je voudrais qu'ils l'eussent vu se contraindre jusqu'à paraître heureux et gai, de peur d'aggraver encore les douleurs d'un père faussement accusé. — Oh! vénérable et bon prince, vous connaissez peu le fardeau que le faible est souvent obligé de porter ; car le soleil de la prospérité a brillé sur toute votre vie : mais il y a des milliers d'individus qui sont condamnés à surmonter leur répugnance, afin de ne pas faire ce qui exciterait leur horreur.

— Tu ne me dis rien de nouveau, mon enfant.

— Je ne veux que convaincre Votre Altesse que Jacopo n'est pas un monstre tel qu'on le suppose. Je ne sais pas quelles ont été les secrètes raisons du sénat pour vouloir qu'il se prêtât à un mensonge qui a été sur le point de lui être si fatal ; mais à présent que tout est expliqué, nous n'avons plus rien à craindre. — Allons, mon père, nous laisserons le bon et juste doge se livrer au repos dont son âge a besoin, et nous irons réjouir le cœur de Jacopo par la bonne nouvelle de notre succès, et remercier la bienheureuse Marie de toutes ses faveurs.

— Un instant! s'écria le vieux doge ému au point de pouvoir à peine parler ; ce que tu viens de me dire est-il bien vrai?—Mon père, la chose est-elle possible?

—Je n'ai dit à Votre Altesse que ce que m'ont inspiré la vérité et ma conscience.

Le prince sembla abîmé dans ses pensées, et ses regards passaient tour à tour de la jeune fille immobile au membre du Conseil des Trois, dont la physionomie restait toujours impassible.

—Viens ici, mon enfant, dit-il d'une voix tremblante ; approche, te dis-je : que je te donne ma bénédiction.

Gelsomina s'avança et s'agenouilla aux pieds de son souverain. Jamais le père Anselmo ne prononça une bénédiction d'une voix plus claire et avec plus de ferveur que celle que donna le prince de Venise à la fille du geôlier. Il la releva et lui fit signe ainsi qu'au carme de se retirer. Gelsomina obéit volontiers ; car son cœur était déjà dans le cachot de Jacopo, à qui il lui tardait d'apprendre le succès qu'elle avait obtenu. Mais le carme resta un instant de plus, et tourna la tête en sortant avec l'hésitation d'un homme qui connaissait mieux ce qu'une politique mondaine sacrifie sans scrupule aux intérêts des priviléges du pouvoir. Cependant il sentit renaître son espoir ; car il vit le vieux prince, hors d'état de dissimuler plus longtemps ce qu'il éprouvait, s'avancer vers son compagnon toujours silencieux, les bras étendus, les yeux humides de larmes, et d'un air qui annonçait l'émotion d'un homme qui désirait trouver du soulagement dans la sympathie d'un autre.

CHAPITRE XXXI.

Marchons, marchons !... C'est le glas de notre mort ou de celle de Venise. — Marchons !
Lord Byron. *Marino Faliero.*

Le jour du lendemain appela les Vénitiens à leurs affaires. Les agents de la police s'étaient activement occupés à préparer l'esprit public ; et quand le soleil s'éleva au-dessus de la mer, les places commencèrent à se remplir. On y voyait le citadin curieux avec son manteau et son bonnet, l'ouvrier à jambes nues avec une surprise plus timide, le juif circonspect avec sa longue barbe et son balandras, des gentilshommes masqués, et plusieurs de ces étrangers attentifs qui fréquentaient par milliers encore la république à son déclin. On disait qu'un acte de justice allait avoir lieu pour assurer la paix de la ville et la protection des citoyens. En un mot l'oisiveté, la curiosité, l'esprit de vengeance, et tout le cortége ordinaire des passions humaines, avaient rassemblé une multitude empressée de voir les derniers moments d'un condamné.

Les Dalmates étaient rangés près de la mer, de manière à entourer les deux colonnes de granit de la Piazzetta. Les visages graves de ces hommes disciplinés faisaient face aux piliers africains, symbole de mort bien connu. Quelques guerriers à figure sévère, d'un plus haut rang, se promenaient sur les dalles en avant des troupes, tandis qu'une multitude immense remplissait tout l'espace extérieur. Par une faveur spéciale, plus d'une centaine de pêcheurs étaient groupés parmi les soldats, pour être témoins de la vengeance accordée aux hommes de leur classe. Entre les piédestaux élevés de Saint-Théodore et du lion ailé on voyait le bloc, la hache, la sciure de bois et le panier, accompagnements ordinaires de la justice à cette époque. A côté se tenait l'exécuteur.

Enfin un mouvement qui se fit dans cette masse vivante fit tourner tous les yeux du côté de la porte du palais. Un bruit confus s'éleva, la foule se fendit, et l'on aperçut un petit corps de sbires. Ils marchaient à grands pas comme la destinée ; les Dalmates ouvrirent leurs rangs pour recevoir au milieu d'eux ces ministres du destin, et formant de nouveau la ligne, ils semblèrent retrancher le condamné du monde et de toutes ses espérances. En arrivant près du billot entre les colonnes, les sbires se mirent sur deux rangs et se placèrent à quelque distance, tandis que Jacopo fut laissé devant les instruments de mort avec le carme son confesseur. De cette manière, ils étaient l'un et l'autre exposés aux regards du public.

Le père Anselmo portait le costume ordinaire d'un carme déchaussé : le capuchon du saint homme, rejeté en arrière, exposait à la vue de tous ceux qui l'entouraient ses traits amaigris par des pratiques de mortification, et un œil qui n'était sévère que pour lui-même. Sa physionomie, qui exprimait une incertitude inquiète, s'animait par quelques éclairs rapides d'espérance ; ses lèvres remuaient constamment pour prononcer des prières : mais ses regards, par une impulsion involontaire, erraient d'une fenêtre à l'autre du palais du doge. Il se plaça pourtant à côté du condamné, et fit trois fois le signe de la croix avec ferveur.

Jacopo s'était placé tranquillement devant le billot. Il avait la tête nue, les joues pâles, le cou découvert jusqu'aux épaules ; du reste il portait le costume ordinaire d'un gondolier. Il s'agenouilla, la tête penchée, prononça une prière, et se relevant regarda la foule avec calme et dignité. Tandis que son œil parcourait lentement les physionomies humaines qui l'entouraient, il rougit en reconnaissant que parmi toute cette foule il ne rencontrait pas un signe de compassion. Sa poitrine se souleva, et ceux qui étaient le plus près de lui pensèrent que l'empire que ce malheureux exerçait sur lui-même allait lui manquer. Le résultat trompa leur attente. Son corps éprouva un frémissement passager, et ses membres reprirent ensuite un caractère de repos.

— Tu as cherché en vain l'œil d'un ami dans toute cette foule? lui dit le carme qui avait remarqué ce mouvement convulsif.

— Personne ici n'a de pitié pour un assassin.

— Songe à ton Rédempteur, mon fils ; il a souffert l'ignominie et la mort pour une race qui niait sa divinité et qui tournait en dérision ses souffrances.

Jacopo fit le signe de la croix et baissa la tête avec respect.

— Avez-vous encore quelques prières à dire, mon père? demanda le chef des sbires qui était particulièrement chargé de présider à l'exécution. Quoiqu'on ne puisse échapper à la justice des illustres conseils, ils sont miséricordieux pour les âmes des pécheurs.

— Tes ordres sont-ils absolus? demanda le père Anselmo, fixant de nouveau les yeux presque sans le savoir lui-même sur les fenêtres du palais. Est-il certain que le prisonnier doit mourir?

L'officier sourit de la simplicité de cette question ; mais il répondit avec le ton d'apathie d'un homme trop familiarisé avec les souffrances humaines pour connaître la compassion :

— N'en doutez pas, révérend père. Tous les hommes doivent mourir, mais particulièrement ceux sur qui est tombée la condamnation de Saint-Marc. Il est temps que votre pénitent songe à son âme.

— Tu as sûrement reçu des ordres particuliers? On a fixé l'instant où cette œuvre sanglante doit avoir lieu?

— Oui, vénérable carme; cet instant n'est pas éloigné, et vous ferez bien de profiter du peu de temps qui vous reste, à moins que vous ne soyez déjà rassuré sur l'âme du condamné.

Après avoir prononcé ces mots, l'officier jeta un coup d'œil sur le cadran de l'horloge de la place, et s'éloigna sans montrer la moindre émotion. Son départ laissa de nouveau le prêtre et le condamné seuls entre les colonnes. Il était évident que le premier ne pouvait encore croire à la réalité de l'exécution.

— N'as-tu plus d'espoir, Jacopo? demanda-t-il.

— J'en ai en Dieu, mon père.

— Ils ne peuvent commettre cette injustice! — J'ai confessé Antonio. — J'ai été témoin de sa mort. — Le prince le sait.

— Qu'est-ce que le prince, qu'est-ce que sa justice, quand c'est l'égoïsme de quelques hommes qui gouverne?

— Je ne me permettrai pas de dire que Dieu perdra ceux qui commettent ce crime, car nous ne pouvons pénétrer dans les mystères de sa sagesse. Cette vie et tout ce que ce monde peut offrir ne sont que des atomes pour son œil qui voit tout, et ce qui nous paraît un mal peut conduire à un bien. — As-tu foi en ton Rédempteur, Jacopo?

Le prisonnier appuya la main sur son cœur, et sourit avec cette calme assurance que personne ne peut éprouver s'il n'est soutenu par cette foi.

— Nous prierons encore, mon fils.

Le carme et Jacopo s'agenouillèrent à côté l'un de l'autre, ce dernier courbant sa tête sur le bloc, tandis que le moine faisait un dernier appel à la merci de la Divinité. Le condamné se releva; mais le prêtre conserva son attitude suppliante, l'esprit tellement occupé de pieuses pensées que, oubliant ses premiers desseins, il était presque consentant à ce que le prisonnier allât jouir sur-le-champ du bonheur dont il sentait que l'espoir élevait son âme. L'officier des sbires et l'exécuteur s'avancèrent; le premier toucha l'épaule du père Anselmo, et lui montra du doigt le cadran de l'horloge.

—L'instant approche, lui dit-il à voix basse plutôt par habitude que par ménagement pour le prisonnier.

Le carme se tourna par instinct vers le palais, ne songeant dans l'impulsion du moment qu'à ce qui avait rapport à la justice terrestre. Il vit quelques personnes aux fenêtres, et il s'imagina qu'on allait faire un signal pour arrêter le glaive homicide.

—Arrêtez! s'écria-t-il; pour l'amour de la vierge Marie de pure mémoire, ne vous pressez pas trop!

La même exclamation fut répétée par la voix perçante d'une femme; et Gelsomina, surmontant tous les efforts qu'on fit pour l'arrêter, se précipita à travers les Dalmates, et arriva près du petit groupe qui était entre les colonnes de granit. La surprise et la curiosité agitèrent la foule, et un murmure sourd se fit entendre dans la place.

—C'est une folle! s'écriait-on d'un côté.

—C'est une victime de ses sortiléges! disait-on d'un autre côté. Car, quand un homme est accusé d'un crime, le monde ne manque presque jamais de lui attribuer tous les autres.

Gelsomina saisit les liens dont Jacopo était chargé, et fit des efforts frénétiques pour lui rendre la liberté des bras.

—J'avais espéré que ce spectacle t'aurait été épargné, pauvre Gessina, dit le condamné.

—Ne sois pas alarmé, répondit-elle respirant à peine. —Tout cela n'est pas sérieux. C'est une de leurs ruses pour tromper. — Ils ne peuvent, — ils n'oseraient faire tomber un cheveu de ta tête, Carlo!

—Chère Gelsomina!

—Ne me retiens pas!—Je parlerai aux citoyens, et je leur dirai tout. — Ils sont courroucés à présent; mais quand ils sauront la vérité, ils t'aimeront autant que moi, Carlo.

—Que le ciel te bénisse! — Je voudrais que tu ne fusses pas venue.

—Ne crains rien pour moi. Je suis peu habituée à une telle foule; mais tu verras que j'oserai parler et dire la vérité hardiment. Je n'ai besoin que de reprendre haleine.

—Chère Gessina! — Tu as une mère, un père pour partager ta tendresse.—En remplissant tes devoirs auprès d'eux, tu seras heureuse!

—Je suis en état de parler maintenant, et tu verras comment je vais rétablir ta réputation.

Elle s'arracha des bras de son amant. Il sembla à celui-ci que la perte de la vie n'était rien au prix d'une telle séparation; la lutte qu'avait à soutenir le cœur de Jacopo parut terminée. Il baissa la tête sur le billot devant lequel il s'était de nouveau mis à genoux, et, à la manière dont ses mains étaient jointes, il est probable qu'il priait pour celle qui venait de le quitter. Gelsomina était occupée différemment. Séparant des deux mains les cheveux qui lui tombaient sur le front, elle s'avança vers les pêcheurs, qu'elle pouvait aisément reconnaître à leurs bonnets rouges et à leurs jambes nues. Son sourire était semblable à celui que l'imagination prêterait aux bienheureux dans leurs visions d'amour céleste.

— Vénitiens! s'écria-t-elle, je ne puis vous blâmer ; vous êtes ici pour voir la mort d'un homme que vous croyez indigne de vivre.....

— Du meurtrier du vieil Antonio, répliquèrent plusieurs voix.

— Sans doute, du meurtrier de ce digne vieillard. Mais quand vous saurez la vérité, quand vous apprendrez que celui que vous regardez comme un assassin était un fils plein de piété, un serviteur fidèle de la république, un brave gondolier, un cœur plein de franchise, vous cesserez de désirer de voir couler son sang, et vous ne demanderez plus que justice.

Un murmure général étouffa sa voix, qui était si faible et si tremblante qu'il fallait le plus profond silence pour qu'on pût l'entendre. Le carme s'était avancé à côté d'elle, et il fit un signe pour demander le silence.

— Ecoutez-la, hommes des lagunes, s'écria-t-il; elle ne vous dit que la pure vérité.

— Je prends à témoin le ciel et ce pieux et vénérable moine, reprit Gelsomina. Quand vous connaîtrez mieux Carlo et que vous aurez entendu son histoire, vous serez les premiers à demander sa liberté. Je vous dis cela afin que, lorsque le doge paraîtra à cette fenêtre pour faire un signe de merci, vous ne soyez pas mécontents et vous ne vous imaginiez pas qu'on refuse justice à votre classe. Le pauvre Carlo...

— Cette fille est folle! s'écrièrent quelques pêcheurs, il n'y a point ici de Carlo : c'est Jacopo Frontoni, un Bravo!

Gelsomina sourit avec la sécurité de l'innocence; et, ayant repris haleine au milieu de son agitation nerveuse, elle reprit la parole.

— Carlo ou Jacopo—Jacopo ou Carlo, peu importe.

— Ah! on fait un signe du palais! s'écria le carme, étendant le bras de ce côté comme pour recevoir une faveur.

Les clairons sonnèrent, et un autre signe attira l'attention de la multitude. Gelsomina poussa un cri de joie et se retourna pour se jeter dans les bras de son amant qu'elle croyait sauvé. La hache brilla devant ses yeux ; et la tête de Jacopo roula sur les pavés comme pour venir à elle. Un mouvement général dans la masse vivante des spectateurs annonça le dénouement de cette tragédie.

Les Dalmates se formèrent en colonne ; les sbires fendirent la foule pour retourner dans leurs corps-de-garde ; l'eau de la baie fut jetée sur les dalles ; la sciure de bois ensanglantée fut ramassée ; la tête, le tronc, le panier, la hache, l'exécuteur, tout disparut, et la multitude circula autour de ce lieu fatal.

Pendant ce moment aussi court qu'horrible, le père Anselmo et Gelsomina restèrent immobiles. Tout était consommé, et cette scène leur paraissait encore une illusion.

— Emmenez cette folle! dit un officier de police en montrant Gelsomina.

On lui obéit avec une promptitude vénitienne ; et avant qu'on eût entraîné l'infortunée hors de la place, on reconnut que ces paroles avaient été prophétiques. Le carme respirait à peine : il regardait tour à tour la foule dont il était environné, les fenêtres du palais et le soleil qui brillait dans toute sa gloire.

—Révérend carme, lui dit quelqu'un à l'oreille, vous êtes perdu dans cette foule! vous ferez bien de me suivre.

Le père Anselmo était trop accablé pour hésiter. Son guide le conduisit par des chemins détournés jusqu'au quai où il s'embarqua sur-le-champ dans une gondole pour gagner la pleine mer. Avant que le soleil fût au milieu de sa course, le moine pensif et encore tremblant voguait vers les Etats de l'Eglise, et il ne tarda pas à se trouver établi dans le château de Sainte-Agathe.

A l'heure ordinaire, le soleil se coucha derrière les montagnes du Tyrol, et la lune se leva au-dessus du Lido. Les rues étroites de Venise envoyèrent de nouveau leurs milliers d'individus sur les deux places. Une douce lumière tomba sur la belle architecture du palais et sur la tour colossale, comme les rayons d'une gloire trompeuse couronnent la tête des îles.

Les lampes jetèrent une clarté brillante sous les portiques ; les hommes au cœur gai plaisantèrent, les oisifs tuèrent le temps, les masques s'occupèrent de leurs projets secrets, les cantatrices et les grimaciers jouèrent leur rôle ordinaire, et toute cette population s'agita dans ces jouissances creuses qui sont le partage de l'irréflexion et de l'oisiveté. Chacun vécut pour lui-même tant que l'Etat de Venise conserva son administration vicieuse, corrompant également ceux qui gouvernaient et ceux qui étaient gouvernés, foulant aux pieds les principes sacrés qui sont seuls fondés sur la vérité et sur la justice naturelle.

FIN DU BRAVO.

www.ingramcontent.com/pod-product-compliance
Lightning Source LLC
Chambersburg PA
CBHW052046230426
43671CB00011B/1804